AF557370

Walt Disney

Kari Korhonen

Onkel Dagoberts Memoiren

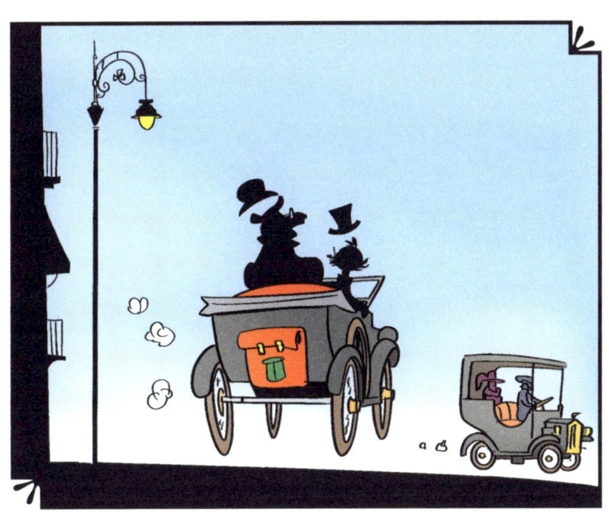

Schottland • Ägypten • Klondike • Entenhausen

Egmont

„Onkel Dagoberts Memoiren“

Originaltitel: „Roope Ankan päiväkirjat“

Zeichnungen und Text: Kari Korhonen

Übersetzungen der Geschichten: Harry Nützel
Übersetzung der redaktionellen Texte: Anne-Marie Wachs

Deutschsprachige Ausgabe erschienen in der
Egmont Comic Collection
verlegt durch Egmont Verlagsgesellschaften mbH,
Alte Jakobstr. 83, 10179 Berlin

1. Auflage
Verantwortlicher Redakteur: Fabian Gross
Gestaltung: Kirjasorvi/Antti Hulkkonen, für die deutsche Ausgabe: Wolfgang Berger
Koordination: Angelika Schönhuber
Printed in the EU
ISBN 978-3-7704-0367-7

www.egmont-shop.de
www.egmont-comic-collection.de
@egmont_comic_collection

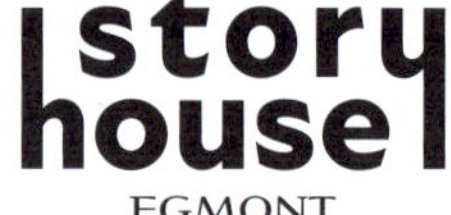

Die Egmont Verlagsgesellschaften gehören als Teil der Egmont-Gruppe zur **Egmont Foundation** – einer gemeinnützigen Stiftung, deren Ziel es ist, die sozialen, kulturellen und gesundheitlichen Lebensumstände von Kindern und Jugendlichen zu verbessern. Weitere ausführliche Informationen zur Egmont Foundation unter **www.egmont.com**

INHALT

Diese Geschichten entstanden zwischen den Jahren 2017 und 2021. Die Originalfassungen wurden im finnischen Magazin *Aku Ankka* veröffentlicht.

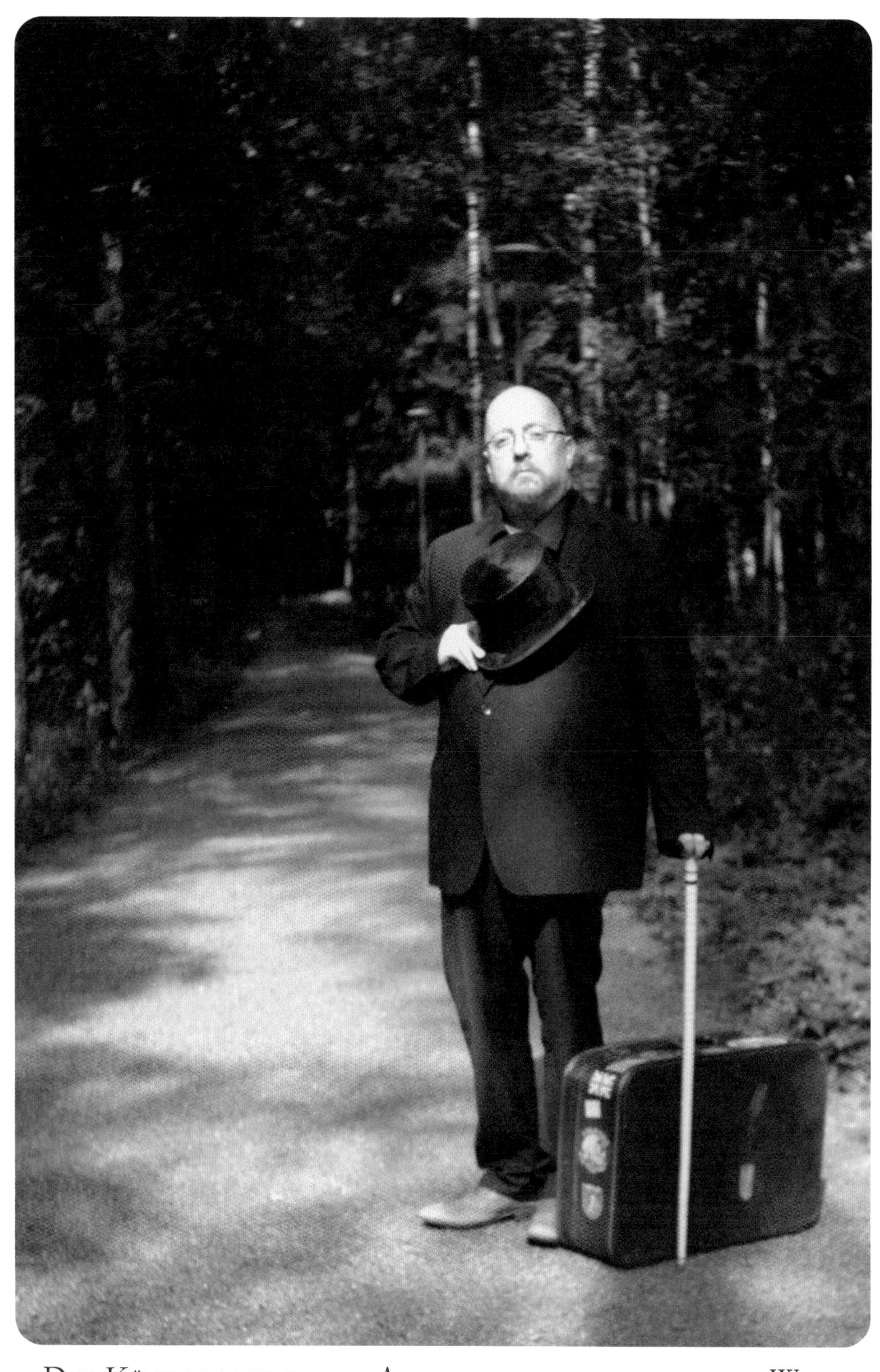

DER KÜNSTLER BEI SEINEM AUFBRUCH IN DIE GROSSE WEITE WELT

Foto: Antti Hulkkonen – Kamera: *Certo Certix A* (1934)

ALS DIE WELT NOCH GROSS WAR

Zu den spannendsten Epochen überhaupt dürfte wohl das Zeitalter Edwards VII. gehören. Innerhalb von knapp zwei Jahrzehnten vollzieht sich der Wandel von der viktorianischen Ära mit ihren Öllampen und Pferdefuhrwerken hin zur elektrifizierten Welt, in der Autos und Flugzeuge schon bald immer kleiner werden. In dieser Zeit rasanter Veränderungen lassen bedeutende Männer Städte erbauen, und die letzten großen Abenteurer entdecken entlegene Welten.

Zu diesen Männern gehört auch Dagobert Duck.

Wenn ich über Dagoberts Jugend schreibe, so deshalb, weil mich der Gedanke fasziniert, dass jeder Schmied seines eigenen Glückes auch einmal jung und mangels Erfahrung unsicher gewesen ist. Obwohl es im Nachhinein so scheint, als hätten manche Menschen ein klares Bild von ihrem quasi in Stein gemeißelten Lebensweg gehabt, war dieser Weg oft holprig und von Selbstzweifeln geprägt.

Als Dagobert an den Klondike kam, war er schon längst im Erwachsenenalter und hatte bereits viele Jahre lang die Welt bereist. War er sich immer sicher gewesen, dass er reich werden würde? Ich denke nicht, doch er wusste, dass man stets sein Bestes geben muss. Man muss es versuchen. Genau diese Haltung macht Dagobert zum Vorbild. Dass es ihm gelang, drei Kubikhektar Mammon anzuhäufen, ist dabei nebensächlich.

Wir alle sind Carl Barks und Keno Don Rosa dankbar. Ihre Art und Weise, Dagobert darzustellen, ist indes unterschiedlich. Der von Onkel Carl geschaffene Dagobert war eine überlebensgroße Figur, in jedem Nebensatz finden sich Anspielungen auf sein unglaubliches Leben. Obwohl diese Abenteuergeschichten voll und ganz der Wahrheit entsprechen (Dagobert übertreibt nicht und prahlt auch nicht), wundert man sich als Leser, wie das alles zeitlich möglich gewesen sein soll. Don Rosa schuf mit seinem ihm eigenen, unvergleichlichen Humor aus diesen Anspielungen ein bedeutendes Werk, eine Heldentat sondergleichen. Seine Verortung der von Barks erzählten Ereignisse auf dem Zeitstrahl der Weltgeschichte verband Dagobert indes mit dem Irdischen und machte aus dem Unsterblichen einen Sterblichen. Dagoberts Lebenszeit wurde begrenzt.

Aus diesem Grund finden Sie zu Dagoberts Tagebucheintragungen keine Datumsangaben. Die Ereignisse aus den Tagebüchern kann man, so man will, innerhalb der Rosa'schen Chronologie ansiedeln, doch sie sind mein bescheidener Versuch, die Legende von der kleinen Ente noch weiter auszuschmücken. Wo Rosa und Barks hinsichtlich der Fakten voneinander abweichen, bin ich Barks gefolgt. Den Rest habe ich mir ausgedacht.

Mein Dank an Aki Hyyppä von Aku Ankka. an die Redakteure bei Story House Egmont, die diese Reihe möglich gemacht haben, sowie an die Disney Company, der ich die Ehre verdanke, Dagobert Duck meine Stimme zu verleihen.

Wenn Dagobert in seiner Jugend nach Südamerika reiste, um dort den Dschungel zu erforschen, dann riskierte er sein Leben, und die Reise dauerte Jahre. Und genauso setzte er jedes Mal alles aufs Spiel, als er später die Antarktis eroberte oder etwa dem japanischen Kaiser half. So auch in den Abenteuergeschichten in diesem Buch.

Wir wissen, dass Dagobert am Ende Erfolg hatte, doch seine Niederlagen waren oft bitter. Ein anderer, der nicht über solche Größe verfügte, hätte vorher aufgegeben.

Nicht aber diese Ente.

Espoo, 21. August 2021

Kari Korhonen

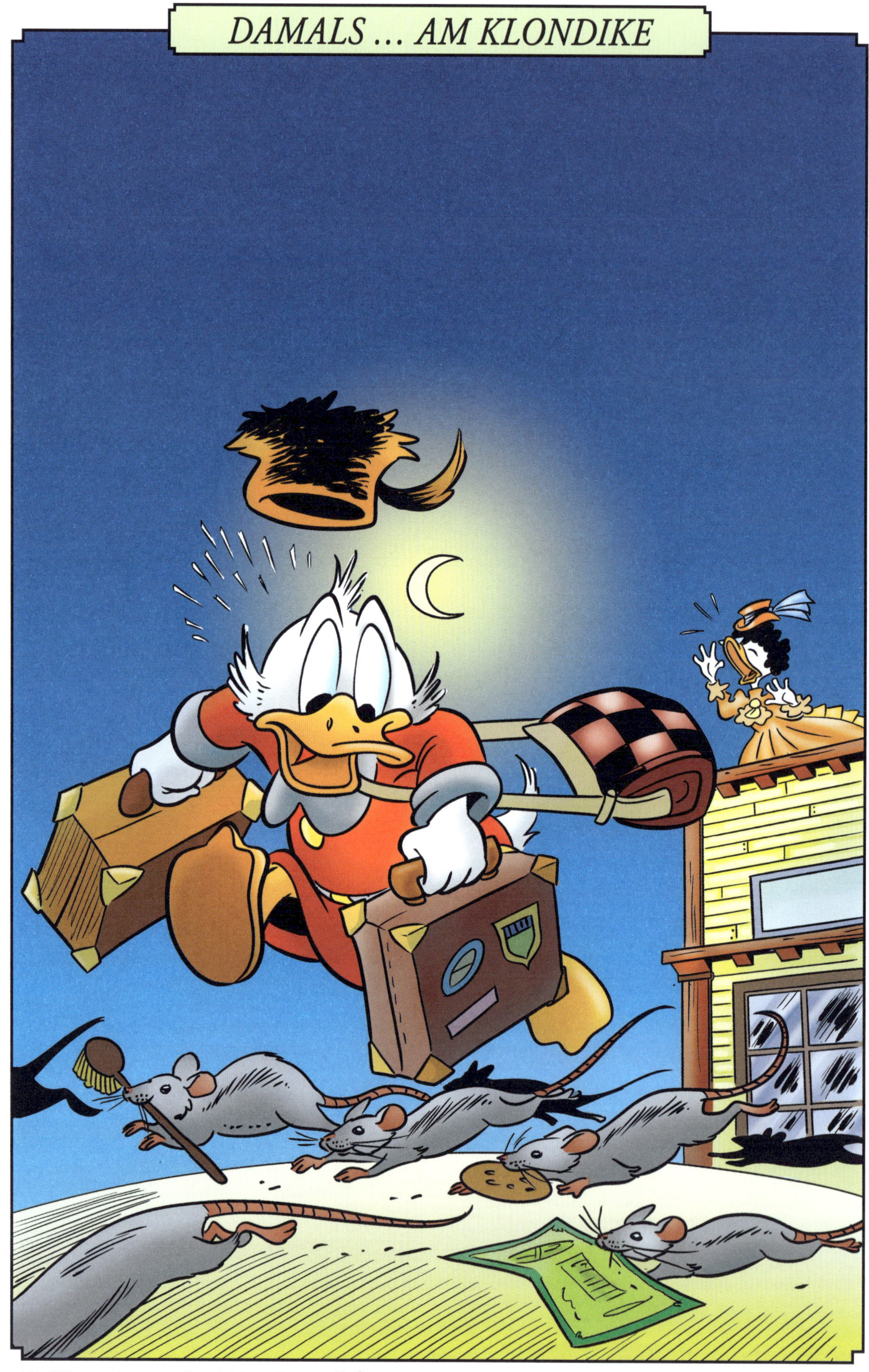

Titelillustration zur Geschichte *Pension Rührig.*

DAGOBERT DUCK

DAMALS AM KLONDIKE: PENSION RÜHRIG

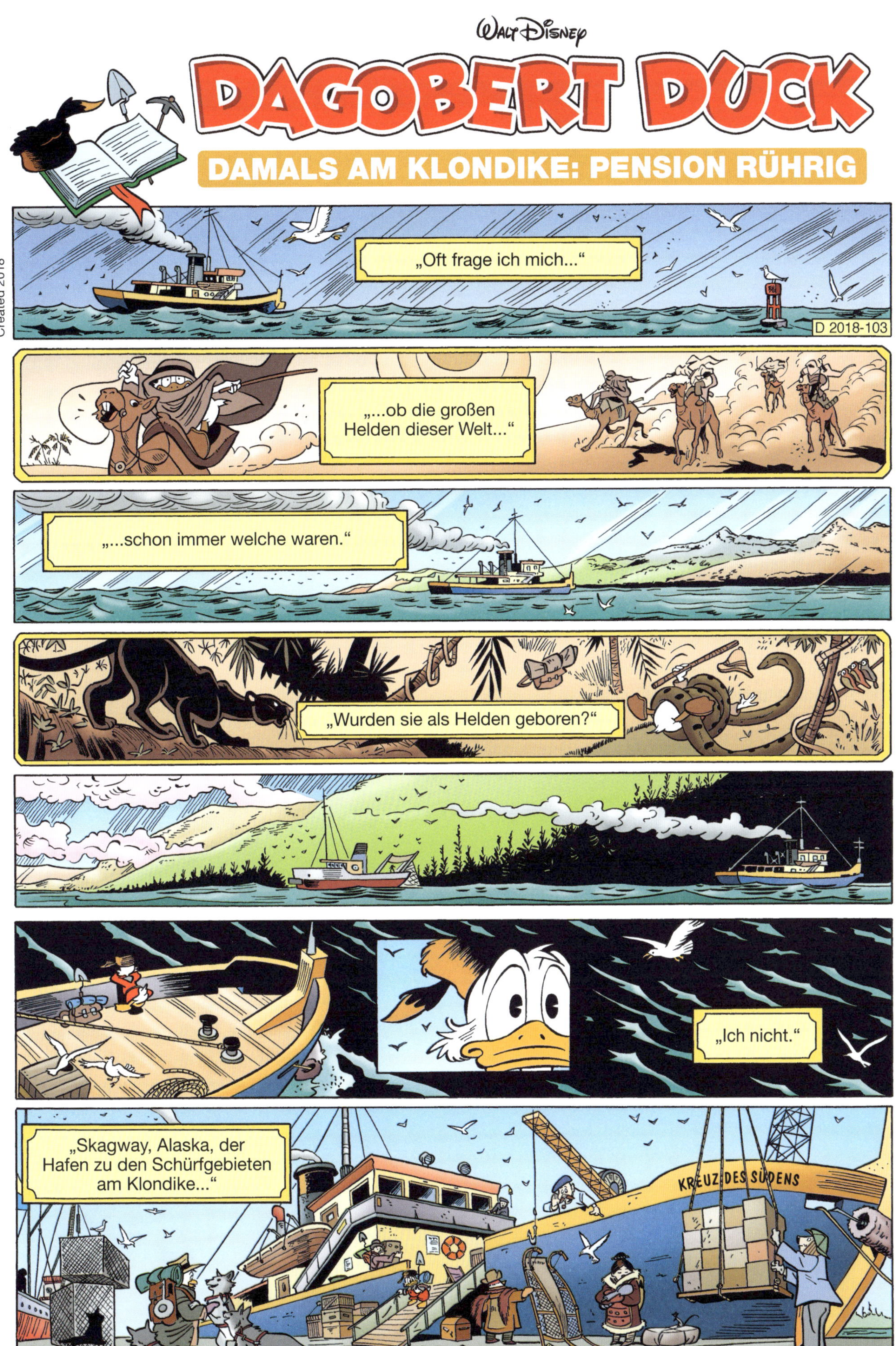

Skript & Zeichnungen: **Kari Korhonen**, Übersetzung: **Harry Nützel**

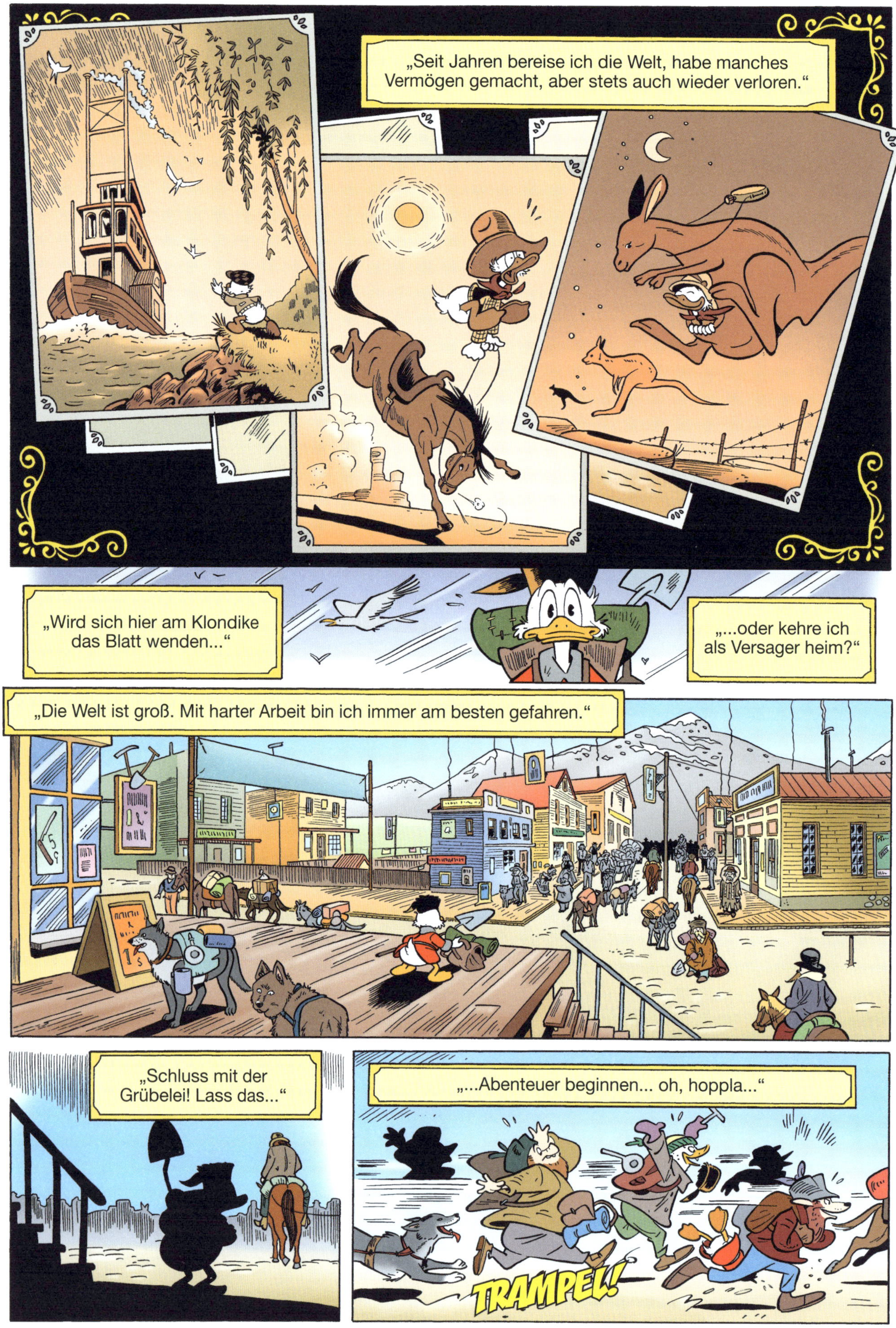

„Seit Jahren bereise ich die Welt, habe manches Vermögen gemacht, aber stets auch wieder verloren."

„Wird sich hier am Klondike das Blatt wenden..."

„...oder kehre ich als Versager heim?"

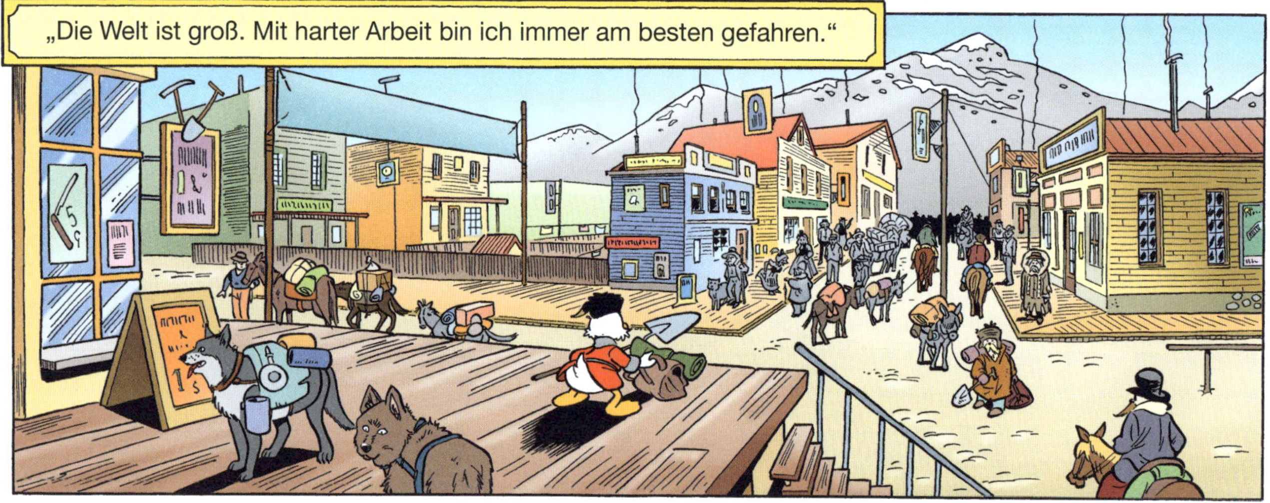

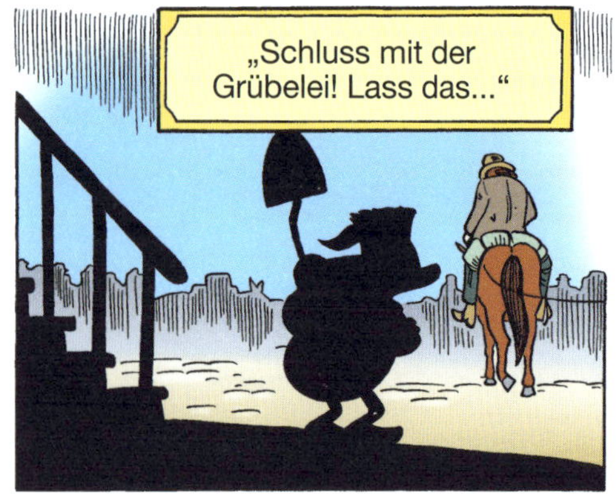

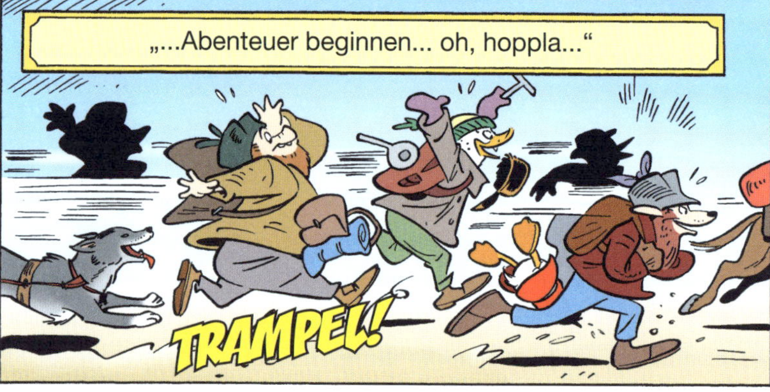

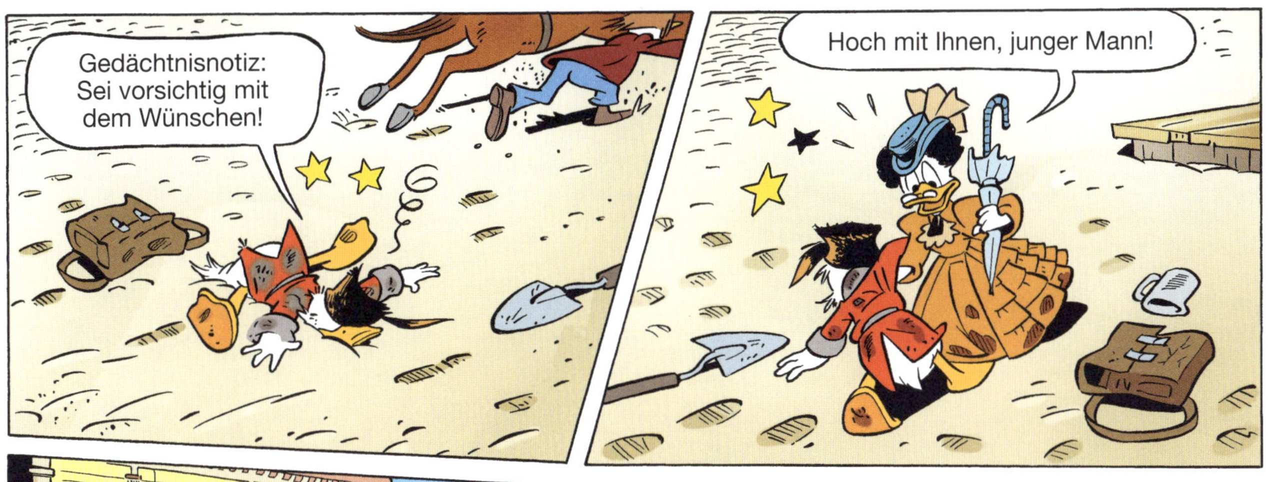
Gedächtnisnotiz: Sei vorsichtig mit dem Wünschen!
Hoch mit Ihnen, junger Mann!

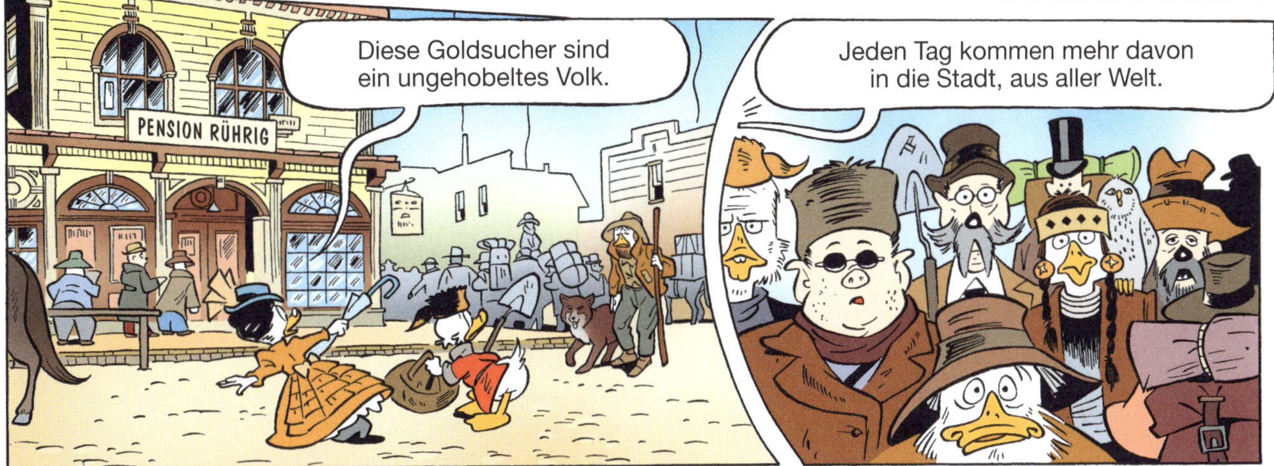
PENSION RÜHRIG
Diese Goldsucher sind ein ungehobeltes Volk.
Jeden Tag kommen mehr davon in die Stadt, aus aller Welt.

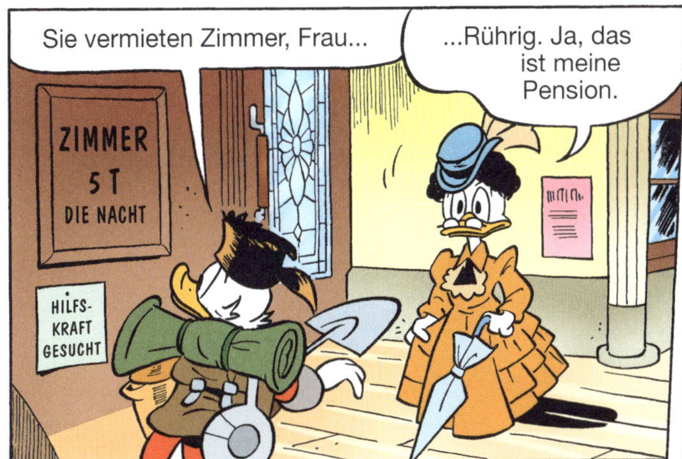
Sie vermieten Zimmer, Frau...
...Rührig. Ja, das ist meine Pension.
ZIMMER 5 T DIE NACHT
HILFSKRAFT GESUCHT

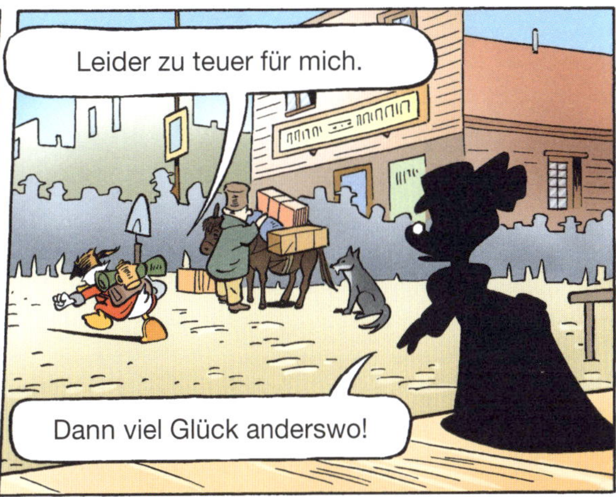
Leider zu teuer für mich.
Dann viel Glück anderswo!

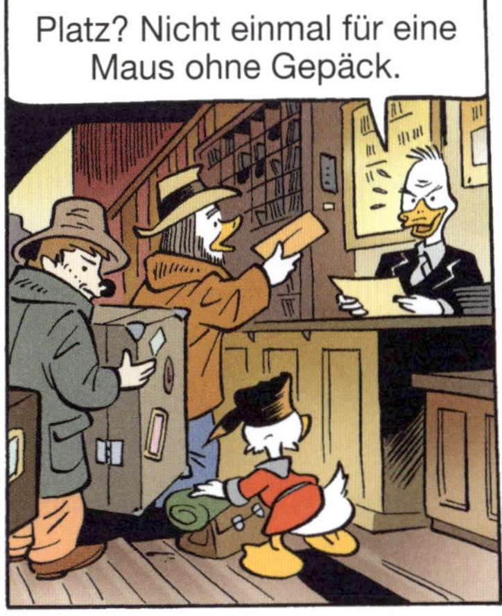
Platz? Nicht einmal für eine Maus ohne Gepäck.

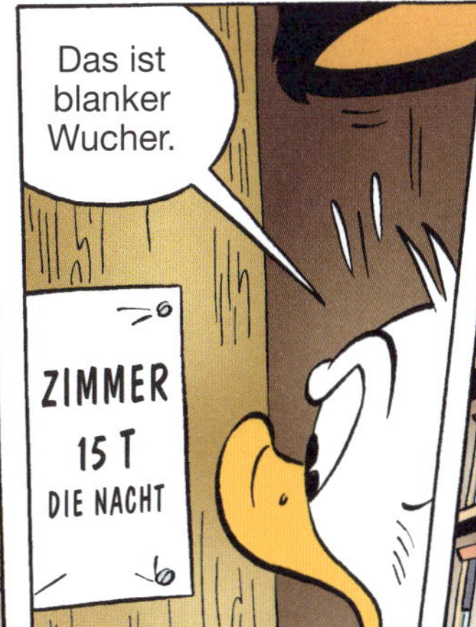
Das ist blanker Wucher.
ZIMMER 15 T DIE NACHT

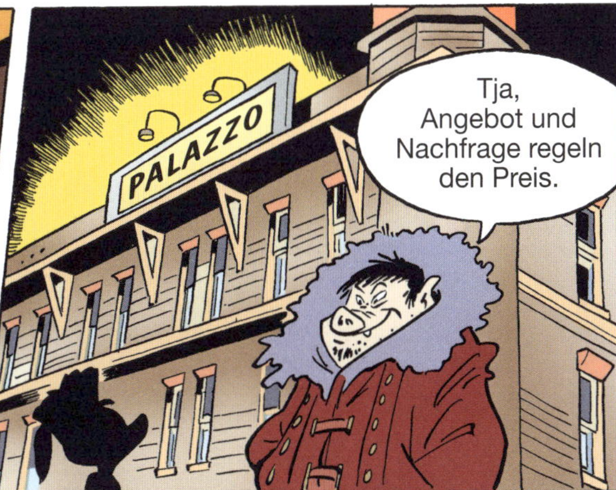
PALAZZO
Tja, Angebot und Nachfrage regeln den Preis.

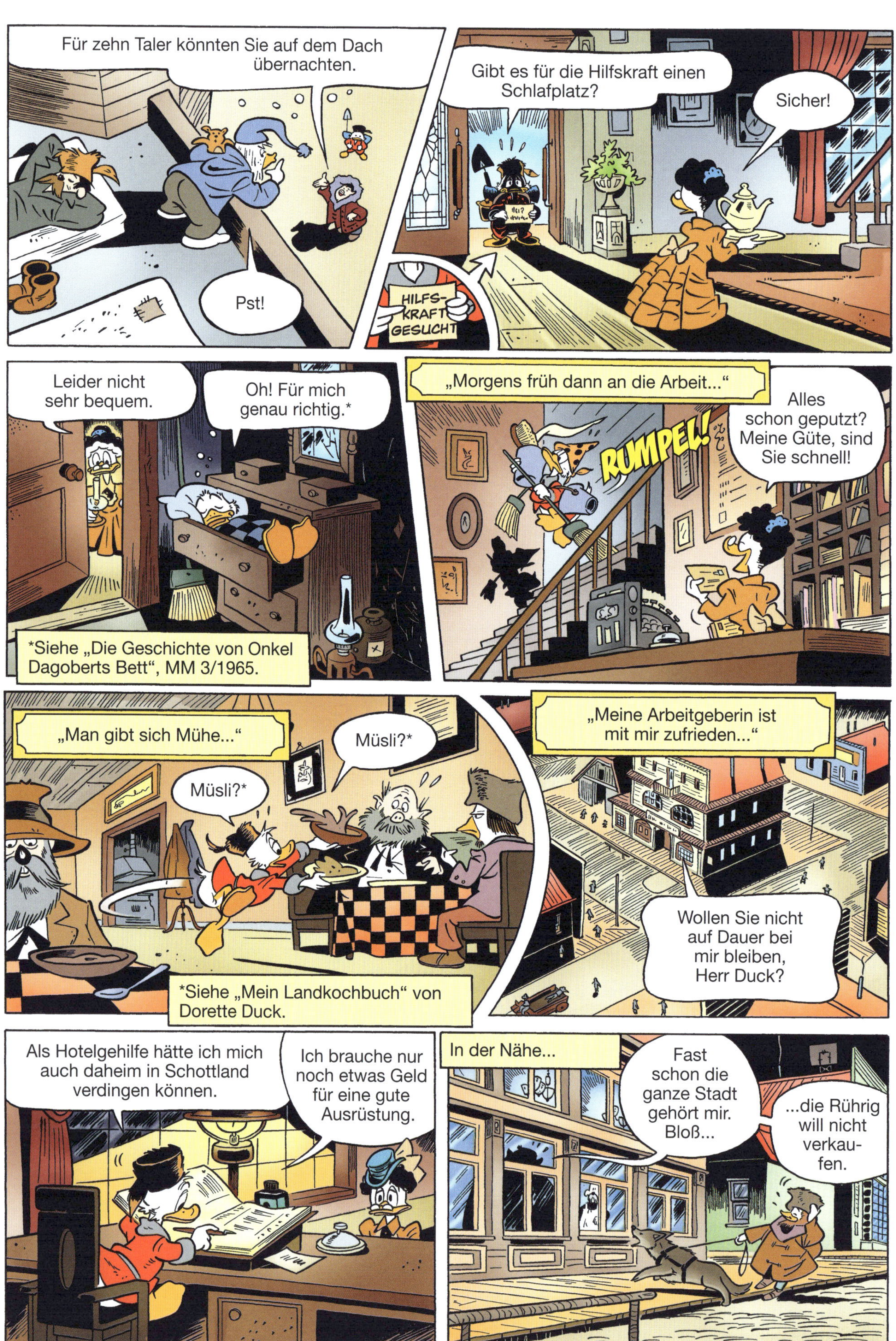

Für zehn Taler könnten Sie auf dem Dach übernachten.
Pst!
HILFSKRAFT GESUCHT
Gibt es für die Hilfskraft einen Schlafplatz?
Sicher!
Leider nicht sehr bequem.
Oh! Für mich genau richtig.*
*Siehe „Die Geschichte von Onkel Dagoberts Bett“, MM 3/1965.
„Morgens früh dann an die Arbeit...“
RUMPEL!
Alles schon geputzt? Meine Güte, sind Sie schnell!
„Man gibt sich Mühe...“
Müsli?*
Müsli?*
*Siehe „Mein Landkochbuch“ von Dorette Duck.
„Meine Arbeitgeberin ist mit mir zufrieden...“
Wollen Sie nicht auf Dauer bei mir bleiben, Herr Duck?
Als Hotelgehilfe hätte ich mich auch daheim in Schottland verdingen können.
Ich brauche nur noch etwas Geld für eine gute Ausrüstung.
In der Nähe...
Fast schon die ganze Stadt gehört mir. Bloß...
...die Rührig will nicht verkaufen.

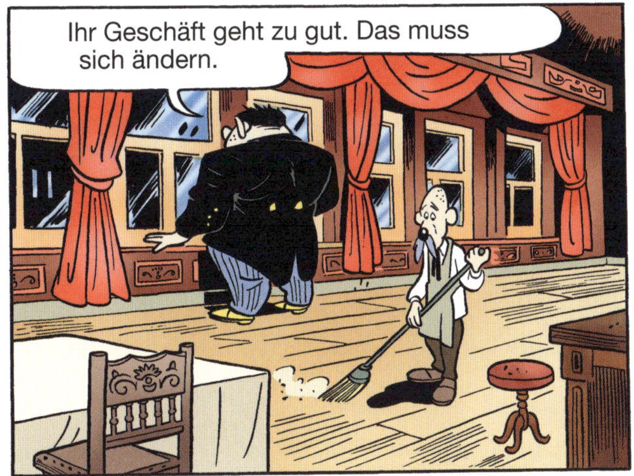
Ihr Geschäft geht zu gut. Das muss sich ändern.

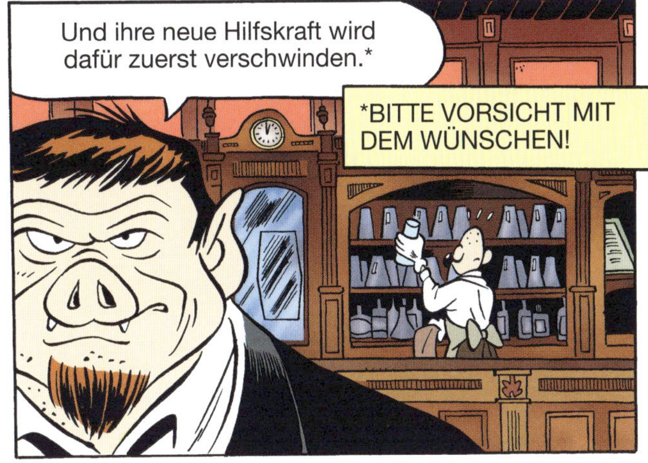
Und ihre neue Hilfskraft wird dafür zuerst verschwinden.*
*BITTE VORSICHT MIT DEM WÜNSCHEN!

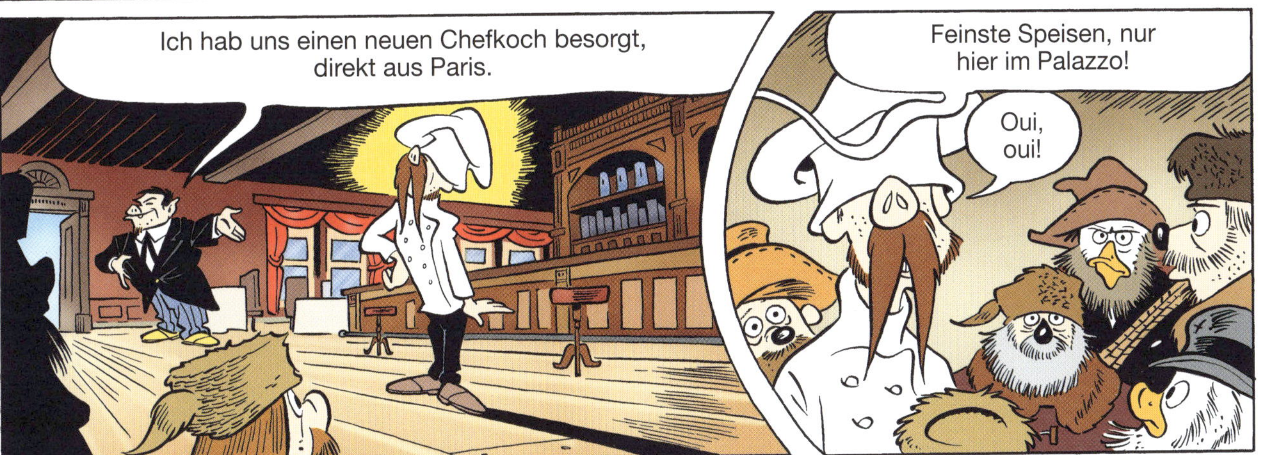
Ich hab uns einen neuen Chefkoch besorgt, direkt aus Paris.
Feinste Speisen, nur hier im Palazzo!
Oui, oui!

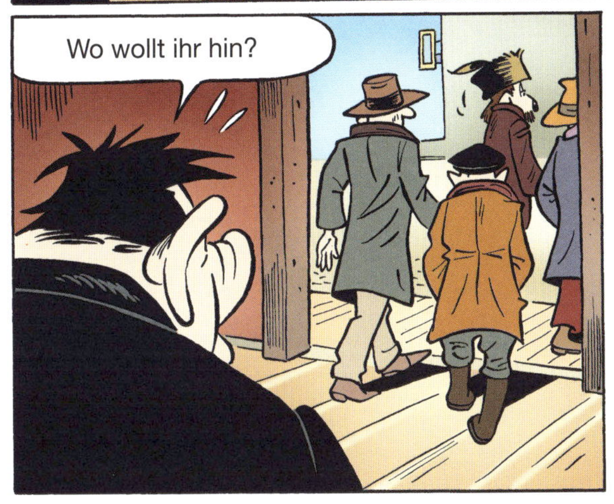
Wo wollt ihr hin?

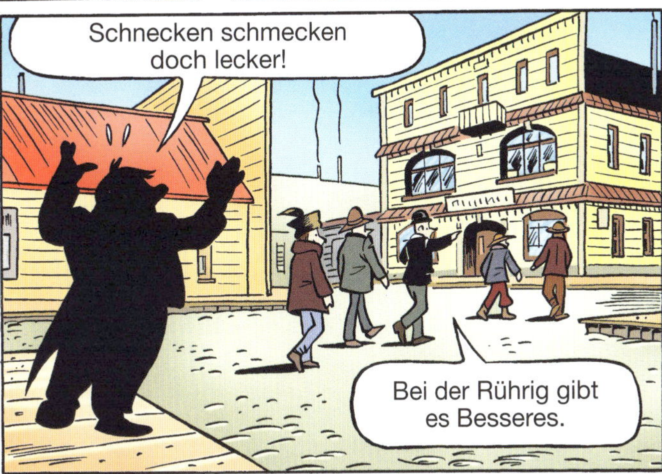
Schnecken schmecken doch lecker!
Bei der Rührig gibt es Besseres.

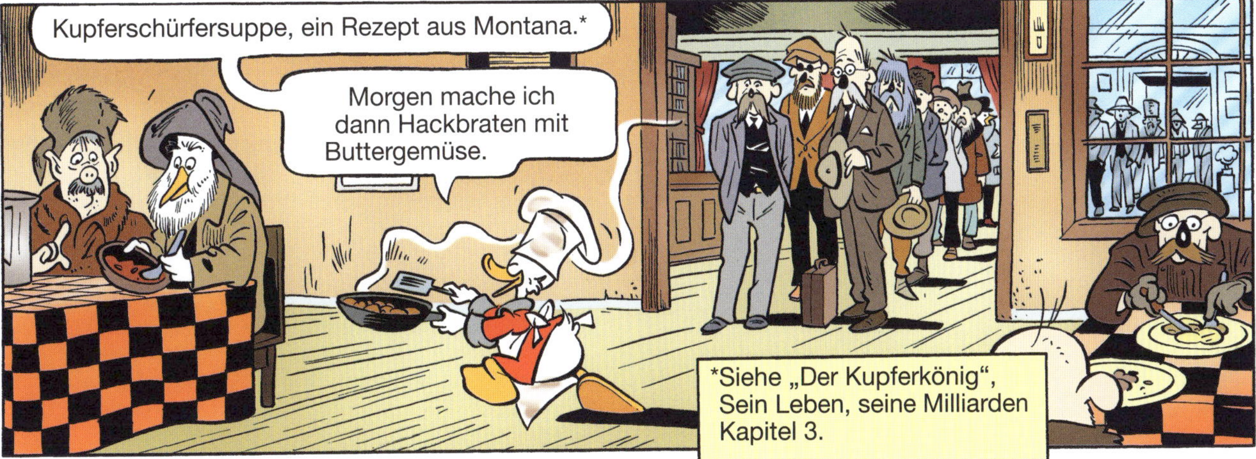
Kupferschürfersuppe, ein Rezept aus Montana.*
Morgen mache ich dann Hackbraten mit Buttergemüse.
*Siehe „Der Kupferkönig“, Sein Leben, seine Milliarden Kapitel 3.

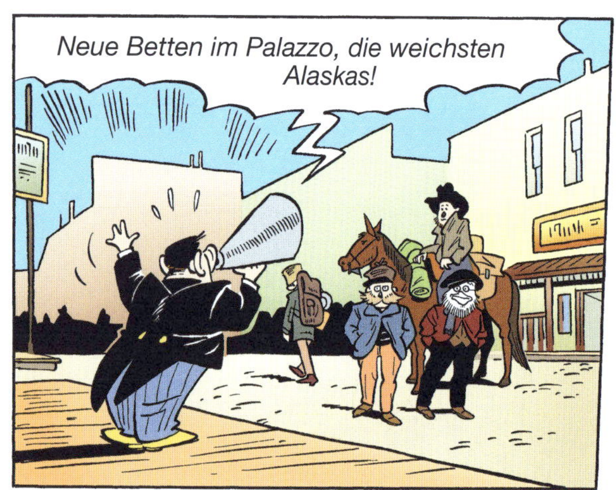
Neue Betten im Palazzo, die weichsten Alaskas!

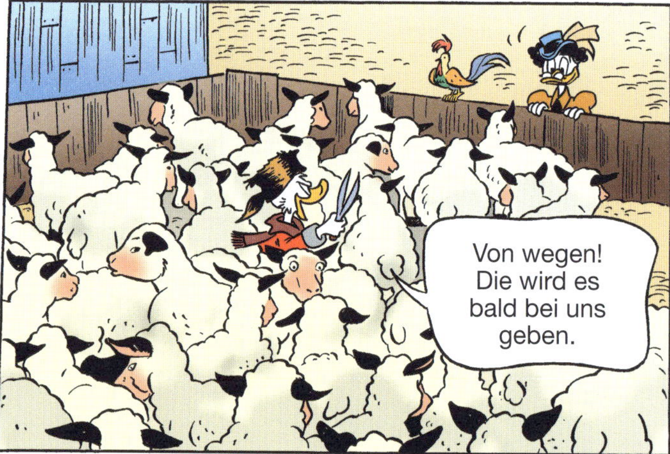
Von wegen! Die wird es bald bei uns geben.

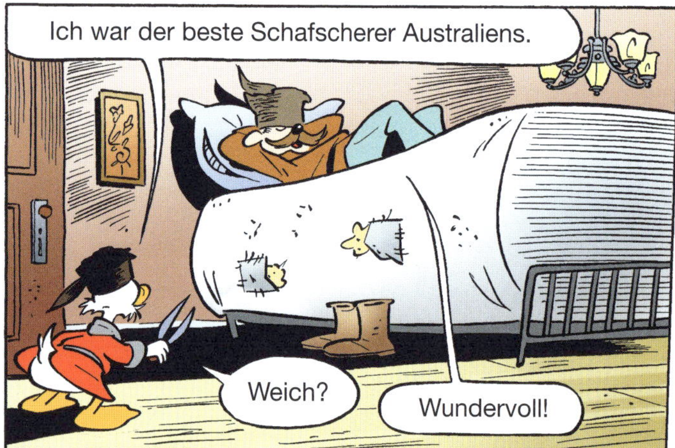
Ich war der beste Schafscherer Australiens.
Weich?
Wundervoll!

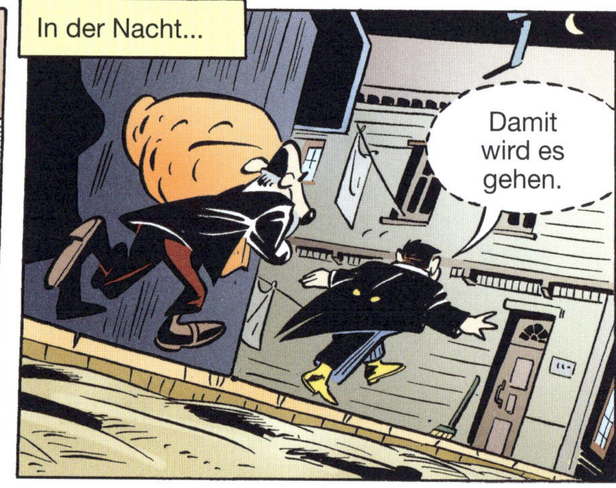
In der Nacht...
Damit wird es gehen.

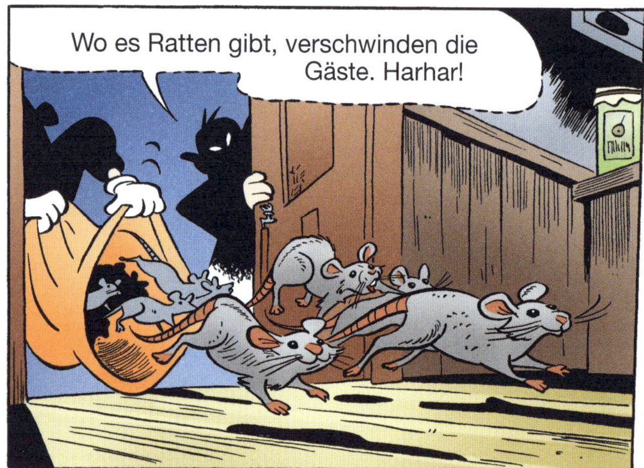
Wo es Ratten gibt, verschwinden die Gäste. Harhar!

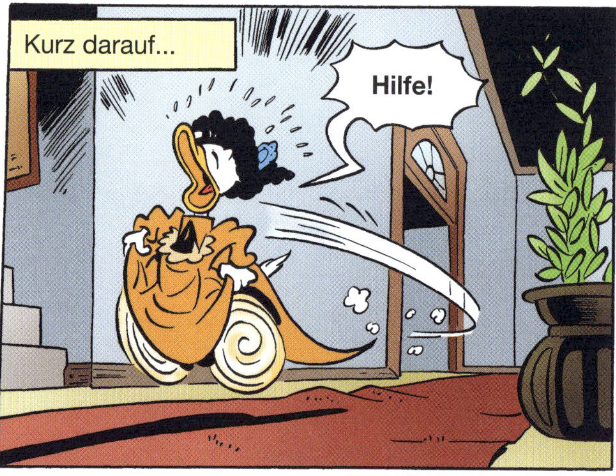
Kurz darauf...
Hilfe!

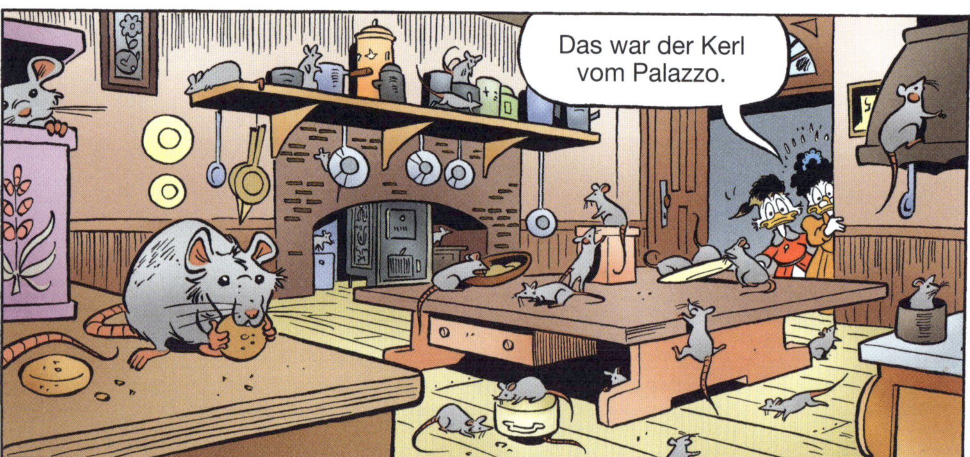
Das war der Kerl vom Palazzo.

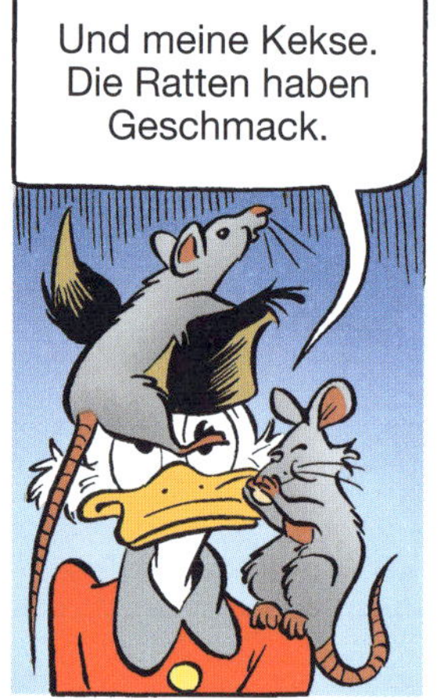
Und meine Kekse. Die Ratten haben Geschmack.

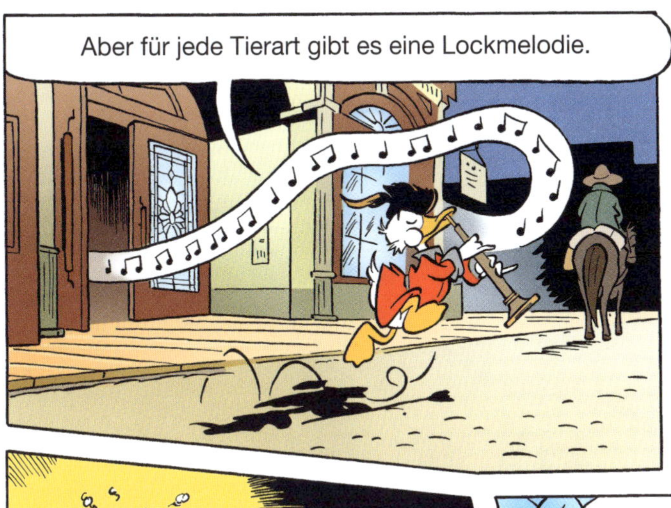
Aber für jede Tierart gibt es eine Lockmelodie.

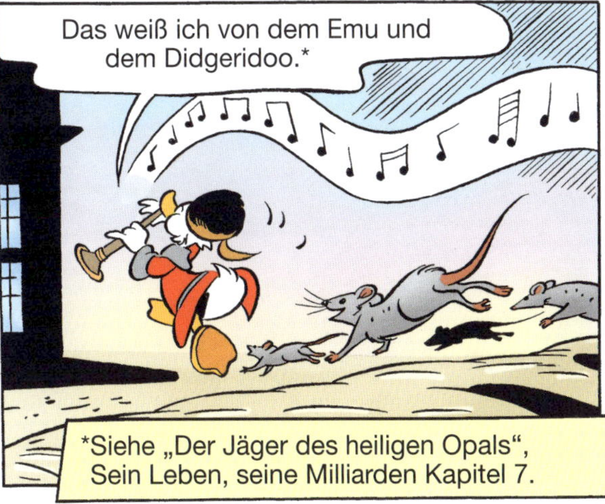
Das weiß ich von dem Emu und dem Didgeridoo.*
*Siehe „Der Jäger des heiligen Opals“, Sein Leben, seine Milliarden Kapitel 7.

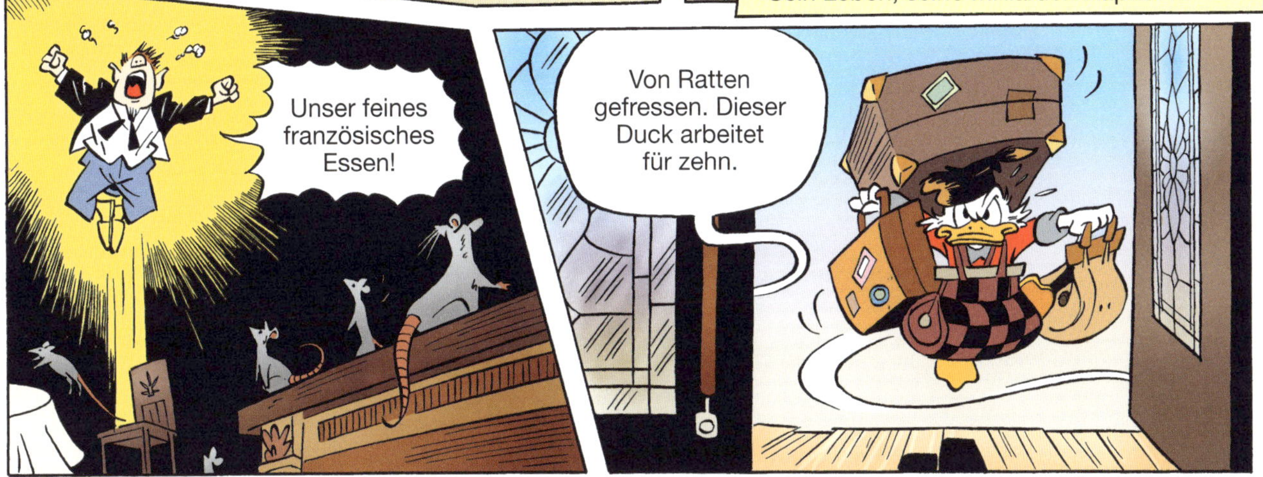
Unser feines französisches Essen!
Von Ratten gefressen. Dieser Duck arbeitet für zehn.

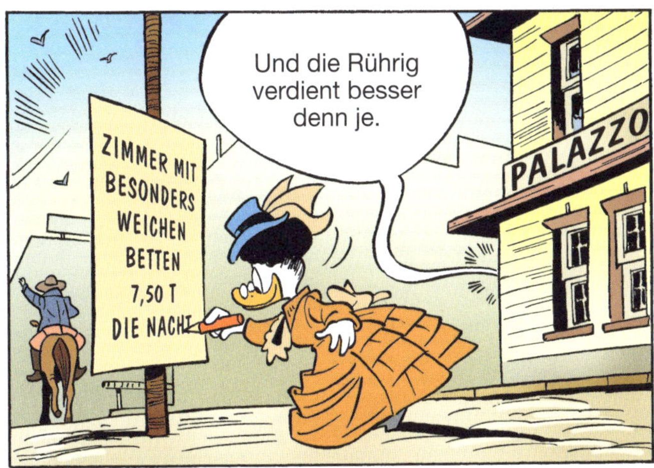
Und die Rührig verdient besser denn je.
ZIMMER MIT BESONDERS WEICHEN BETTEN 7,50 T DIE NACHT
PALAZZO

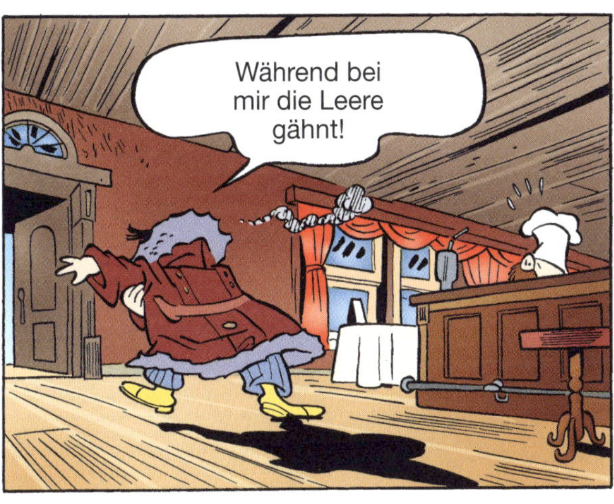
Während bei mir die Leere gähnt!

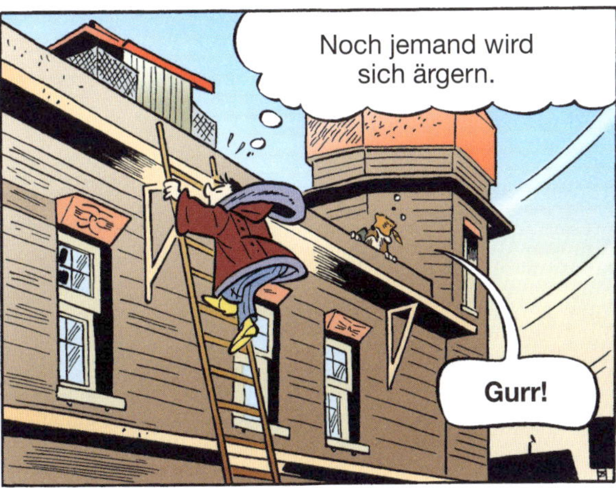
Noch jemand wird sich ärgern.
Gurr!

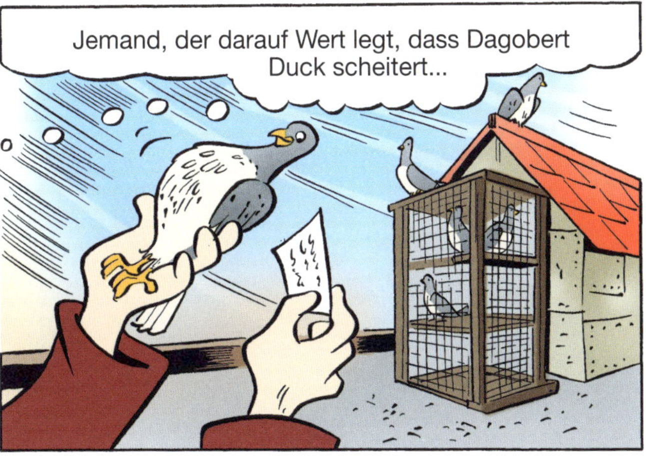
Jemand, der darauf Wert legt, dass Dagobert Duck scheitert...

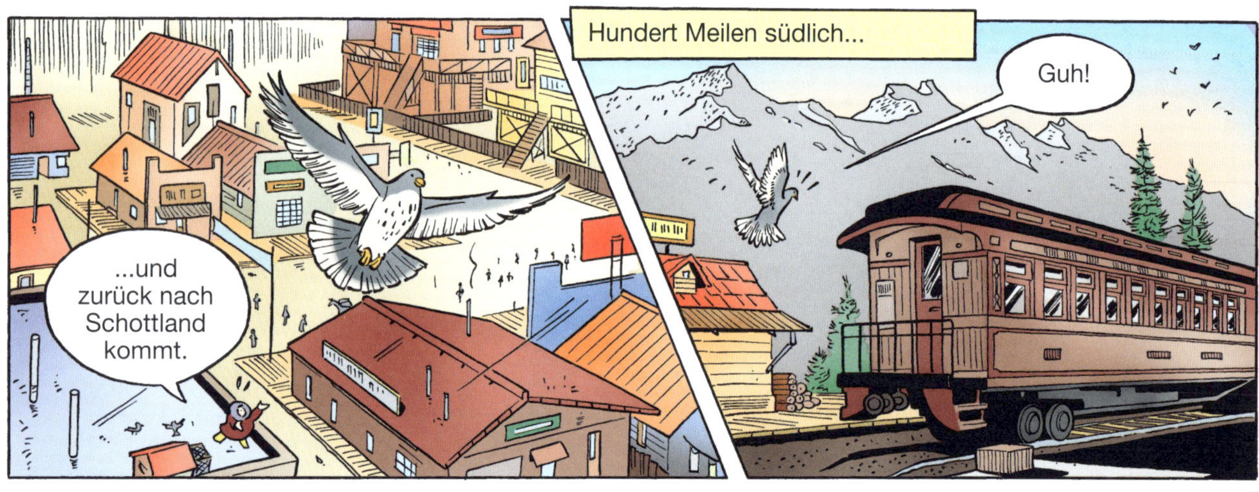
...und zurück nach Schottland kommt.
Hundert Meilen südlich...
Guh!

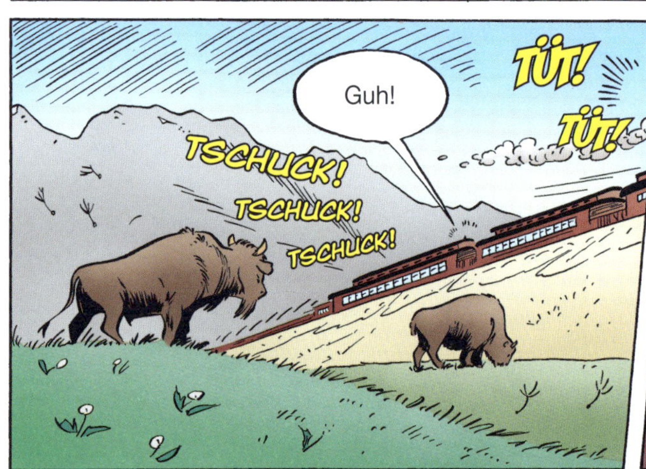
TÜT!
TÜT!
Guh!
TSCHUCK!
TSCHUCK!
TSCHUCK!

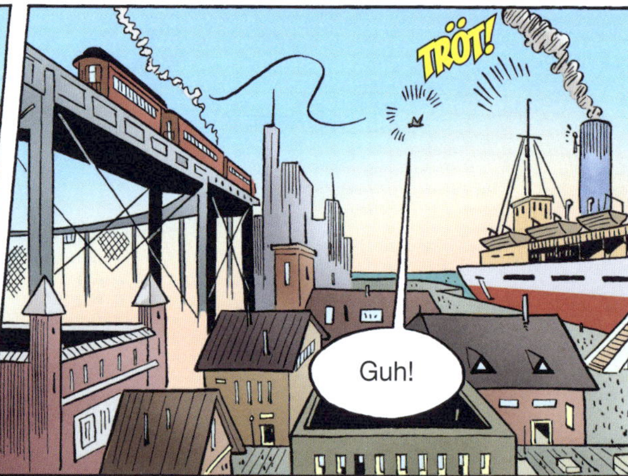
TRÖT!
Guh!

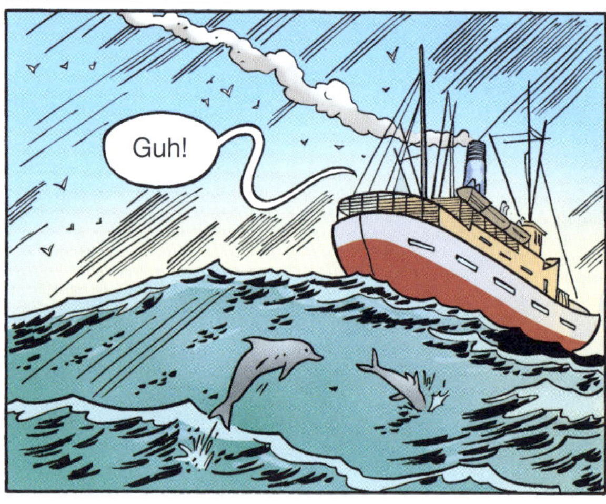
Guh!

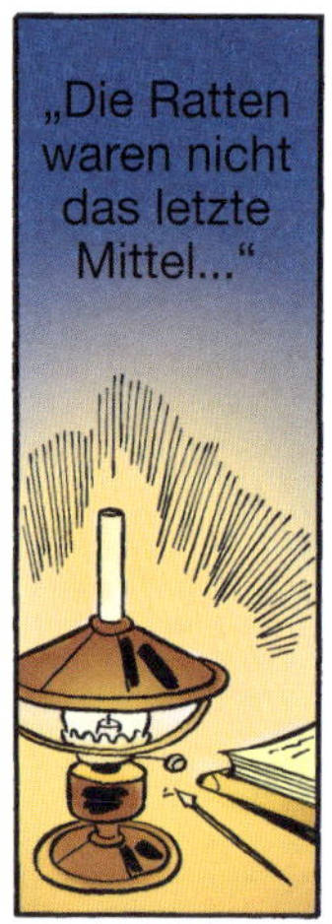
„Die Ratten waren nicht das letzte Mittel..."

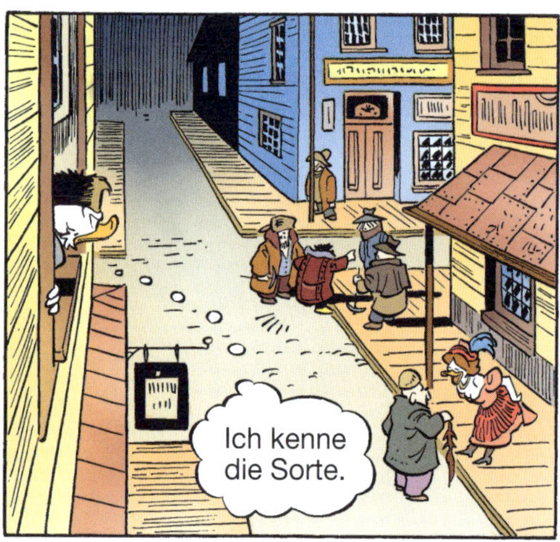
Ich kenne die Sorte.

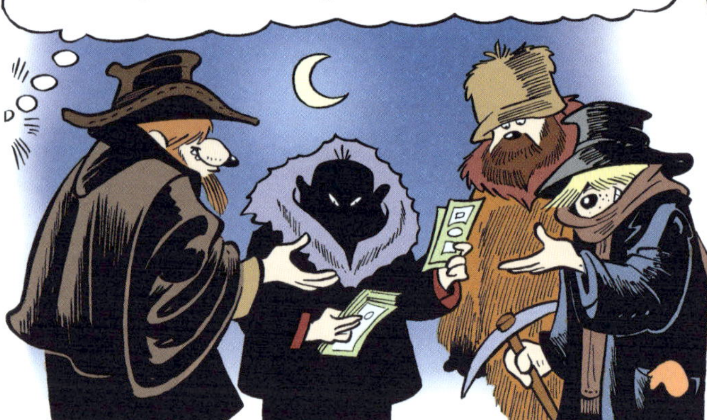
Die greift zu immer gemeineren Tricks.

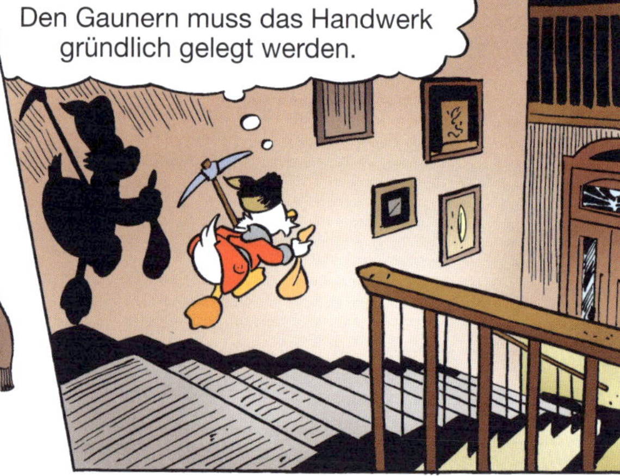
Den Gaunern muss das Handwerk gründlich gelegt werden.

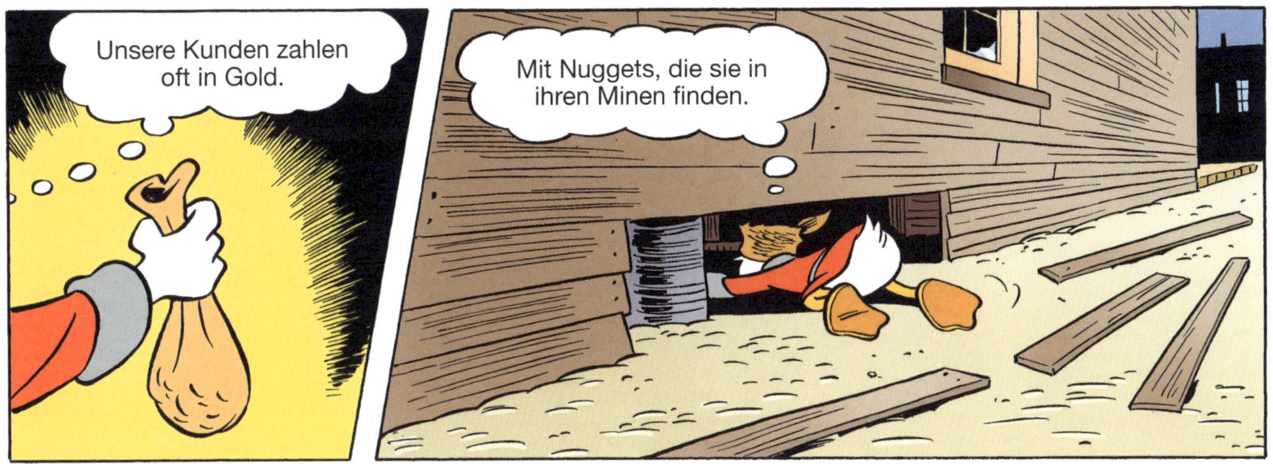
Unsere Kunden zahlen oft in Gold.
Mit Nuggets, die sie in ihren Minen finden.

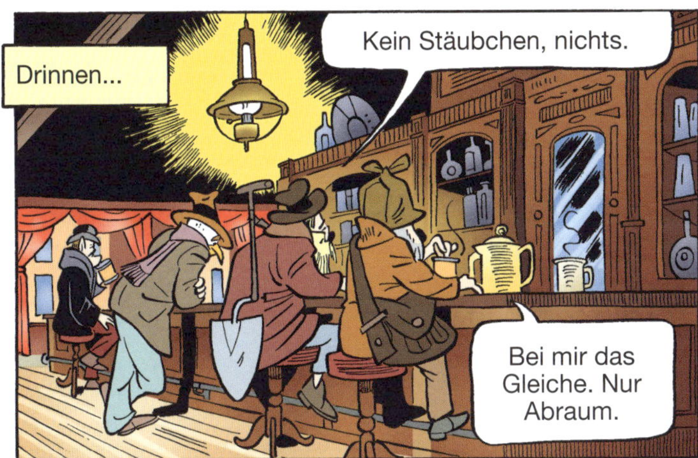
Drinnen...
Kein Stäubchen, nichts.
Bei mir das Gleiche. Nur Abraum.

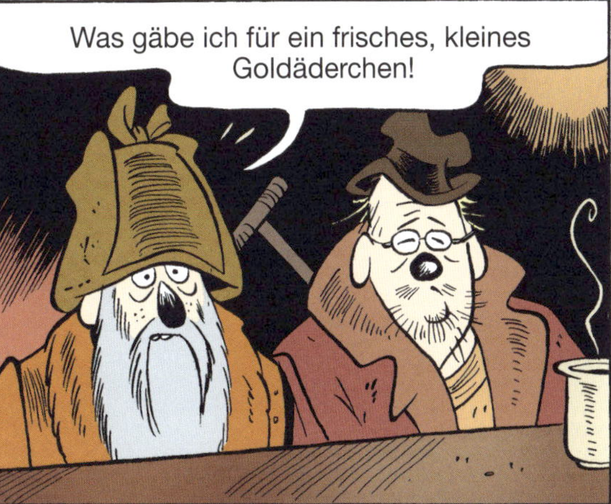
Was gäbe ich für ein frisches, kleines Goldäderchen!

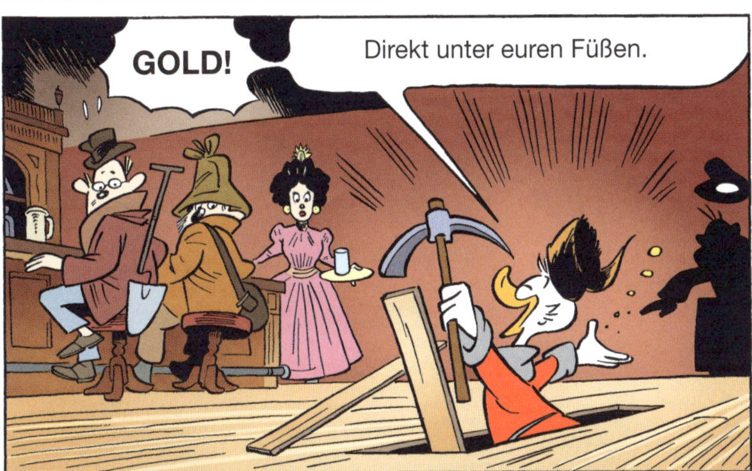
GOLD!
Direkt unter euren Füßen.

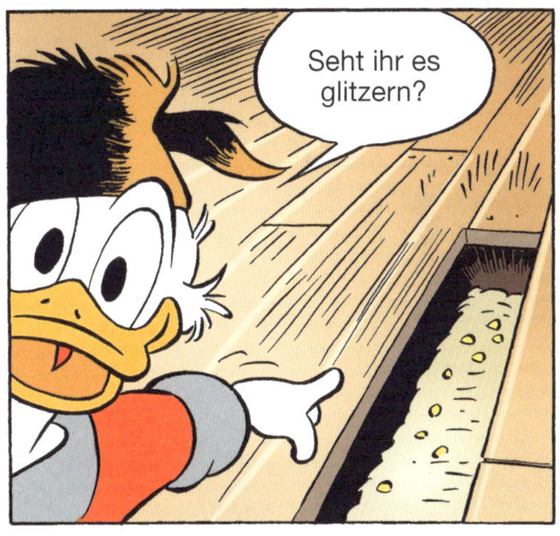
Seht ihr es glitzern?

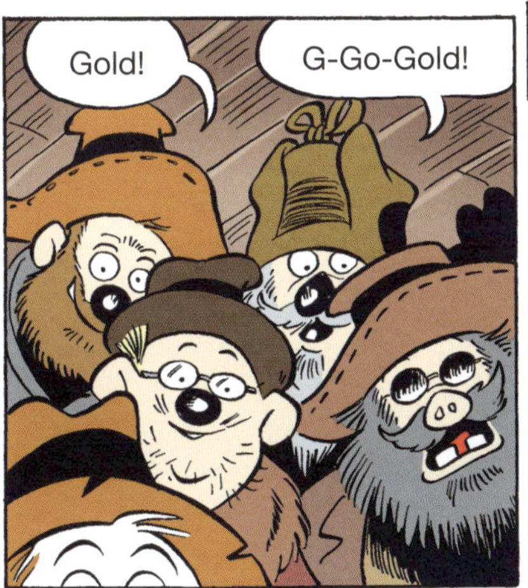
Gold!
G-Go-Gold!

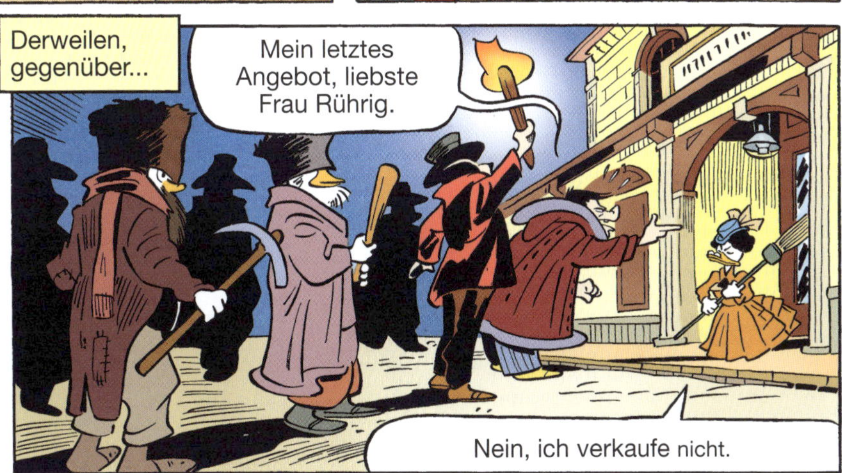
Derweilen, gegenüber...
Mein letztes Angebot, liebste Frau Rührig.
Nein, ich verkaufe nicht.

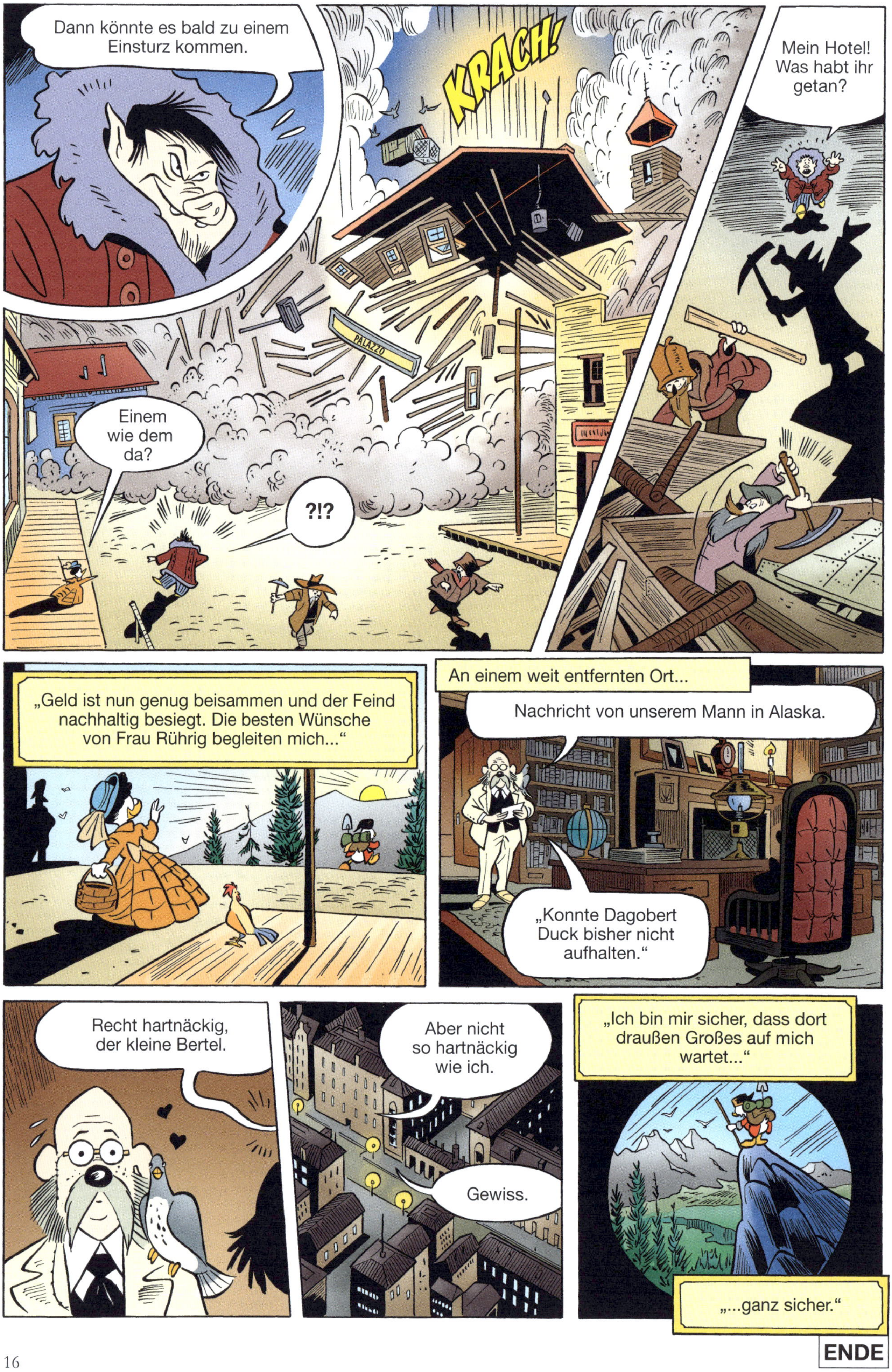

Dann könnte es bald zu einem Einsturz kommen.
KRACH!
PALAZZO
Mein Hotel! Was habt ihr getan?
Einem wie dem da?
?!?

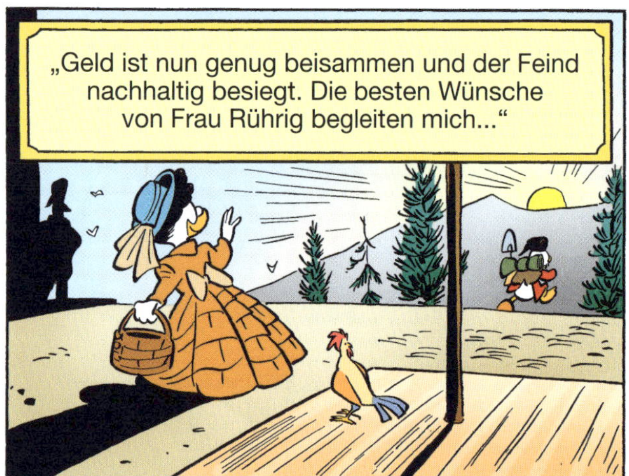
„Geld ist nun genug beisammen und der Feind nachhaltig besiegt. Die besten Wünsche von Frau Rührig begleiten mich…“

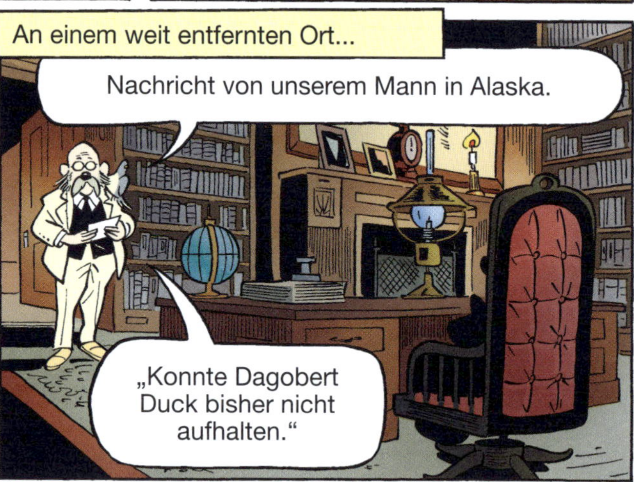
An einem weit entfernten Ort…
Nachricht von unserem Mann in Alaska.
„Konnte Dagobert Duck bisher nicht aufhalten.“

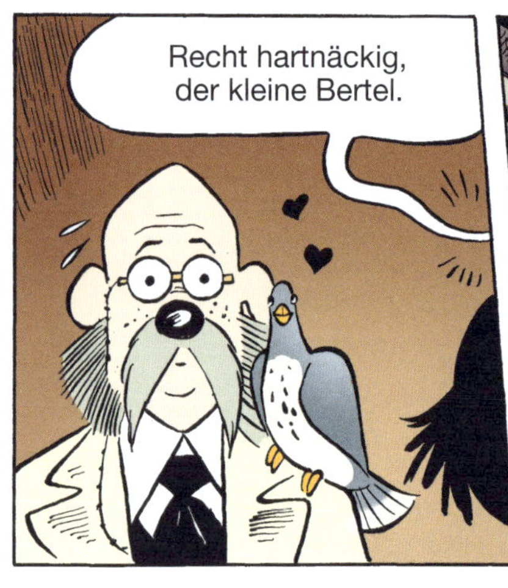
Recht hartnäckig, der kleine Bertel.

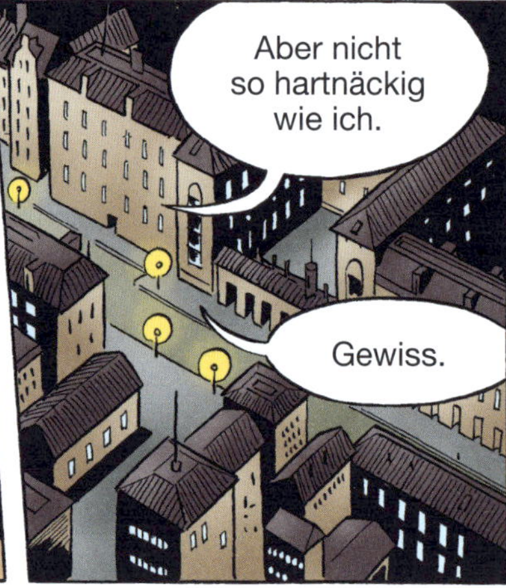
Aber nicht so hartnäckig wie ich.
Gewiss.

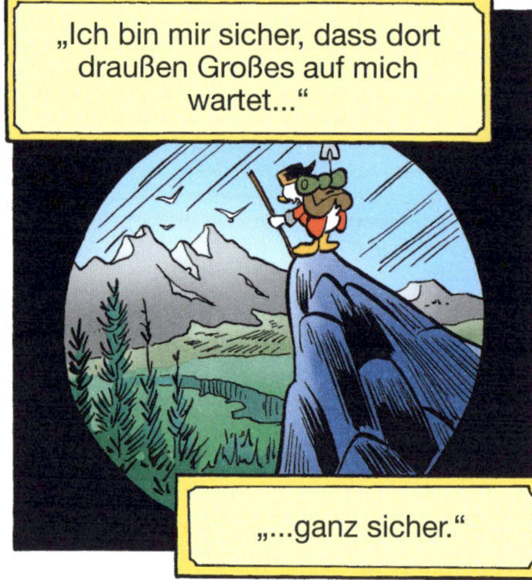
„Ich bin mir sicher, dass dort draußen Großes auf mich wartet…“
„…ganz sicher.“
ENDE

Walt Disney

DAGOBERT DUCK

DAMALS AM KLONDIKE: NACH DAWSON

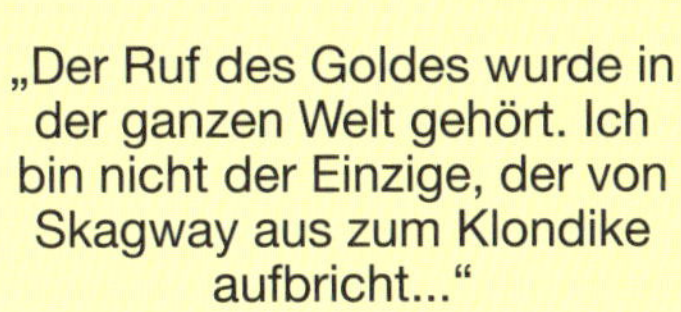

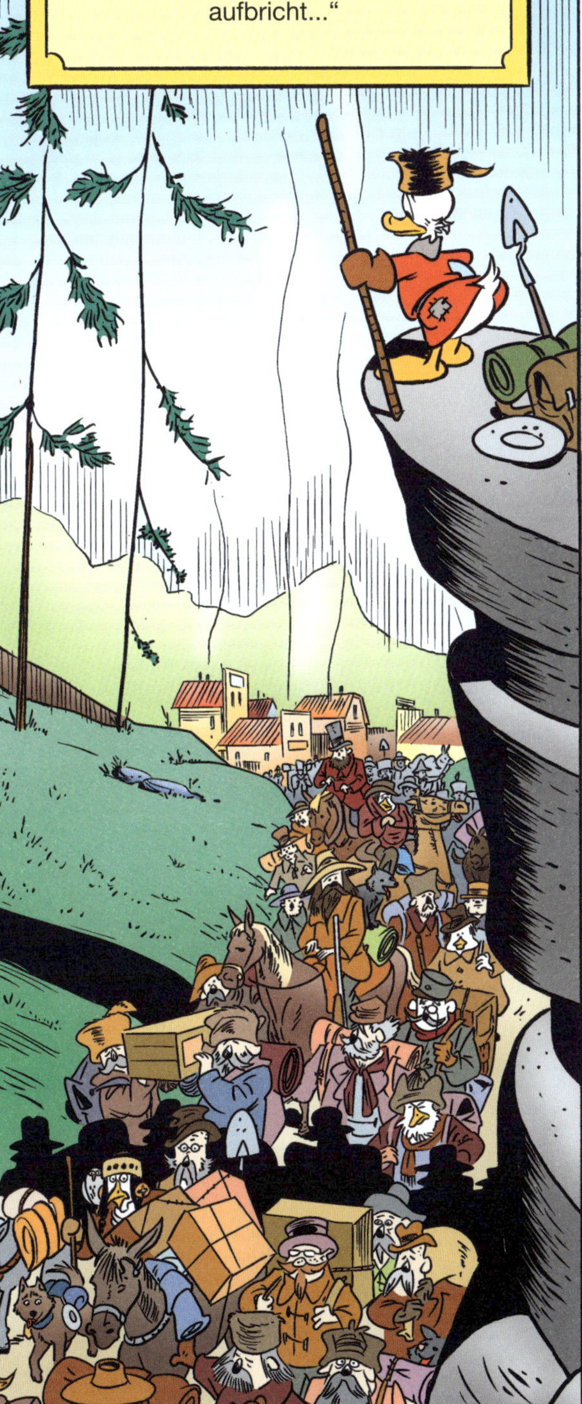

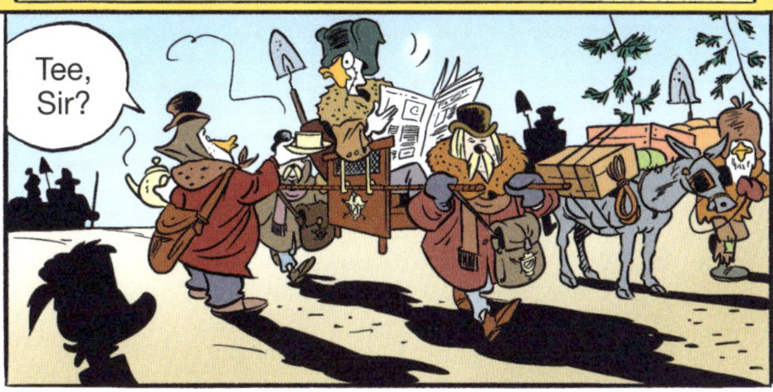

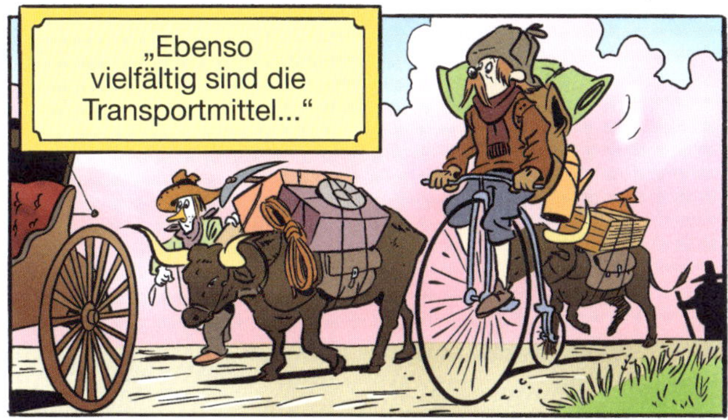

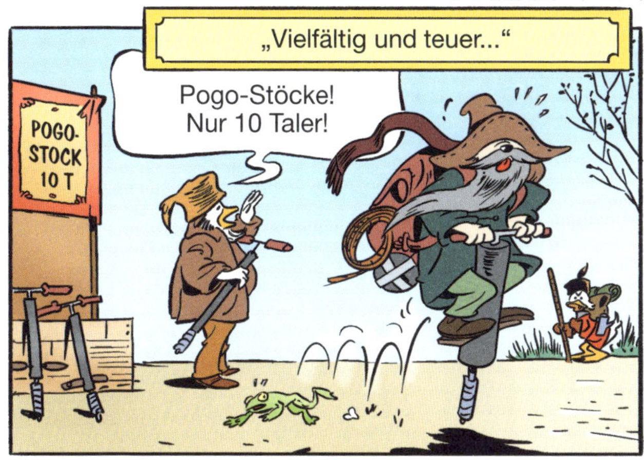

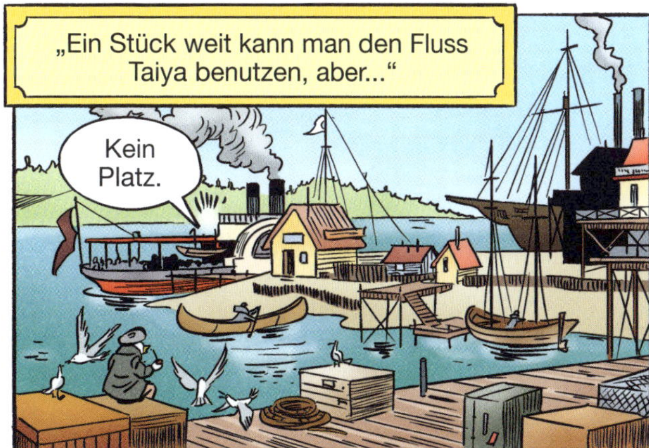

Skript & Zeichnungen: **Kari Korhonen**, Übersetzung: **Harry Nützel**

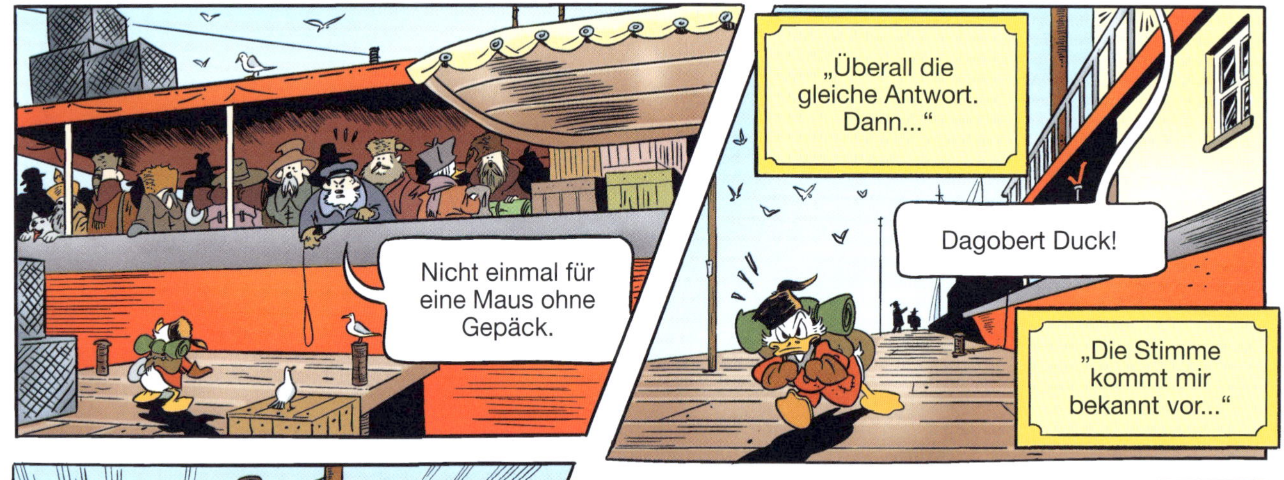
Nicht einmal für eine Maus ohne Gepäck.
„Überall die gleiche Antwort. Dann...“
Dagobert Duck!
„Die Stimme kommt mir bekannt vor...“

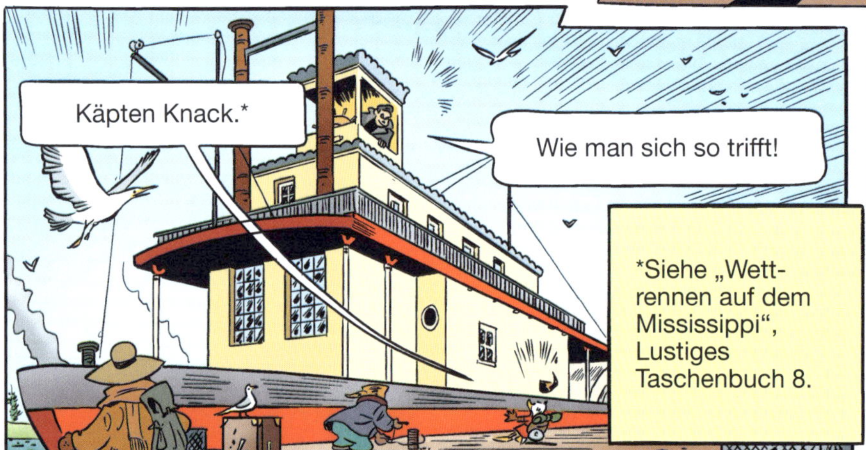
Käpten Knack.*
Wie man sich so trifft!
*Siehe „Wettrennen auf dem Mississippi“, Lustiges Taschenbuch 8.

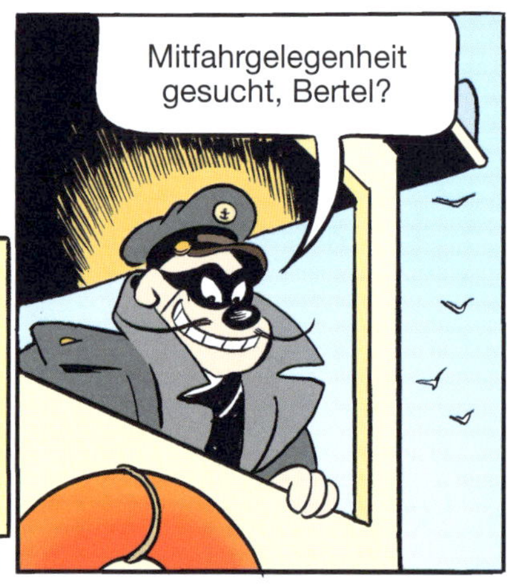
Mitfahrgelegenheit gesucht, Bertel?

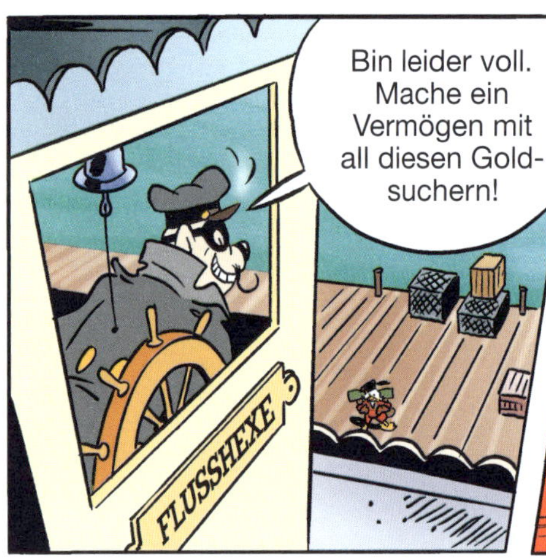
Bin leider voll. Mache ein Vermögen mit all diesen Goldsuchern!
FLUSSHEXE

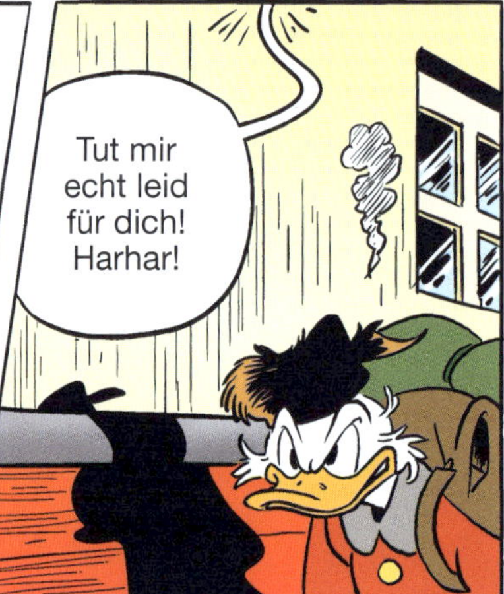
Tut mir echt leid für dich! Harhar!

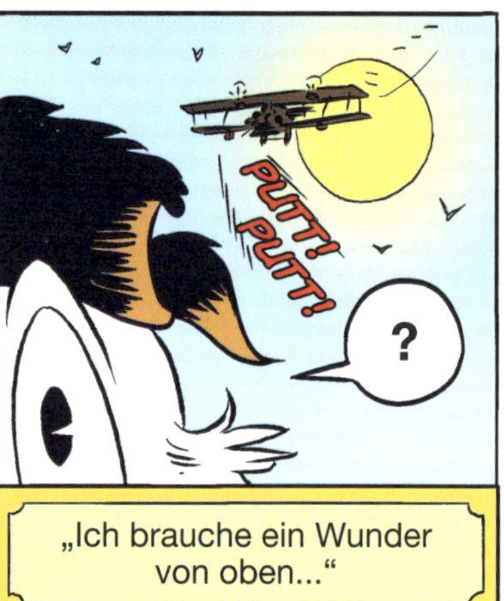
PUTT! PUTT!
?
„Ich brauche ein Wunder von oben...“

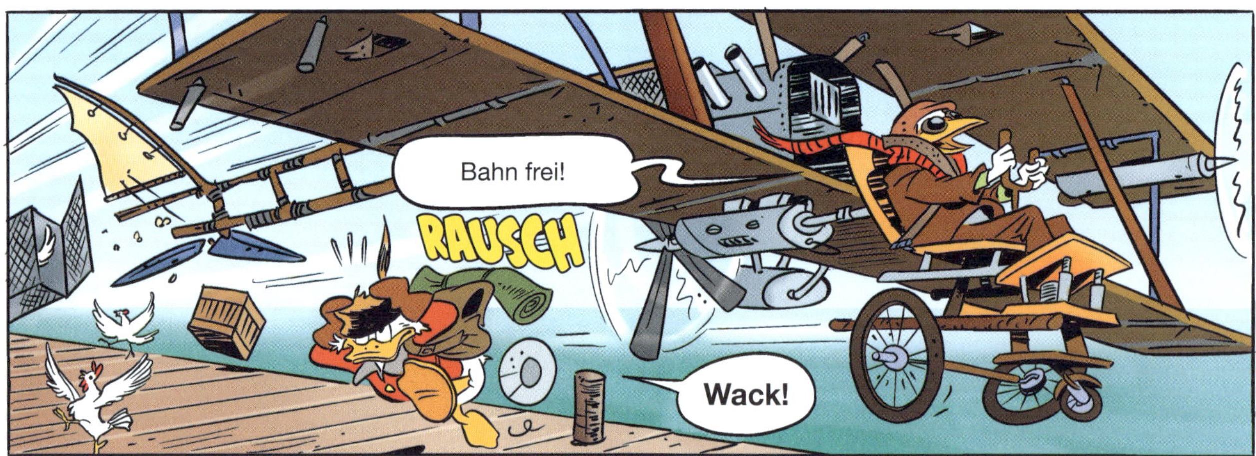
Bahn frei!
RAUSCH
Wack!

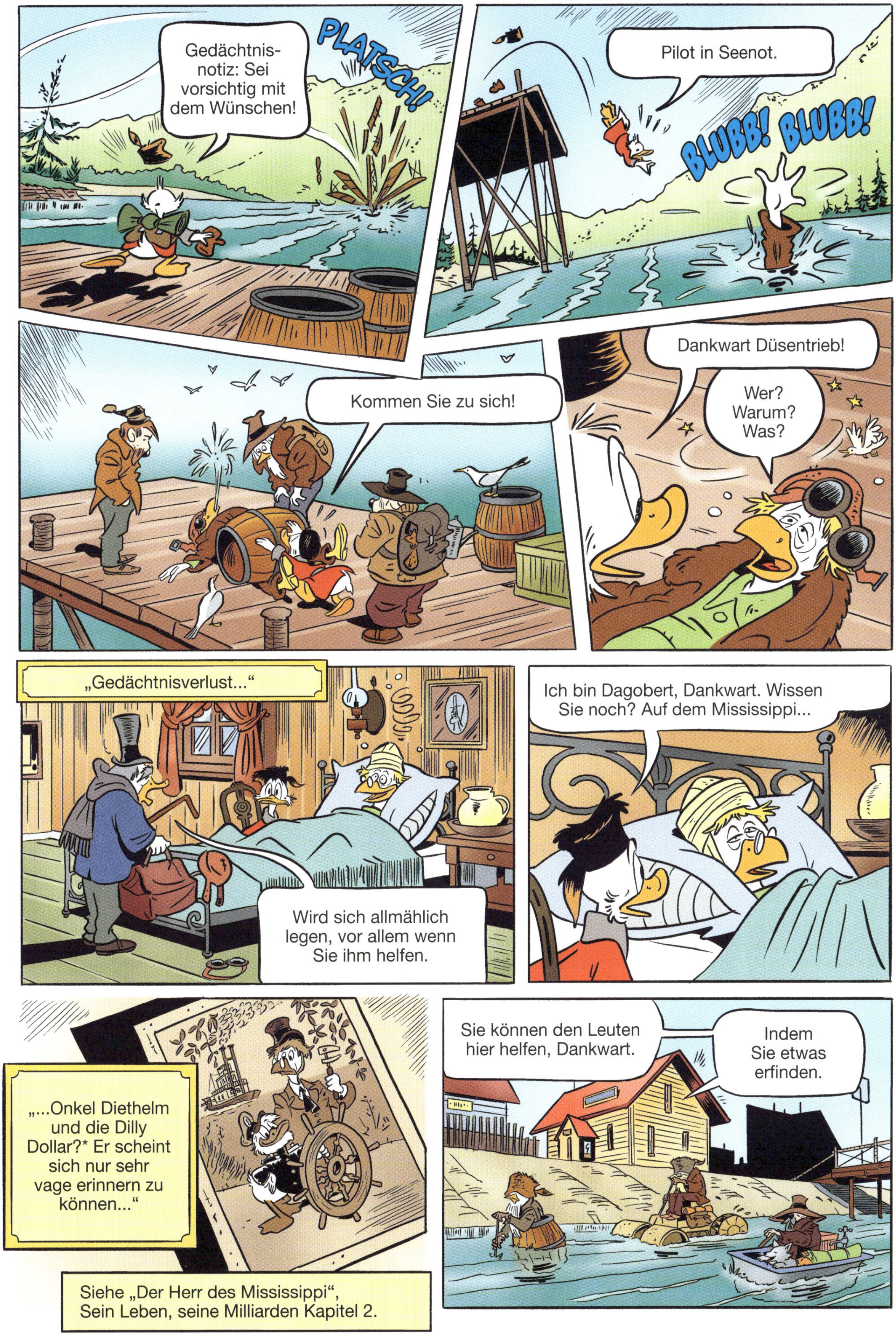

Gedächtnis-
notiz: Sei
vorsichtig mit
dem Wünschen!
PLATSCH!
Pilot in Seenot.
BLUBB! BLUBB!
Kommen Sie zu sich!
Dankwart Düsentrieb!
Wer?
Warum?
Was?

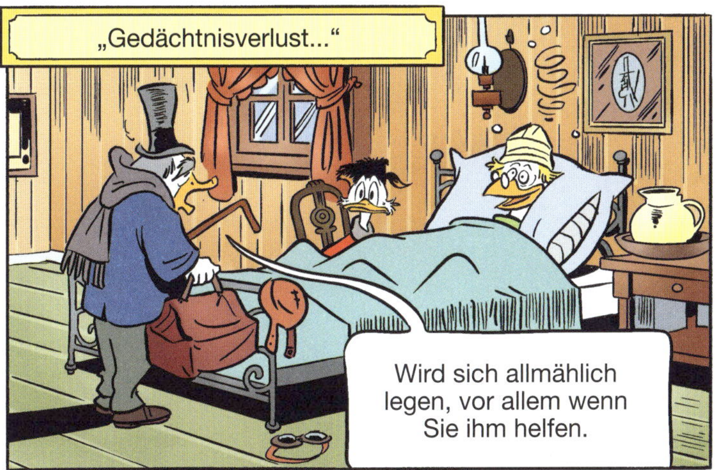

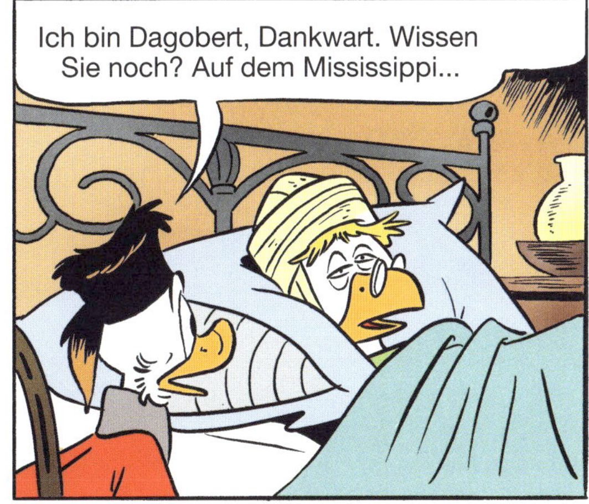

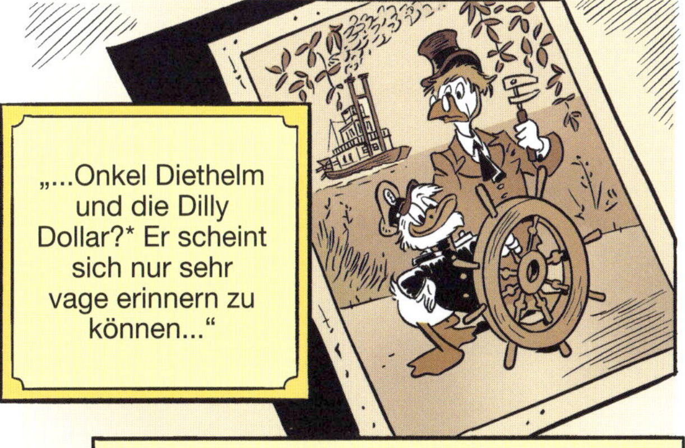

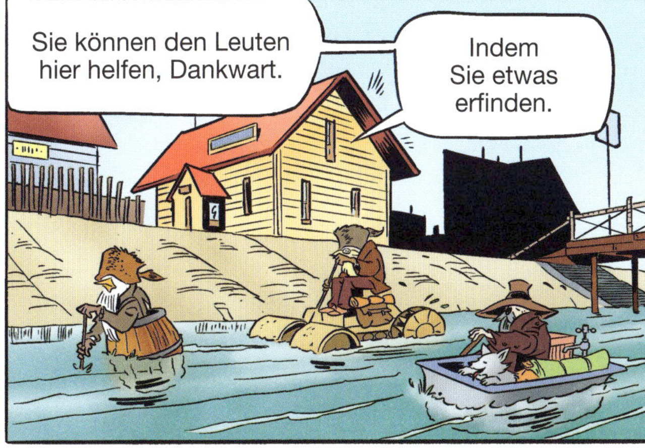

Siehe „Der Herr des Mississippi",
Sein Leben, seine Milliarden Kapitel 2.

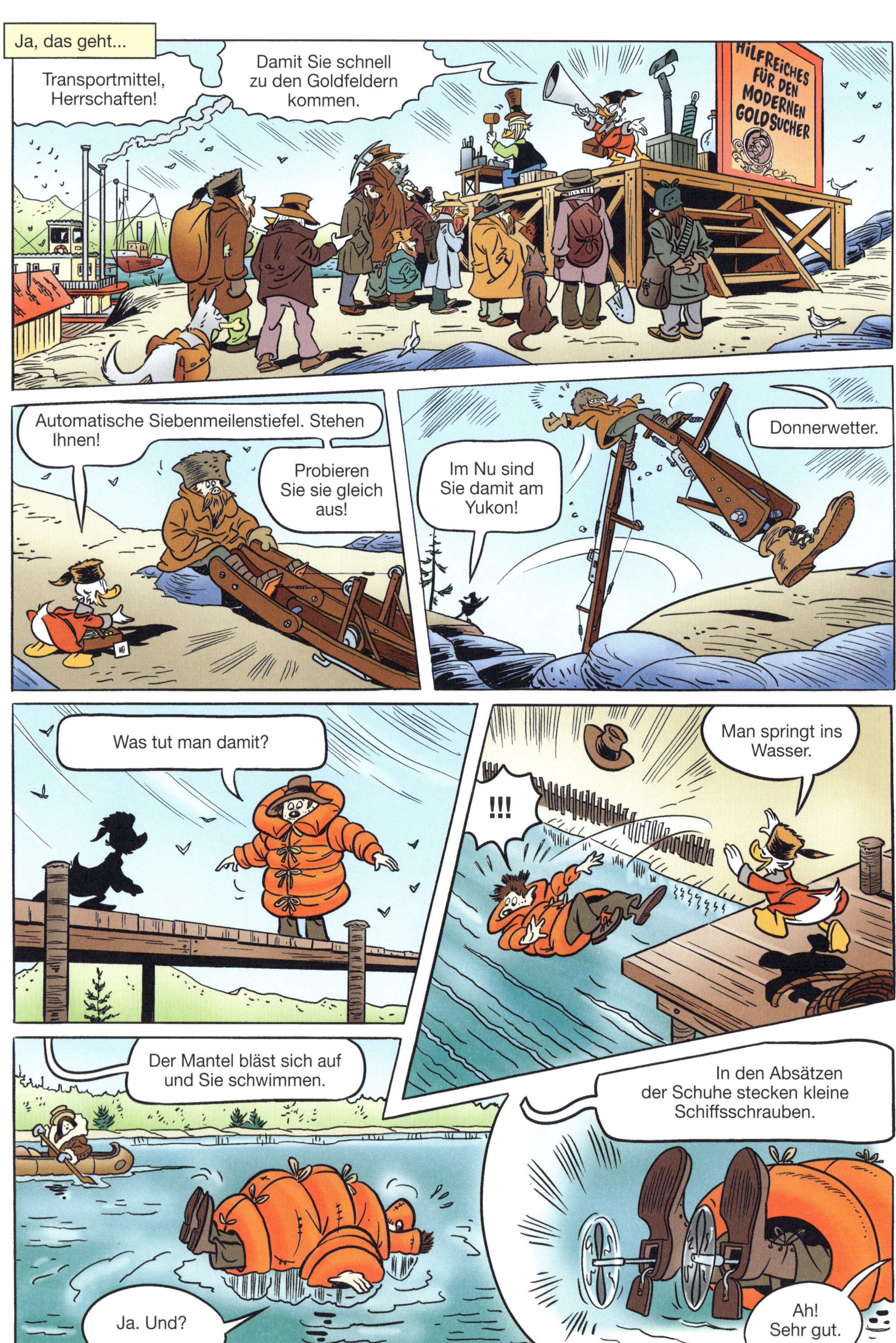

Ja, das geht...
Transportmittel, Herrschaften!
Damit Sie schnell zu den Goldfeldern kommen.
HILFREICHES FÜR DEN MODERNEN GOLDSUCHER
Automatische Siebenmeilenstiefel. Stehen Ihnen!
Probieren Sie sie gleich aus!
Im Nu sind Sie damit am Yukon!
Donnerwetter.
Was tut man damit?
Man springt ins Wasser.
!!!
Der Mantel bläst sich auf und Sie schwimmen.
Ja. Und?
In den Absätzen der Schuhe stecken kleine Schiffsschrauben.
Ah! Sehr gut.

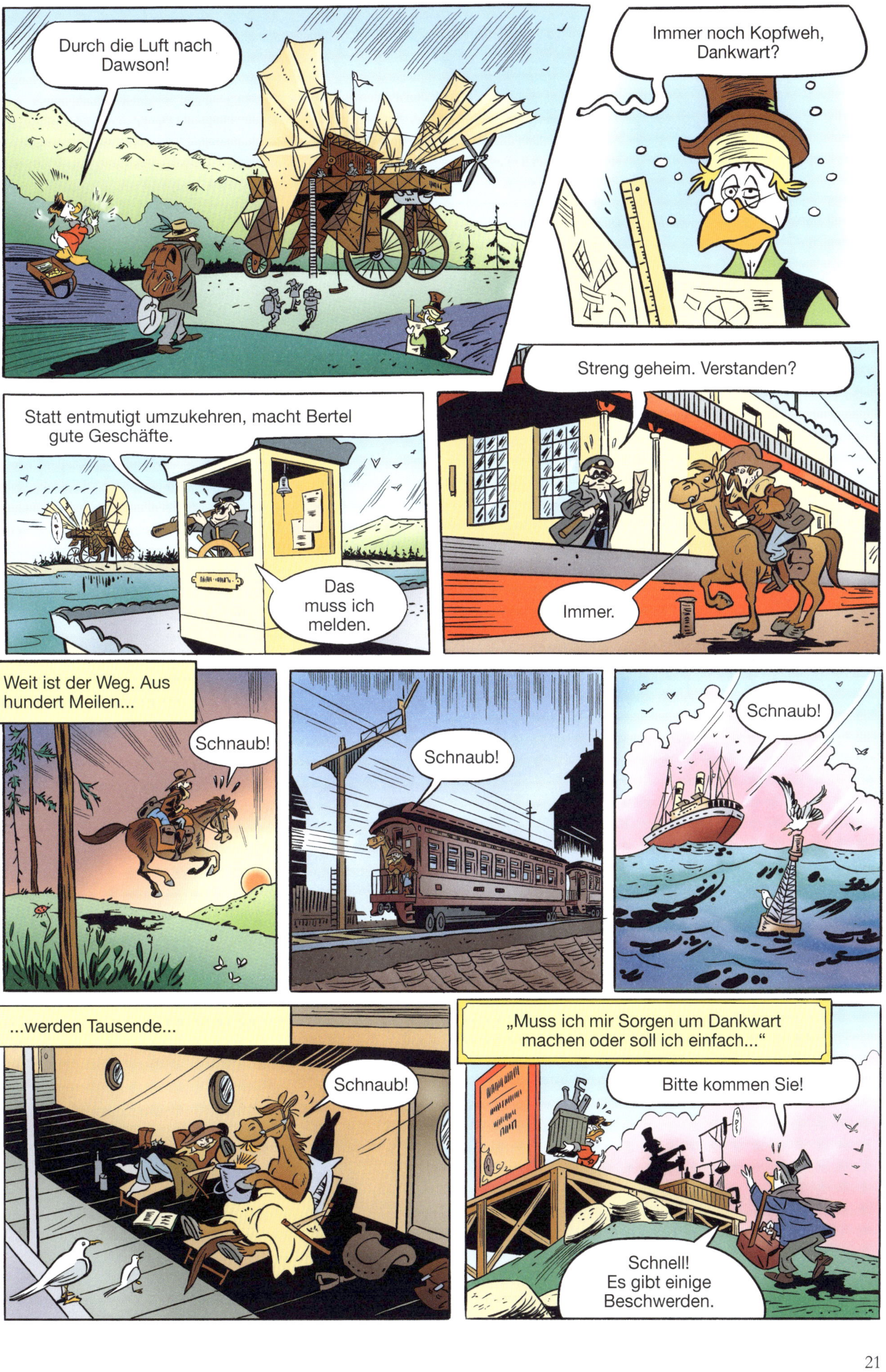

Durch die Luft nach Dawson!

Immer noch Kopfweh, Dankwart?

Statt entmutigt umzukehren, macht Bertel gute Geschäfte.

Das muss ich melden.

Streng geheim. Verstanden?

Immer.

Weit ist der Weg. Aus hundert Meilen...

Schnaub!

Schnaub!

Schnaub!

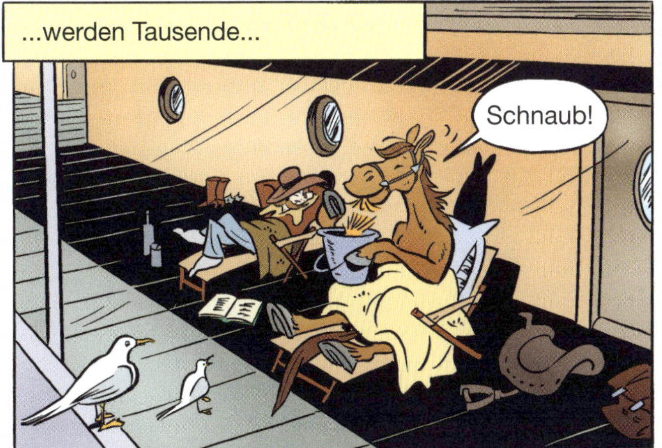

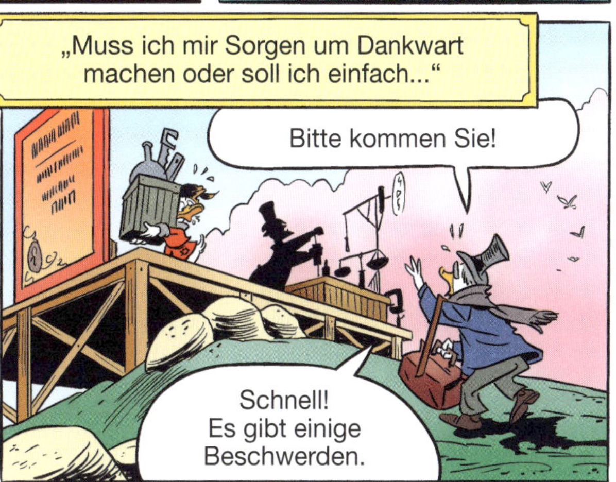

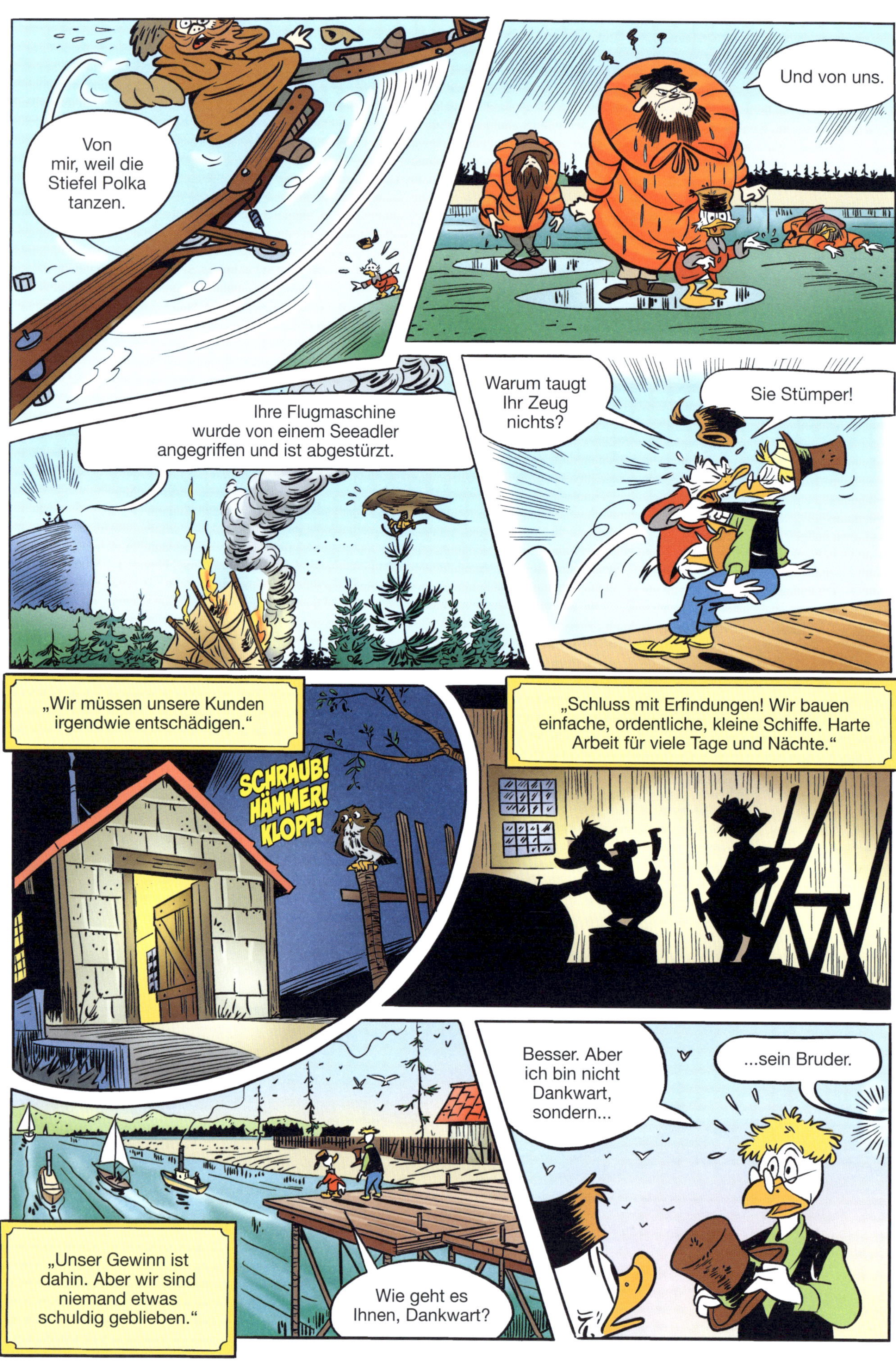
Von mir, weil die Stiefel Polka tanzen.
Und von uns.
Ihre Flugmaschine wurde von einem Seeadler angegriffen und ist abgestürzt.
Warum taugt Ihr Zeug nichts?
Sie Stümper!
„Wir müssen unsere Kunden irgendwie entschädigen."
SCHRAUB! HÄMMER! KLOPF!
„Schluss mit Erfindungen! Wir bauen einfache, ordentliche, kleine Schiffe. Harte Arbeit für viele Tage und Nächte."
„Unser Gewinn ist dahin. Aber wir sind niemand etwas schuldig geblieben."
Wie geht es Ihnen, Dankwart?
Besser. Aber ich bin nicht Dankwart, sondern...
...sein Bruder.

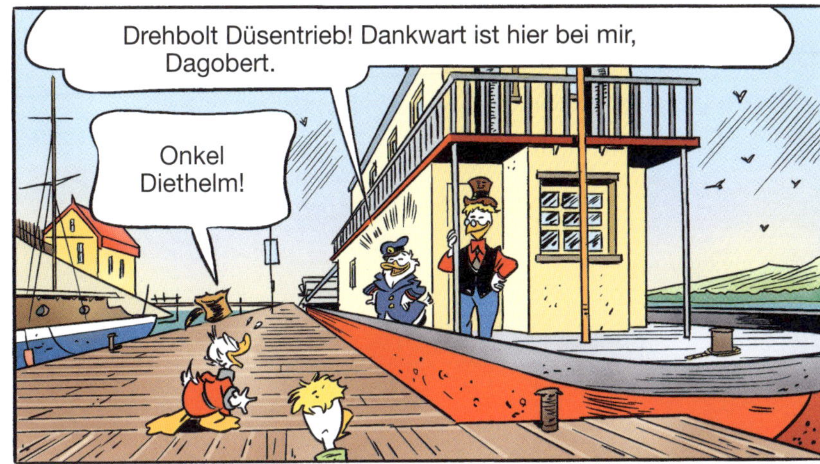
Drehbolt Düsentrieb! Dankwart ist hier bei mir, Dagobert.
Onkel Diethelm!

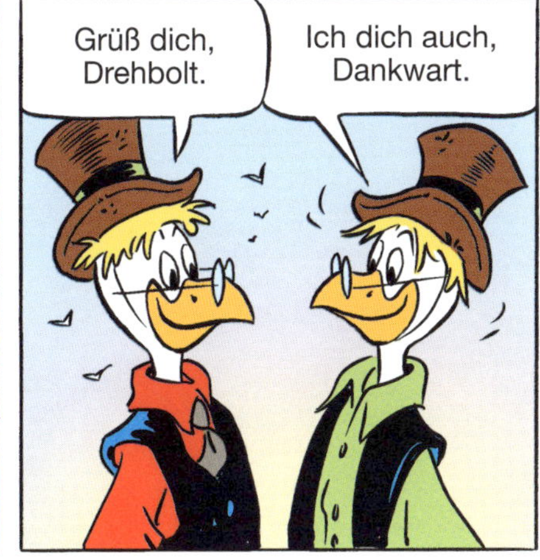
Grüß dich, Drehbolt.
Ich dich auch, Dankwart.

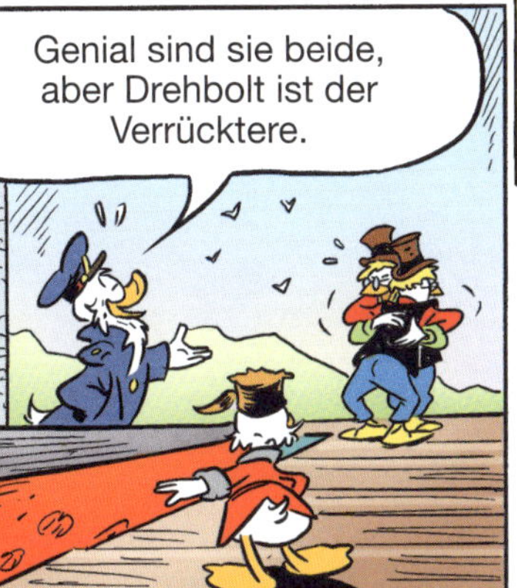
Genial sind sie beide, aber Drehbolt ist der Verrücktere.

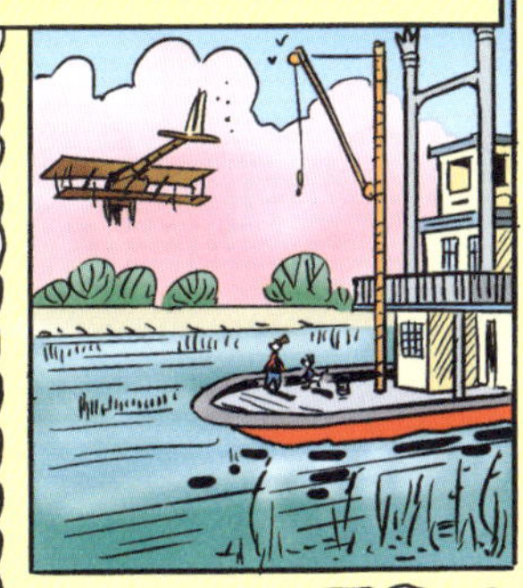
„Als er abflog, dachten wir, wir würden ihn nie wiedersehen."

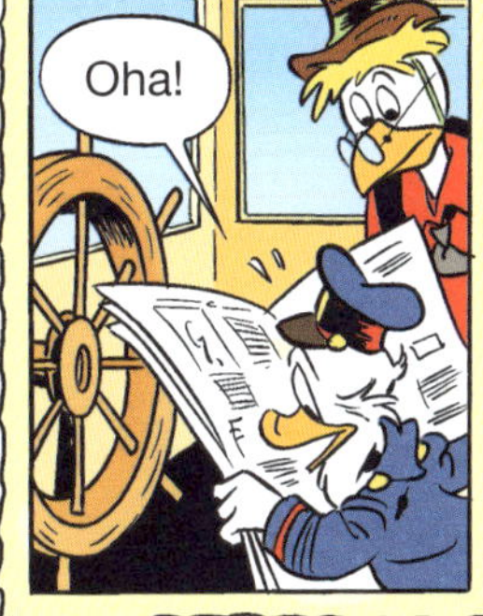
„Aber dann lasen wir, dass er in Alaska sei..."
Oha!

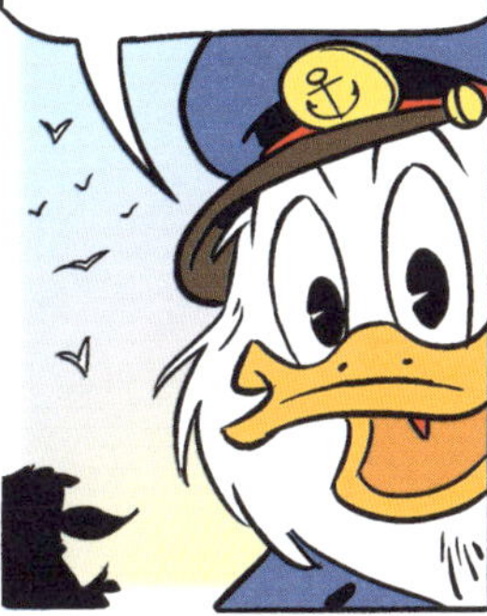
Und dass man dort Flussschiffe braucht.

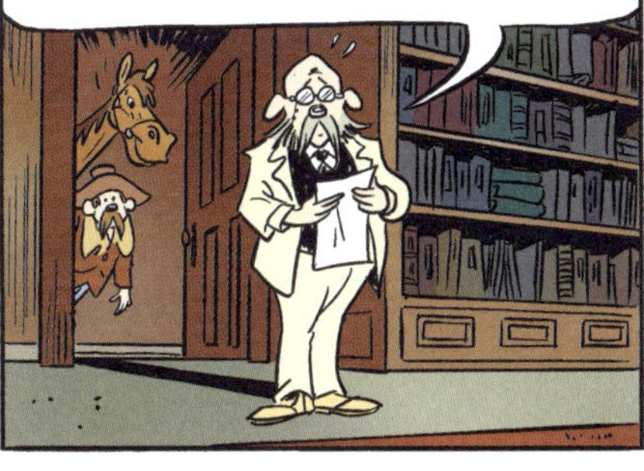
Anderswo, weit weg...
Unsere Schiffe nach Dawson bringen gutes Geld. Käpten Knack schreibt...

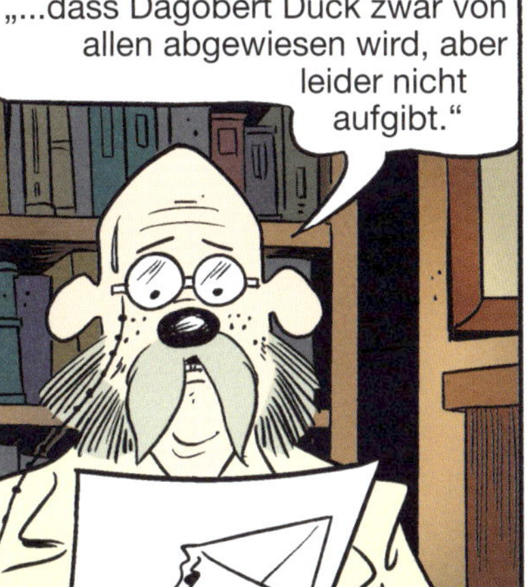
„...dass Dagobert Duck zwar von allen abgewiesen wird, aber leider nicht aufgibt."

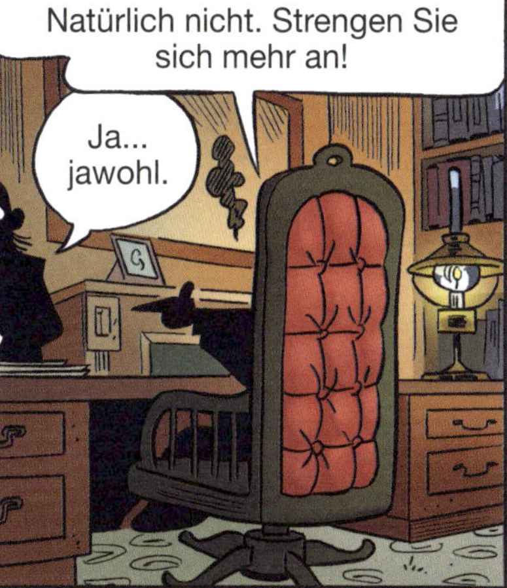
Natürlich nicht. Strengen Sie sich mehr an!
Ja... jawohl.

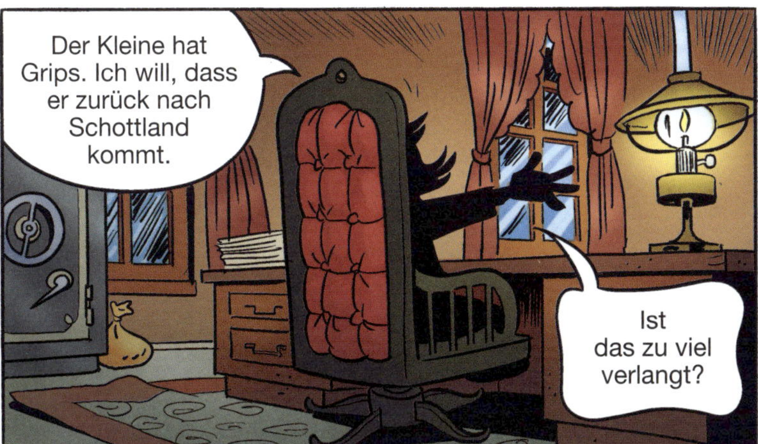
Der Kleine hat Grips. Ich will, dass er zurück nach Schottland kommt.
Ist das zu viel verlangt?

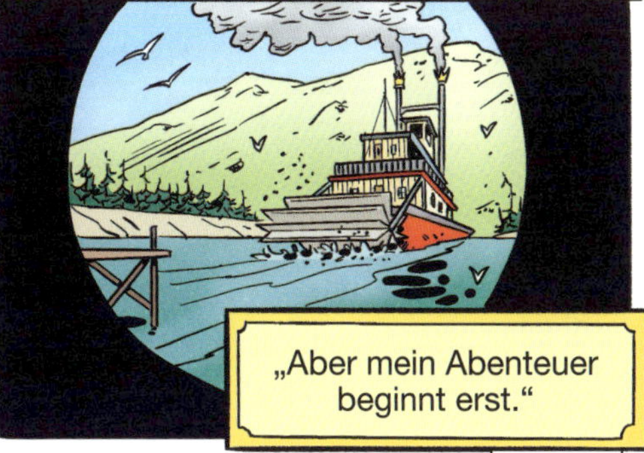
„Ich bin Onkel Diethelms erster Passagier Richtung Norden. Er will, dass ich bei ihm bleibe..."
„Aber mein Abenteuer beginnt erst."

ENDE

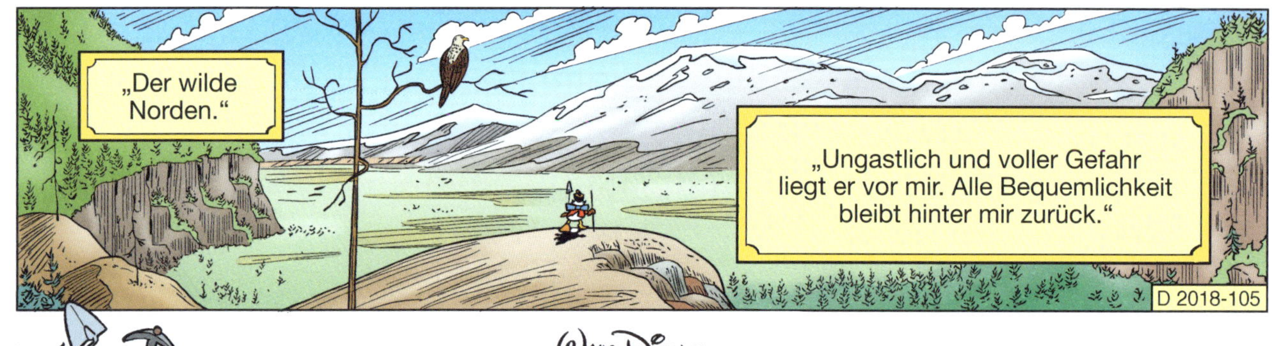

Walt Disney

DAGOBERT DUCK

DAMALS AM KLONDIKE: DAS GESETZ DES NORDENS

Created 2018

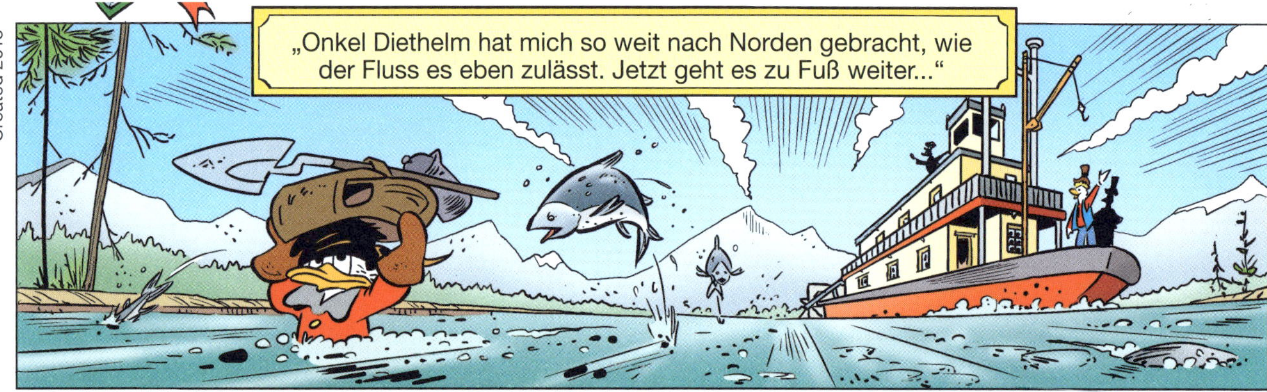

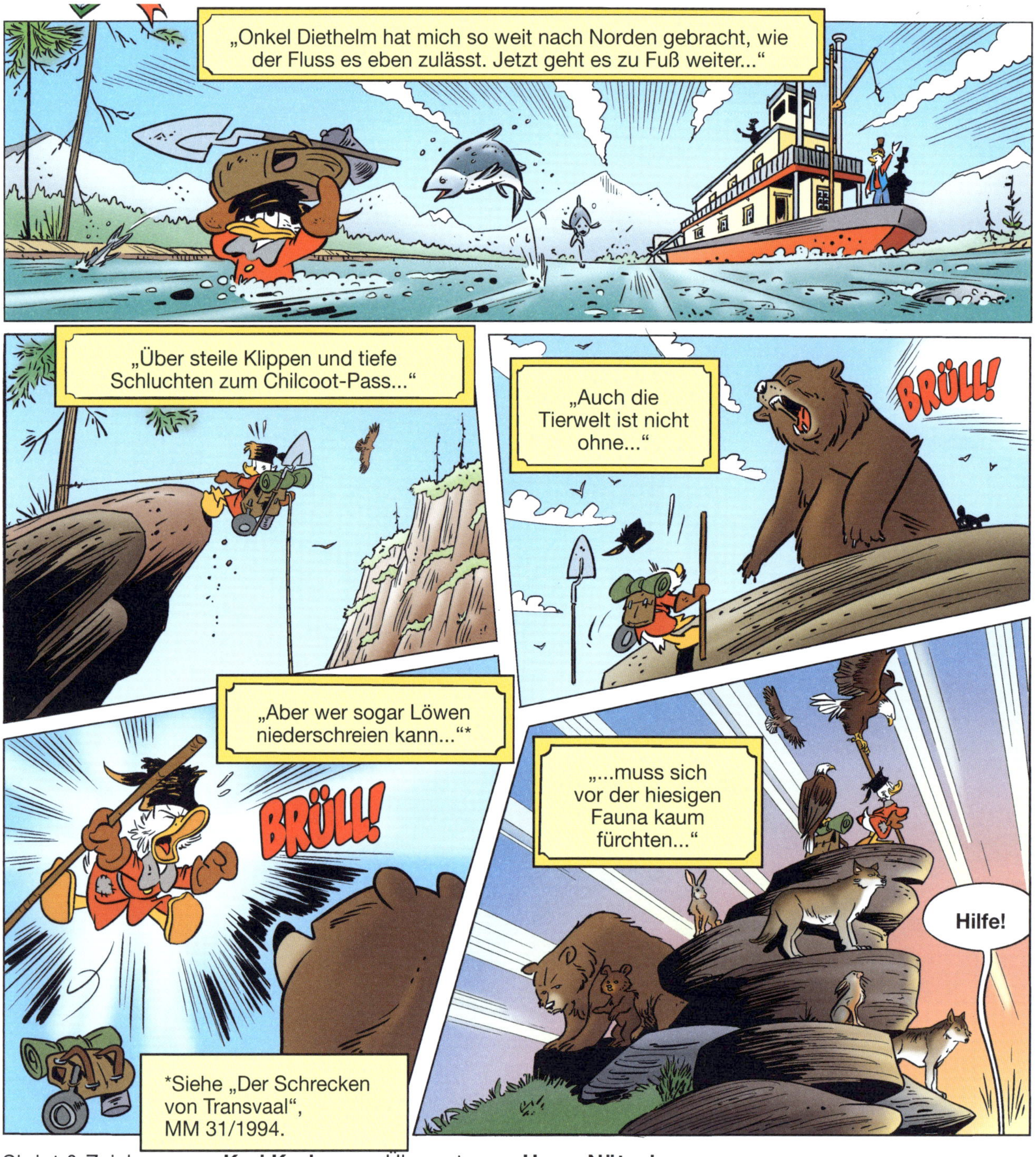

„Über steile Klippen und tiefe Schluchten zum Chilcoot-Pass...“

„Auch die Tierwelt ist nicht ohne...“

BRÜLL!

„Aber wer sogar Löwen niederschreien kann...“*

BRÜLL!

*Siehe „Der Schrecken von Transvaal“, MM 31/1994.

„...muss sich vor der hiesigen Fauna kaum fürchten...“

Hilfe!

Skript & Zeichnungen: **Kari Korhonen**, Übersetzung: **Harry Nützel**

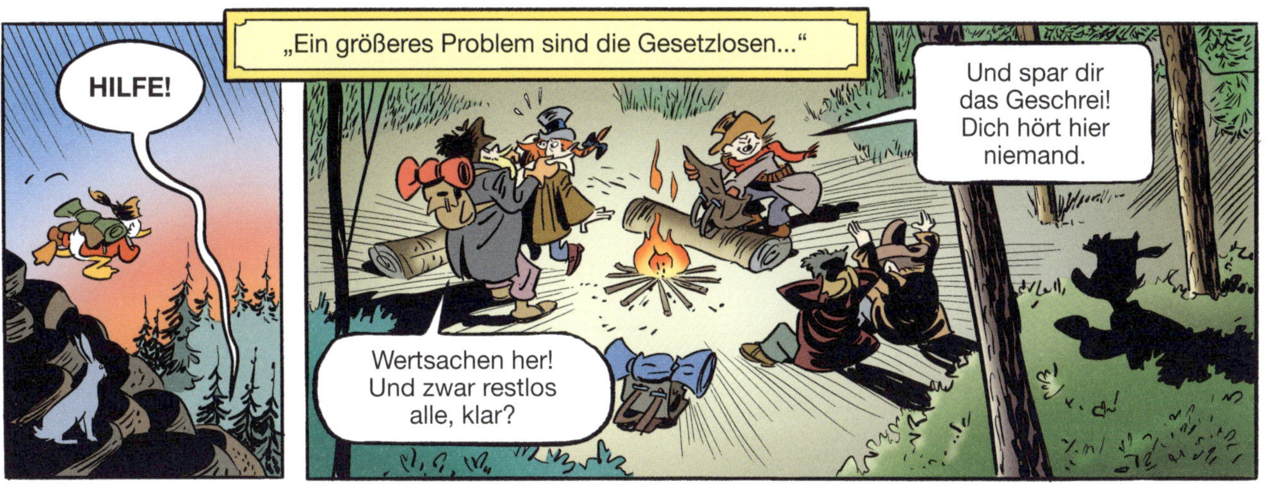
„Ein größeres Problem sind die Gesetzlosen..."
HILFE!
Und spar dir das Geschrei! Dich hört hier niemand.
Wertsachen her! Und zwar restlos alle, klar?

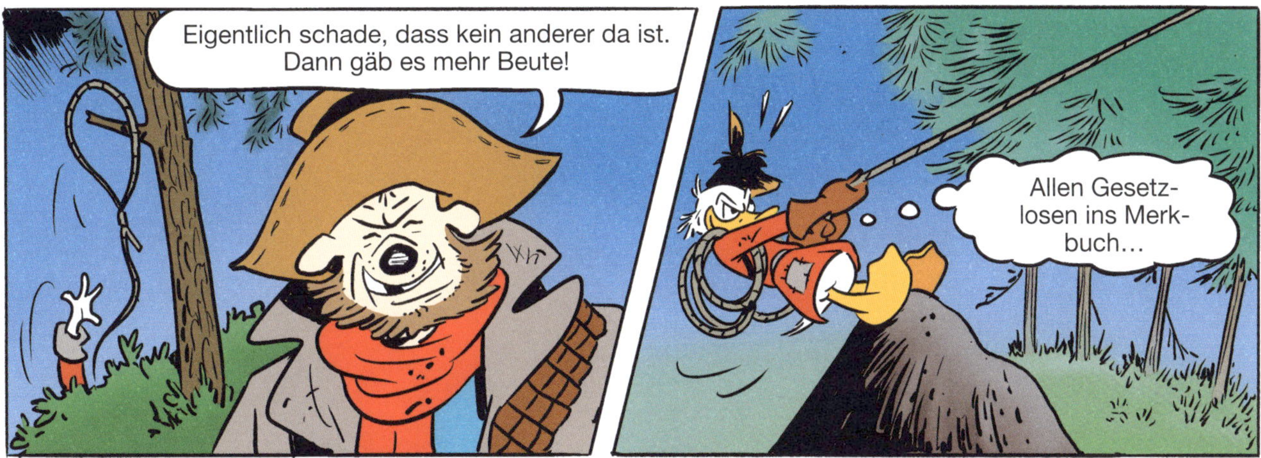
Eigentlich schade, dass kein anderer da ist. Dann gäb es mehr Beute!
Allen Gesetz-losen ins Merk-buch…

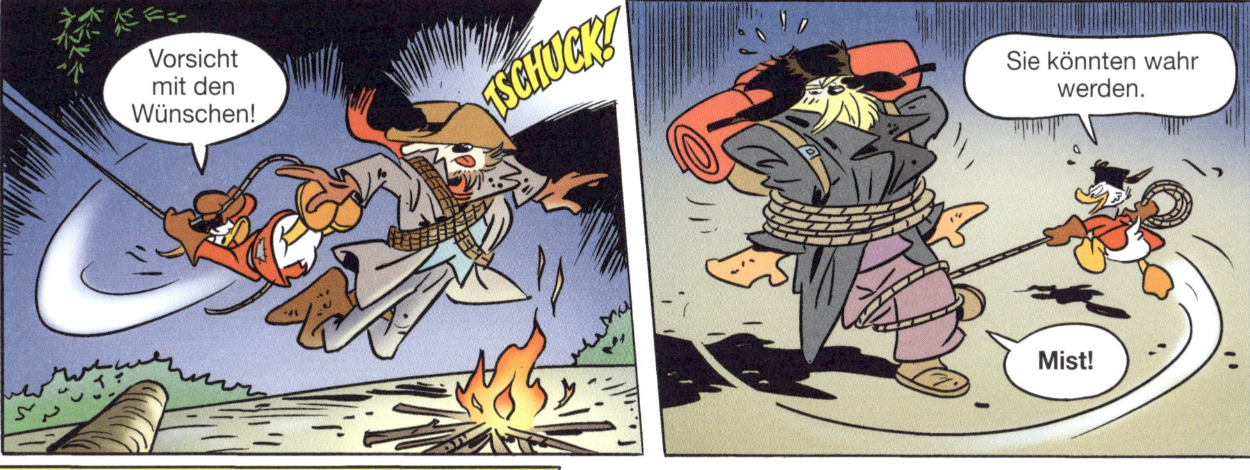
Vorsicht mit den Wünschen!
TSCHUCK!
Sie könnten wahr werden.
Mist!

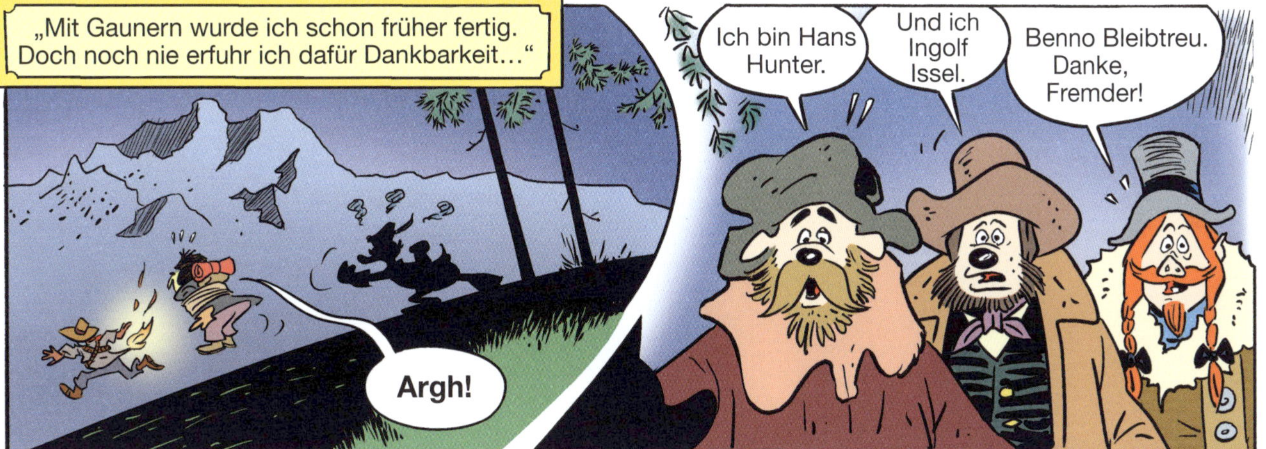
„Mit Gaunern wurde ich schon früher fertig. Doch noch nie erfuhr ich dafür Dankbarkeit…"
Argh!
Ich bin Hans Hunter.
Und ich Ingolf Issel.
Benno Bleibtreu. Danke, Fremder!

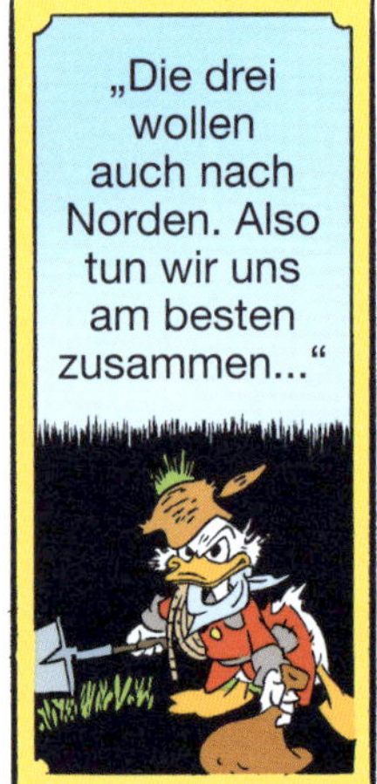
„Die drei wollen auch nach Norden. Also tun wir uns am besten zusammen...“

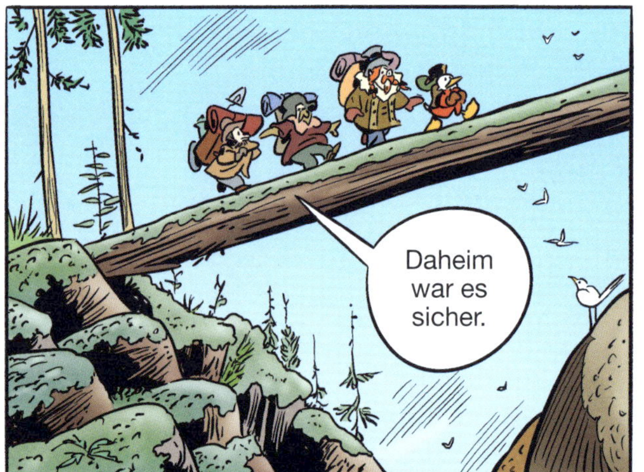
Daheim war es sicher.

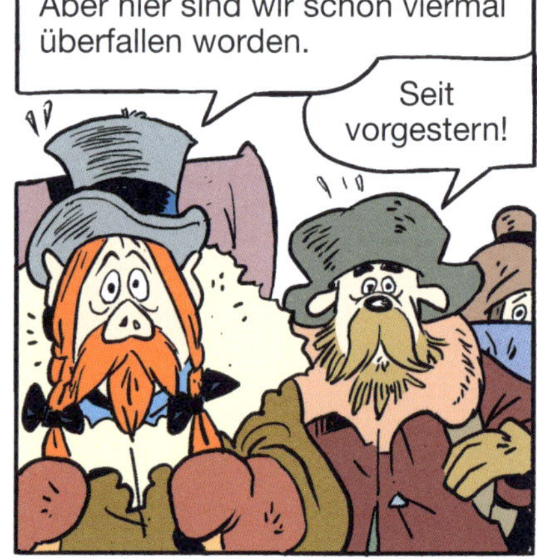
Aber hier sind wir schon viermal überfallen worden.
Seit vorgestern!

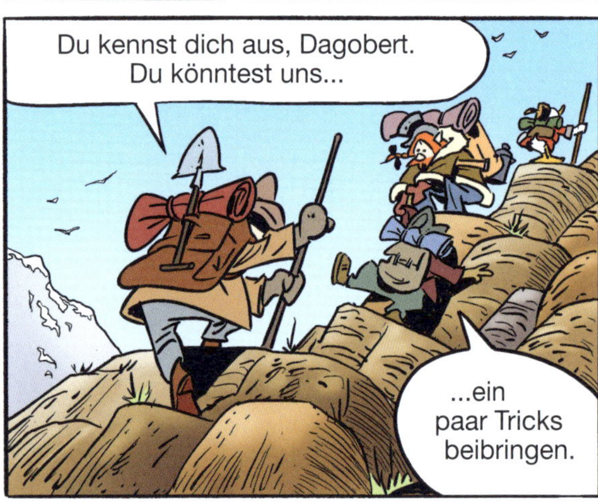
Du kennst dich aus, Dagobert. Du könntest uns...
...ein paar Tricks beibringen.

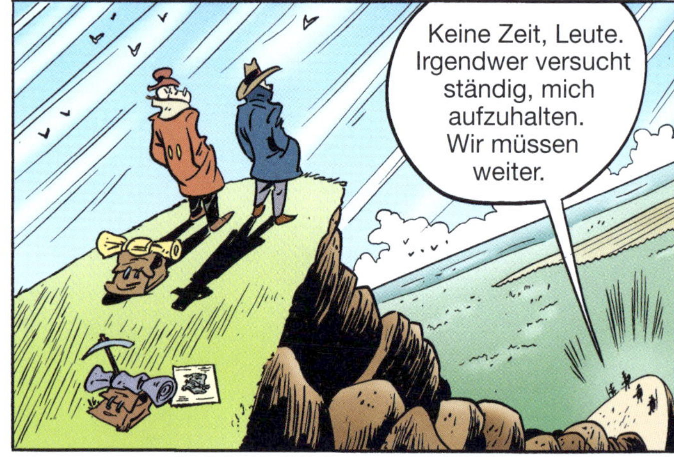
Keine Zeit, Leute. Irgendwer versucht ständig, mich aufzuhalten. Wir müssen weiter.

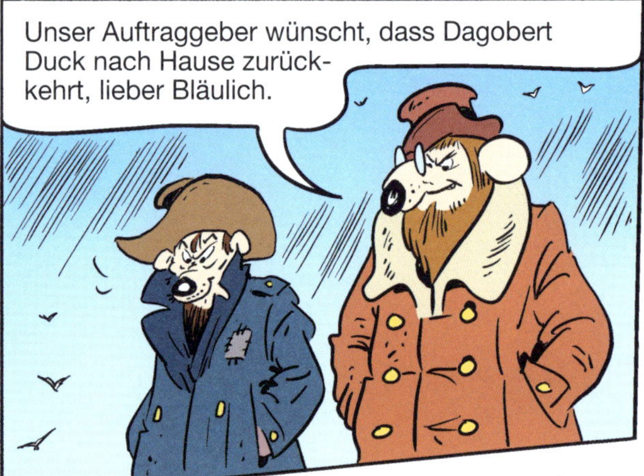
Unser Auftraggeber wünscht, dass Dagobert Duck nach Hause zurückkehrt, lieber Bläulich.

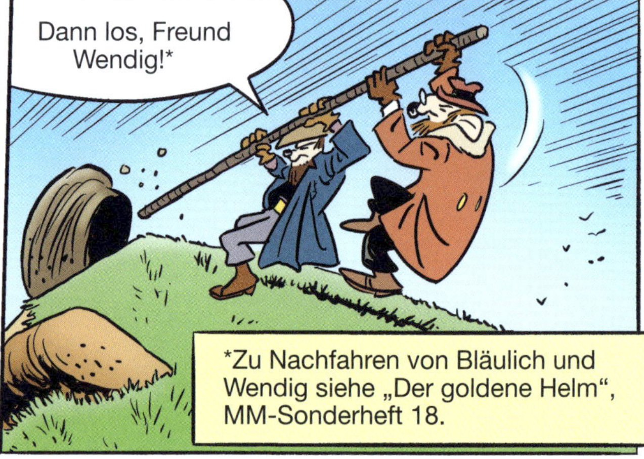
Dann los, Freund Wendig!*
*Zu Nachfahren von Bläulich und Wendig siehe „Der goldene Helm“, MM-Sonderheft 18.

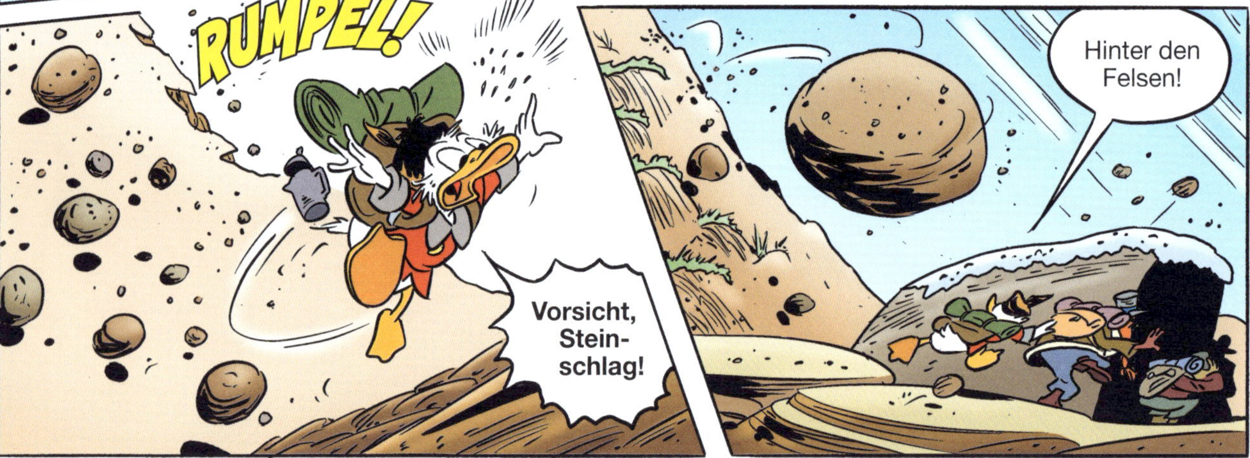
RUMPEL!
Vorsicht, Steinschlag!
Hinter den Felsen!

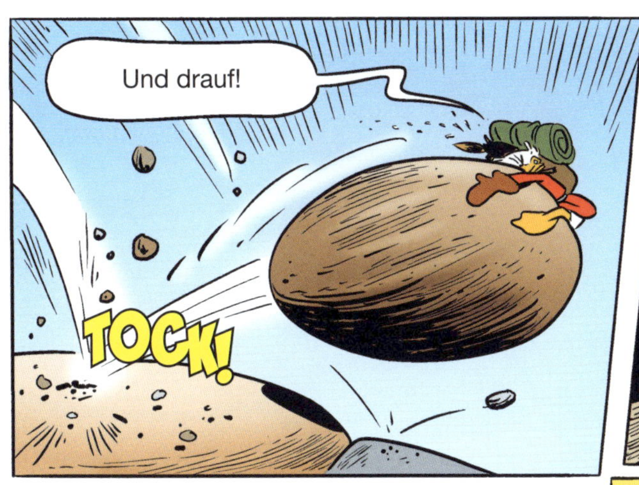
Und drauf!
TOCK!

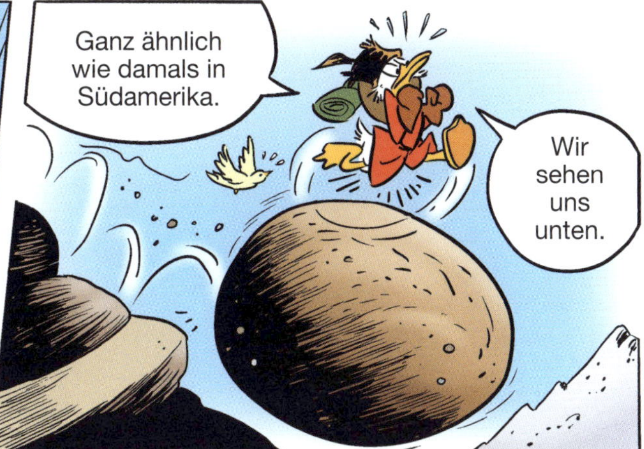
Ganz ähnlich wie damals in Südamerika.
Wir sehen uns unten.

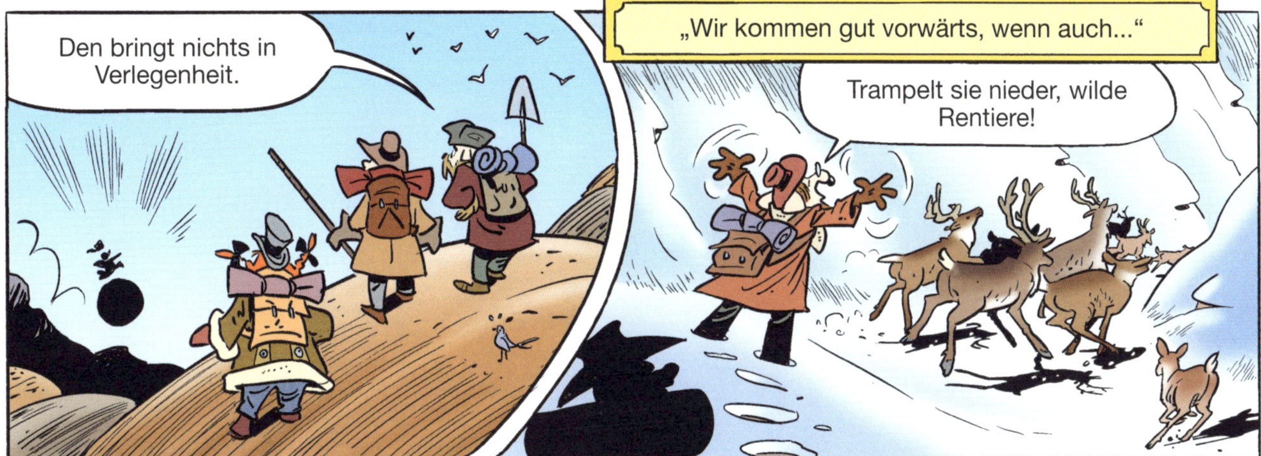
Den bringt nichts in Verlegenheit.
„Wir kommen gut vorwärts, wenn auch..."
Trampelt sie nieder, wilde Rentiere!

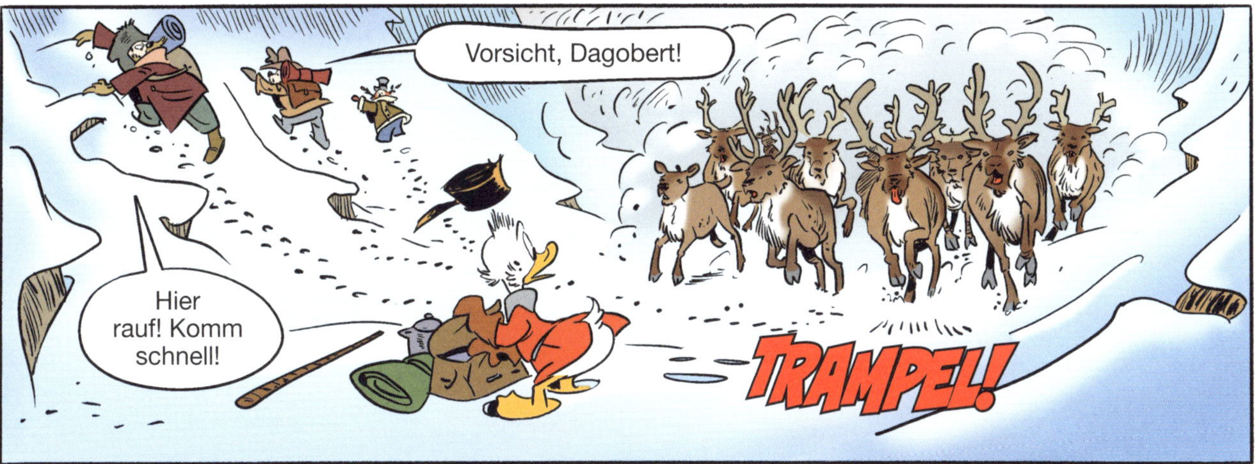
Vorsicht, Dagobert!
Hier rauf! Komm schnell!
TRAMPEL!

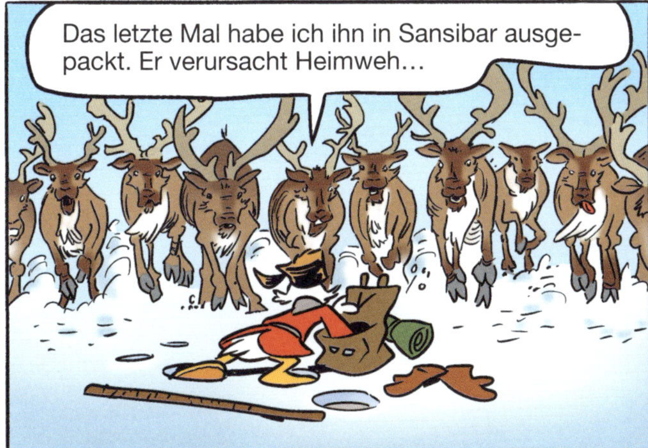
Das letzte Mal habe ich ihn in Sansibar ausgepackt. Er verursacht Heimweh…

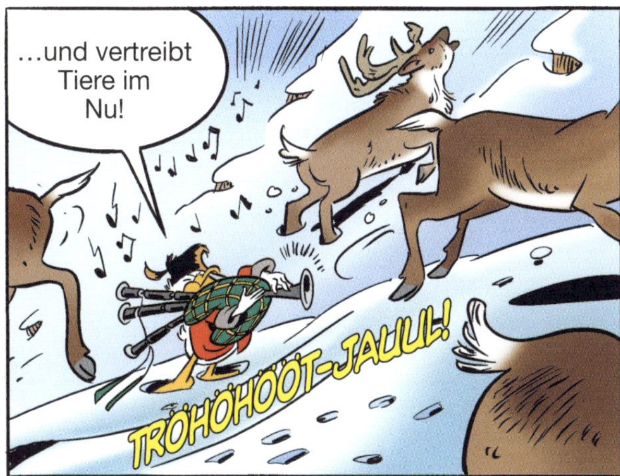
…und vertreibt Tiere im Nu!
TRÖHÖHÖÖT-JAUUL!

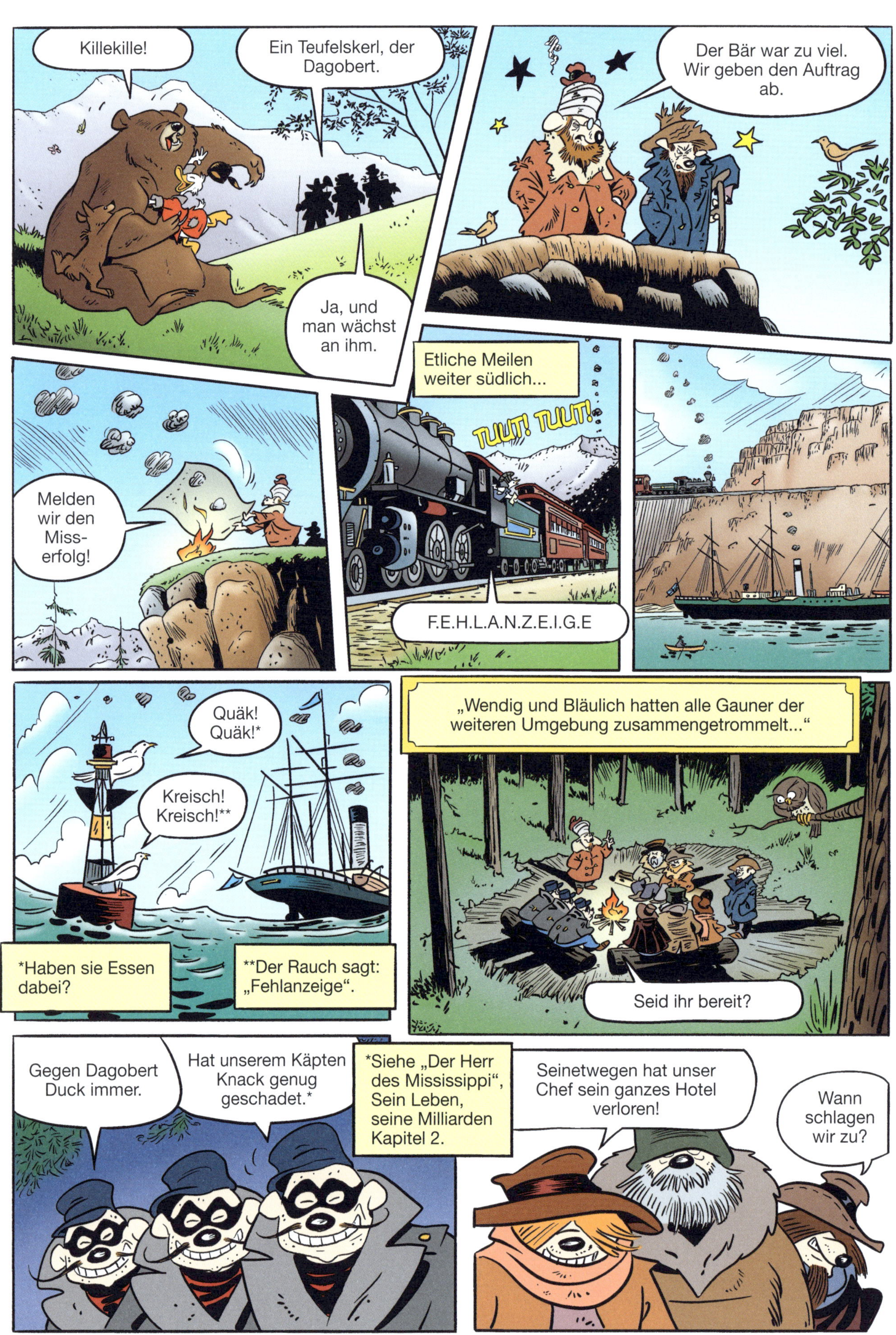
Killekille!
Ein Teufelskerl, der Dagobert.
Ja, und man wächst an ihm.
Der Bär war zu viel. Wir geben den Auftrag ab.
Melden wir den Miss-erfolg!
Etliche Meilen weiter südlich...
TUUT! TUUT!
F.E.H.L.A.N.Z.E.I.G.E
Quäk! Quäk!*
Kreisch! Kreisch!**
*Haben sie Essen dabei?
**Der Rauch sagt: „Fehlanzeige“.
„Wendig und Bläulich hatten alle Gauner der weiteren Umgebung zusammengetrommelt...“
Seid ihr bereit?
Gegen Dagobert Duck immer.
Hat unserem Käpten Knack genug geschadet.*
*Siehe „Der Herr des Mississippi“, Sein Leben, seine Milliarden Kapitel 2.
Seinetwegen hat unser Chef sein ganzes Hotel verloren!
Wann schlagen wir zu?

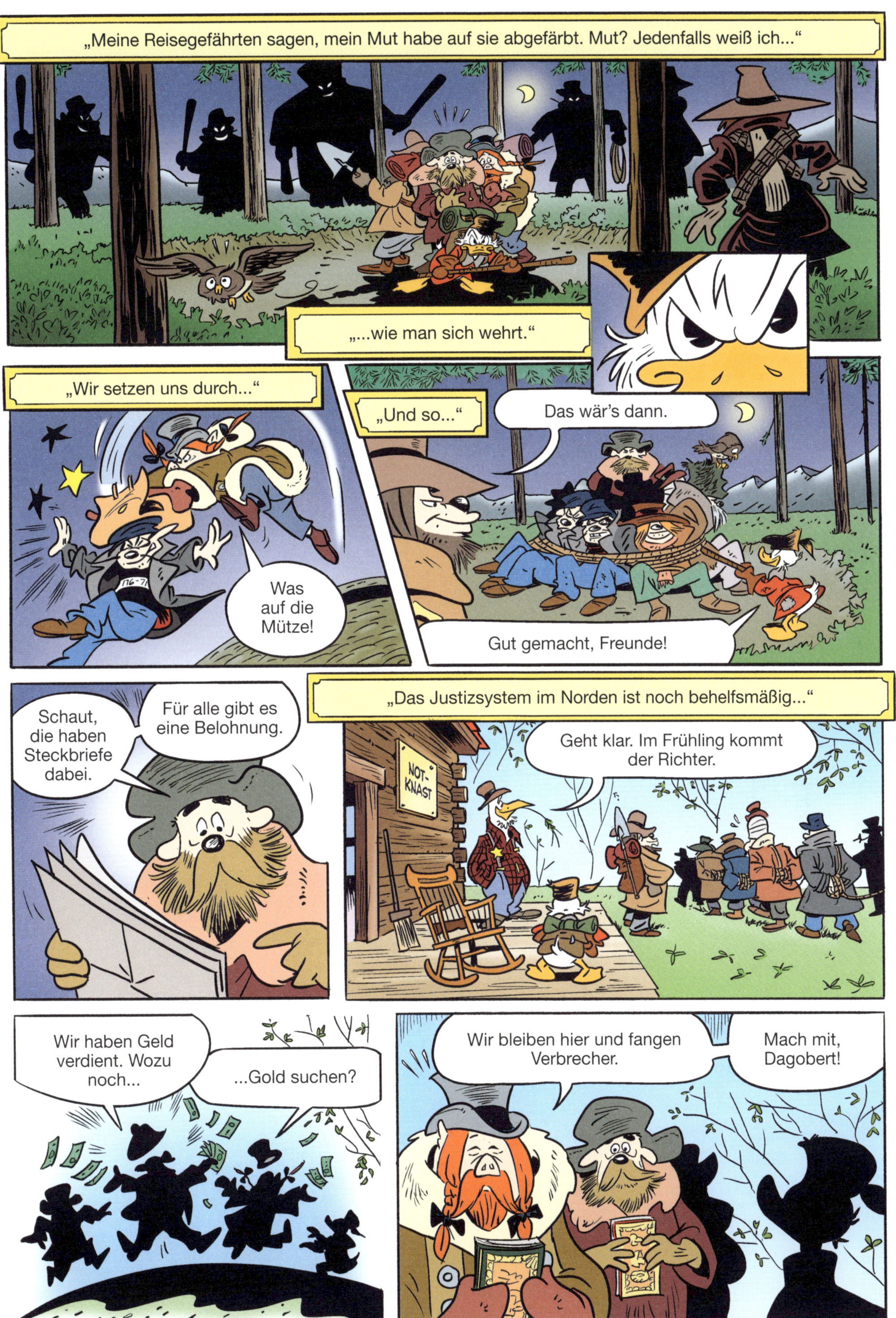
„Meine Reisegefährten sagen, mein Mut habe auf sie abgefärbt. Mut? Jedenfalls weiß ich...“
„...wie man sich wehrt.“
„Wir setzen uns durch...“
176-71
Was auf die Mütze!
„Und so...“
Das wär's dann.
Gut gemacht, Freunde!
Schaut, die haben Steckbriefe dabei.
Für alle gibt es eine Belohnung.
„Das Justizsystem im Norden ist noch behelfsmäßig...“
NOT-KNAST
Geht klar. Im Frühling kommt der Richter.
Wir haben Geld verdient. Wozu noch...
...Gold suchen?
Wir bleiben hier und fangen Verbrecher.
Mach mit, Dagobert!

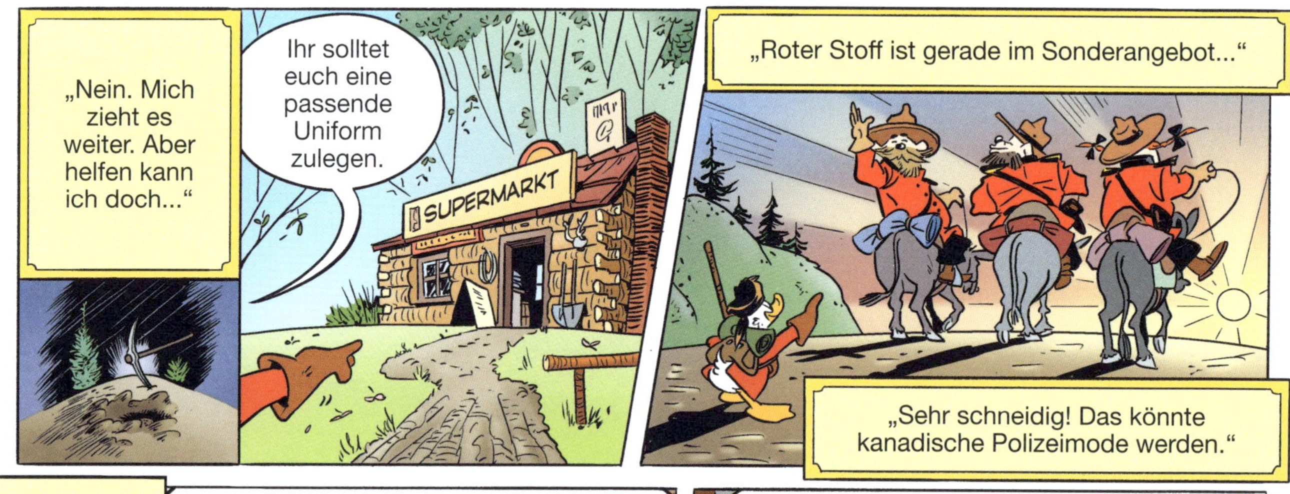
„Nein. Mich zieht es weiter. Aber helfen kann ich doch…“
Ihr solltet euch eine passende Uniform zulegen.
SUPERMARKT
„Roter Stoff ist gerade im Sonderangebot…“
„Sehr schneidig! Das könnte kanadische Polizeimode werden.“

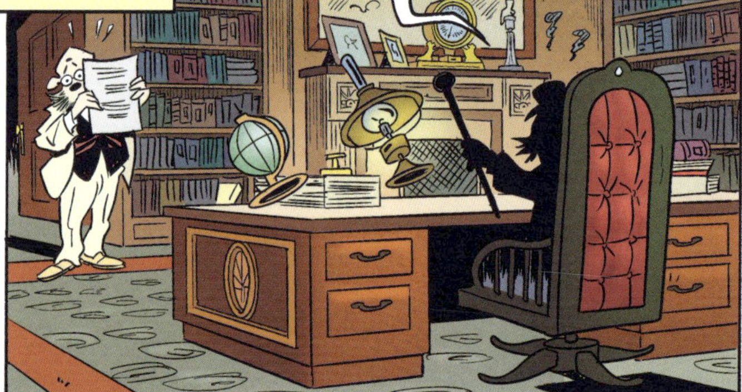
Anderswo, weit weg…
Sie haben schon wieder versagt, Treulich.

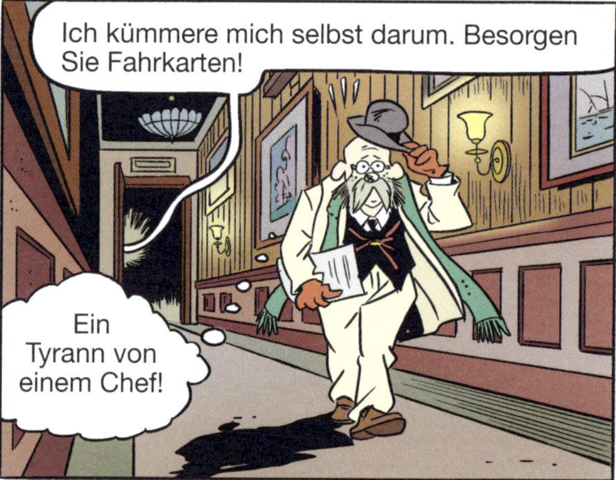
Ich kümmere mich selbst darum. Besorgen Sie Fahrkarten!
Ein Tyrann von einem Chef!

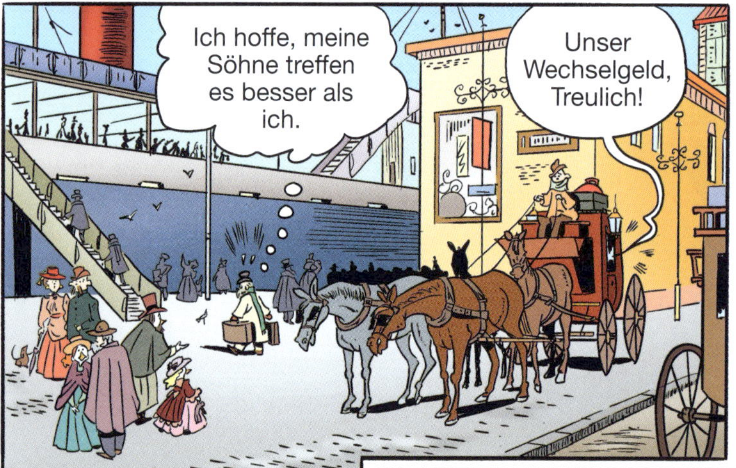
Ich hoffe, meine Söhne treffen es besser als ich.
Unser Wechselgeld, Treulich!

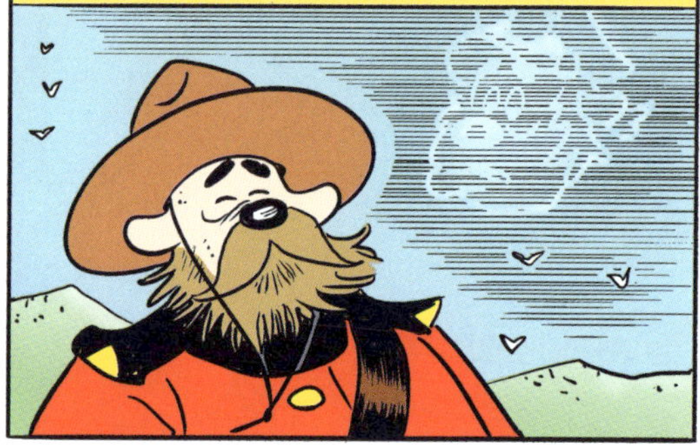
„Meine Freunde stammen übrigens aus Entenhausen. Der Sohn Hunters wird dort Polizeichef werden…“

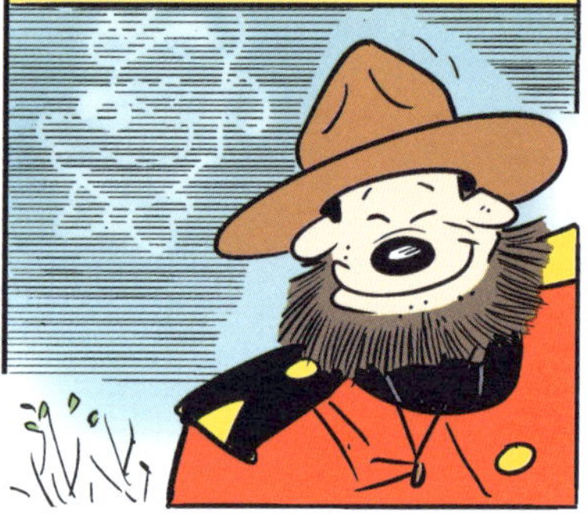
„…der Issels sein Stellvertreter…“

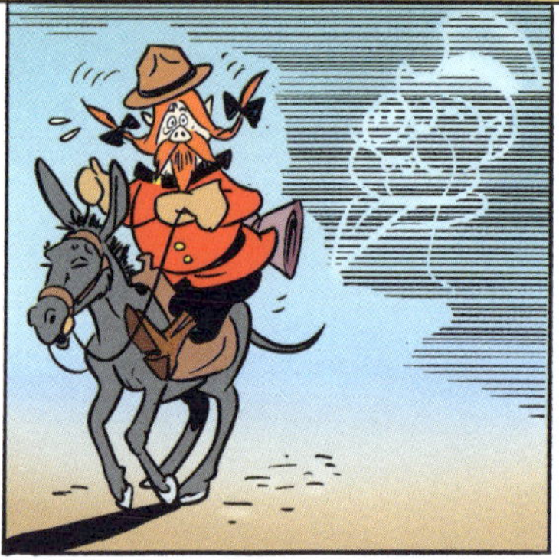
„…und der Bleibtreus Bürgermeister…“

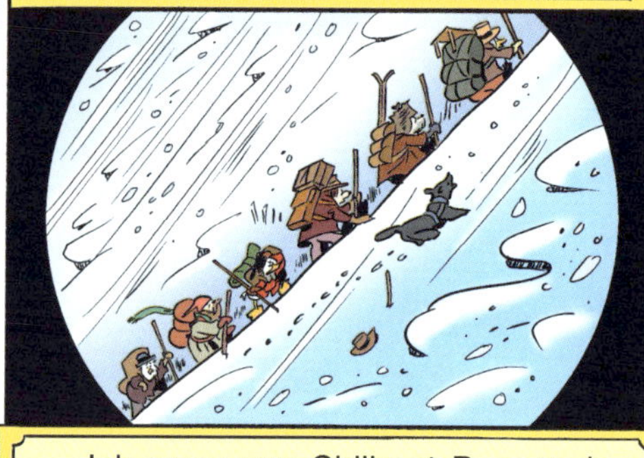
„Aber das ist Zukunftsmusik…“
„Ich muss zum Chilkoot-Pass und darüber hinaus…“

ENDE

DAMALS AM KLONDIKE: DIE SACHE MIT DEM ZEHNER

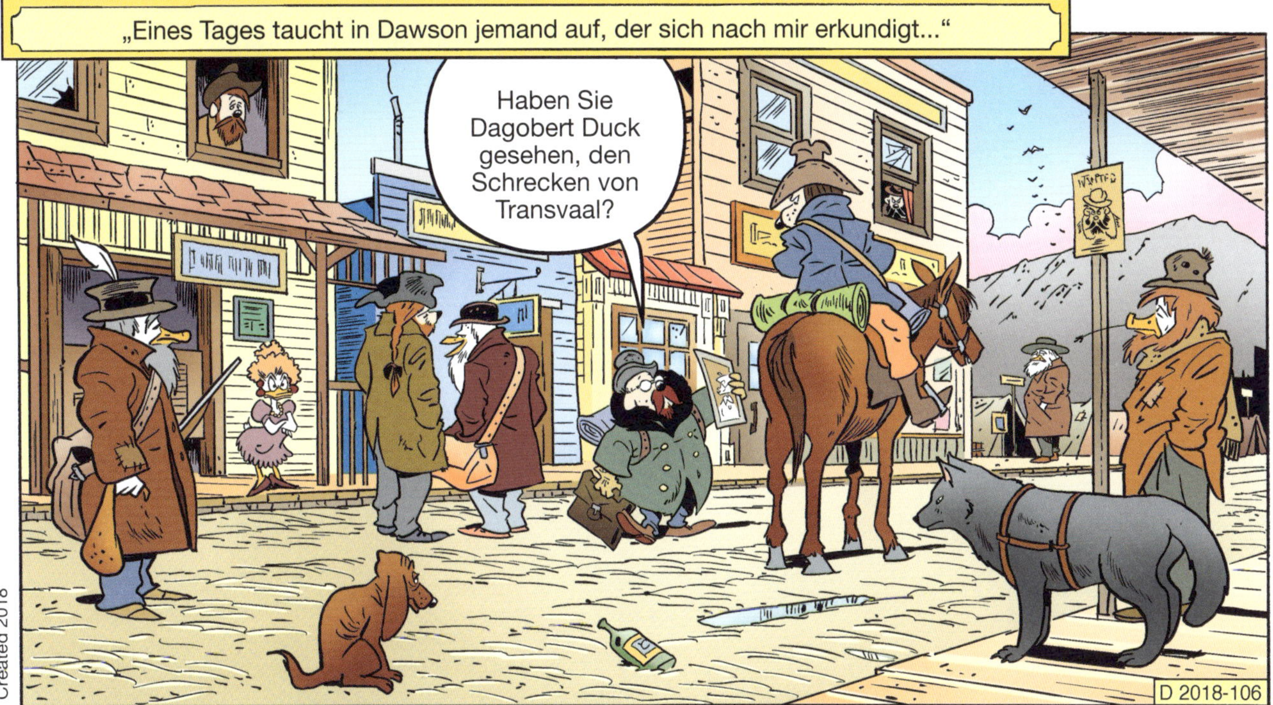

Created 2018

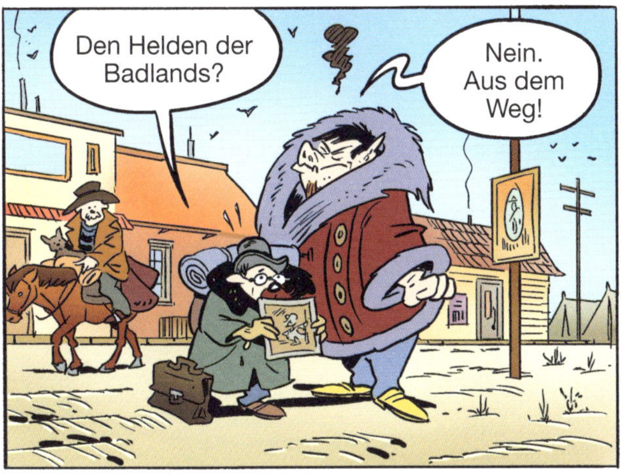

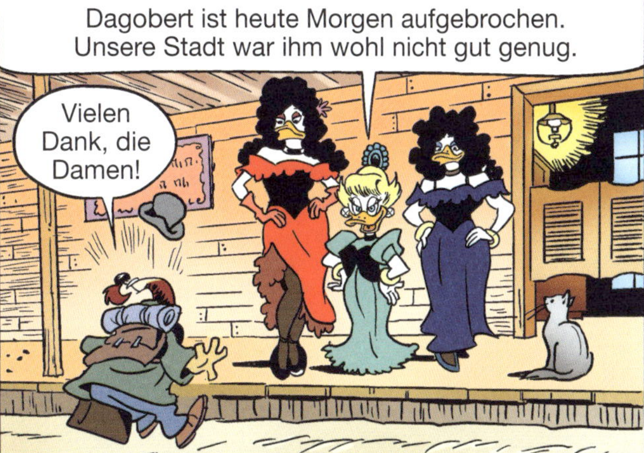

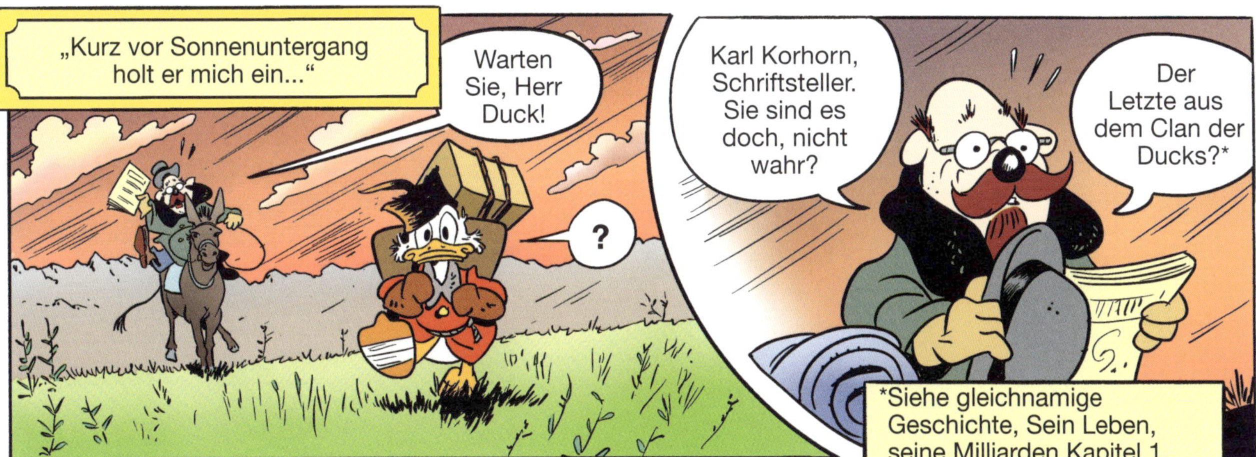

Skript & Zeichnungen: **Kari Korhonen**, Übersetzung: **Harry Nützel**

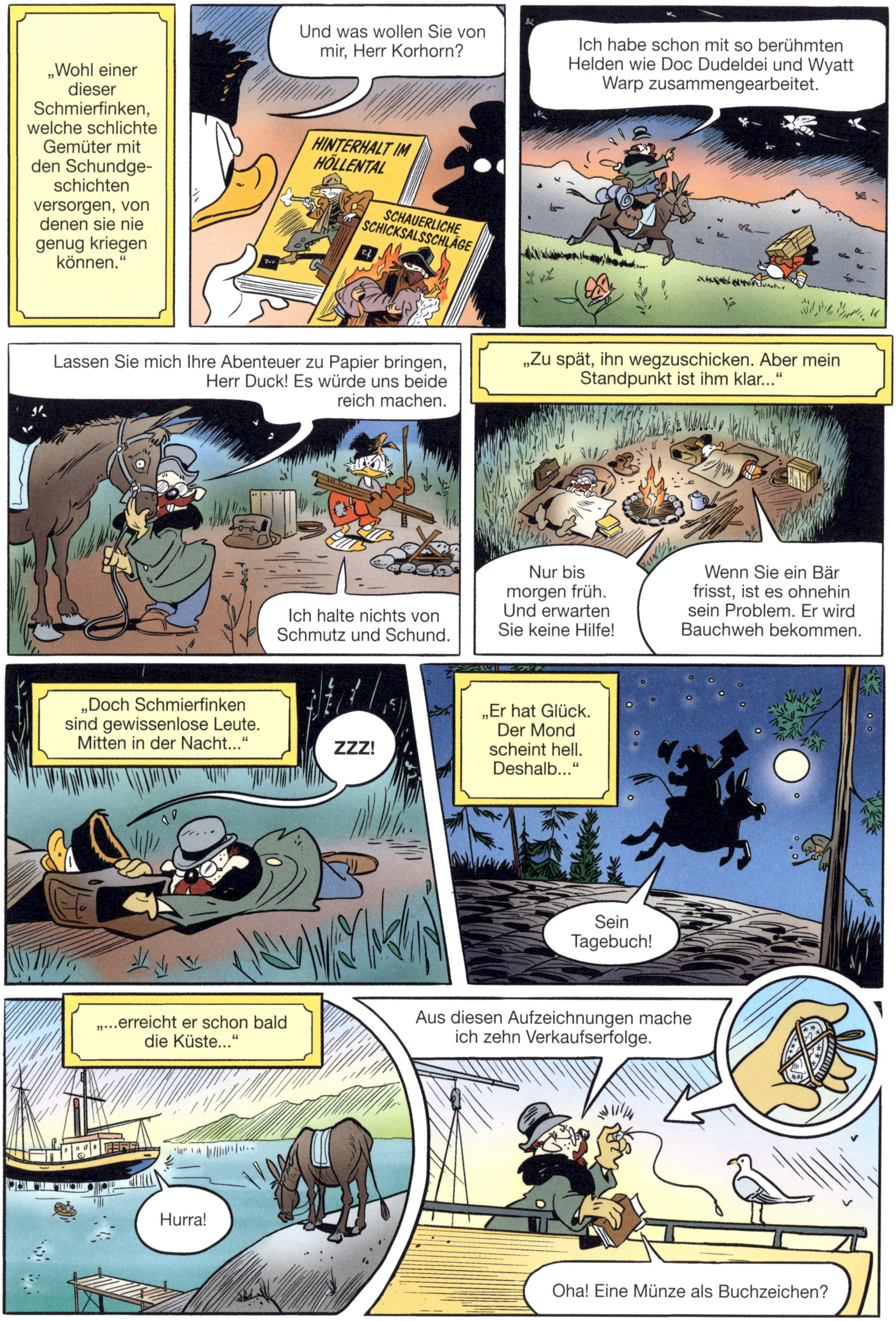

„Wohl einer dieser Schmierfinken, welche schlichte Gemüter mit den Schundgeschichten versorgen, von denen sie nie genug kriegen können.“

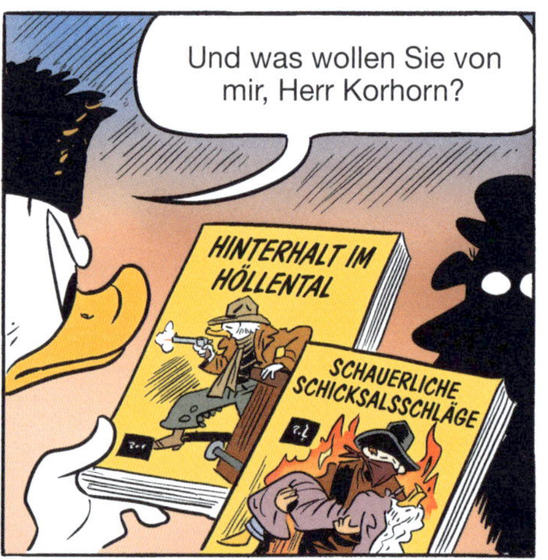

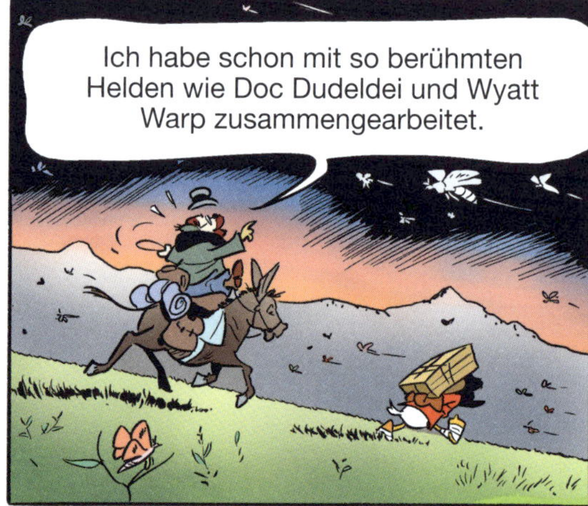

Lassen Sie mich Ihre Abenteuer zu Papier bringen, Herr Duck! Es würde uns beide reich machen.

Ich halte nichts von Schmutz und Schund.

„Zu spät, ihn wegzuschicken. Aber mein Standpunkt ist ihm klar...“

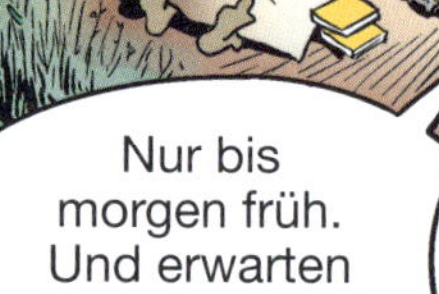

Nur bis morgen früh. Und erwarten Sie keine Hilfe!

Wenn Sie ein Bär frisst, ist es ohnehin sein Problem. Er wird Bauchweh bekommen.

„Doch Schmierfinken sind gewissenlose Leute. Mitten in der Nacht...“

ZZZ!

„Er hat Glück. Der Mond scheint hell. Deshalb...“

Sein Tagebuch!

„...erreicht er schon bald die Küste...“

Hurra!

Aus diesen Aufzeichnungen mache ich zehn Verkaufserfolge.

Oha! Eine Münze als Buchzeichen?

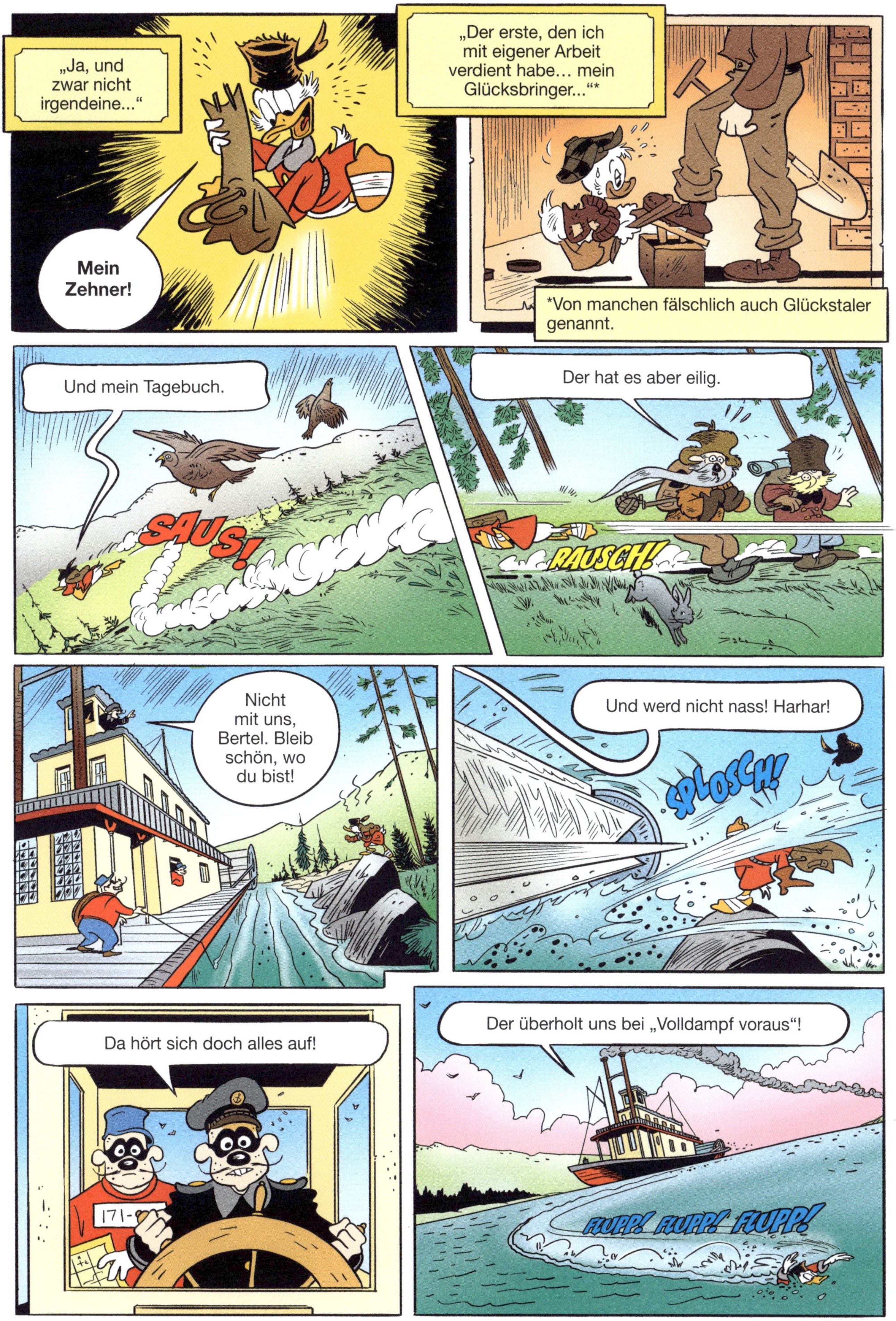

„Ja, und zwar nicht irgendeine…“

Mein Zehner!

„Der erste, den ich mit eigener Arbeit verdient habe… mein Glücksbringer…“*

*Von manchen fälschlich auch Glückstaler genannt.

Und mein Tagebuch.

SAUS!

Der hat es aber eilig.

RAUSCH!

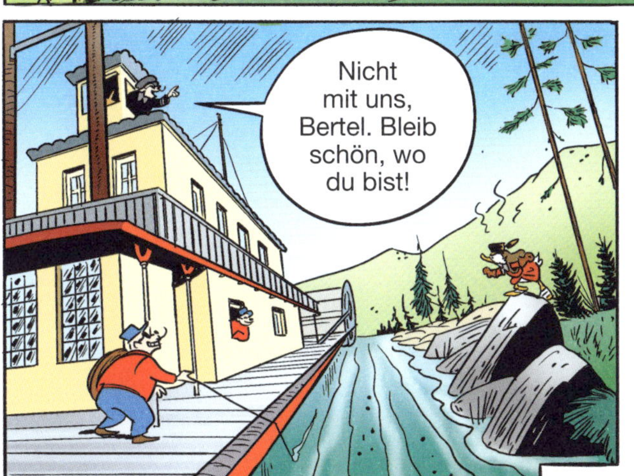

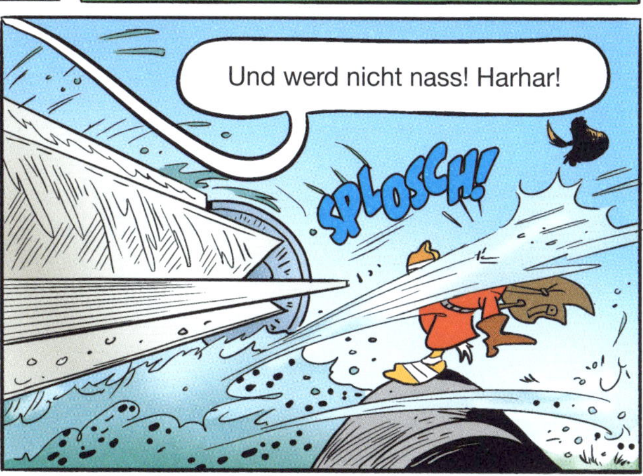

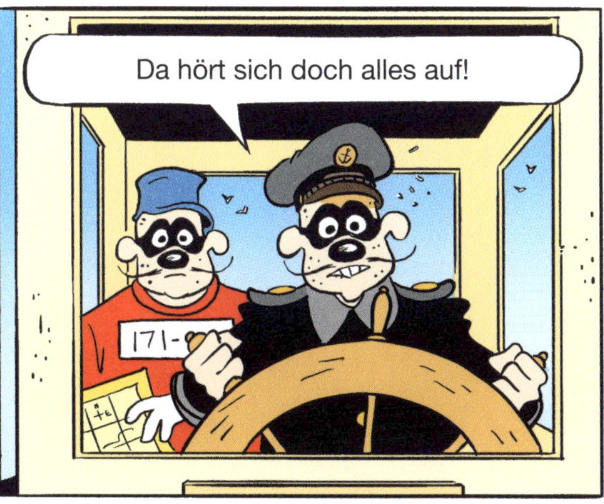

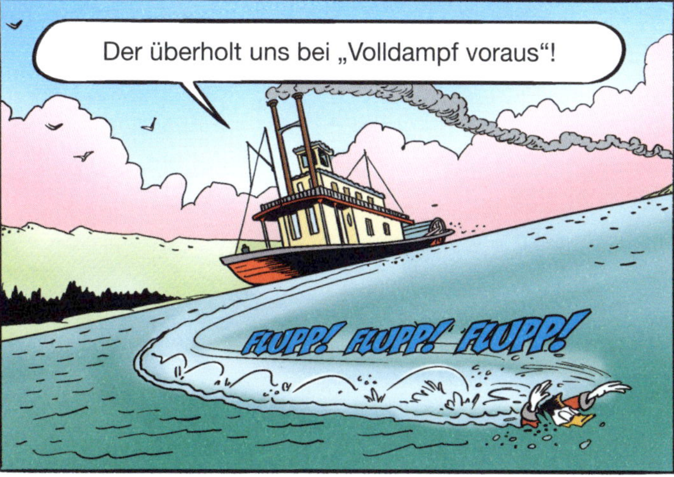

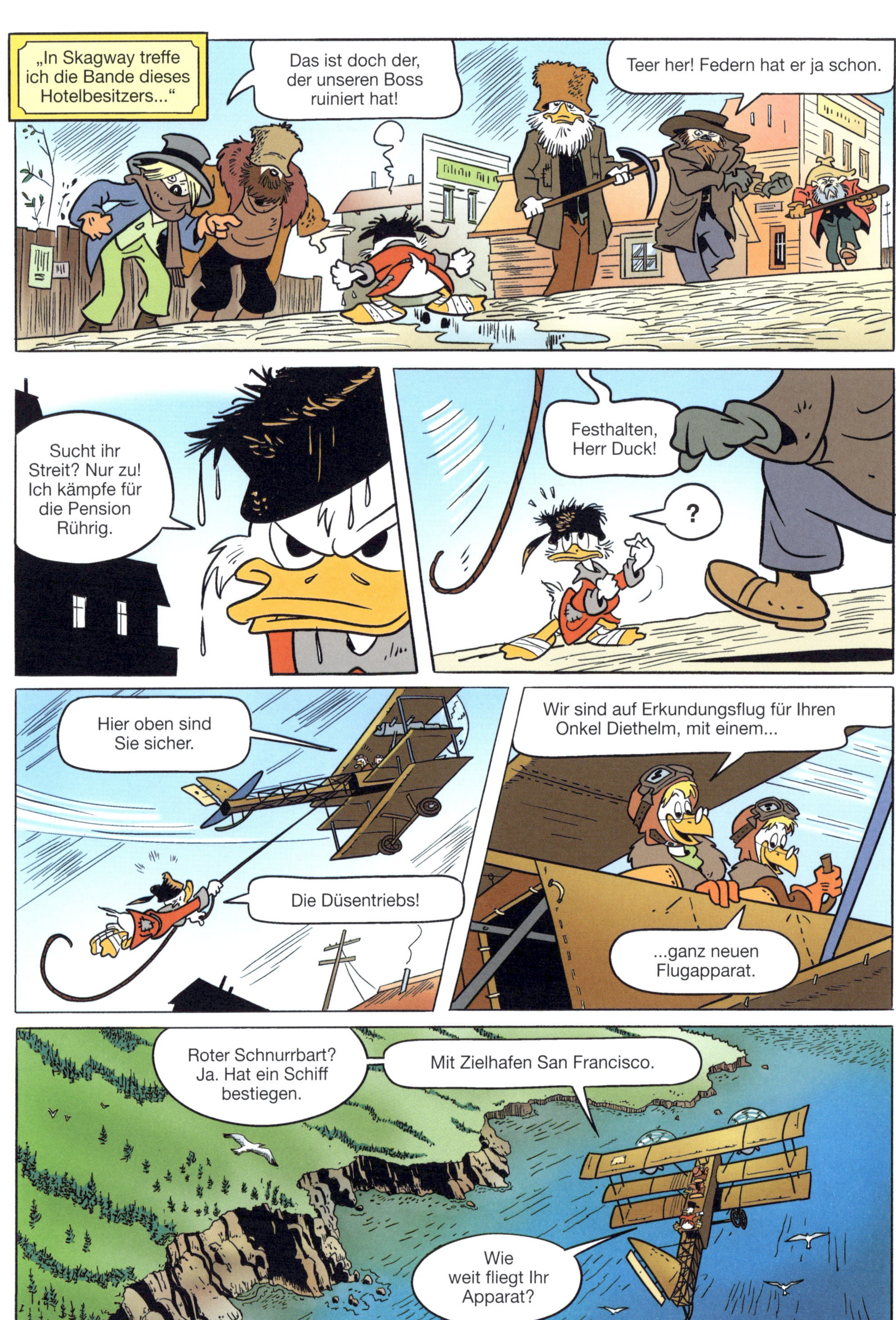
„In Skagway treffe ich die Bande dieses Hotelbesitzers...“
Das ist doch der, der unseren Boss ruiniert hat!
Teer her! Federn hat er ja schon.
Sucht ihr Streit? Nur zu! Ich kämpfe für die Pension Rührig.
Festhalten, Herr Duck!
?
Hier oben sind Sie sicher.
Die Düsentriebs!
Wir sind auf Erkundungsflug für Ihren Onkel Diethelm, mit einem...
...ganz neuen Flugapparat.
Roter Schnurrbart? Ja. Hat ein Schiff bestiegen.
Mit Zielhafen San Francisco.
Wie weit fliegt Ihr Apparat?

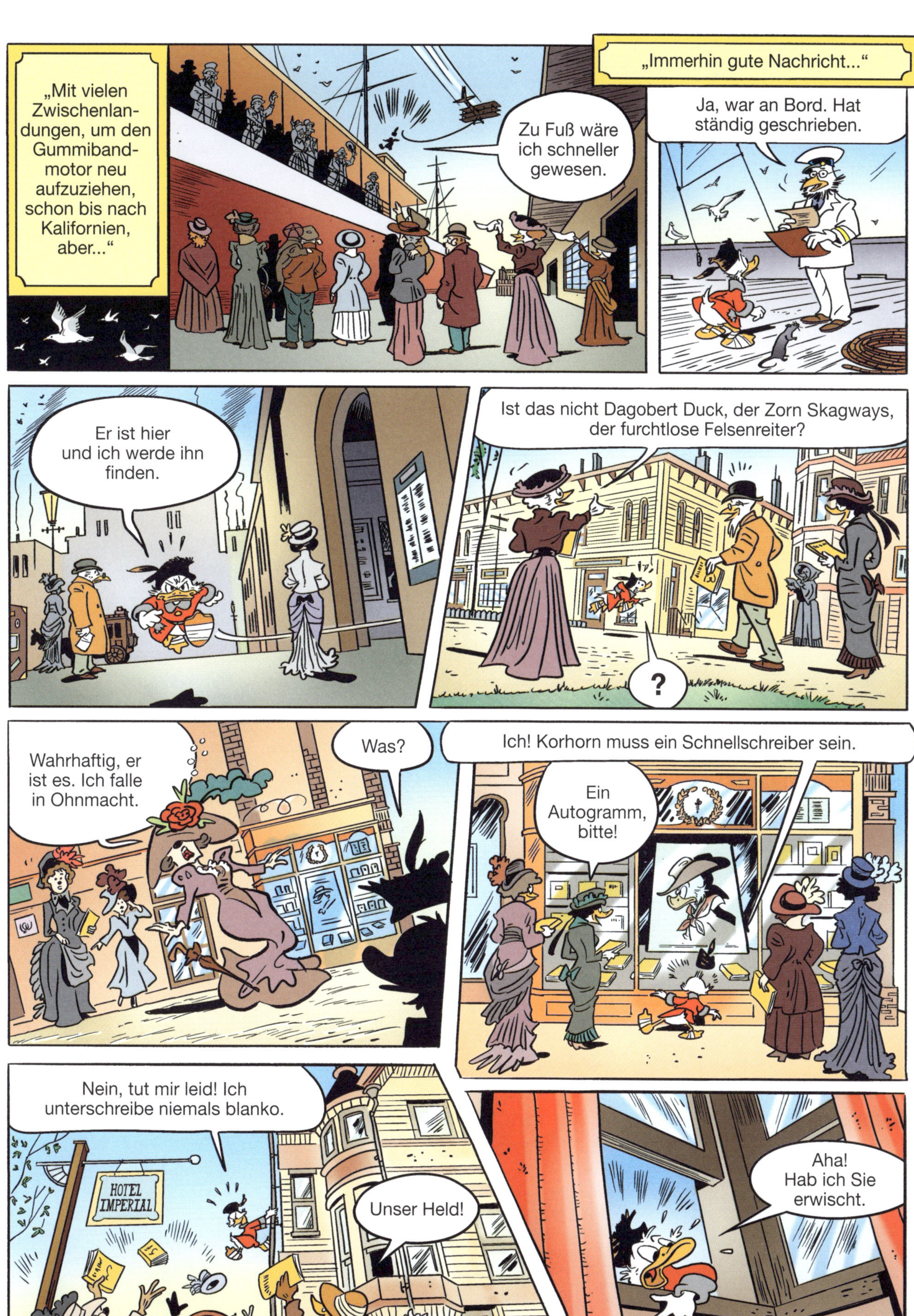
„Mit vielen Zwischenlandungen, um den Gummibandmotor neu aufzuziehen, schon bis nach Kalifornien, aber...“
Zu Fuß wäre ich schneller gewesen.
„Immerhin gute Nachricht...“
Ja, war an Bord. Hat ständig geschrieben.
Er ist hier und ich werde ihn finden.
Ist das nicht Dagobert Duck, der Zorn Skagways, der furchtlose Felsenreiter?
?
Wahrhaftig, er ist es. Ich falle in Ohnmacht.
Was?
Ich! Korhorn muss ein Schnellschreiber sein.
Ein Autogramm, bitte!
Nein, tut mir leid! Ich unterschreibe niemals blanko.
HOTEL IMPERIAL
Unser Held!
Aha! Hab ich Sie erwischt.

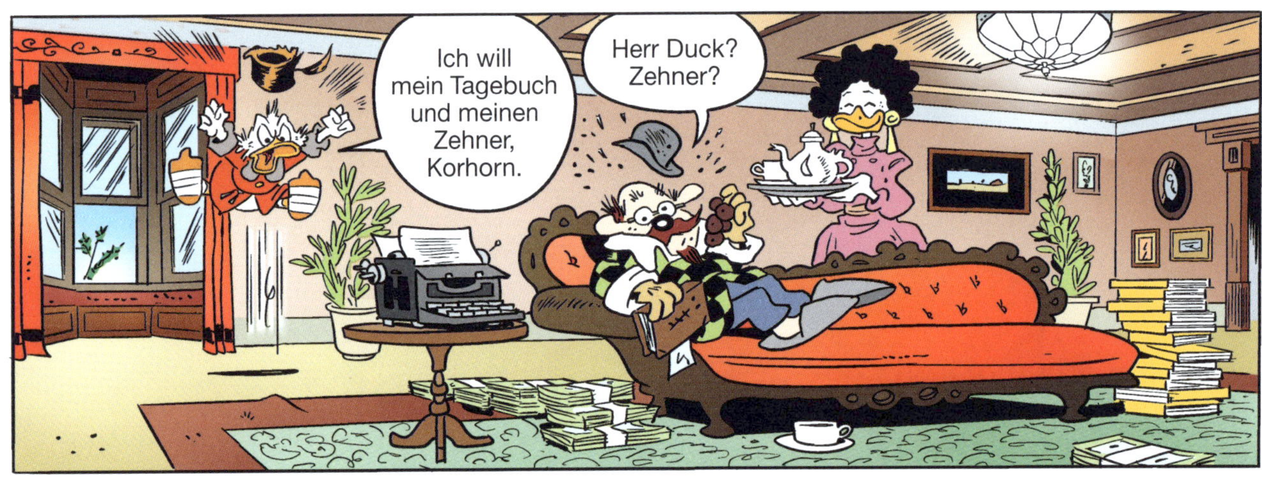
Ich will mein Tagebuch und meinen Zehner, Korhorn.
Herr Duck? Zehner?

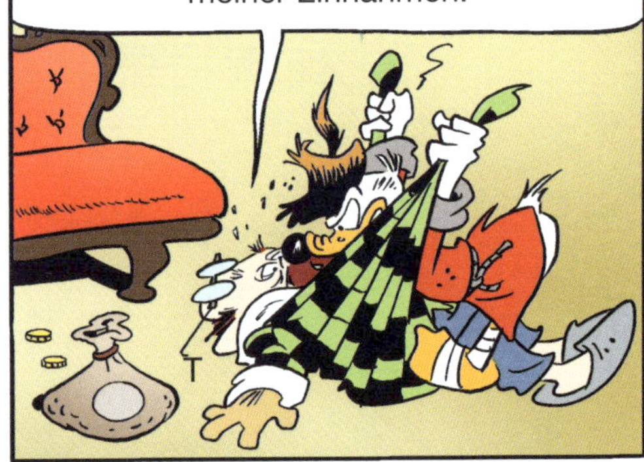
Ja, ich habe Ihr Tagebuch benutzt. Es gehört Ihnen, samt der Hälfte meiner Einnahmen.
Die Münze allerdings...
„Mit meinem Zehner hat er einen jungen Schuhputzer bezahlt..."
Nein, der war es nicht.

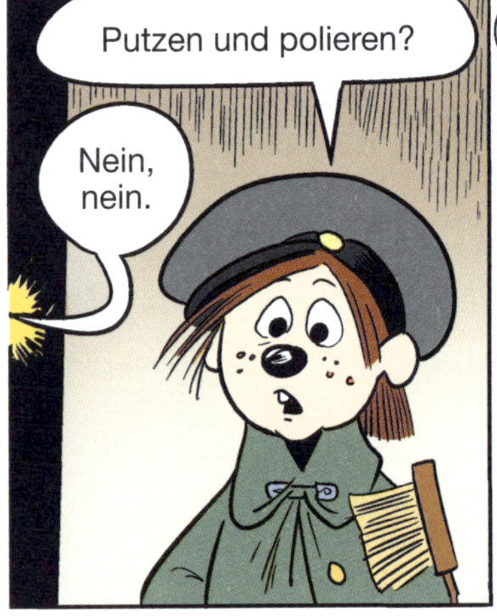
Putzen und polieren?
Nein, nein.

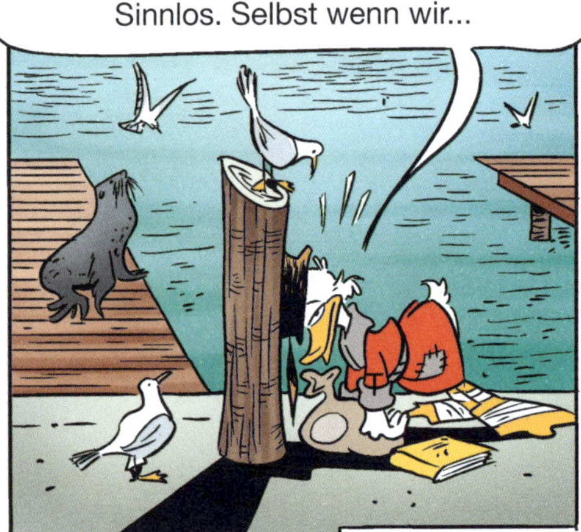
Sinnlos. Selbst wenn wir...

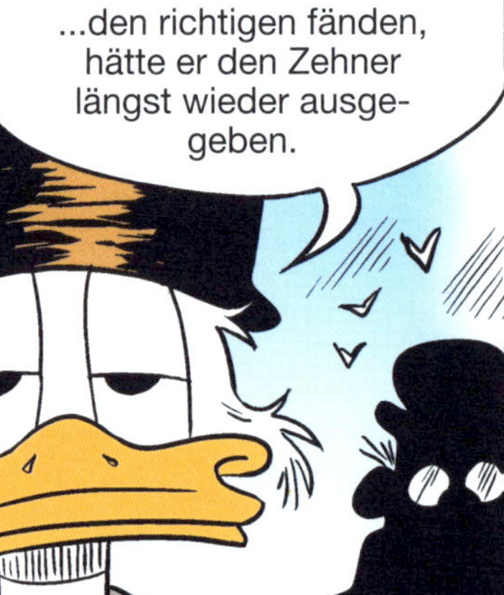
...den richtigen fänden, hätte er den Zehner längst wieder ausgegeben.

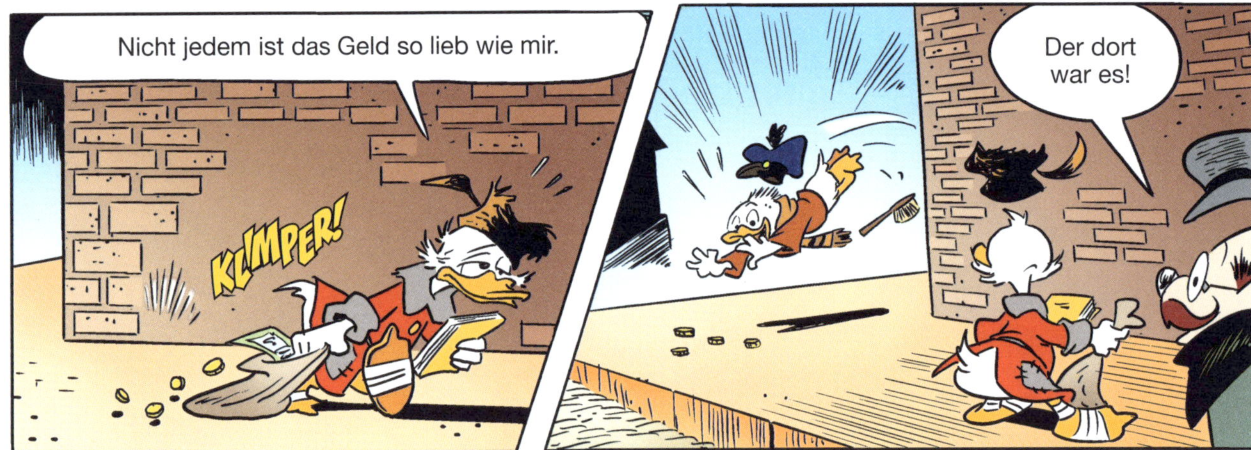
Nicht jedem ist das Geld so lieb wie mir.
KLIMPER!
Der dort war es!

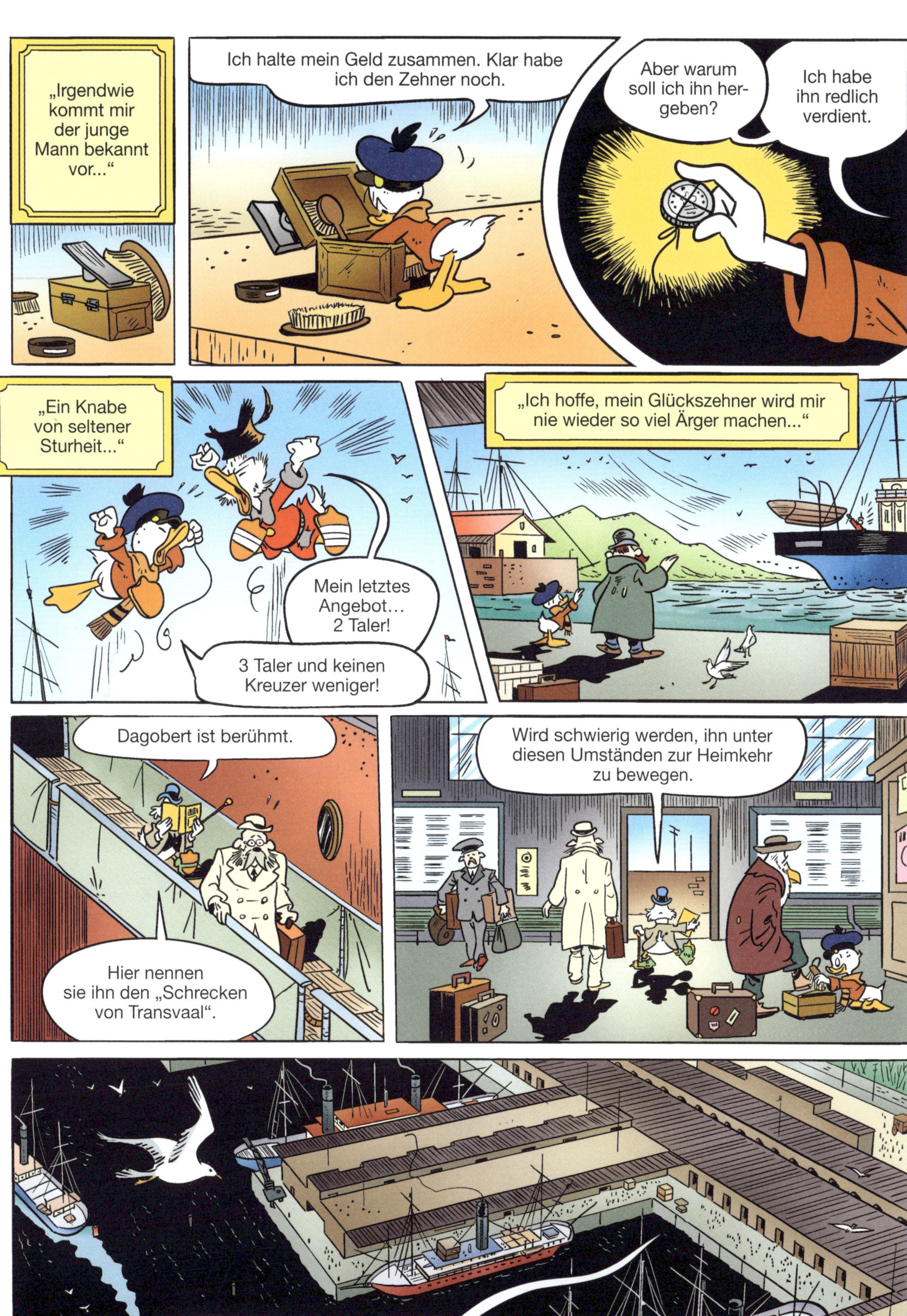
„Irgendwie kommt mir der junge Mann bekannt vor…“
Ich halte mein Geld zusammen. Klar habe ich den Zehner noch.
Aber warum soll ich ihn her-geben?
Ich habe ihn redlich verdient.
„Ein Knabe von seltener Sturheit…“
Mein letztes Angebot… 2 Taler!
3 Taler und keinen Kreuzer weniger!
„Ich hoffe, mein Glückszehner wird mir nie wieder so viel Ärger machen…“
Dagobert ist berühmt.
Hier nennen sie ihn den „Schrecken von Transvaal“.
Wird schwierig werden, ihn unter diesen Umständen zur Heimkehr zu bewegen.
Und wie finden wir ihn? Wer weiß, wie weit er schon weg ist!
ENDE

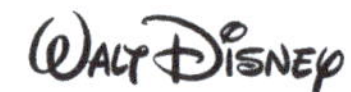

DAGOBERT DUCK

DAMALS AM KLONDIKE: FAMILIENBANDE

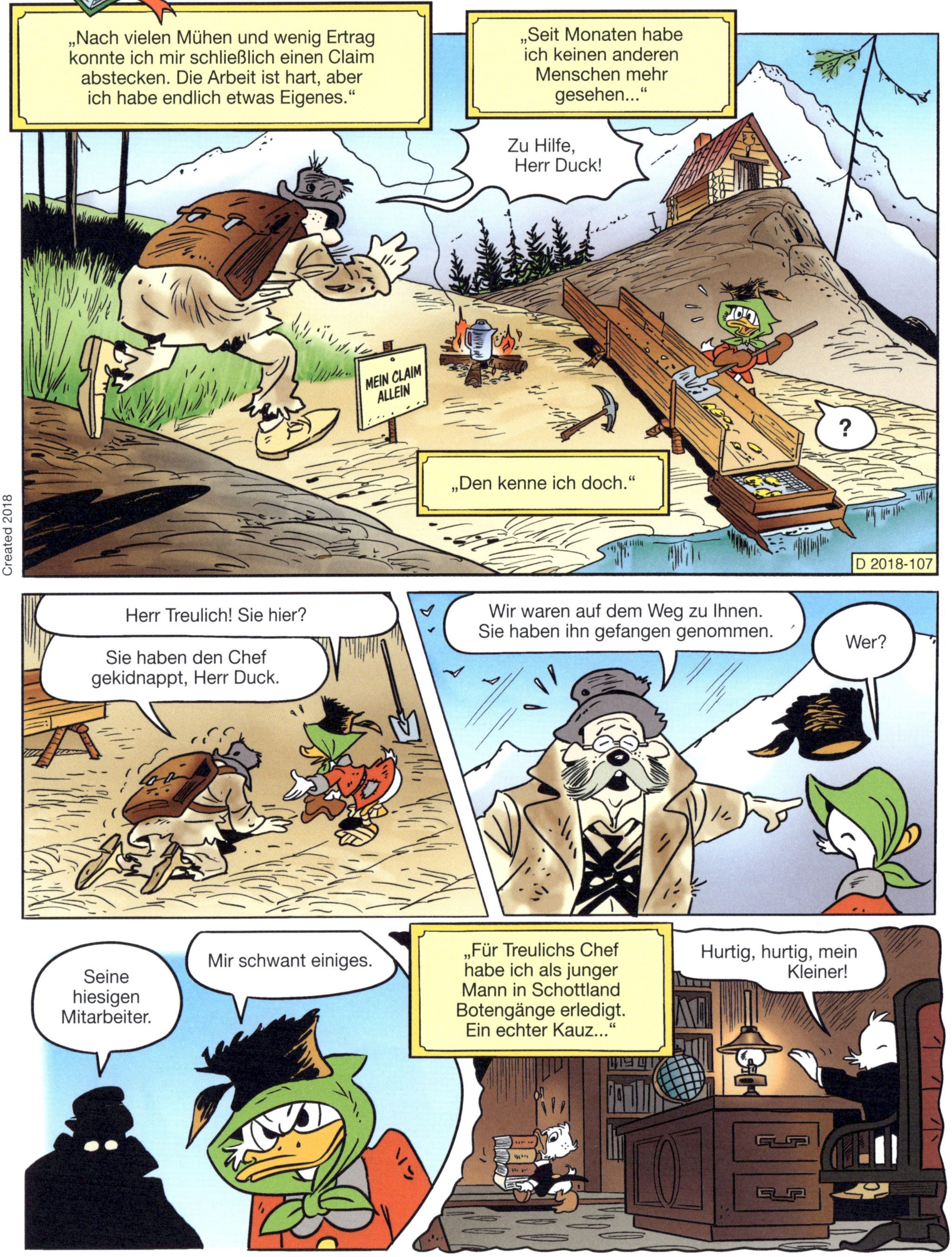

Skript & Zeichnungen: **Kari Korhonen**, Übersetzung: **Harry Nützel**

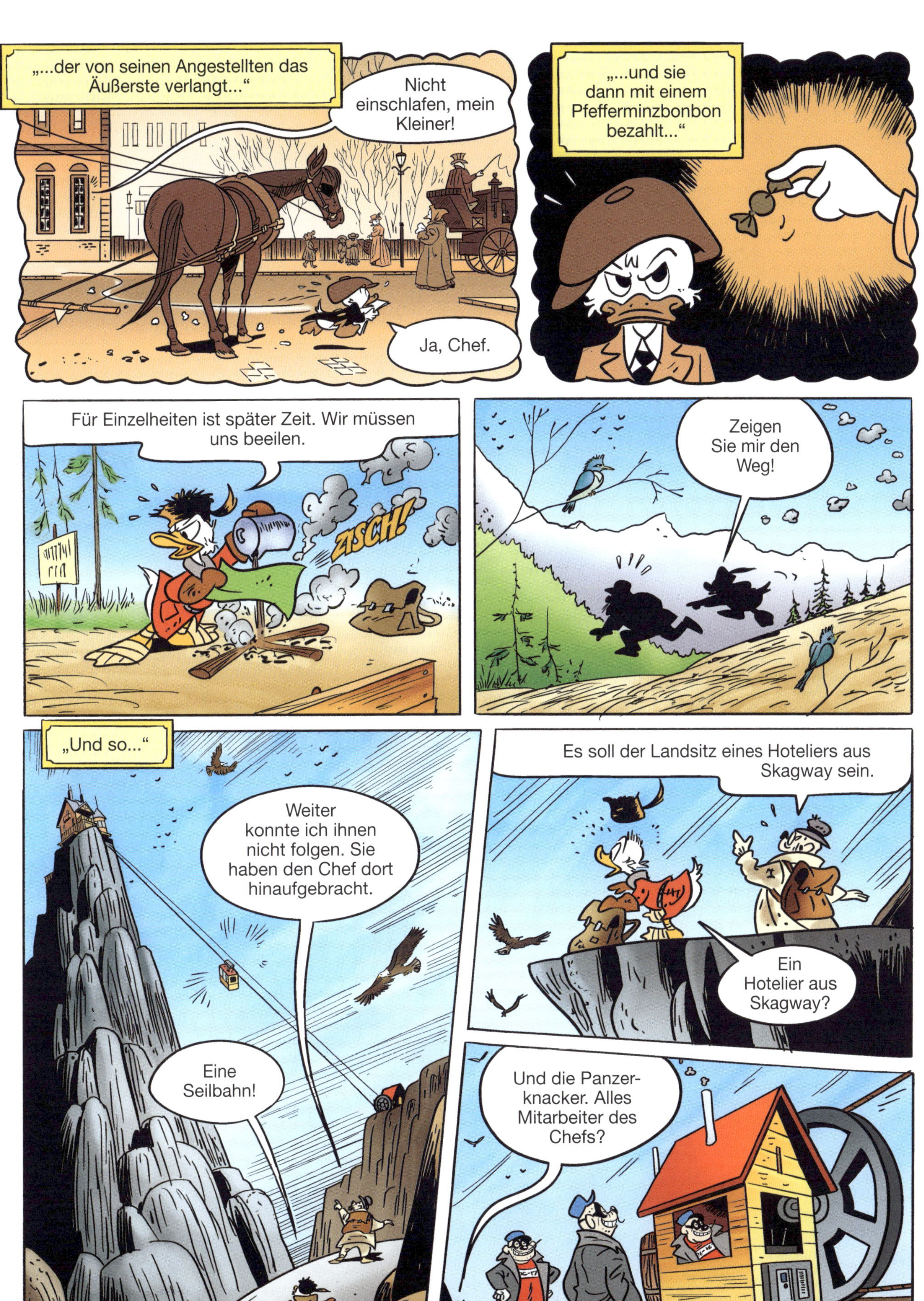
„...der von seinen Angestellten das Äußerste verlangt...“
Nicht einschlafen, mein Kleiner!
Ja, Chef.
„...und sie dann mit einem Pfefferminzbonbon bezahlt...“
Für Einzelheiten ist später Zeit. Wir müssen uns beeilen.
ZISCH!
Zeigen Sie mir den Weg!
„Und so...“
Weiter konnte ich ihnen nicht folgen. Sie haben den Chef dort hinaufgebracht.
Eine Seilbahn!
Es soll der Landsitz eines Hoteliers aus Skagway sein.
Ein Hotelier aus Skagway?
Und die Panzerknacker. Alles Mitarbeiter des Chefs?

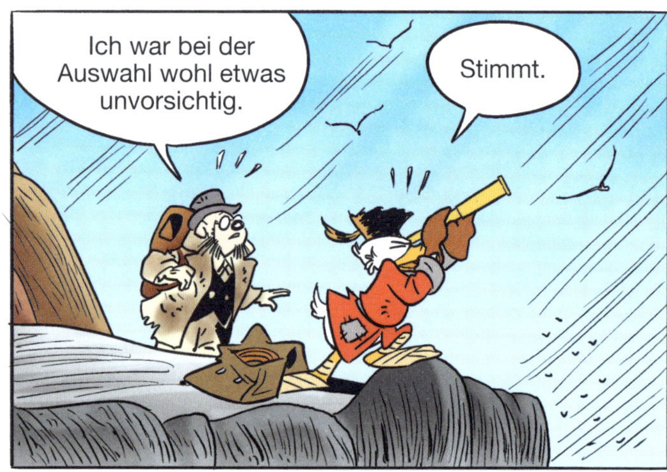

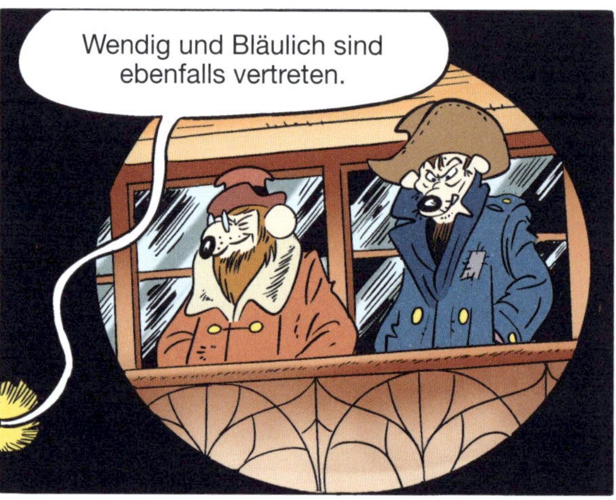

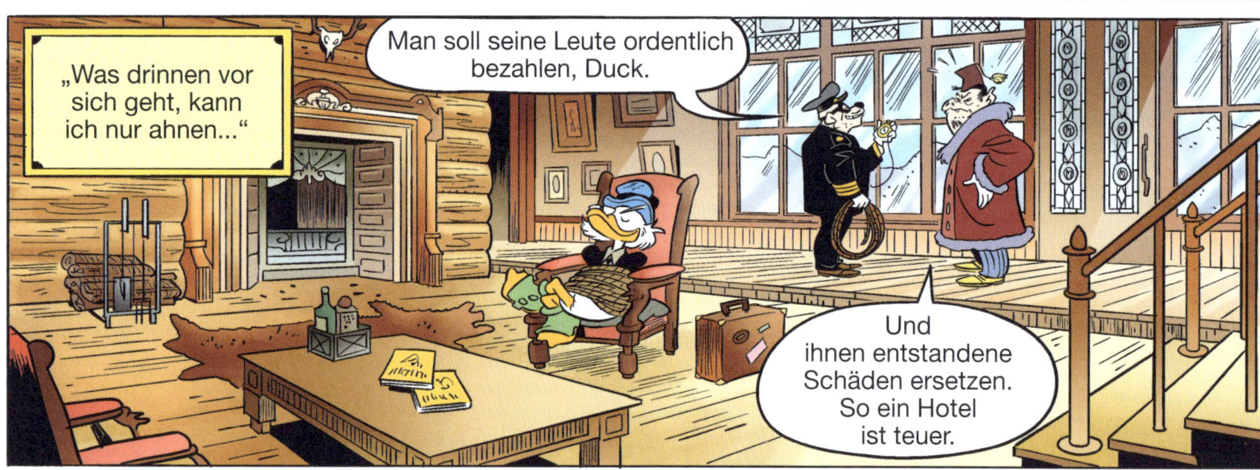

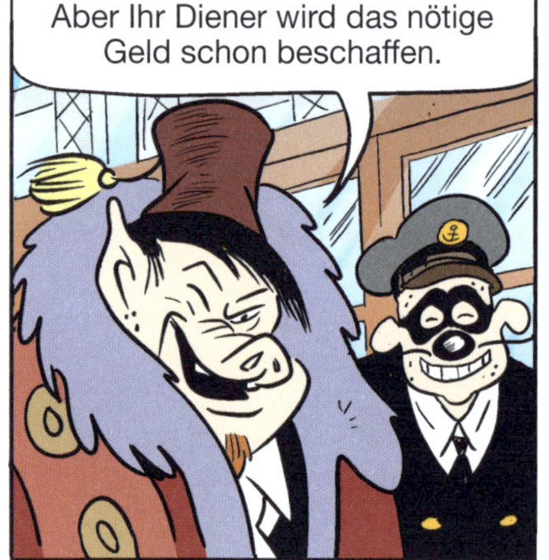

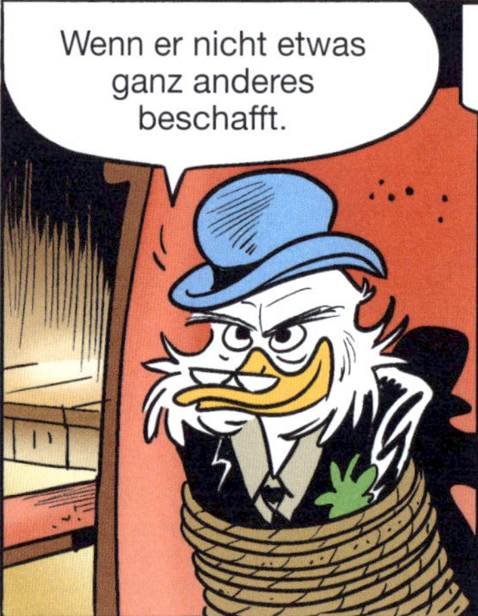

Genauer gesagt, **jemanden** anderes, nämlich den „Schrecken von Transvaal“.

Dagobert ist berühmt. Man schreibt über ihn.

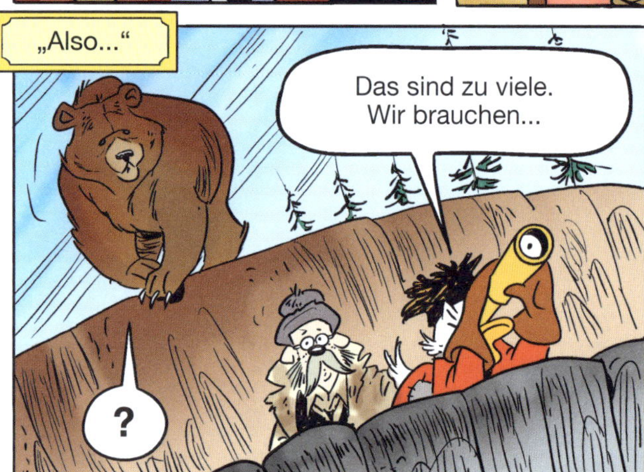

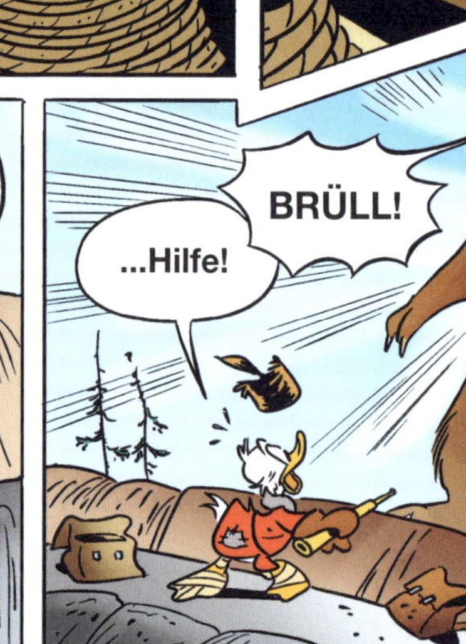

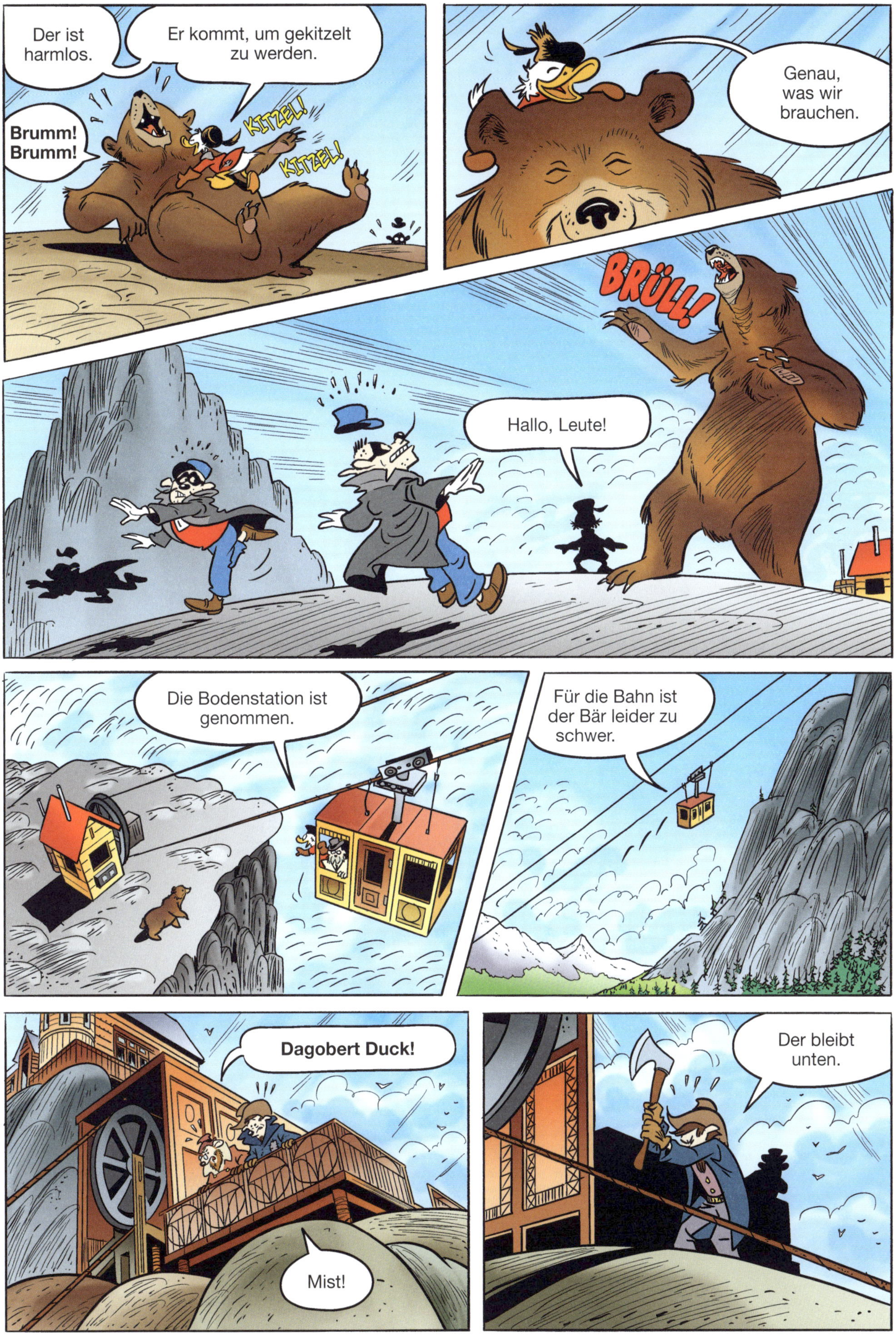

Der ist harmlos.
Er kommt, um gekitzelt zu werden.
Brumm! Brumm!
KITZEL!
KITZEL!
Genau, was wir brauchen.
BRÜLL!
Hallo, Leute!

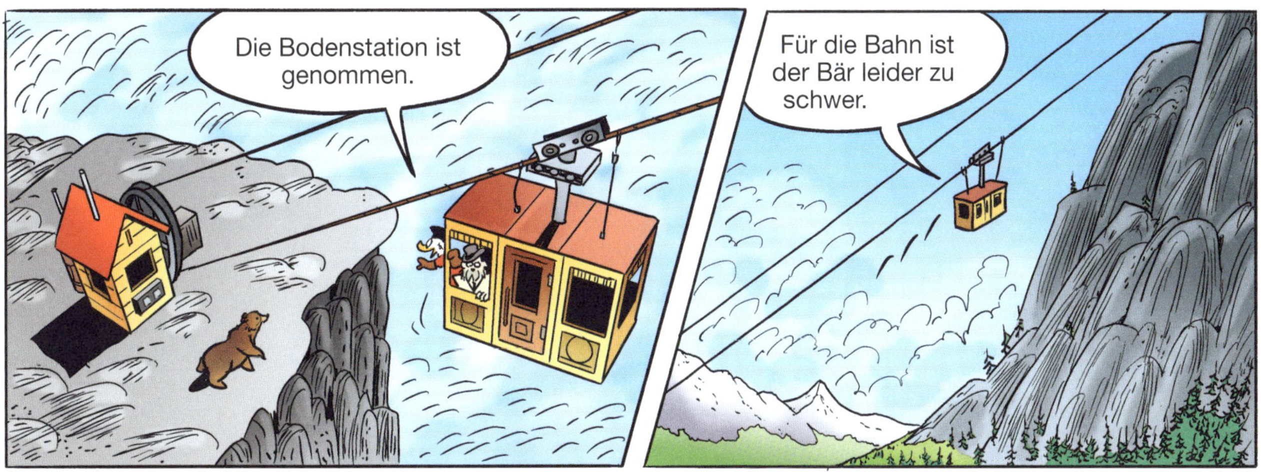

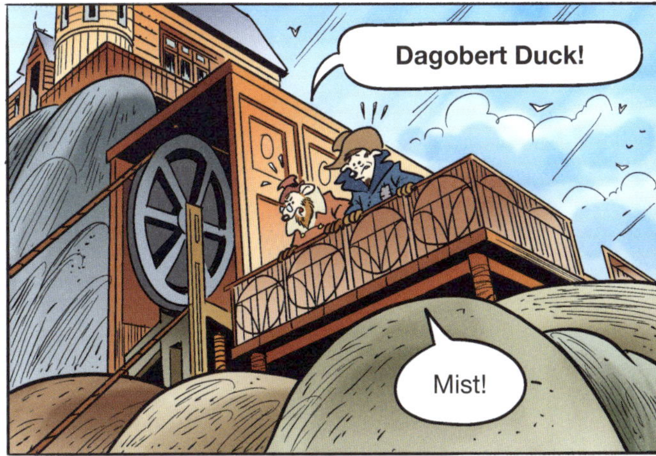

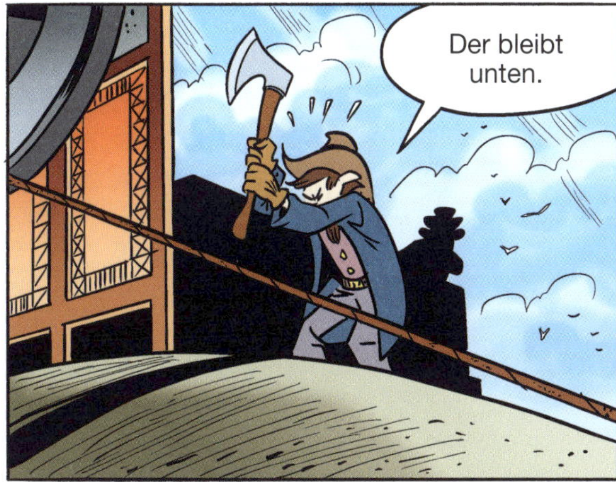

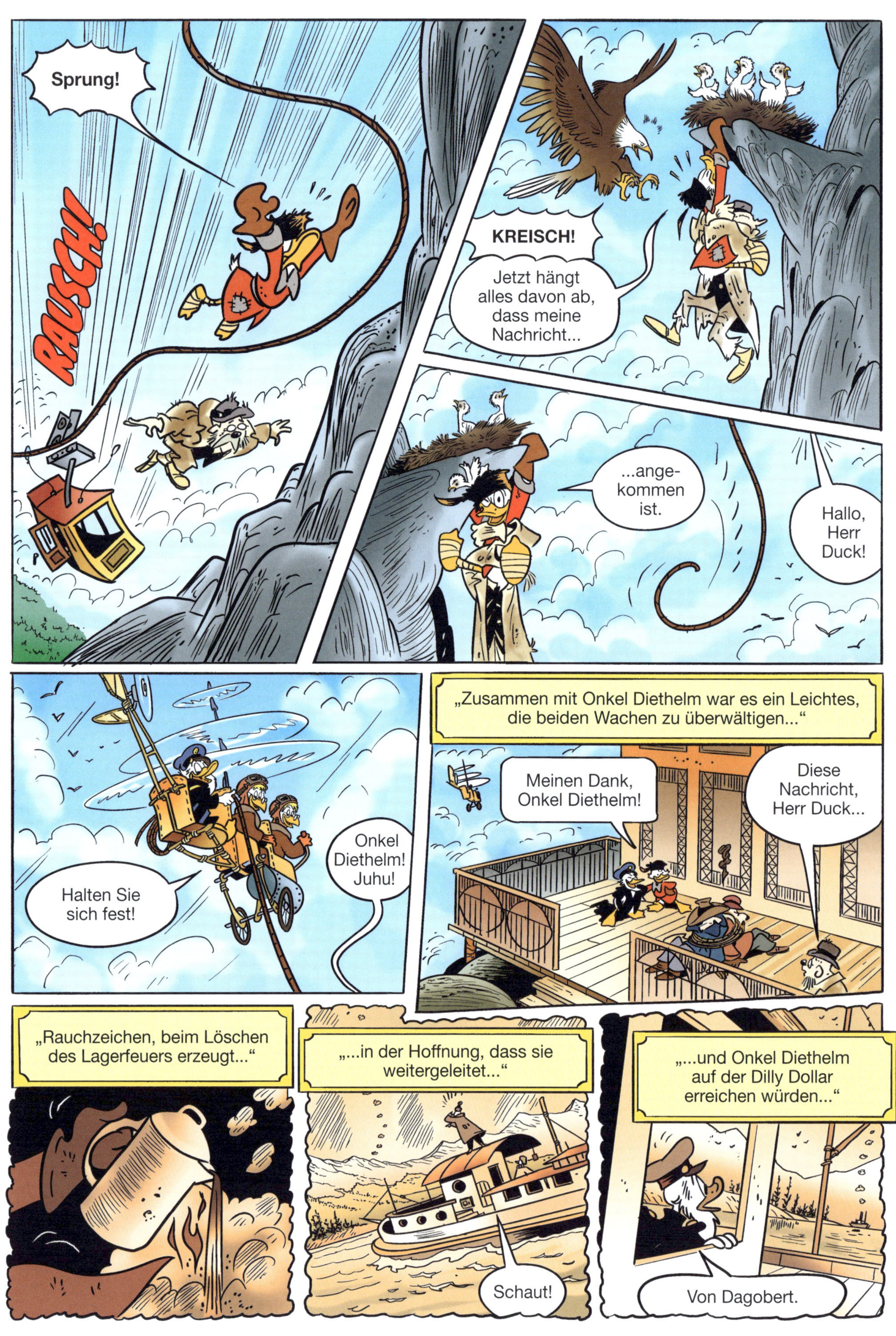
Sprung!
RAUSCH!
KREISCH!
Jetzt hängt alles davon ab, dass meine Nachricht...
...angekommen ist.
Hallo, Herr Duck!
Halten Sie sich fest!
Onkel Diethelm! Juhu!
„Zusammen mit Onkel Diethelm war es ein Leichtes, die beiden Wachen zu überwältigen..."
Meinen Dank, Onkel Diethelm!
Diese Nachricht, Herr Duck...
„Rauchzeichen, beim Löschen des Lagerfeuers erzeugt..."
„...in der Hoffnung, dass sie weitergeleitet..."
Schaut!
„...und Onkel Diethelm auf der Dilly Dollar erreichen würden..."
Von Dagobert.

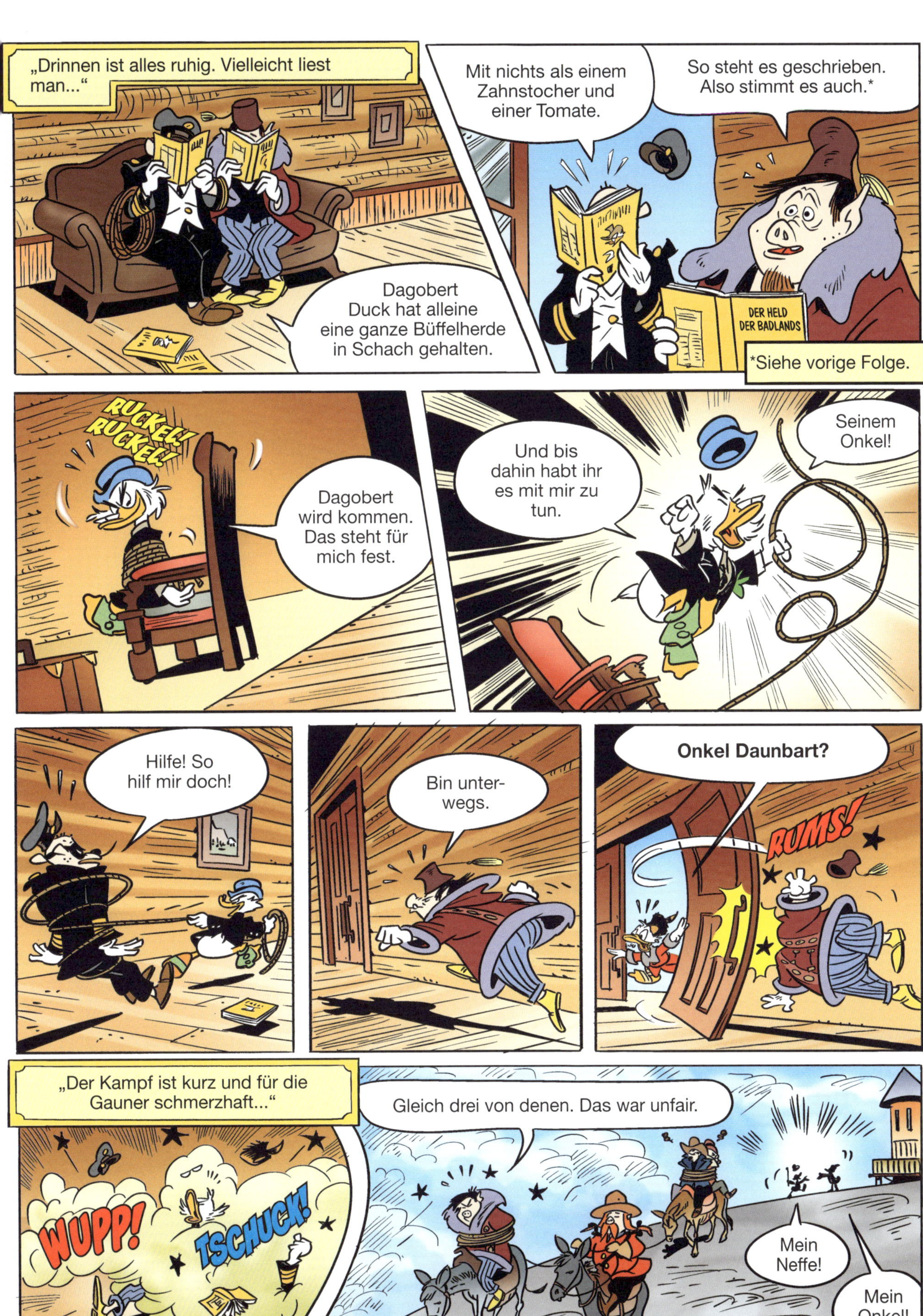
„Drinnen ist alles ruhig. Vielleicht liest man...“
Dagobert Duck hat alleine eine ganze Büffelherde in Schach gehalten.
Mit nichts als einem Zahnstocher und einer Tomate.
So steht es geschrieben. Also stimmt es auch.*
DER HELD DER BADLANDS
*Siehe vorige Folge.
RUCKEL! RUCKEL!
Dagobert wird kommen. Das steht für mich fest.
Und bis dahin habt ihr es mit mir zu tun.
Seinem Onkel!
Hilfe! So hilf mir doch!
Bin unterwegs.
Onkel Daunbart?
RUMS!
„Der Kampf ist kurz und für die Gauner schmerzhaft...“
WUPP!
TSCHUCK!
Gleich drei von denen. Das war unfair.
Mein Neffe!
Mein Onkel!

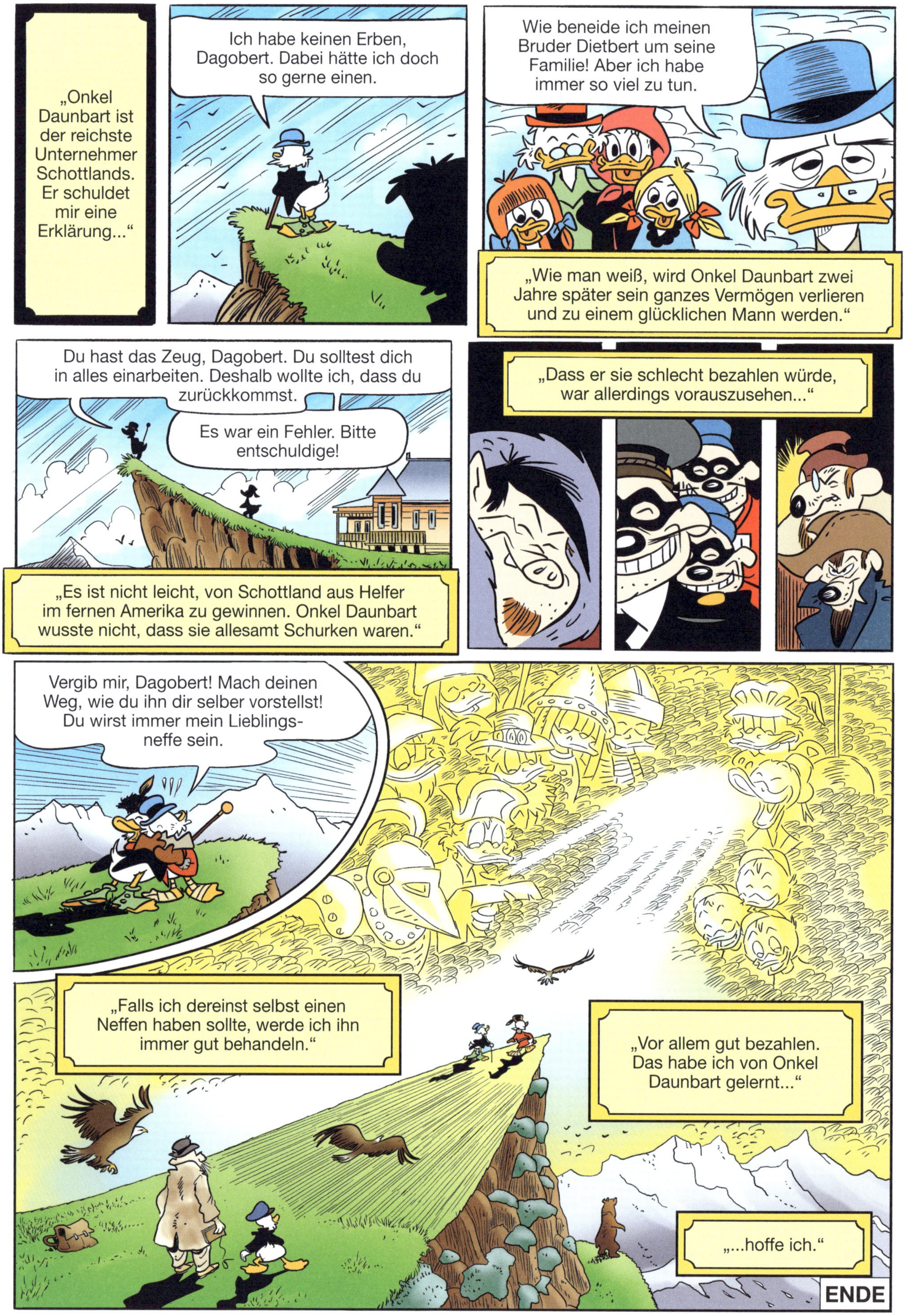

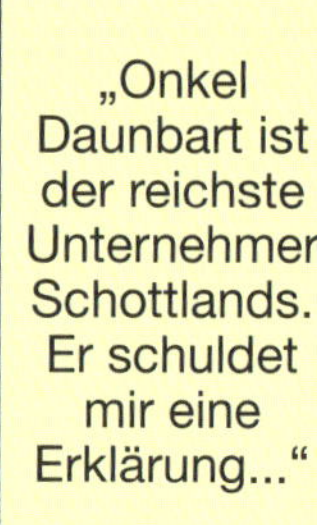

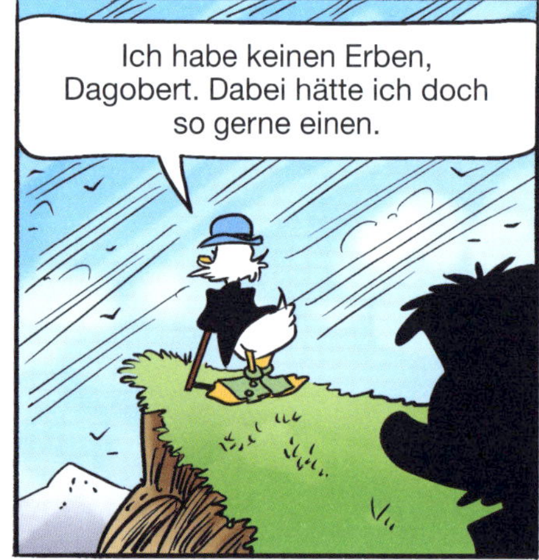

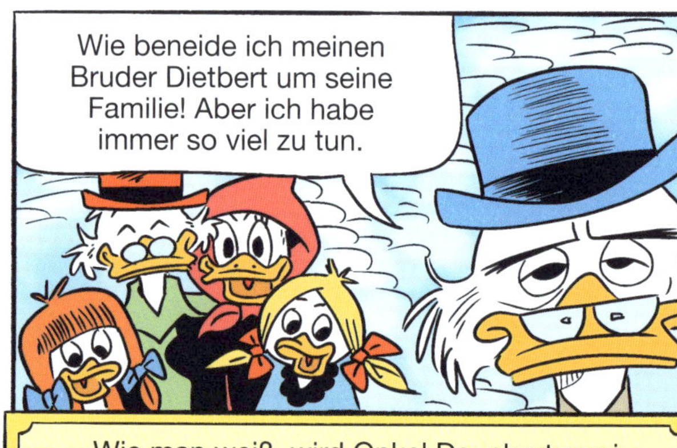

„Wie man weiß, wird Onkel Daunbart zwei Jahre später sein ganzes Vermögen verlieren und zu einem glücklichen Mann werden.“

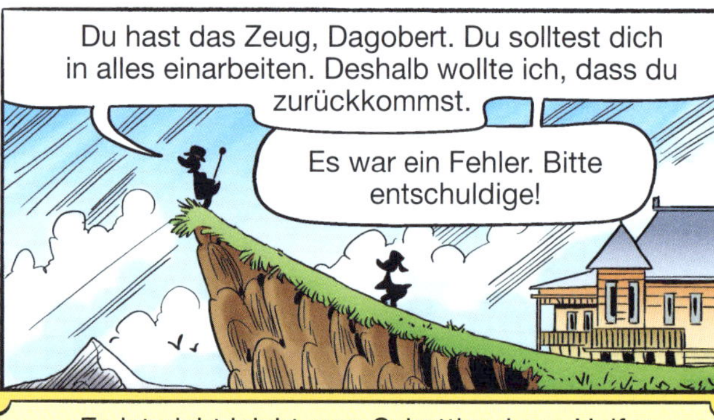

„Es ist nicht leicht, von Schottland aus Helfer im fernen Amerika zu gewinnen. Onkel Daunbart wusste nicht, dass sie allesamt Schurken waren.“

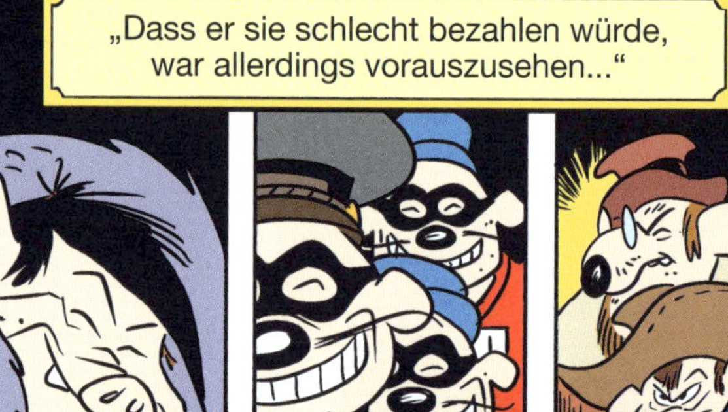

Vergib mir, Dagobert! Mach deinen Weg, wie du ihn dir selber vorstellst! Du wirst immer mein Lieblingsneffe sein.

„Falls ich dereinst selbst einen Neffen haben sollte, werde ich ihn immer gut behandeln.“

„Vor allem gut bezahlen. Das habe ich von Onkel Daunbart gelernt...“

„...hoffe ich.“

ENDE

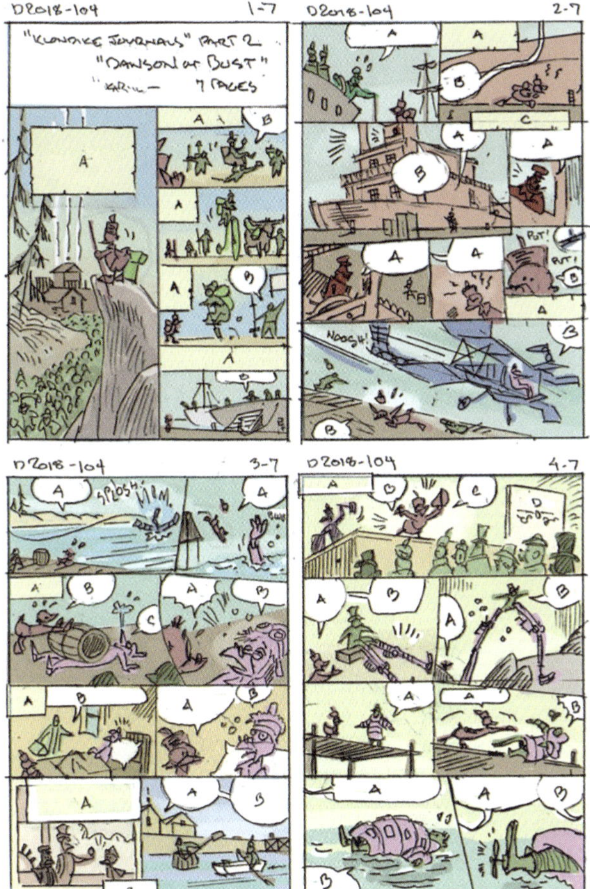

Die ersten vier Seiten der Geschichte *Damals am Klondike: Nach Dawson* als streichholzschachtelgroße Scribbles.

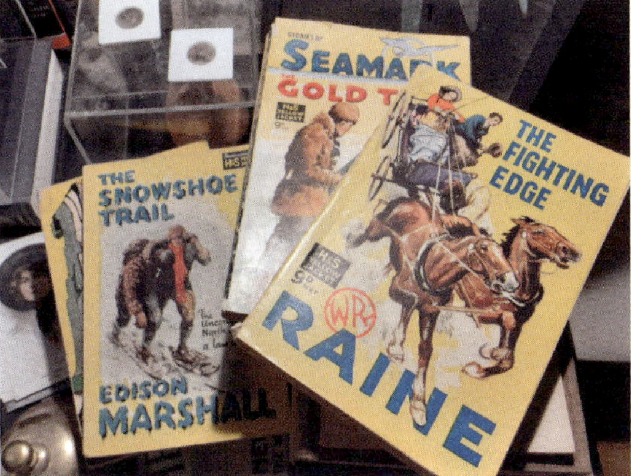

Kiosklektüre aus Dagoberts Zeiten auf Karis Schreibtisch. Schmöker wie diese dienten als Inspiration für die Geschichte *Damals am Klondike: Die Sache mit dem Zehner.* (Foto: K. V. Korhonen)

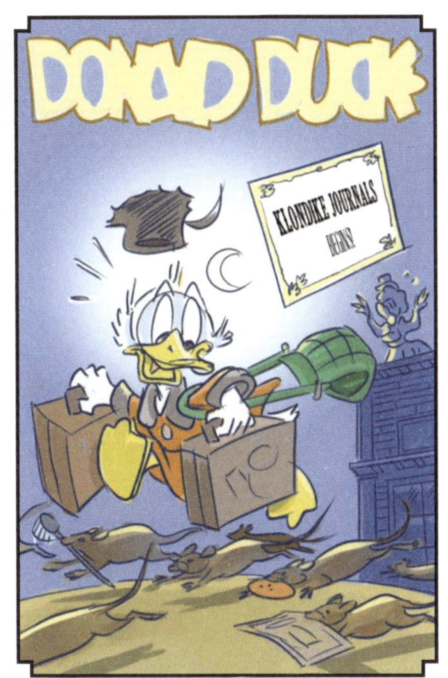

„Meine erste kleine Skizze für ein *Aku-Ankka*-Titelbild. Über Dagoberts große Liebe Miss Nelly ist viel geschrieben worden, daher wollte ich mich mit meinen Tagebucheinträgen auf andere Themen konzentrieren. Wahrscheinlich haben Sie sich selbst schon einmal die Frage gestellt, weshalb Dagobert seinen Neffen Donald so schlecht behandelt. Hier eine Erklärung: Je älter ich werde, desto öfter bemerke ich, dass ich die Fehler früherer Generationen wiederhole."

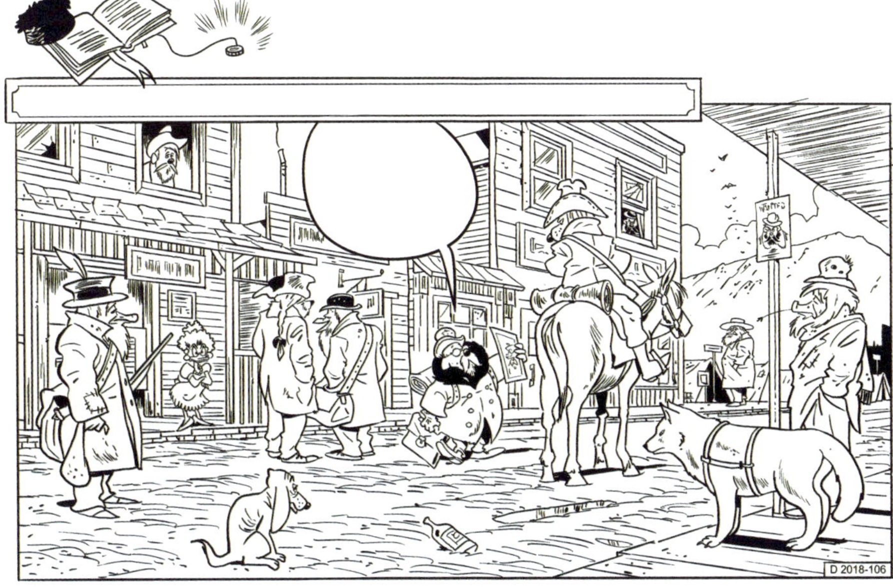

Das getuschte Eröffnungspanel auf Seite 31. Wer Adleraugen hat, erkennt darin vielleicht eine Anspielung auf Onkel Carls klassisches Bild *Nobody's Spending Fool* (1974).

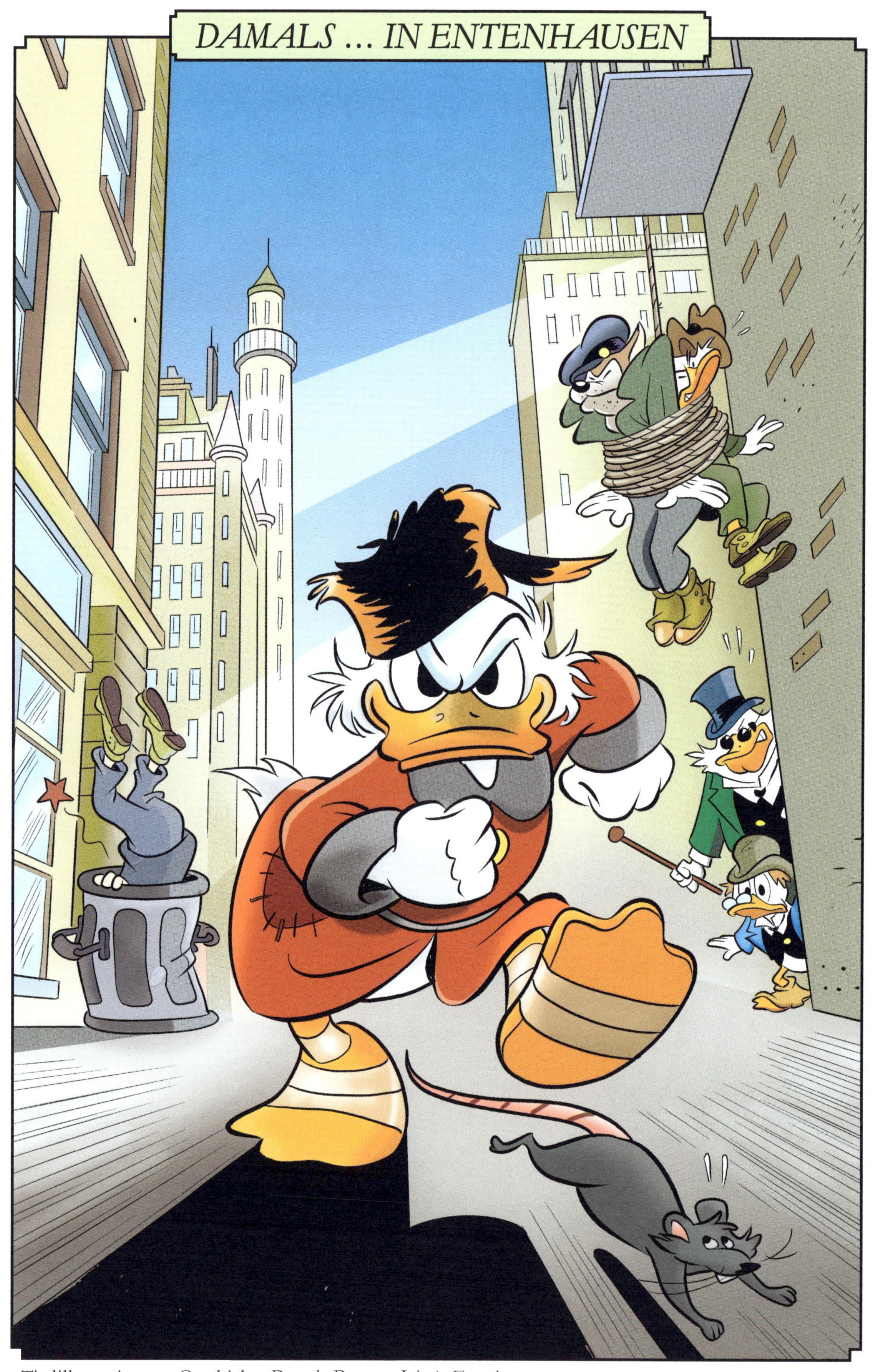

Titelillustration zur Geschichte *Damals: Das erste Jahr in Entenhausen.*

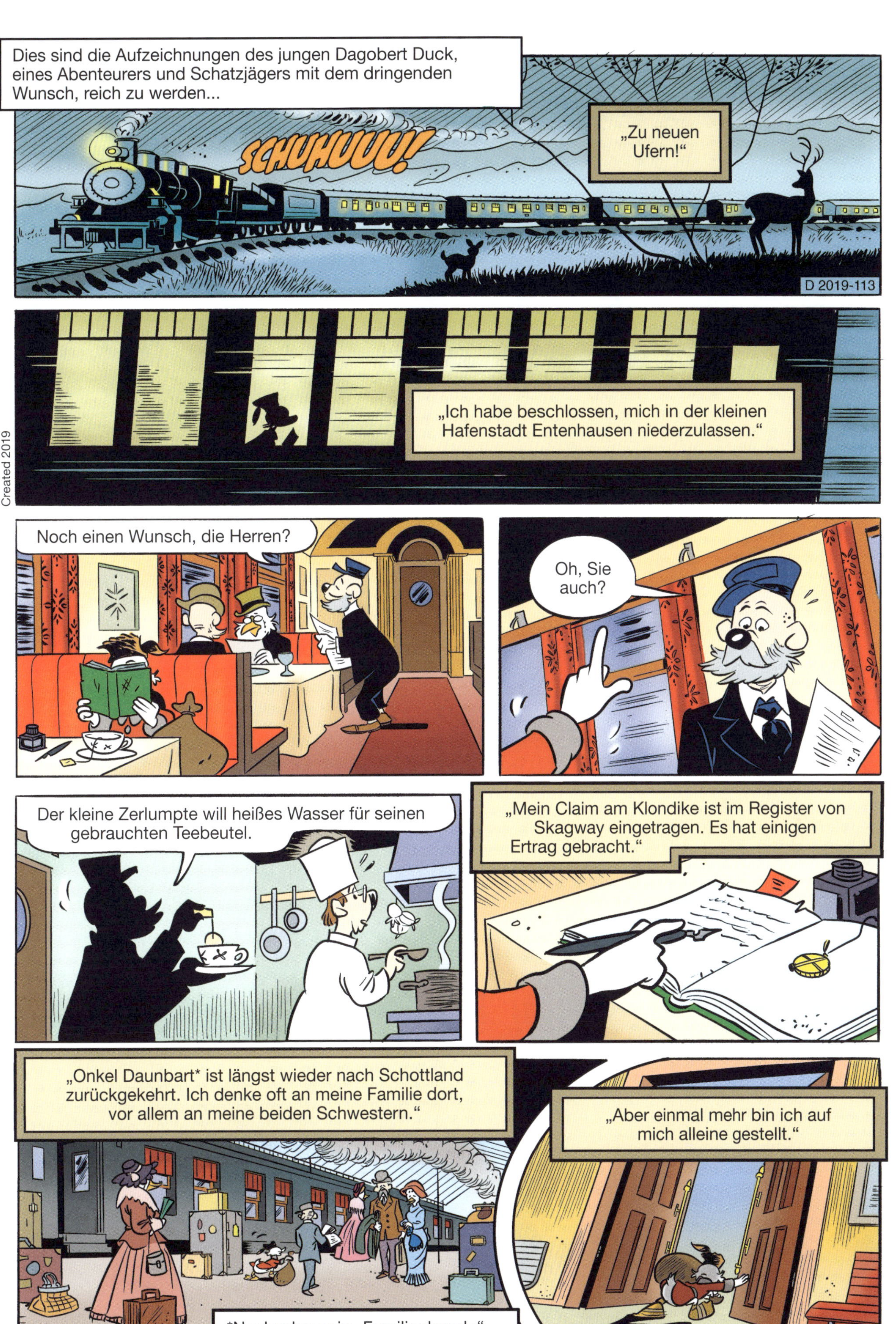

Skript & Zeichnungen:
Kari Korhonen, Übersetzung: **Harry Nützel**

Walt Disney

DAGOBERT DUCK

DAMALS: DAS ERSTE JAHR IN ENTENHAUSEN

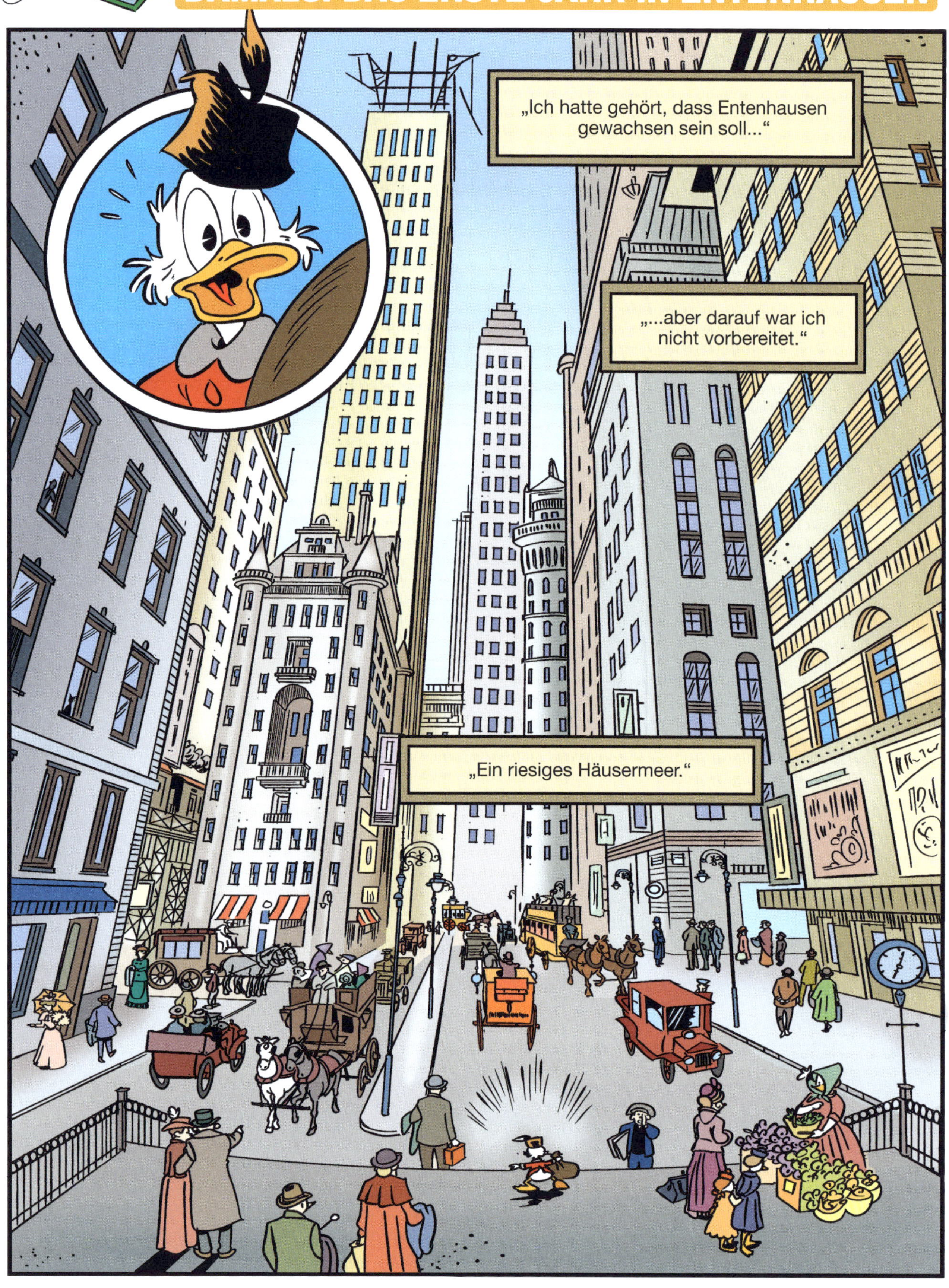

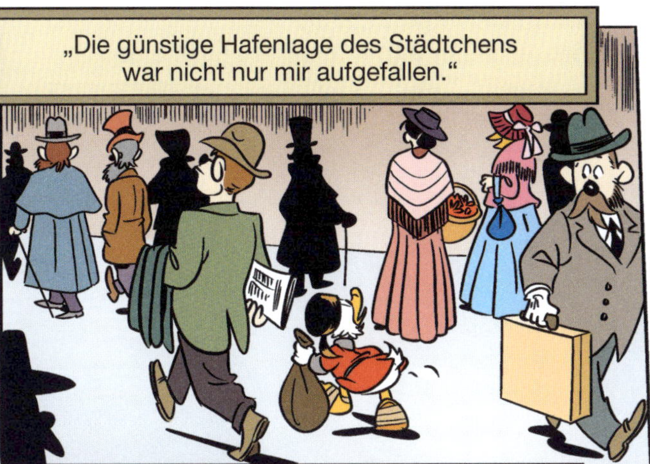
„Die günstige Hafenlage des Städtchens war nicht nur mir aufgefallen.“

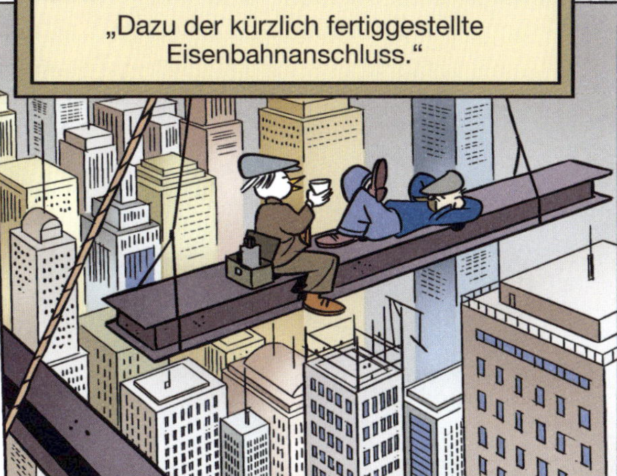
„Dazu der kürzlich fertiggestellte Eisenbahnanschluss.“

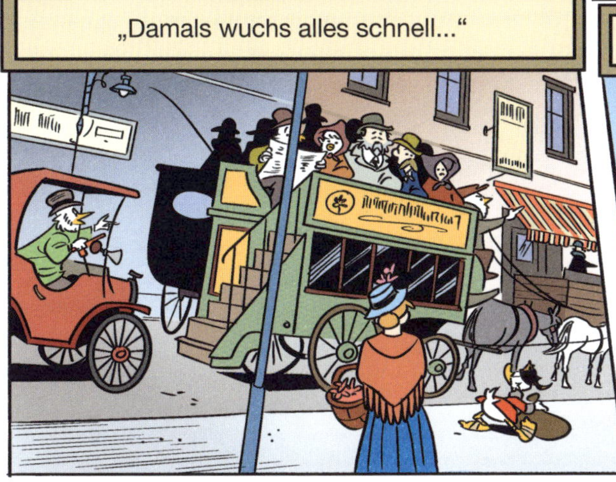
„Damals wuchs alles schnell...“

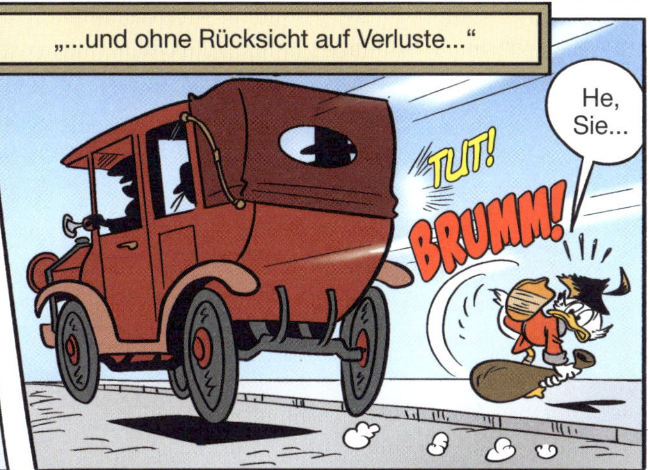
„...und ohne Rücksicht auf Verluste...“
TUT!
BRUMM!
He, Sie...

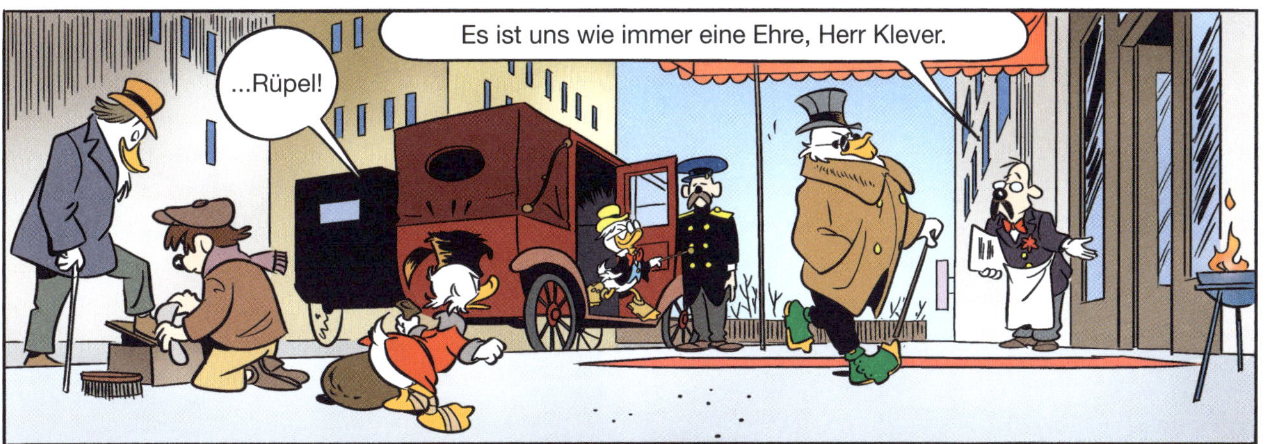
...Rüpel!
Es ist uns wie immer eine Ehre, Herr Klever.

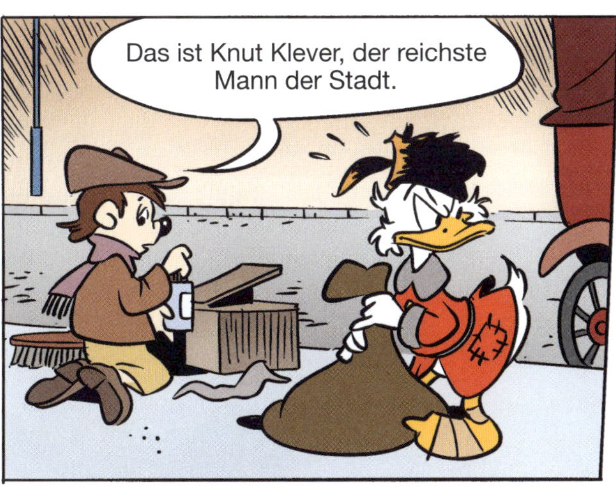
Das ist Knut Klever, der reichste Mann der Stadt.

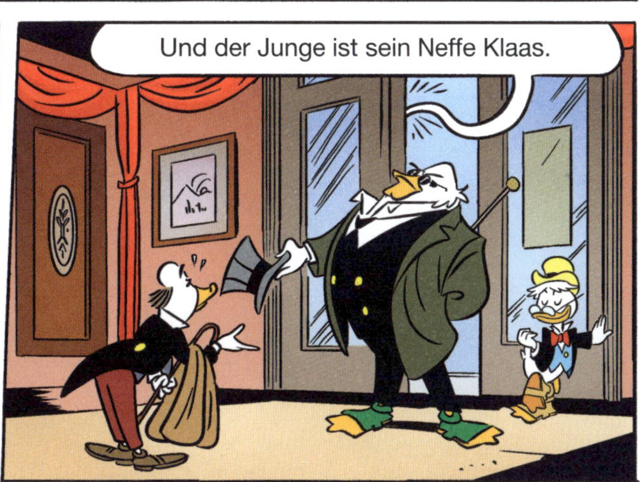
Und der Junge ist sein Neffe Klaas.

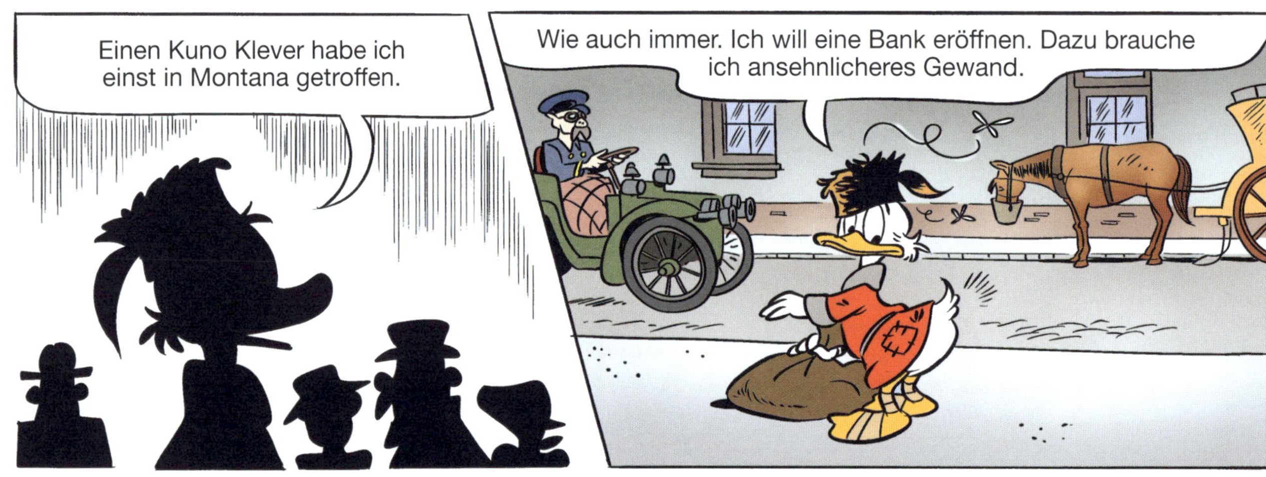
Einen Kuno Klever habe ich einst in Montana getroffen.
Wie auch immer. Ich will eine Bank eröffnen. Dazu brauche ich ansehnlicheres Gewand.

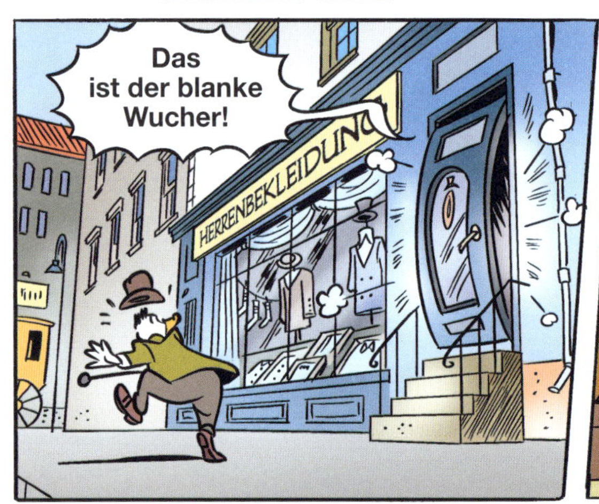
Das ist der blanke Wucher!
HERRENBEKLEIDUNG

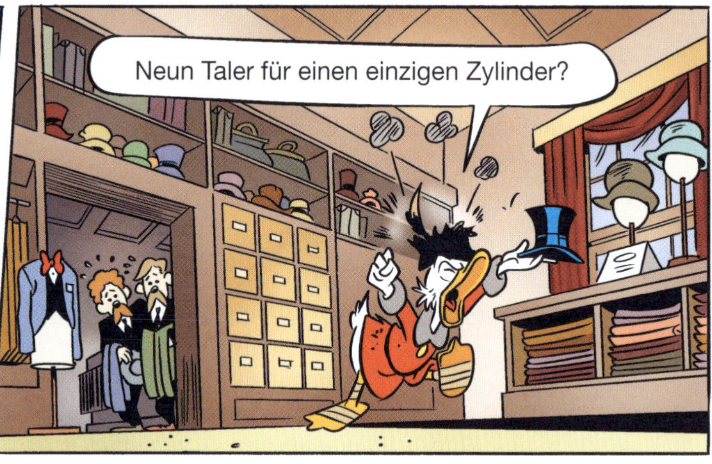
Neun Taler für einen einzigen Zylinder?

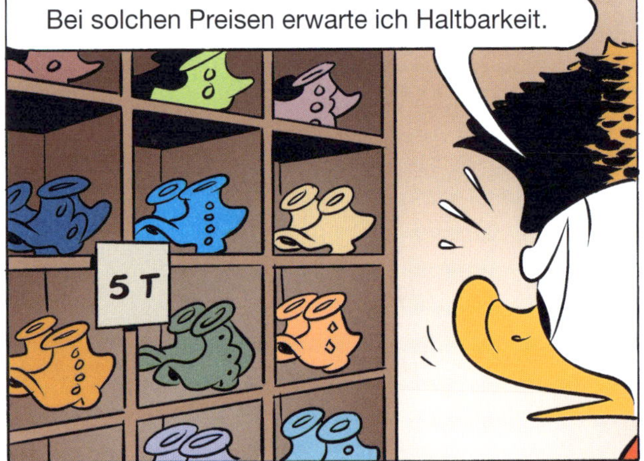
Bei solchen Preisen erwarte ich Haltbarkeit.
5 T

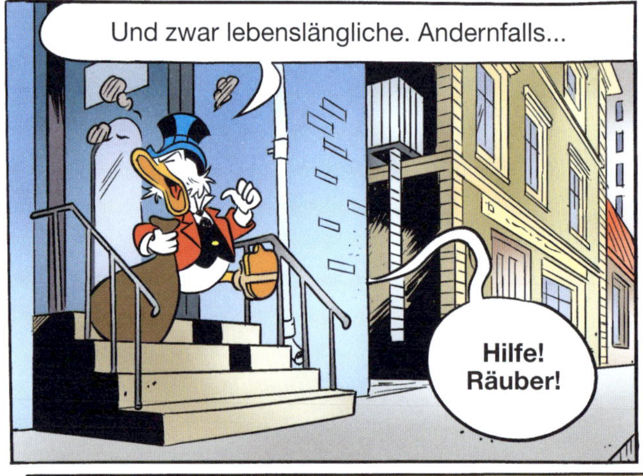
Und zwar lebenslängliche. Andernfalls...
Hilfe! Räuber!

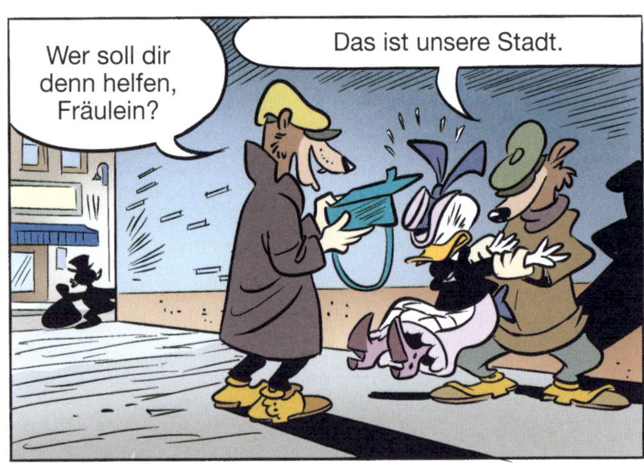
Wer soll dir denn helfen, Fräulein?
Das ist unsere Stadt.

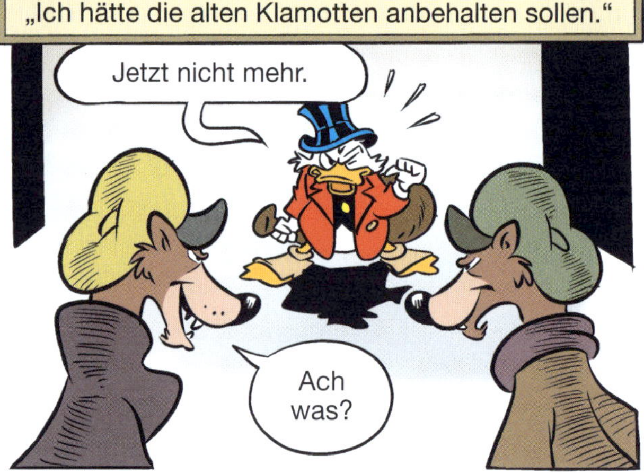
„Ich hätte die alten Klamotten anbehalten sollen."
Jetzt nicht mehr.
Ach was?

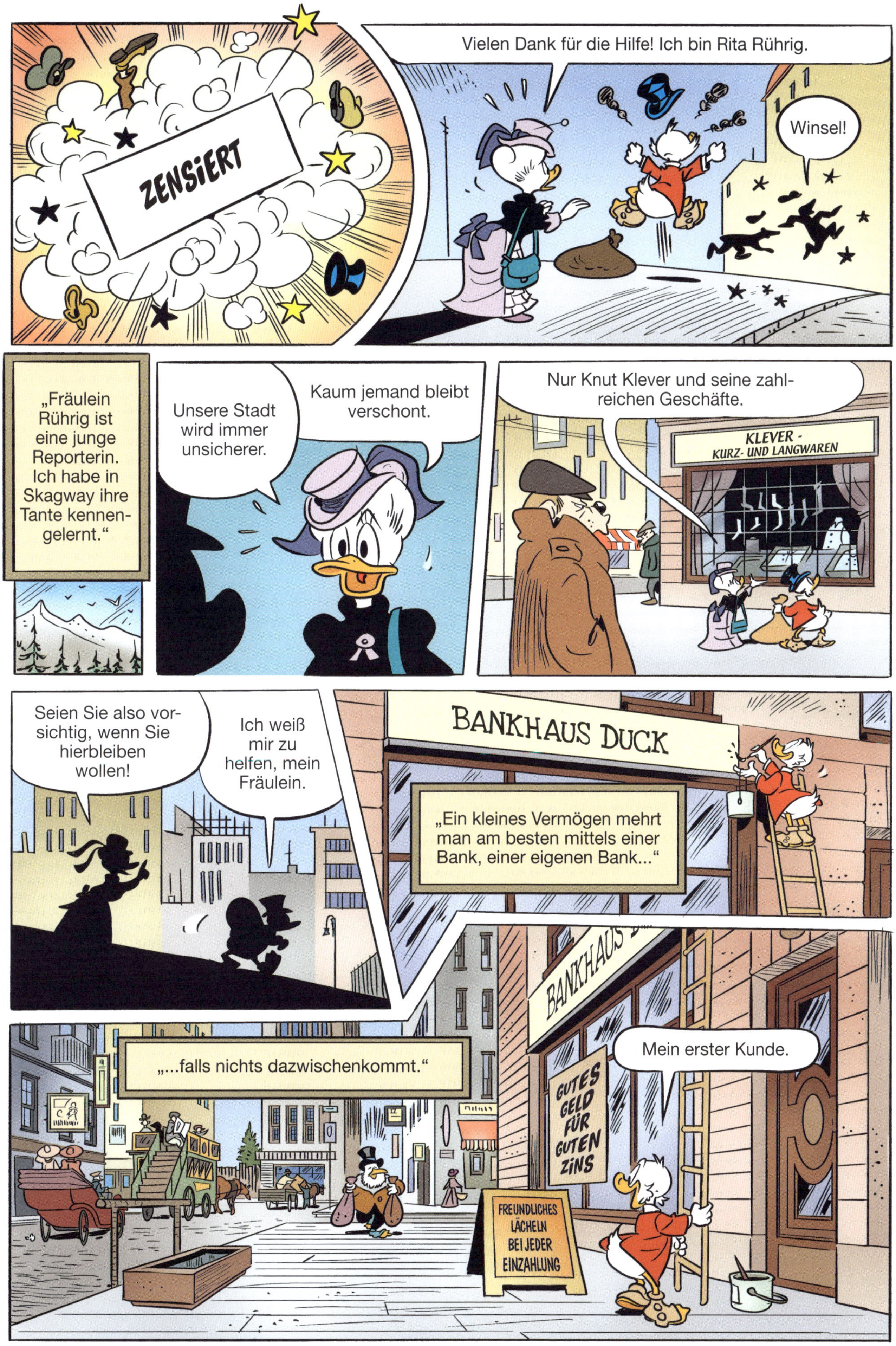

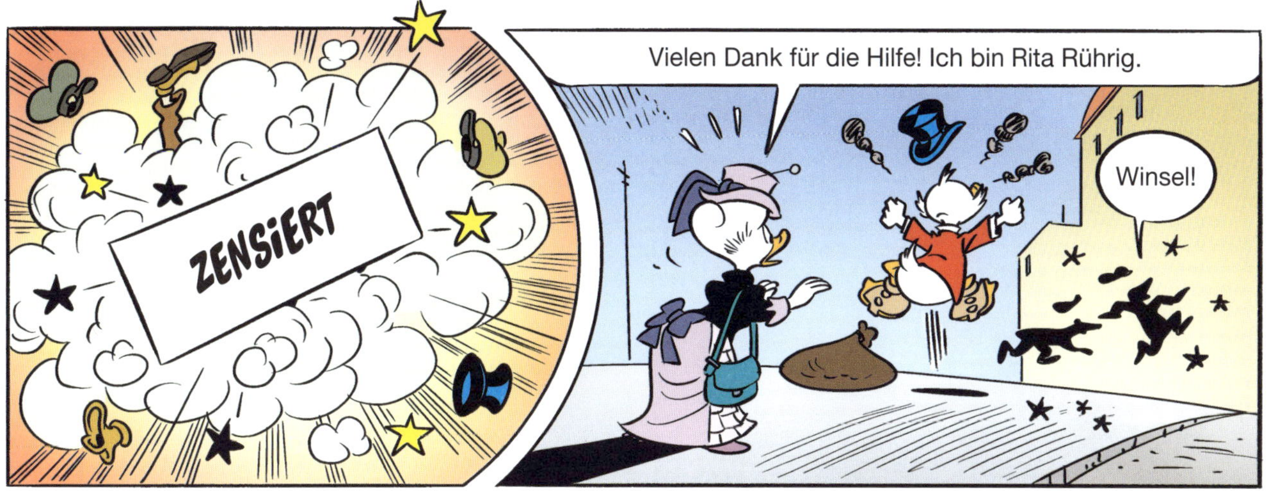

„Fräulein Rührig ist eine junge Reporterin. Ich habe in Skagway ihre Tante kennengelernt.“

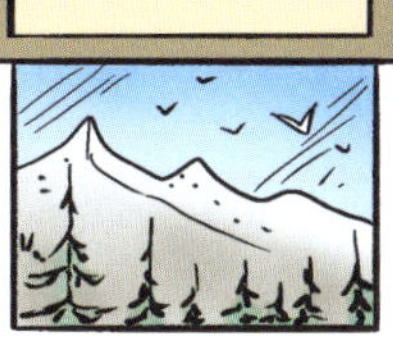

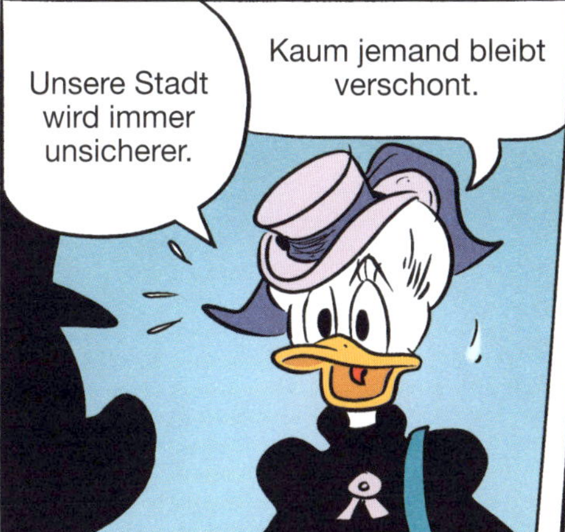

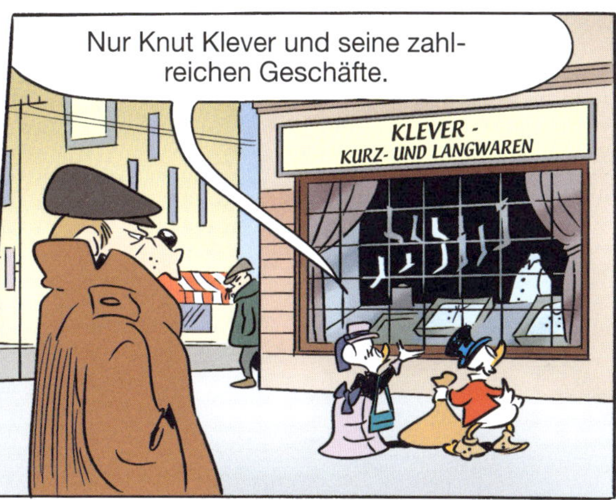

Seien Sie also vorsichtig, wenn Sie hierbleiben wollen!

Ich weiß mir zu helfen, mein Fräulein.

BANKHAUS DUCK

„Ein kleines Vermögen mehrt man am besten mittels einer Bank, einer eigenen Bank...“

„...falls nichts dazwischenkommt.“

BANKHAUS D...

GUTES GELD FÜR GUTEN ZINS

FREUNDLICHES LÄCHELN BEI JEDER EINZAHLUNG

Mein erster Kunde.

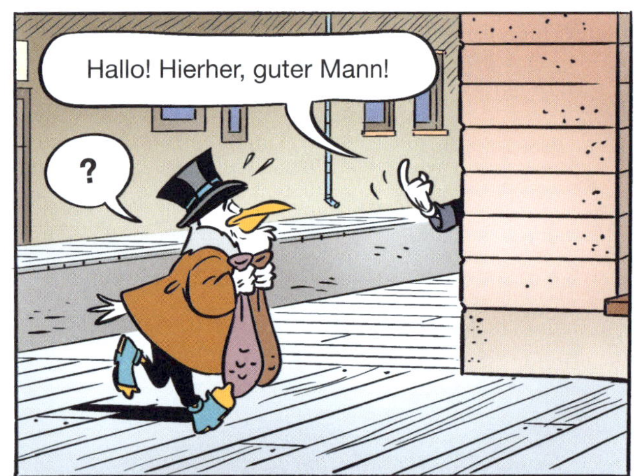
Hallo! Hierher, guter Mann!
?

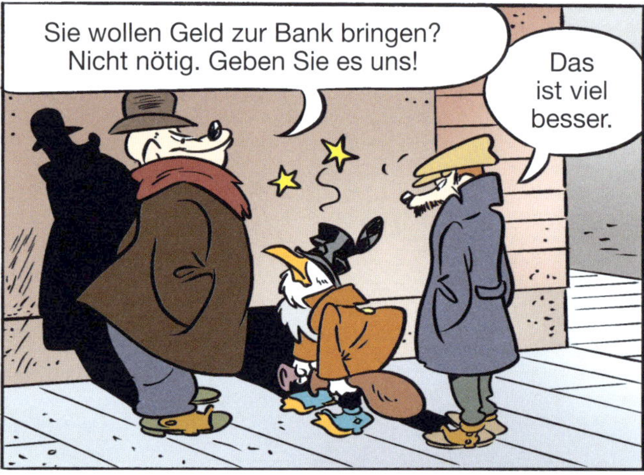
Sie wollen Geld zur Bank bringen? Nicht nötig. Geben Sie es uns!
Das ist viel besser.

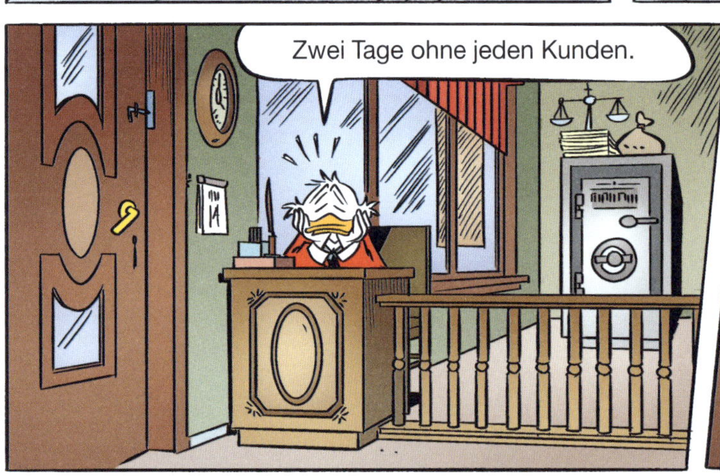
Zwei Tage ohne jeden Kunden.

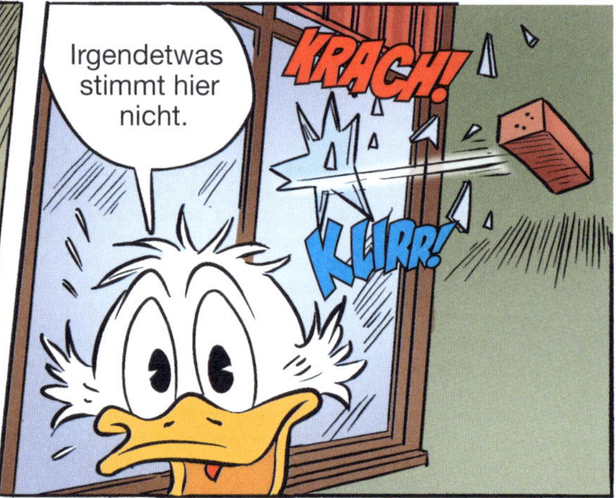
Irgendetwas stimmt hier nicht.
KRACH!
KLIRR!

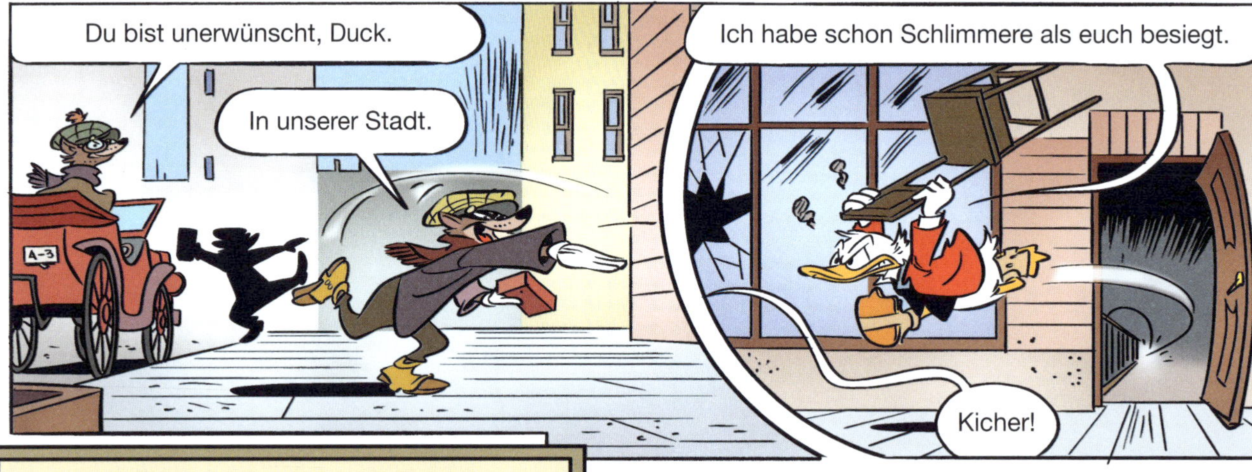
Du bist unerwünscht, Duck.
In unserer Stadt.
Ich habe schon Schlimmere als euch besiegt.
Kicher!

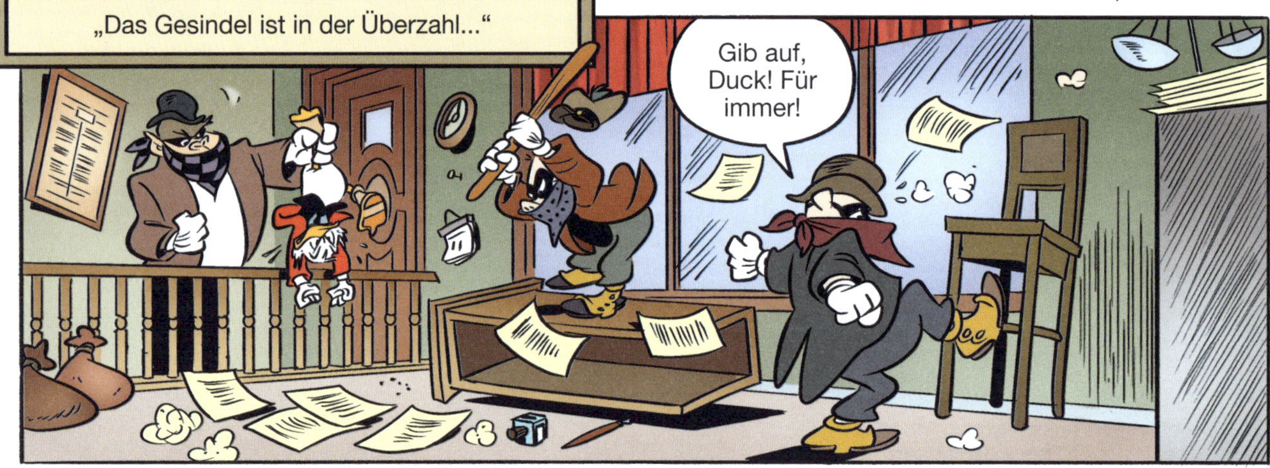
„Das Gesindel ist in der Überzahl...“
Gib auf, Duck! Für immer!

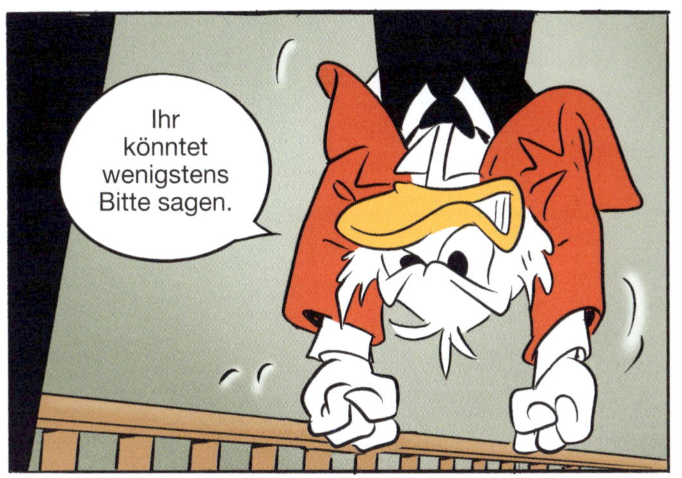
Ihr könntet wenigstens Bitte sagen.

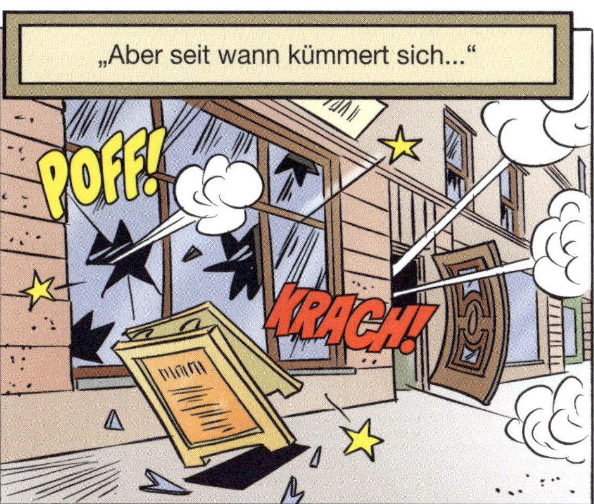
„Aber seit wann kümmert sich...“
POFF!
KRACH!

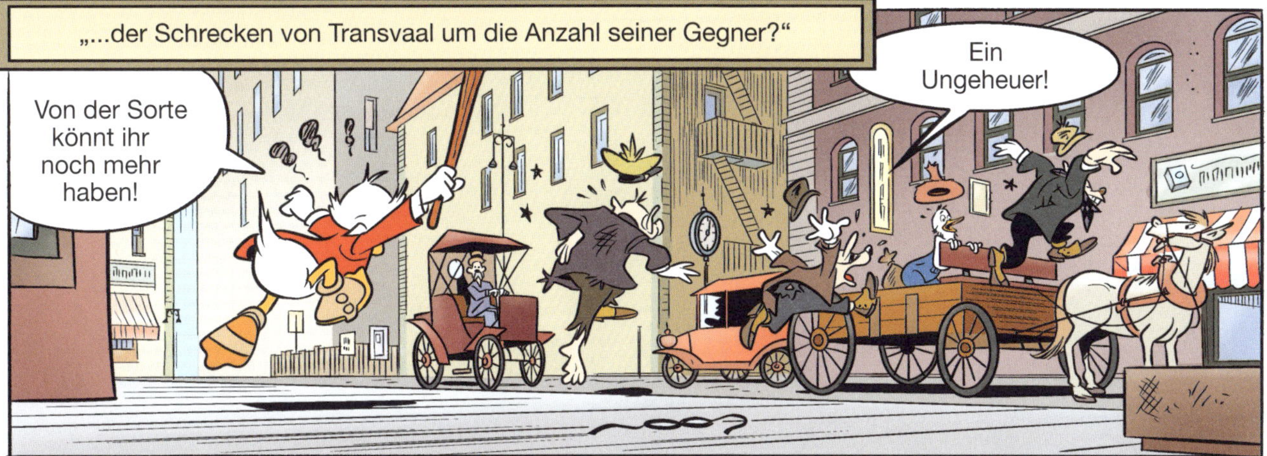
„...der Schrecken von Transvaal um die Anzahl seiner Gegner?“
Von der Sorte könnt ihr noch mehr haben!
Ein Ungeheuer!

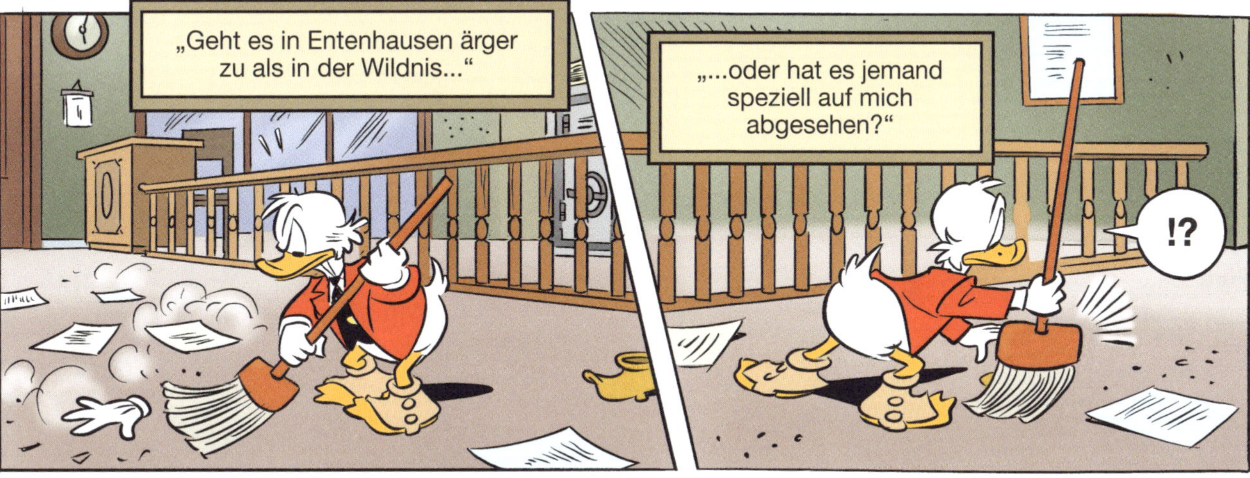
„Geht es in Entenhausen ärger zu als in der Wildnis...“
„...oder hat es jemand speziell auf mich abgesehen?“
!?

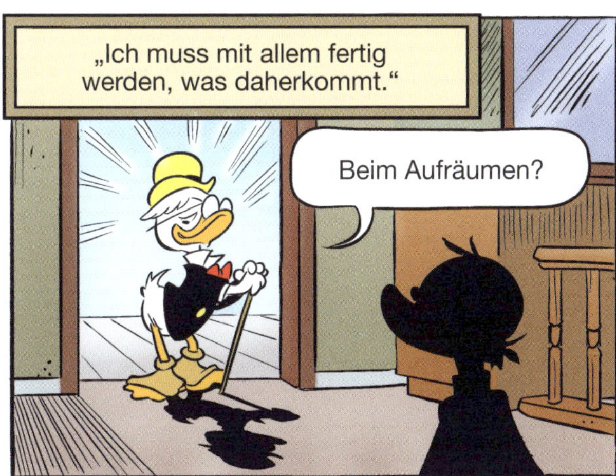
„Ich muss mit allem fertig werden, was daherkommt.“
Beim Aufräumen?

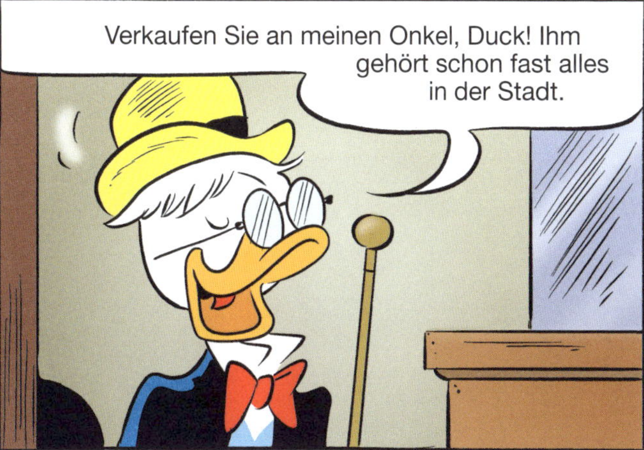
Verkaufen Sie an meinen Onkel, Duck! Ihm gehört schon fast alles in der Stadt.

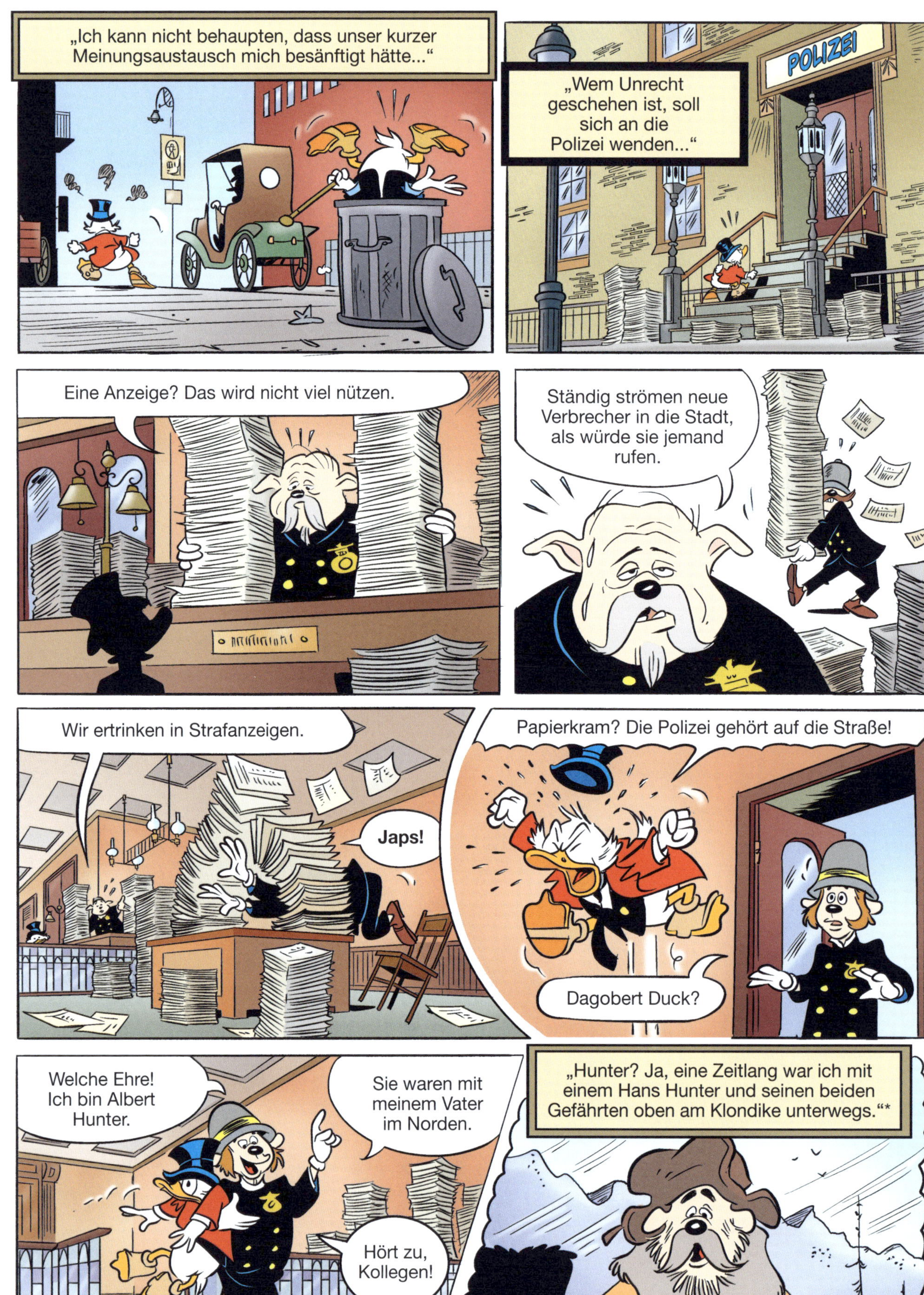
„Ich kann nicht behaupten, dass unser kurzer Meinungsaustausch mich besänftigt hätte...“
„Wem Unrecht geschehen ist, soll sich an die Polizei wenden...“
POLIZEI
Eine Anzeige? Das wird nicht viel nützen.
Ständig strömen neue Verbrecher in die Stadt, als würde sie jemand rufen.
Wir ertrinken in Strafanzeigen.
Japs!
Papierkram? Die Polizei gehört auf die Straße!
Dagobert Duck?
Welche Ehre! Ich bin Albert Hunter.
Sie waren mit meinem Vater im Norden.
Hört zu, Kollegen!
„Hunter? Ja, eine Zeitlang war ich mit einem Hans Hunter und seinen beiden Gefährten oben am Klondike unterwegs.“*
*Siehe „Das Gesetz des Nordens“.

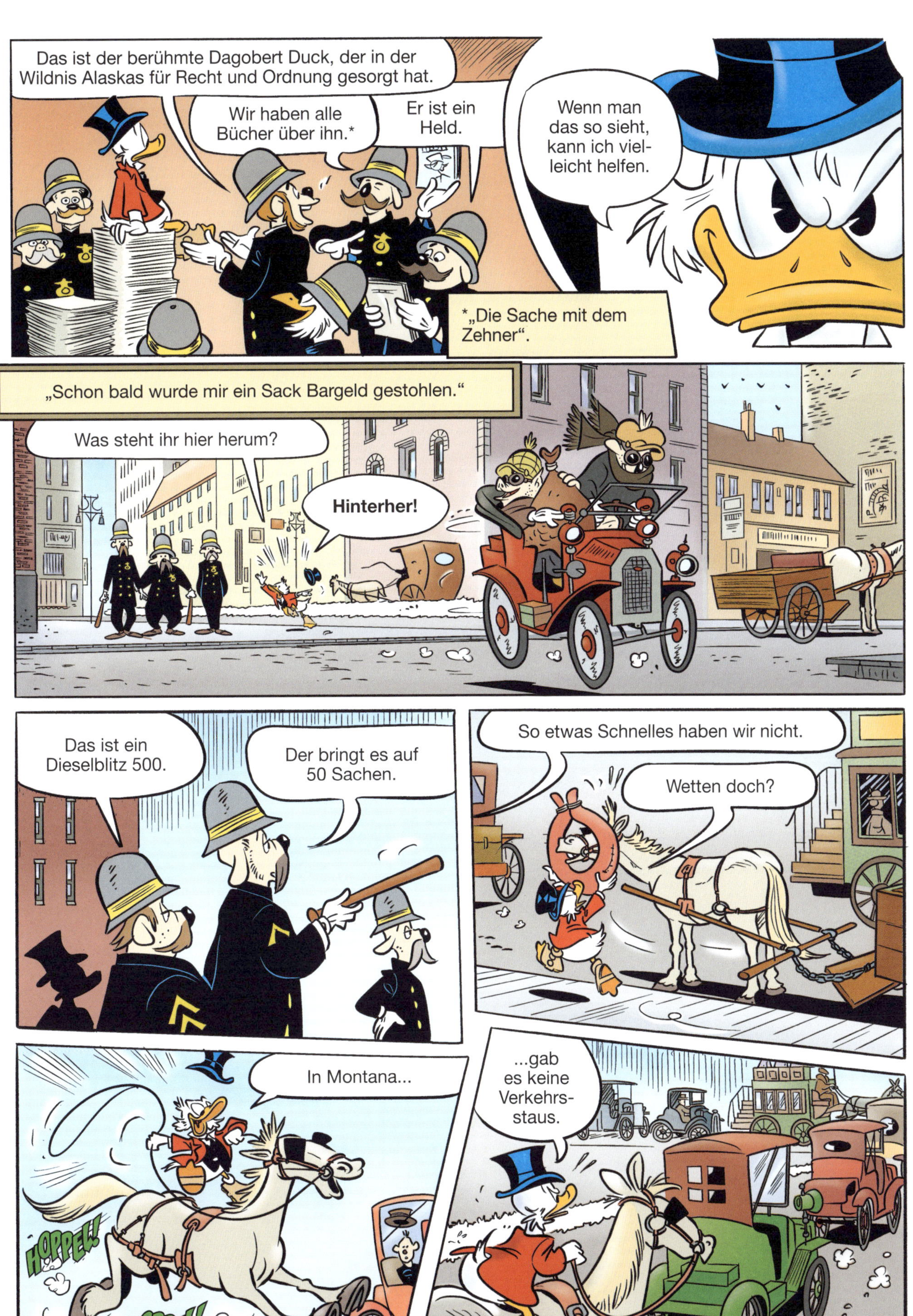
Das ist der berühmte Dagobert Duck, der in der Wildnis Alaskas für Recht und Ordnung gesorgt hat.
Wir haben alle Bücher über ihn.*
Er ist ein Held.
Wenn man das so sieht, kann ich vielleicht helfen.
*„Die Sache mit dem Zehner".
„Schon bald wurde mir ein Sack Bargeld gestohlen."
Was steht ihr hier herum?
Hinterher!
Das ist ein Dieselblitz 500.
Der bringt es auf 50 Sachen.
So etwas Schnelles haben wir nicht.
Wetten doch?
In Montana...
HOPPEL!
GALOPPEL!
...gab es keine Verkehrsstaus.

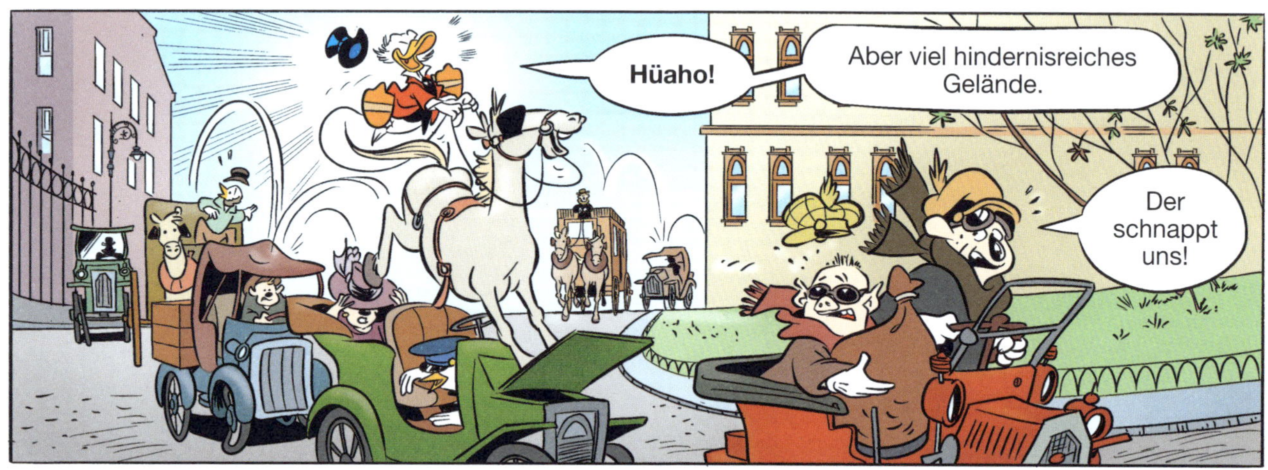
Hüaho!
Aber viel hindernisreiches Gelände.
Der schnappt uns!

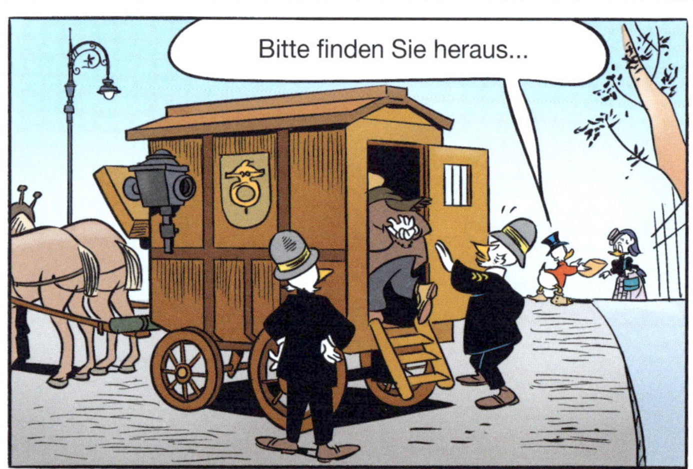
Bitte finden Sie heraus...

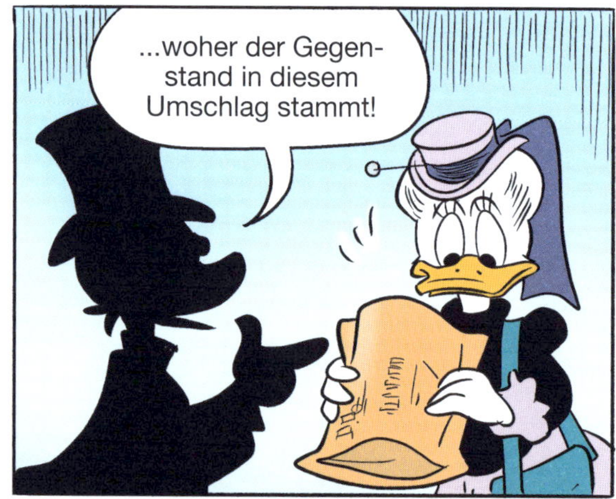
...woher der Gegenstand in diesem Umschlag stammt!

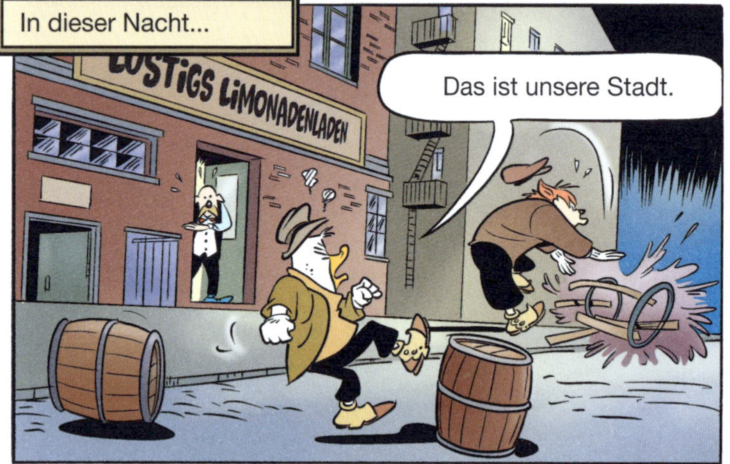
In dieser Nacht...
LUSTIGS LIMONADENLADEN
Das ist unsere Stadt.

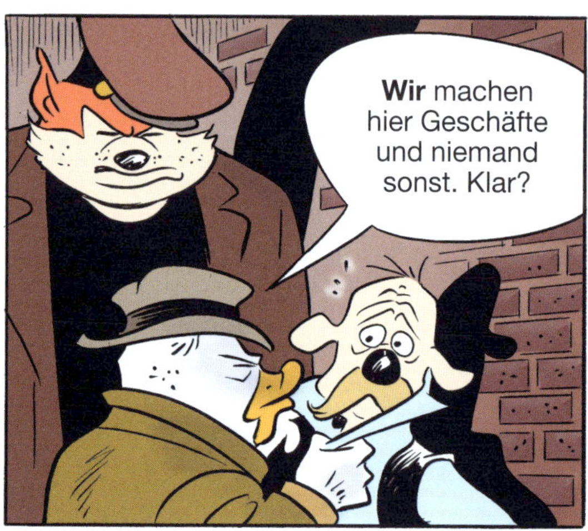
Wir machen hier Geschäfte und niemand sonst. Klar?

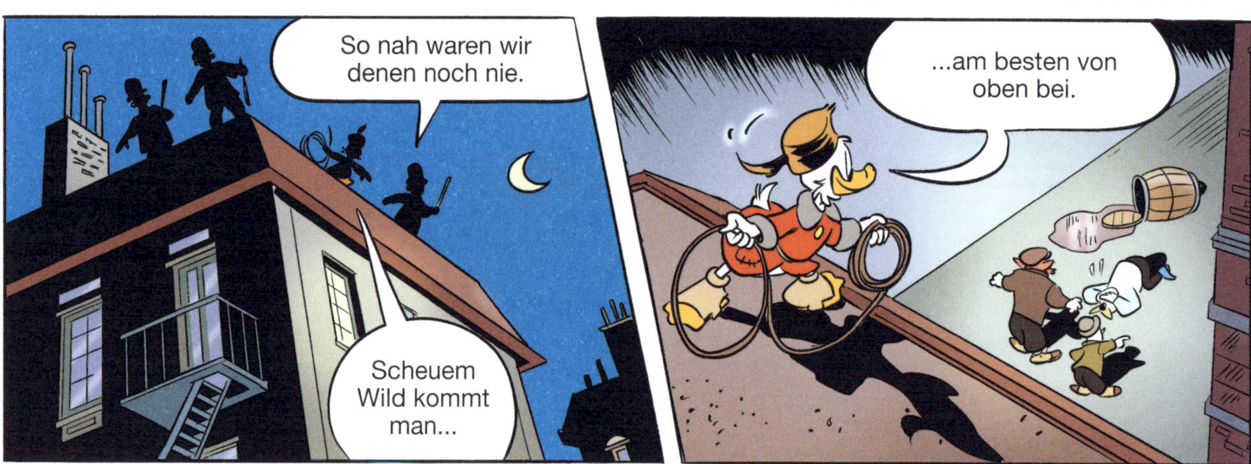
So nah waren wir denen noch nie.
Scheuem Wild kommt man...
...am besten von oben bei.

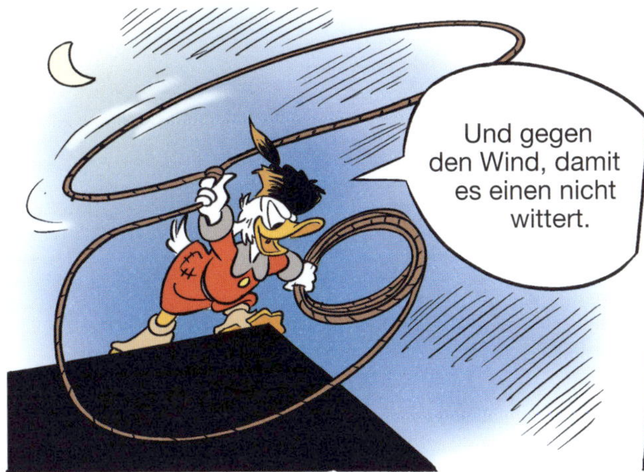
Und gegen den Wind, damit es einen nicht wittert.

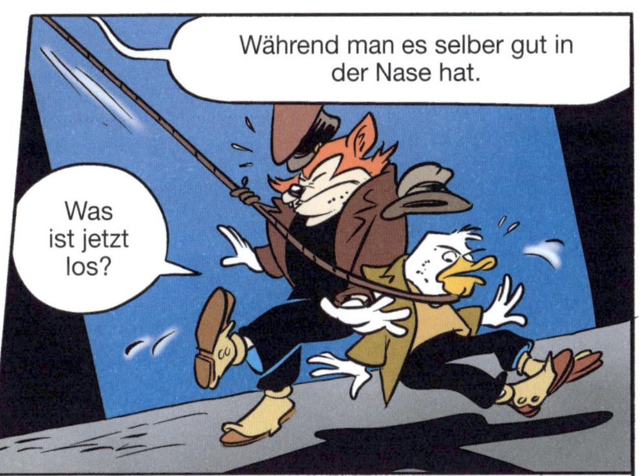
Während man es selber gut in der Nase hat.
Was ist jetzt los?

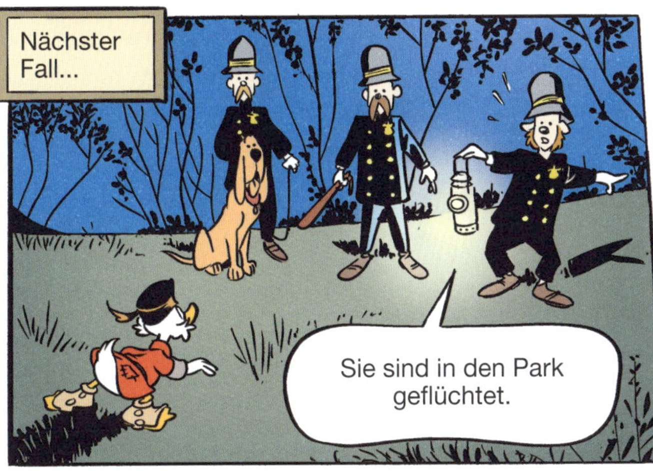
Nächster Fall...
Sie sind in den Park geflüchtet.

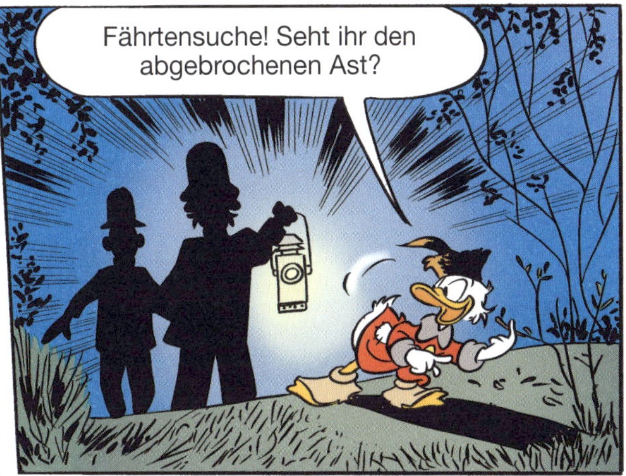
Fährtensuche! Seht ihr den abgebrochenen Ast?

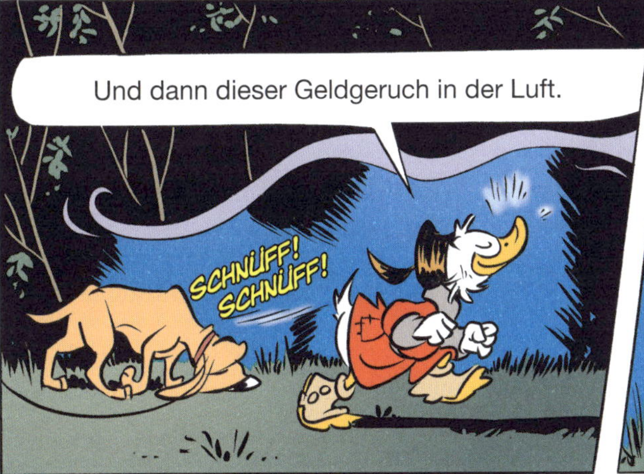
Und dann dieser Geldgeruch in der Luft.
SCHNÜFF! SCHNÜFF!

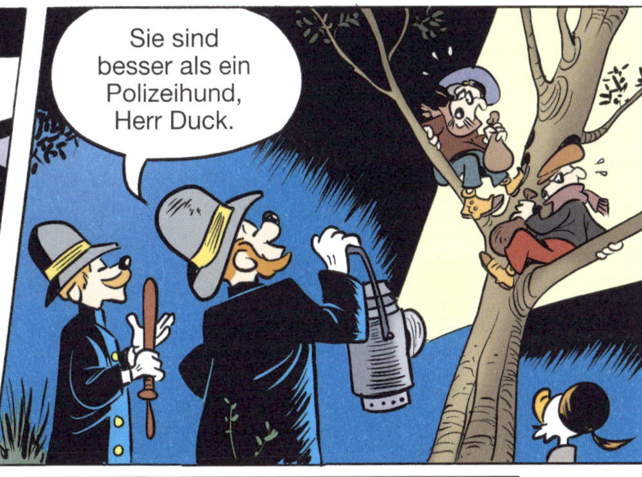
Sie sind besser als ein Polizeihund, Herr Duck.

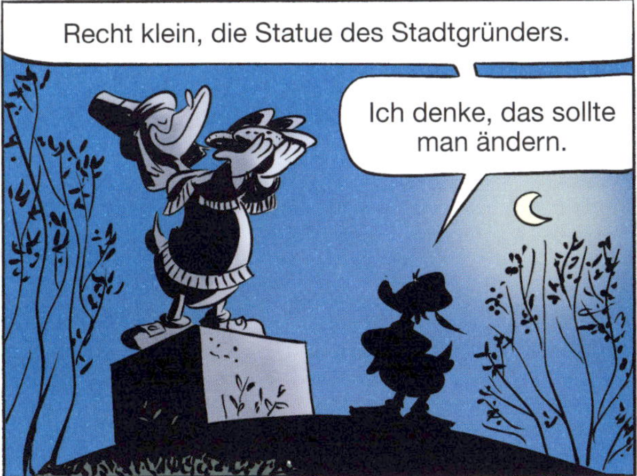
Recht klein, die Statue des Stadtgründers.
Ich denke, das sollte man ändern.

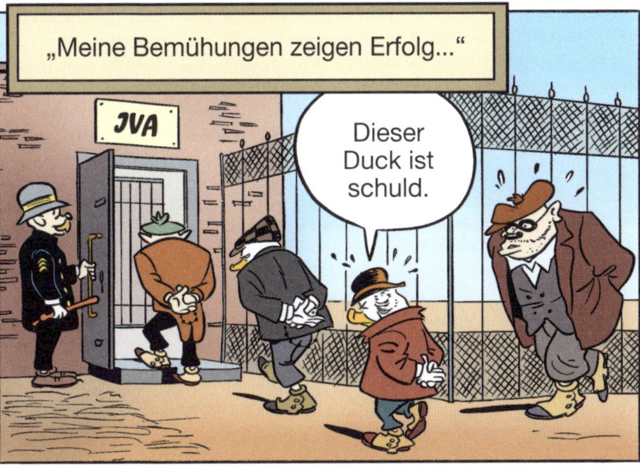
„Meine Bemühungen zeigen Erfolg..."
JVA
Dieser Duck ist schuld.

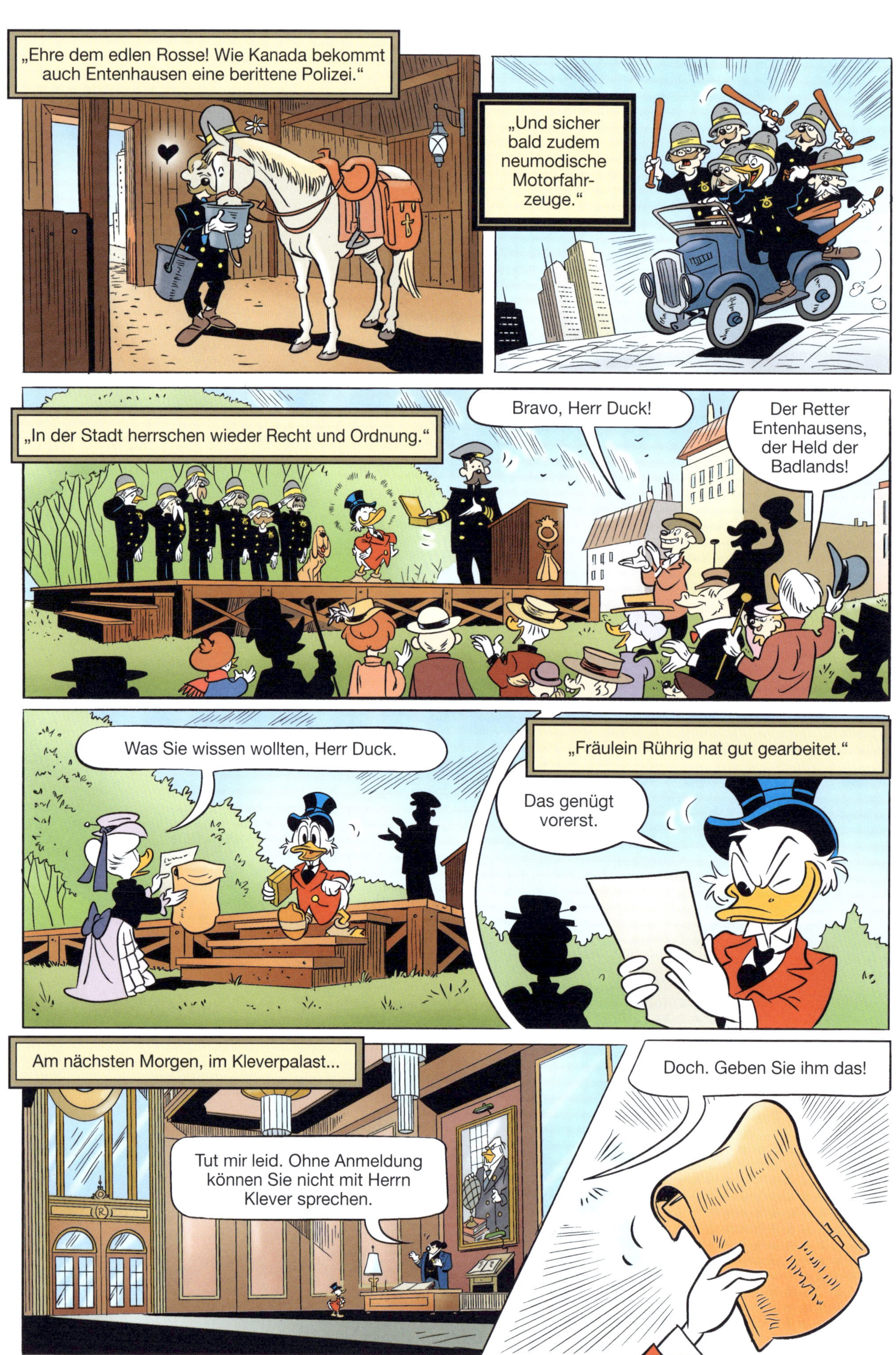
„Ehre dem edlen Rosse! Wie Kanada bekommt auch Entenhausen eine berittene Polizei."
„Und sicher bald zudem neumodische Motorfahrzeuge."
„In der Stadt herrschen wieder Recht und Ordnung."
Bravo, Herr Duck!
Der Retter Entenhausens, der Held der Badlands!
Was Sie wissen wollten, Herr Duck.
„Fräulein Rührig hat gut gearbeitet."
Das genügt vorerst.
Am nächsten Morgen, im Kleverpalast...
Tut mir leid. Ohne Anmeldung können Sie nicht mit Herrn Klever sprechen.
Doch. Geben Sie ihm das!

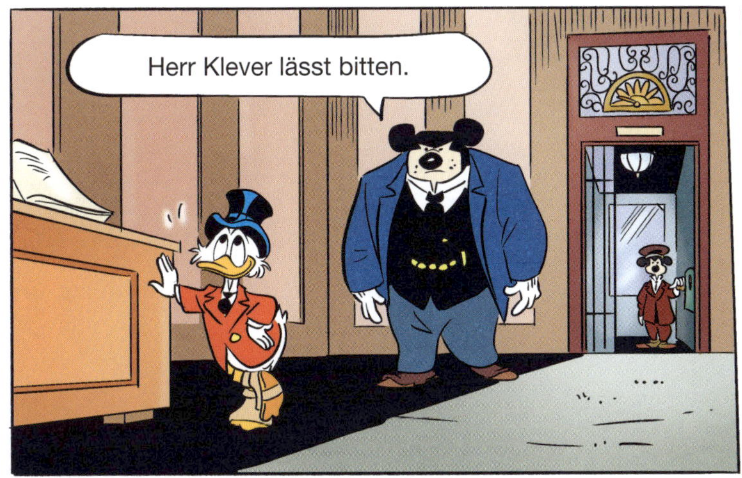

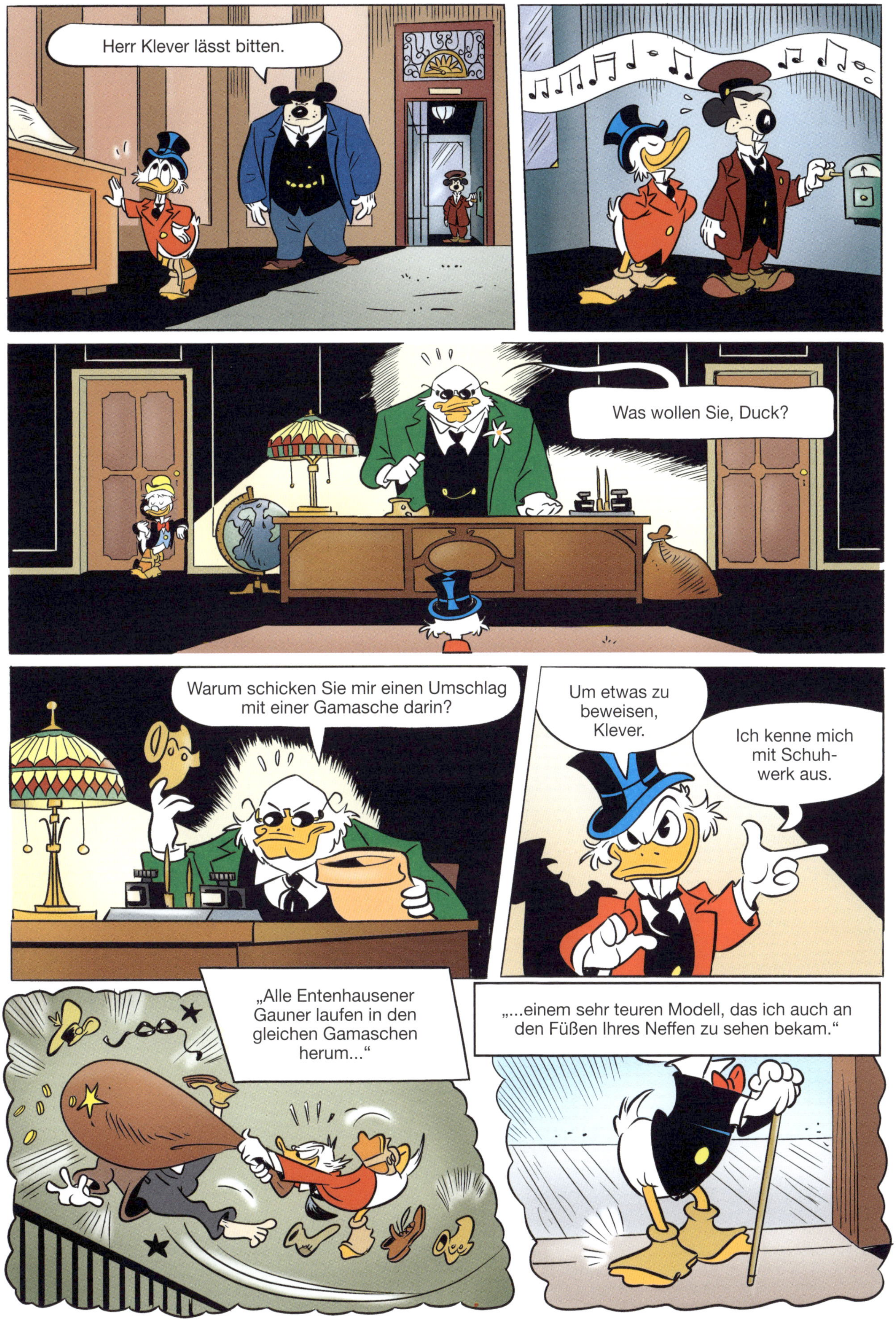

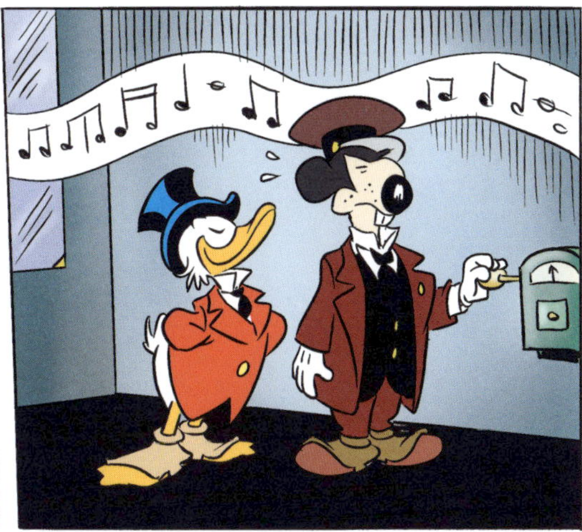

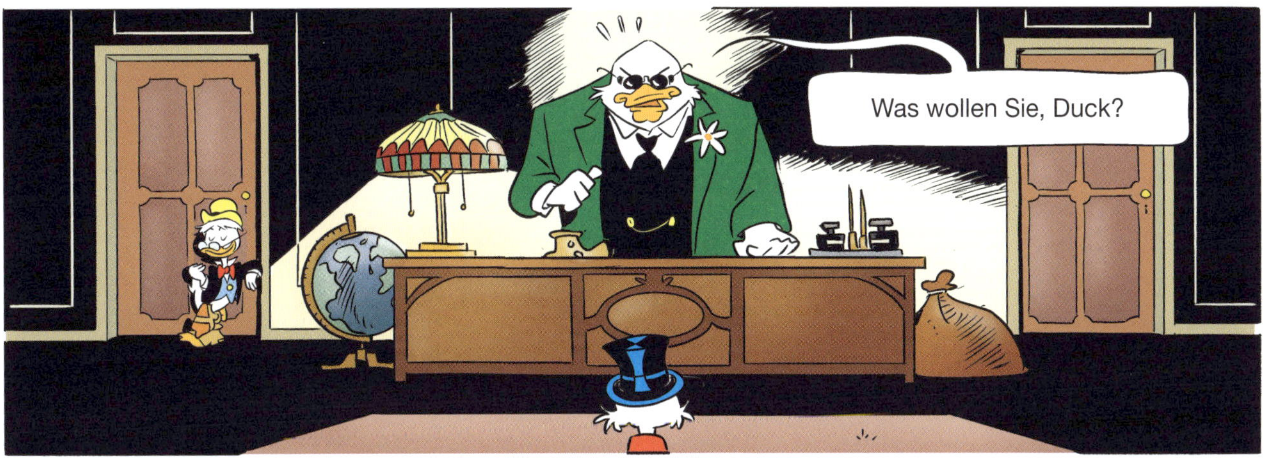

Warum schicken Sie mir einen Umschlag mit einer Gamasche darin?

Um etwas zu beweisen, Klever.

Ich kenne mich mit Schuhwerk aus.

„Alle Entenhausener Gauner laufen in den gleichen Gamaschen herum...“

„...einem sehr teuren Modell, das ich auch an den Füßen Ihres Neffen zu sehen bekam.“

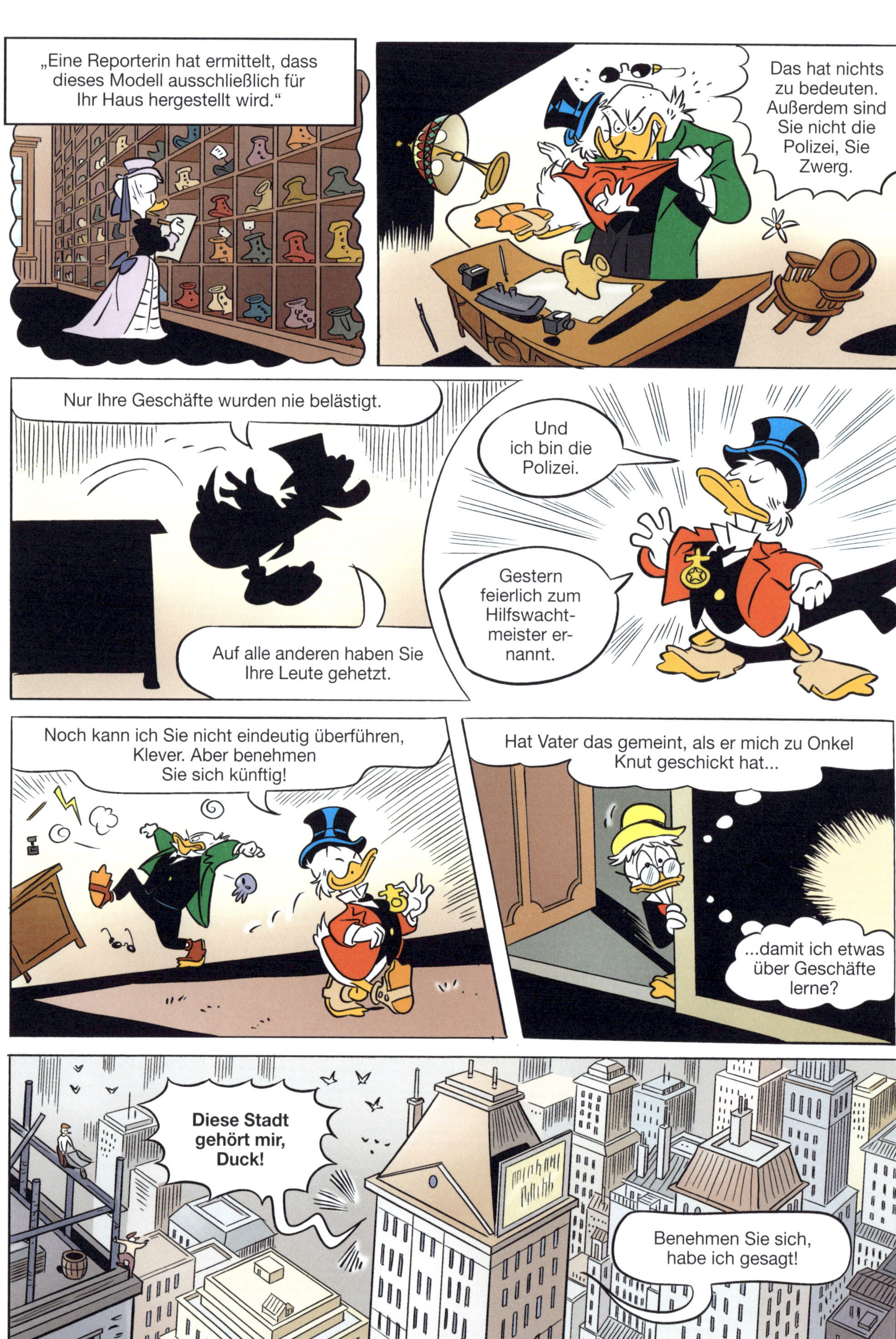
„Eine Reporterin hat ermittelt, dass dieses Modell ausschließlich für Ihr Haus hergestellt wird.“
Das hat nichts zu bedeuten. Außerdem sind Sie nicht die Polizei, Sie Zwerg.
Nur Ihre Geschäfte wurden nie belästigt.
Auf alle anderen haben Sie Ihre Leute gehetzt.
Und ich bin die Polizei.
Gestern feierlich zum Hilfswachtmeister ernannt.
Noch kann ich Sie nicht eindeutig überführen, Klever. Aber benehmen Sie sich künftig!
Hat Vater das gemeint, als er mich zu Onkel Knut geschickt hat...
...damit ich etwas über Geschäfte lerne?
Diese Stadt gehört mir, Duck!
Benehmen Sie sich, habe ich gesagt!
ENDE

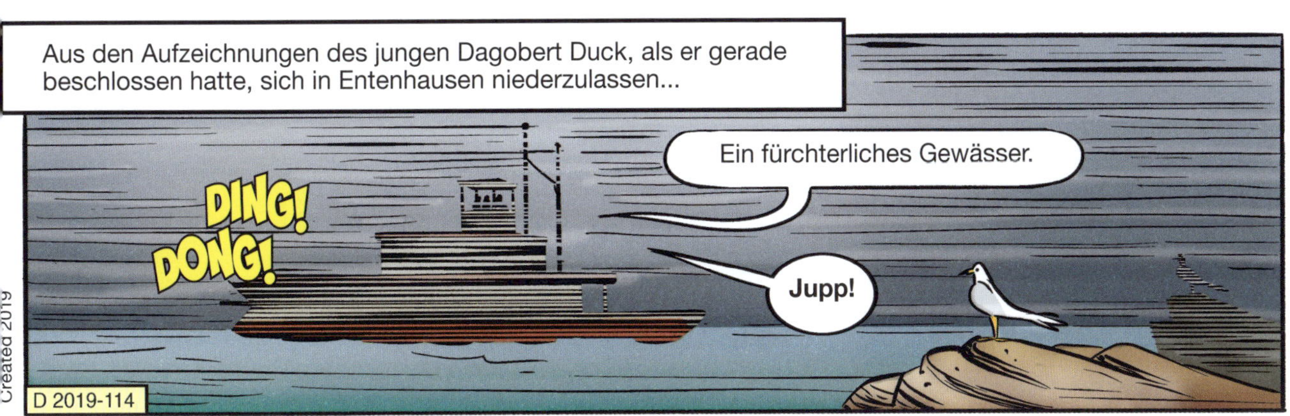

Walt Disney DAGOBERT DUCK

DAMALS: DIE SCHWARZEN KLIPPEN

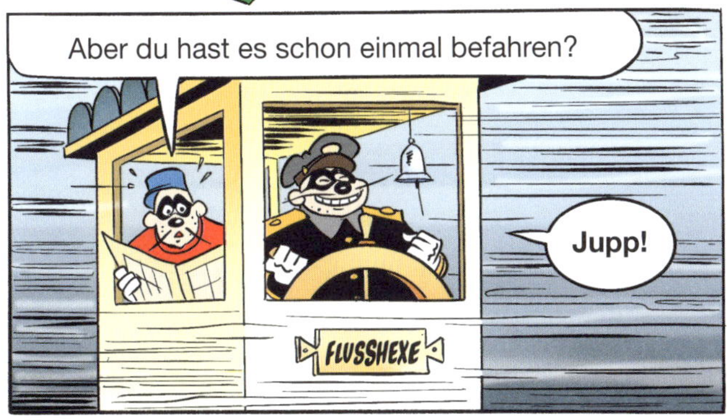

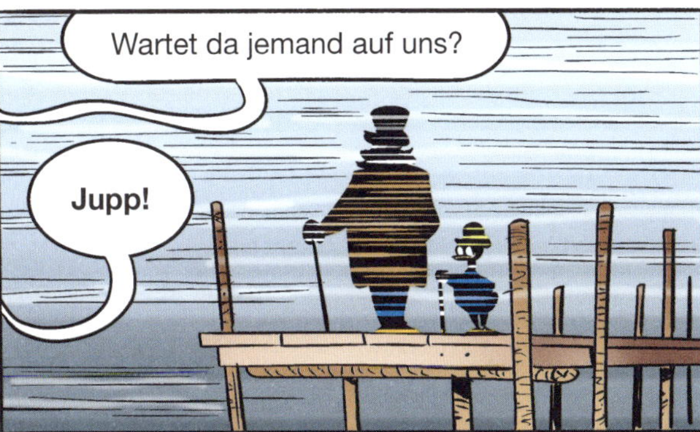

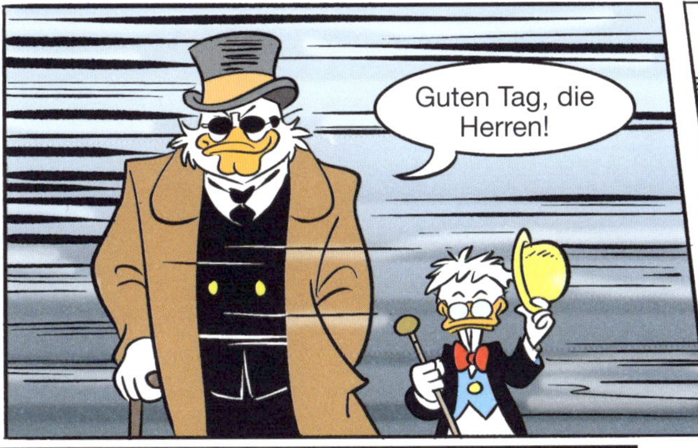

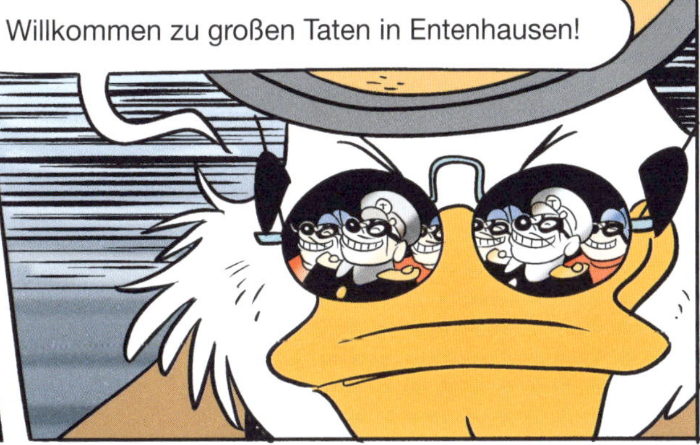

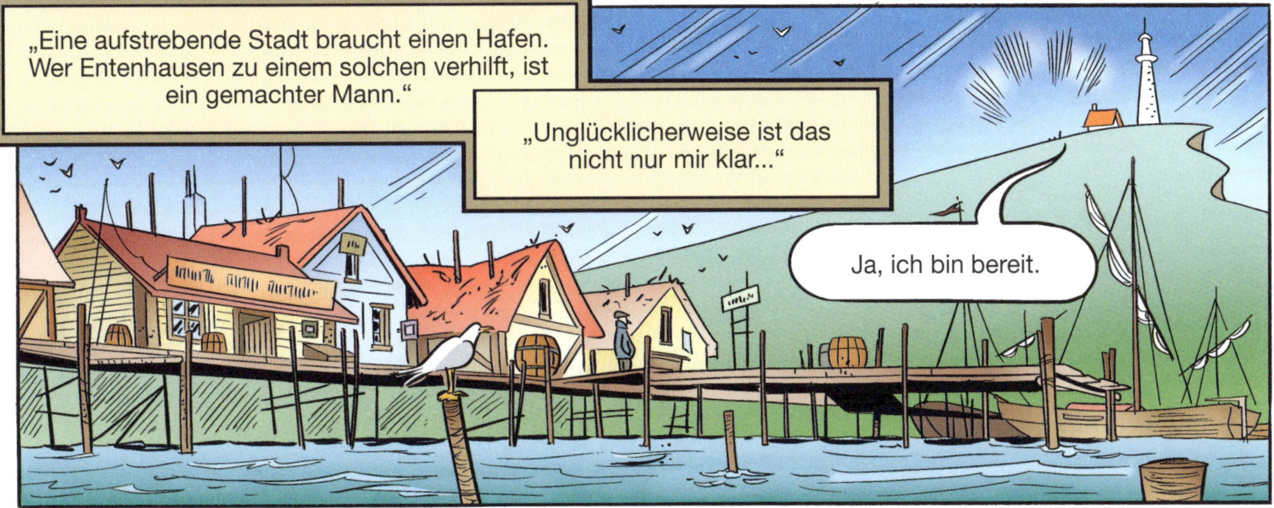

Skript & Zeichnungen: **Kari Korhonen**, Übersetzung: **Harry Nützel**

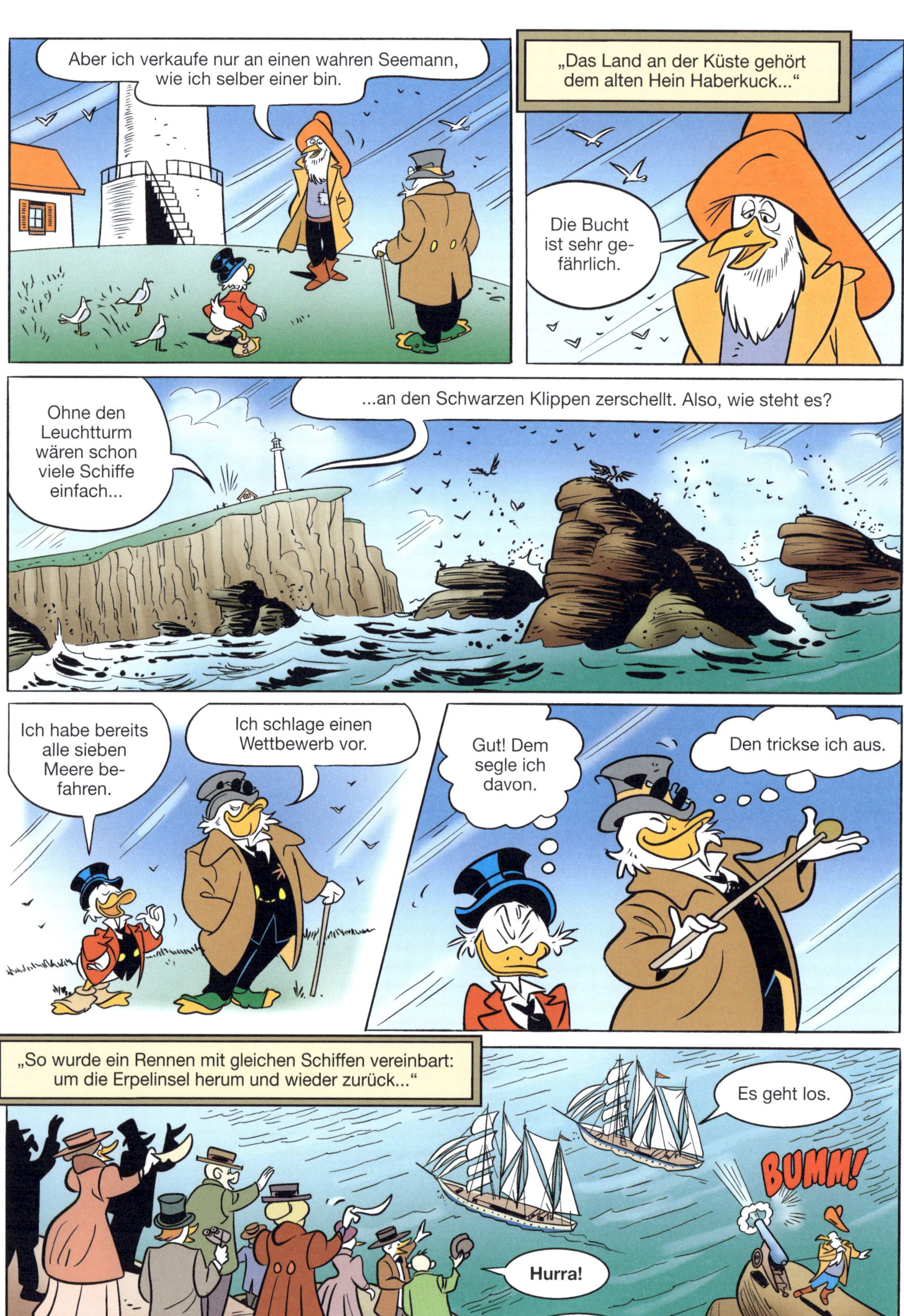
Aber ich verkaufe nur an einen wahren Seemann, wie ich selber einer bin.
„Das Land an der Küste gehört dem alten Hein Haberkuck..."
Die Bucht ist sehr gefährlich.
Ohne den Leuchtturm wären schon viele Schiffe einfach...
...an den Schwarzen Klippen zerschellt. Also, wie steht es?
Ich habe bereits alle sieben Meere befahren.
Ich schlage einen Wettbewerb vor.
Gut! Dem segle ich davon.
Den trickse ich aus.
„So wurde ein Rennen mit gleichen Schiffen vereinbart: um die Erpelinsel herum und wieder zurück..."
Es geht los.
BUMM!
Hurra!
Bravo!

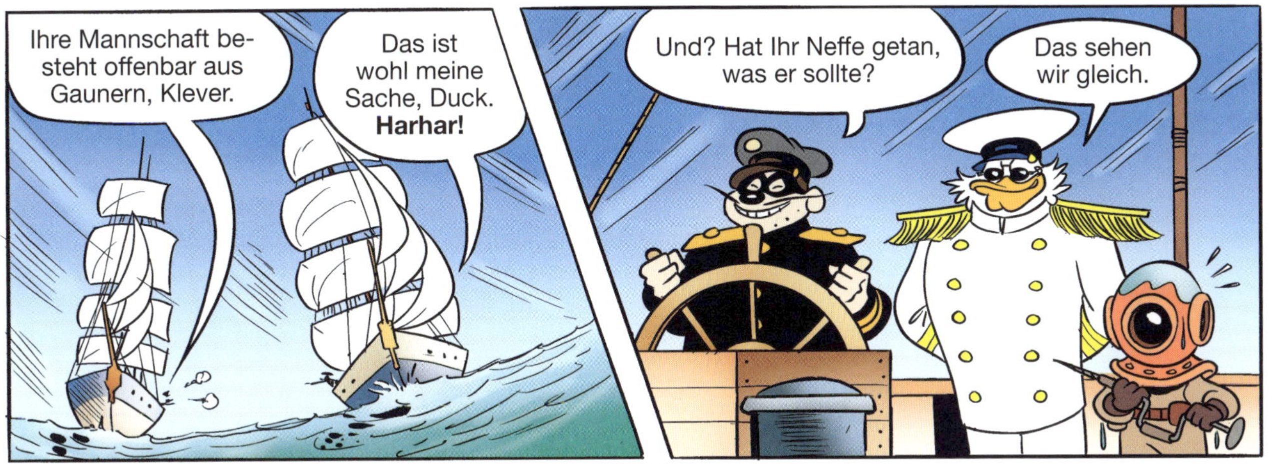
Ihre Mannschaft besteht offenbar aus Gaunern, Klever.
Das ist wohl meine Sache, Duck. **Harhar!**
Und? Hat Ihr Neffe getan, was er sollte?
Das sehen wir gleich.

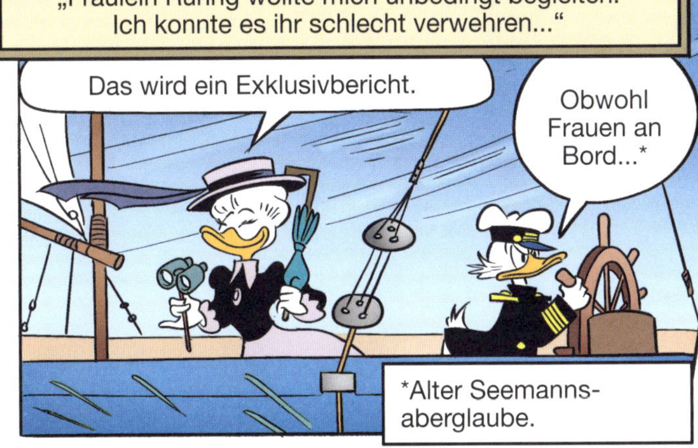
„Fräulein Rührig wollte mich unbedingt begleiten. Ich konnte es ihr schlecht verwehren..."
Das wird ein Exklusivbericht.
Obwohl Frauen an Bord...*
*Alter Seemannsaberglaube.

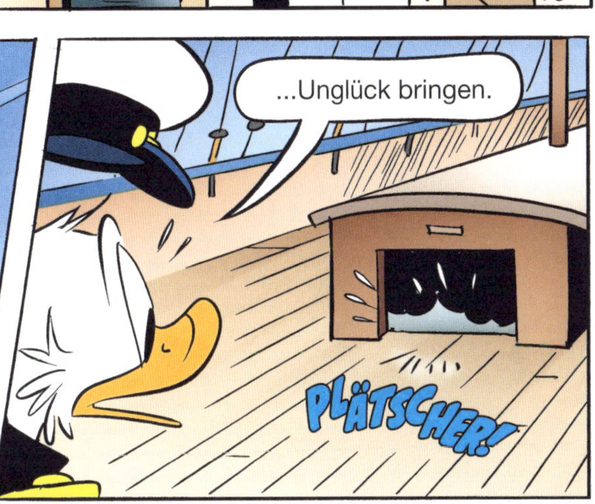
...Unglück bringen.
PLÄTSCHER!

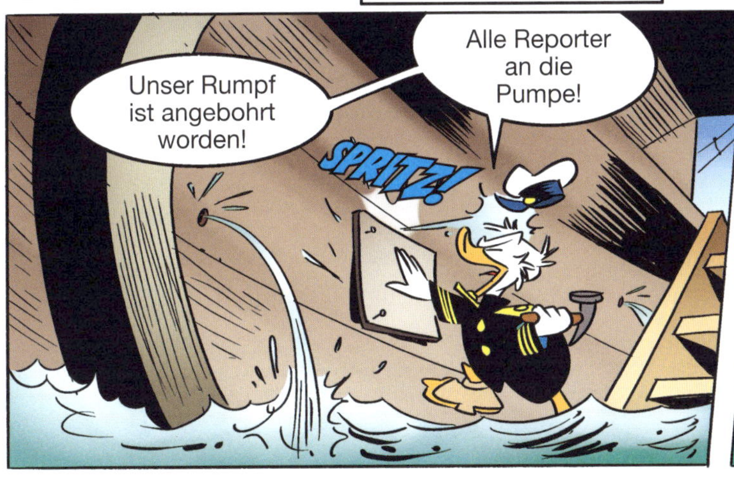
Unser Rumpf ist angebohrt worden!
Alle Reporter an die Pumpe!
SPRITZ!

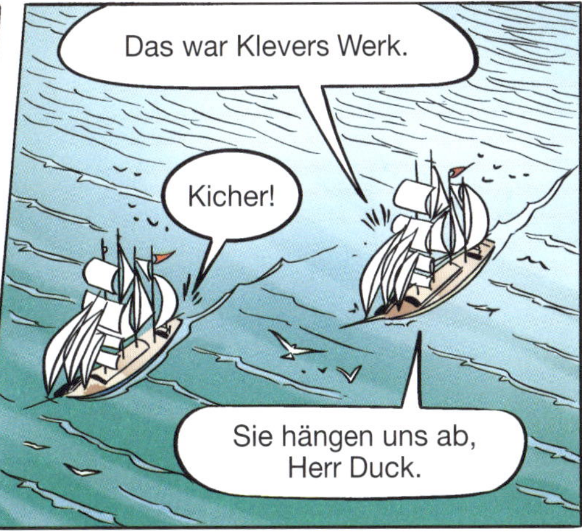
Das war Klevers Werk.
Kicher!
Sie hängen uns ab, Herr Duck.

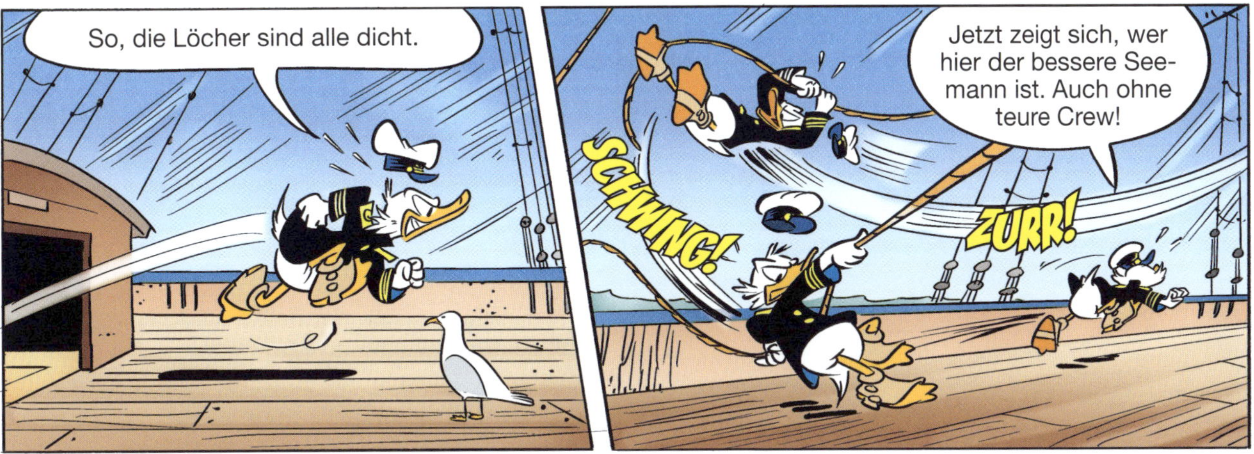
So, die Löcher sind alle dicht.
Jetzt zeigt sich, wer hier der bessere Seemann ist. Auch ohne teure Crew!
SCHWING!
ZURR!

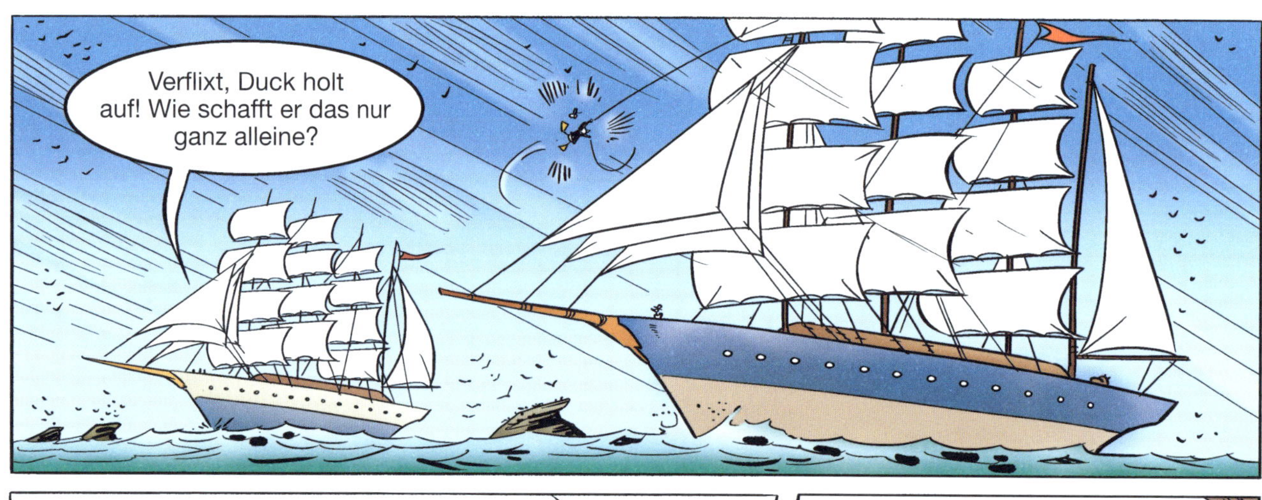

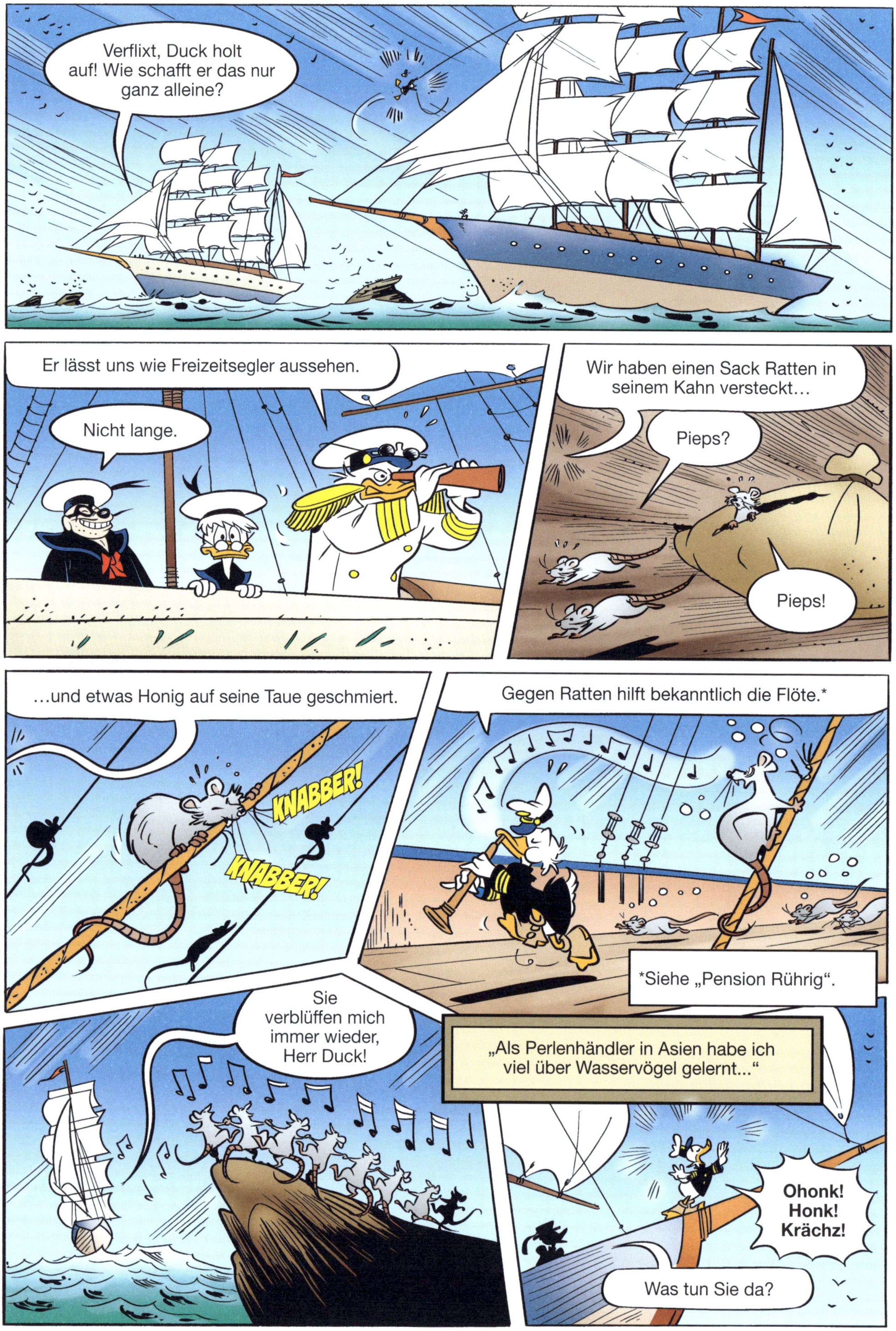

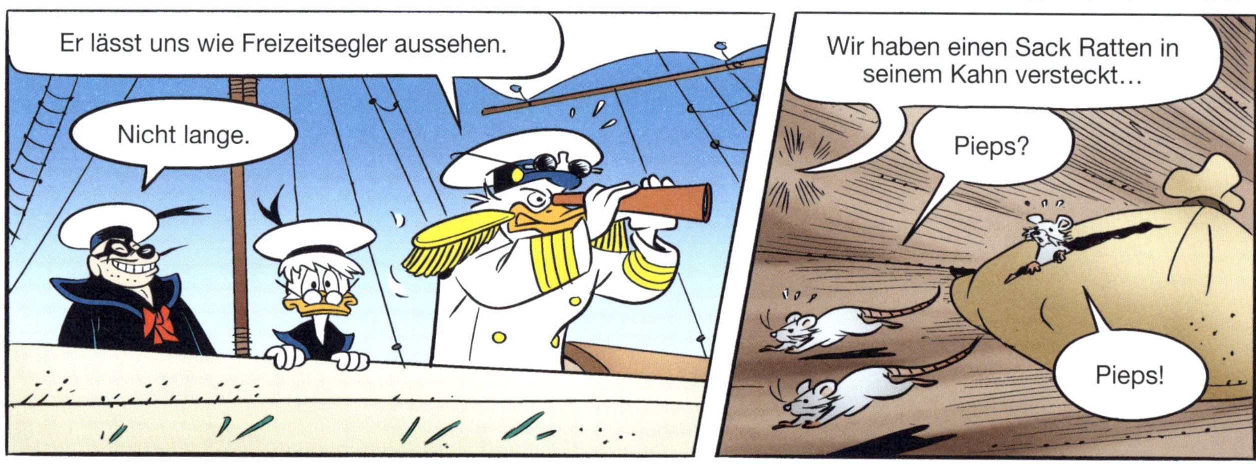

…und etwas Honig auf seine Taue geschmiert.

KNABBER!

KNABBER!

Gegen Ratten hilft bekanntlich die Flöte.*

*Siehe „Pension Rührig".

Sie verblüffen mich immer wieder, Herr Duck!

„Als Perlenhändler in Asien habe ich viel über Wasservögel gelernt..."

Ohonk! Honk! Krächz!

Was tun Sie da?

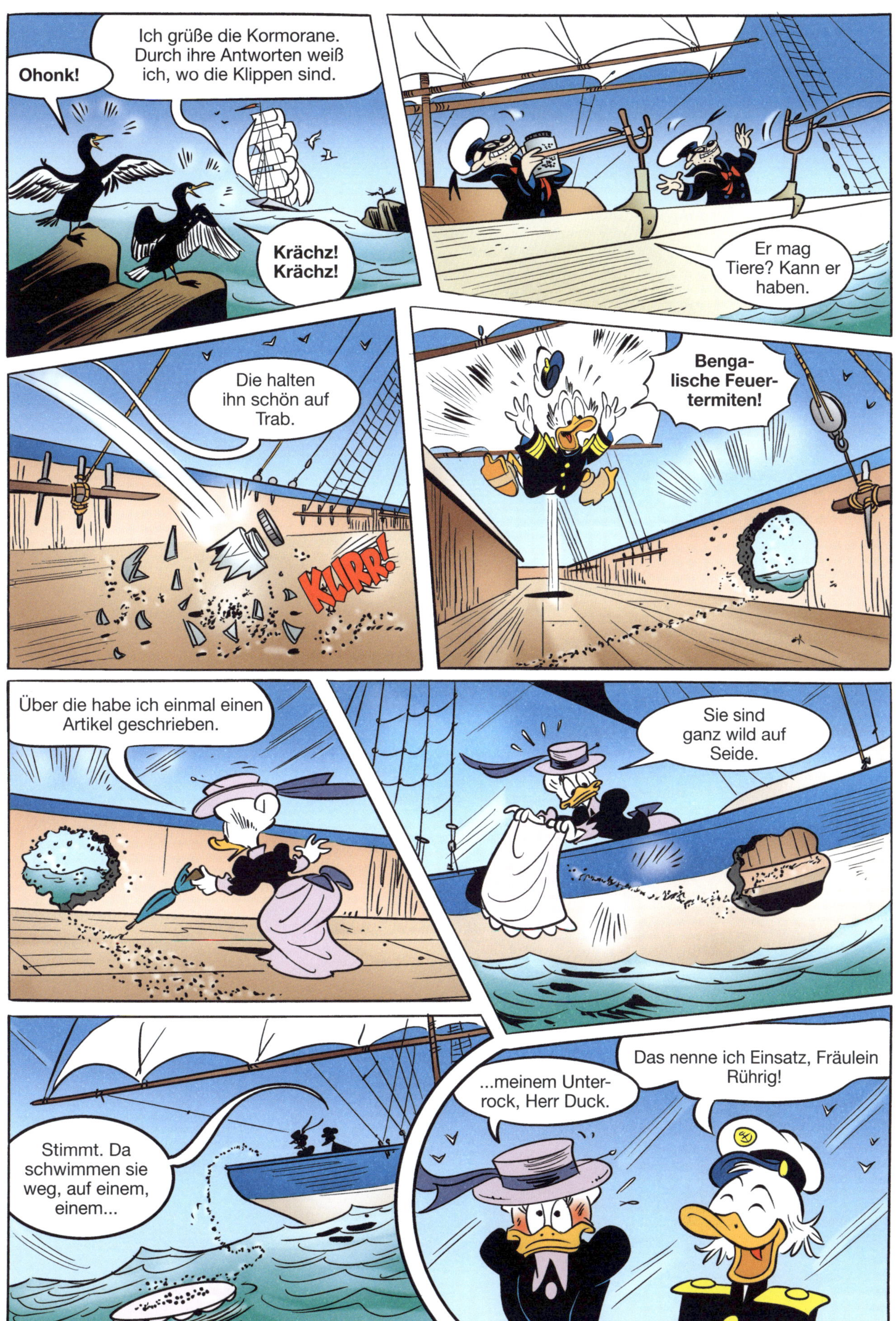

Ohonk!
Ich grüße die Kormorane. Durch ihre Antworten weiß ich, wo die Klippen sind.
Krächz! Krächz!
Er mag Tiere? Kann er haben.
Die halten ihn schön auf Trab.
KLIRR!
Benga- lische Feuer- termiten!
Über die habe ich einmal einen Artikel geschrieben.
Sie sind ganz wild auf Seide.
Stimmt. Da schwimmen sie weg, auf einem, einem...
...meinem Unter- rock, Herr Duck.
Das nenne ich Einsatz, Fräulein Rührig!

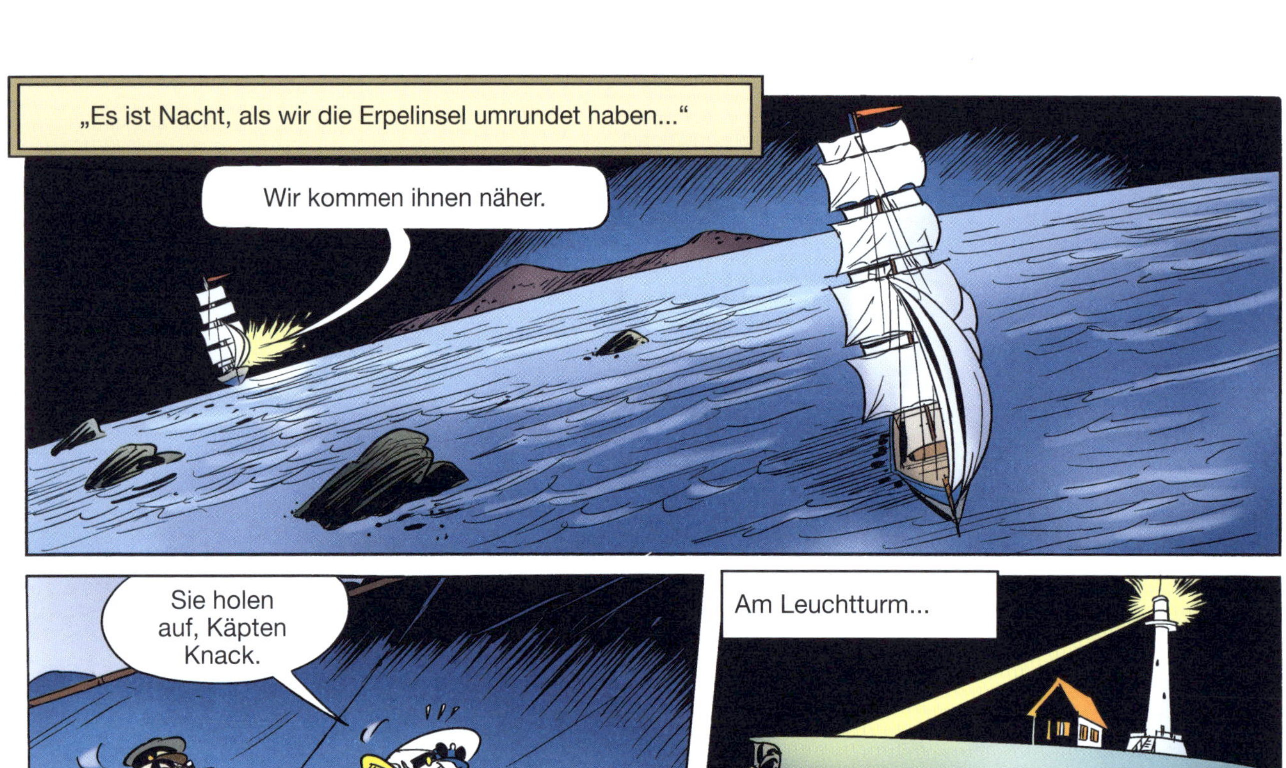
„Es ist Nacht, als wir die Erpelinsel umrundet haben...“
Wir kommen ihnen näher.

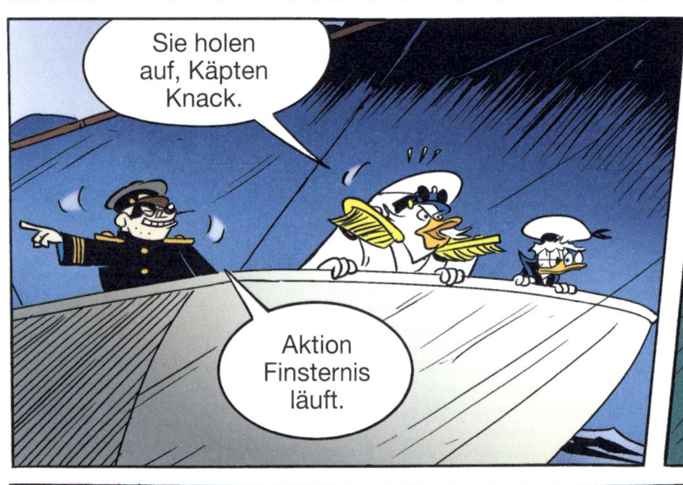
Sie holen auf, Käpten Knack.
Aktion Finsternis läuft.

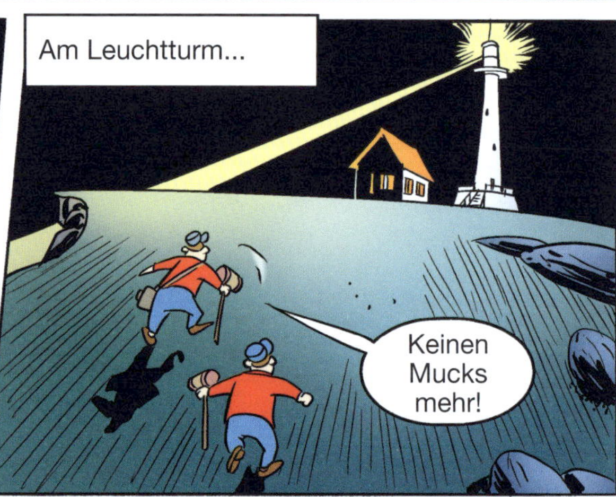
Am Leuchtturm...
Keinen Mucks mehr!

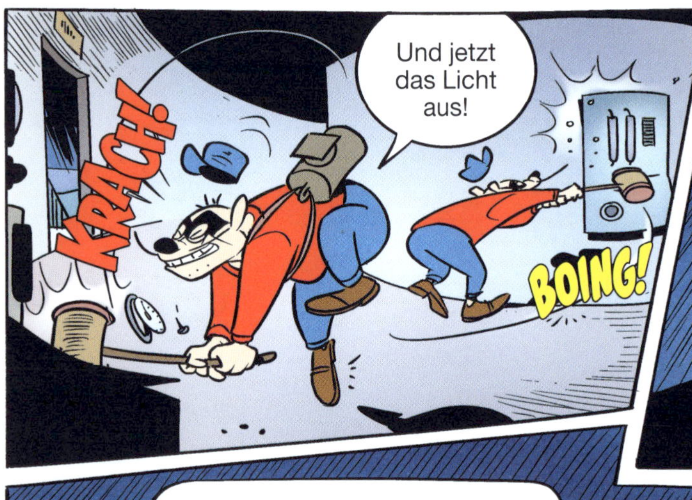
KRACH!
Und jetzt das Licht aus!
BOING!

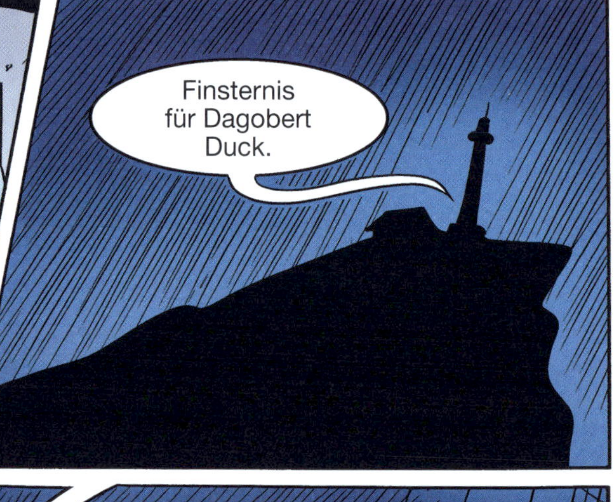
Finsternis für Dagobert Duck.

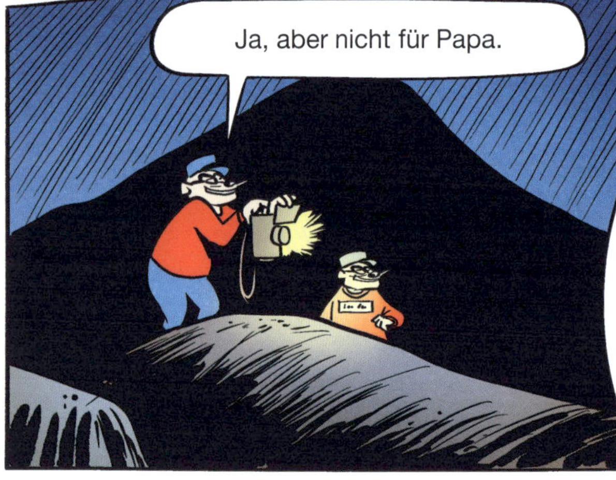
Ja, aber nicht für Papa.

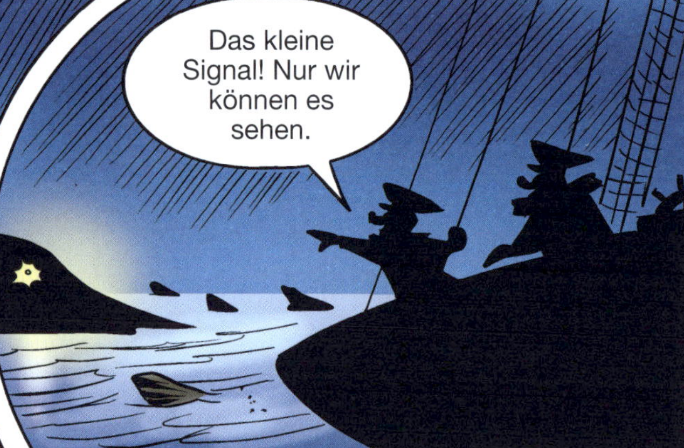
Das kleine Signal! Nur wir können es sehen.

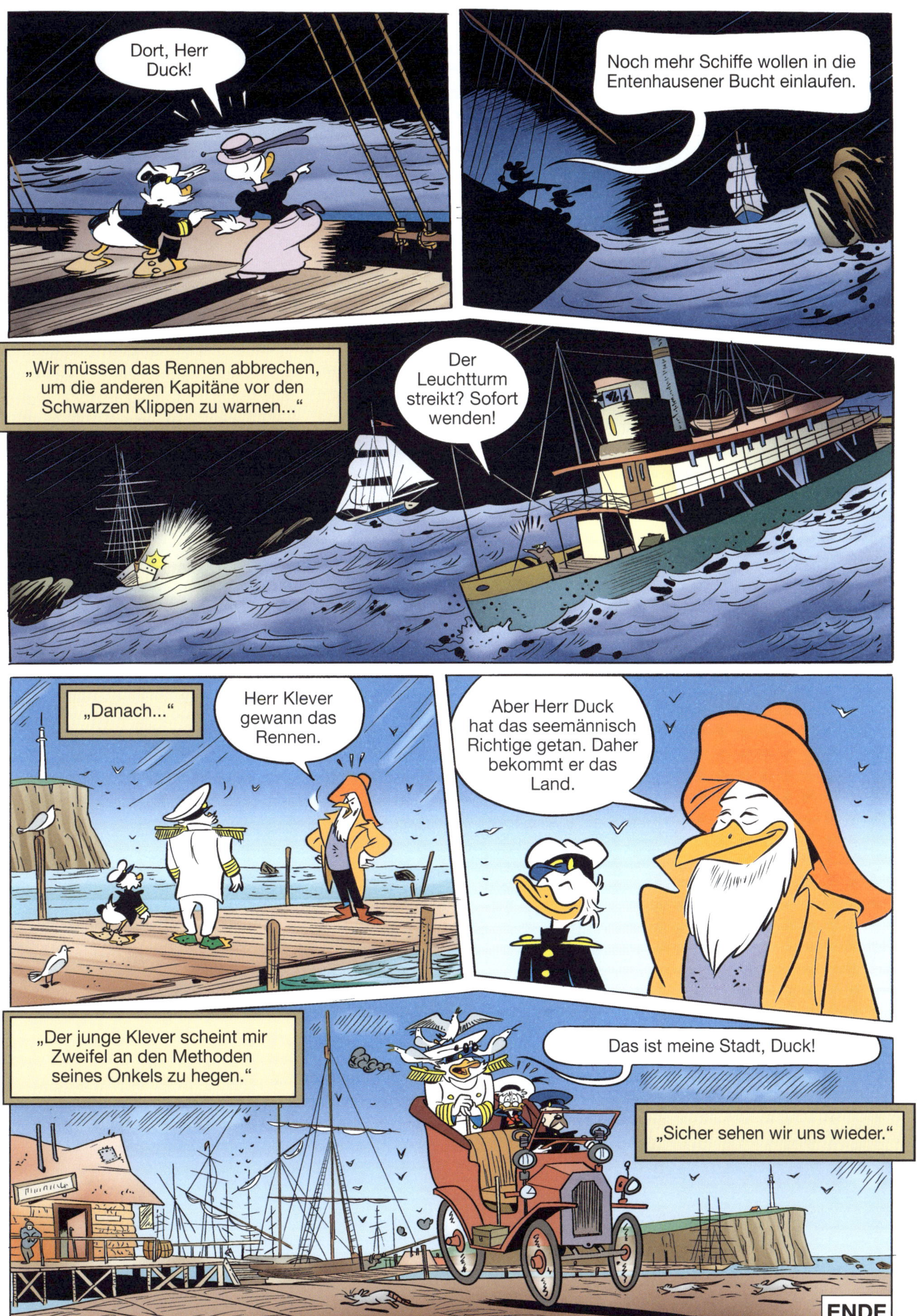
Dort, Herr Duck!
Noch mehr Schiffe wollen in die Entenhausener Bucht einlaufen.
„Wir müssen das Rennen abbrechen, um die anderen Kapitäne vor den Schwarzen Klippen zu warnen...“
Der Leuchtturm streikt? Sofort wenden!
„Danach...“
Herr Klever gewann das Rennen.
Aber Herr Duck hat das seemännisch Richtige getan. Daher bekommt er das Land.
„Der junge Klever scheint mir Zweifel an den Methoden seines Onkels zu hegen.“
Das ist meine Stadt, Duck!
„Sicher sehen wir uns wieder.“
ENDE

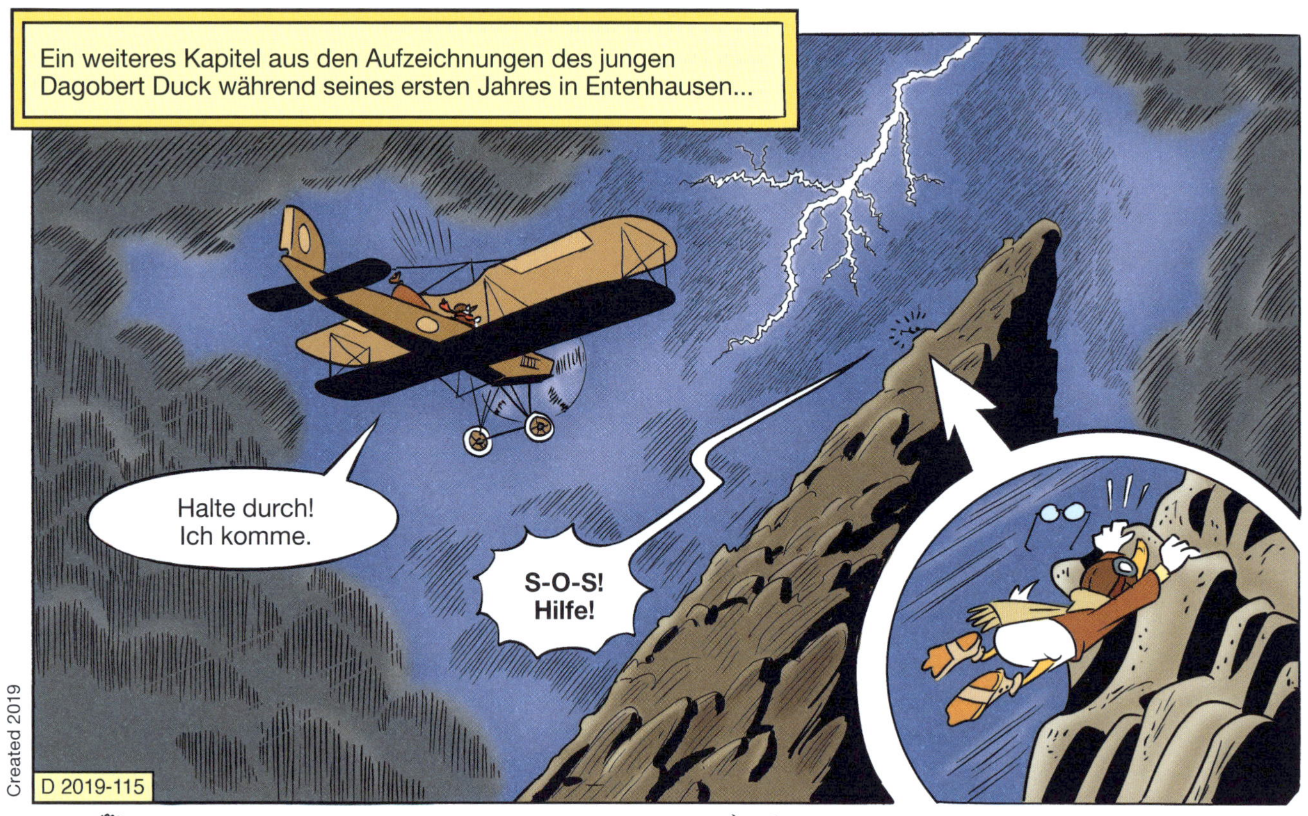

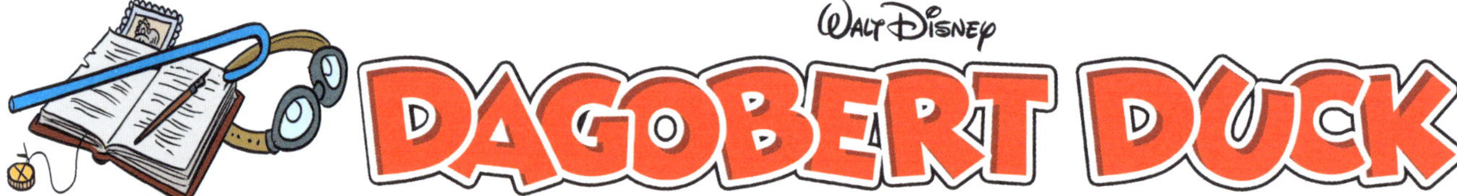

DAMALS: DAS VERSCHWINDEN DER BRÜDER DÜSENTRIEB

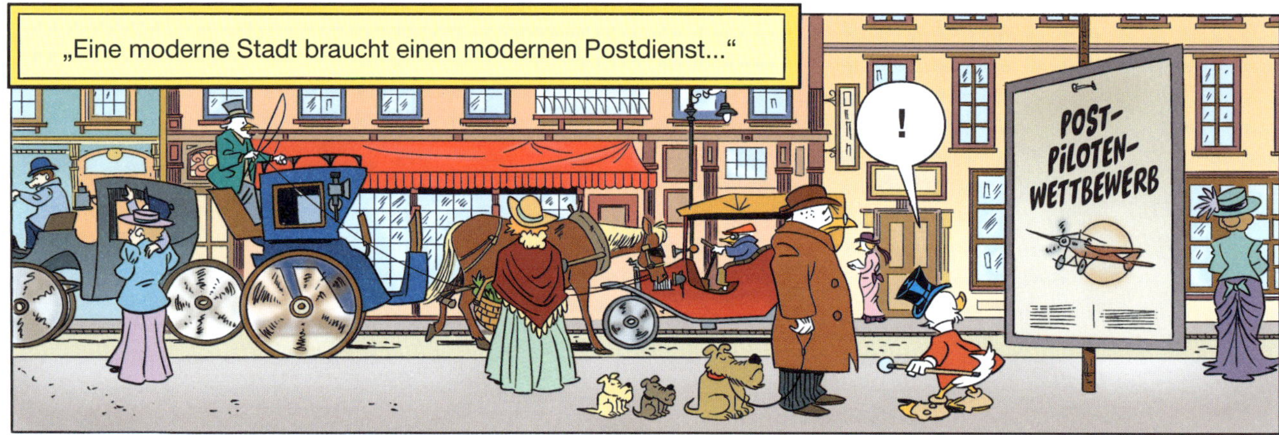

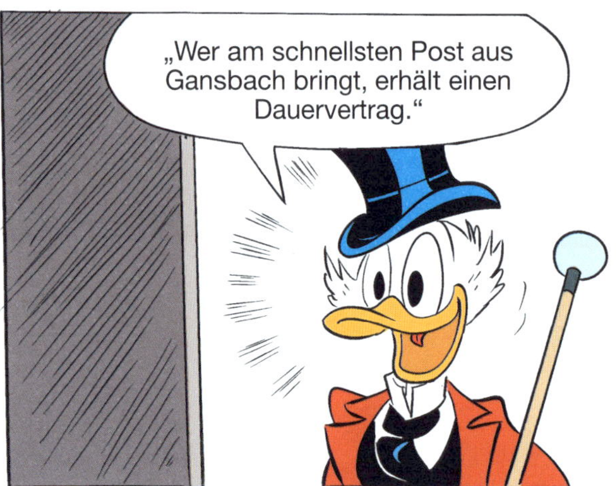

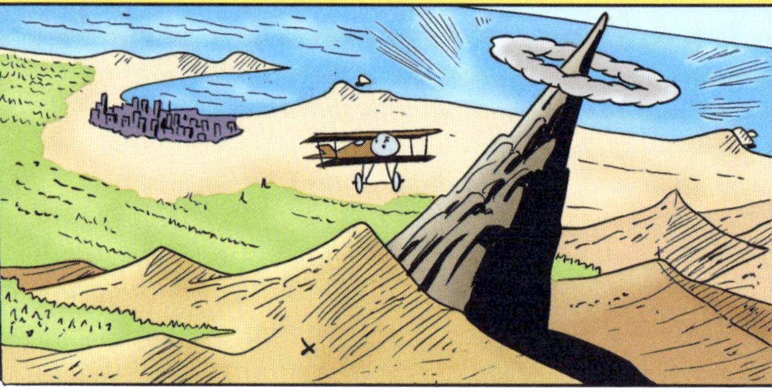

Skript & Zeichnungen: **Kari Korhonen**, Übersetzung: **Harry Nützel**

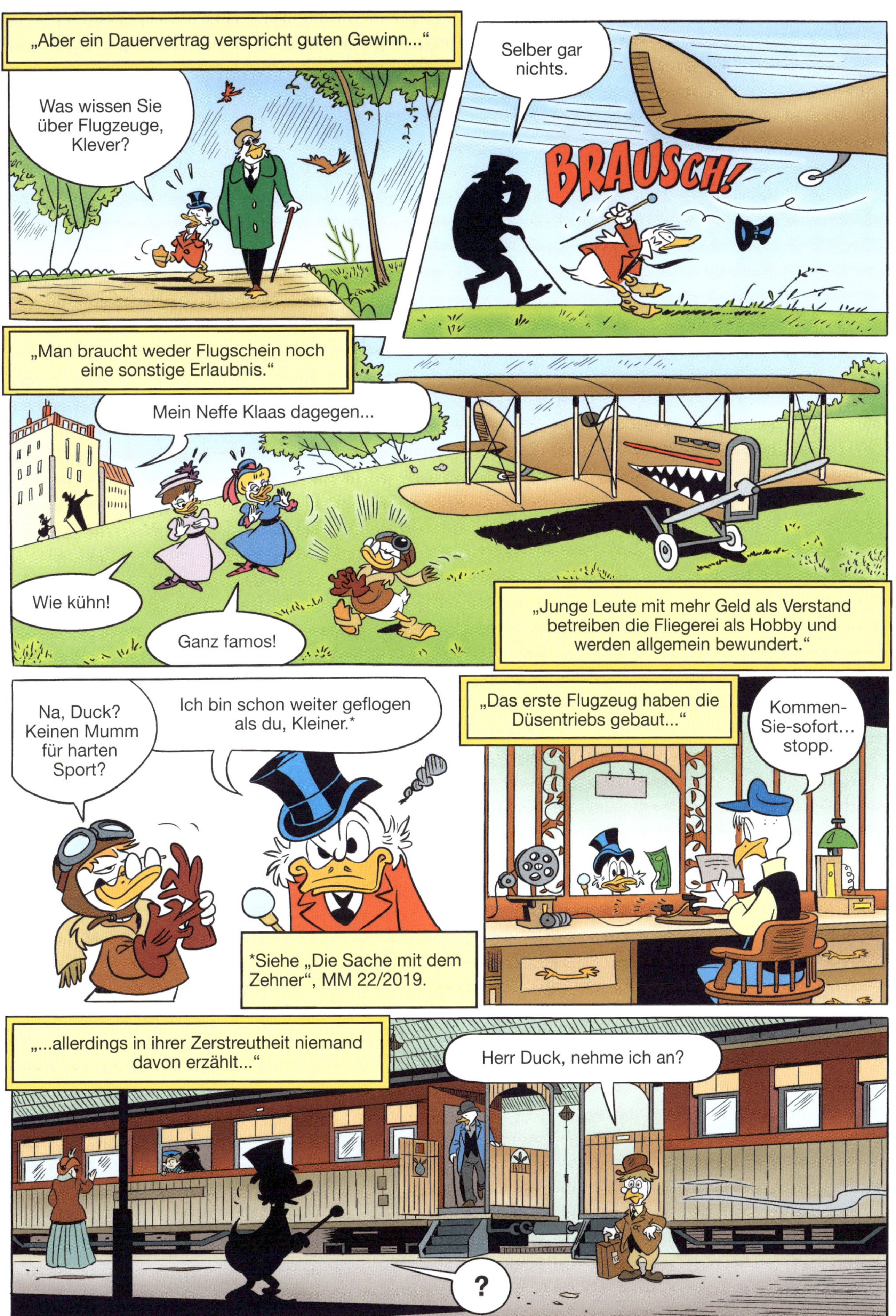
„Aber ein Dauervertrag verspricht guten Gewinn..."
Was wissen Sie über Flugzeuge, Klever?
Selber gar nichts.
BRAUSCH!
„Man braucht weder Flugschein noch eine sonstige Erlaubnis."
Mein Neffe Klaas dagegen...
Wie kühn!
Ganz famos!
„Junge Leute mit mehr Geld als Verstand betreiben die Fliegerei als Hobby und werden allgemein bewundert."
Na, Duck? Keinen Mumm für harten Sport?
Ich bin schon weiter geflogen als du, Kleiner.*
*Siehe „Die Sache mit dem Zehner", MM 22/2019.
„Das erste Flugzeug haben die Düsentriebs gebaut..."
Kommen-Sie-sofort... stopp.
„...allerdings in ihrer Zerstreutheit niemand davon erzählt..."
Herr Duck, nehme ich an?
?

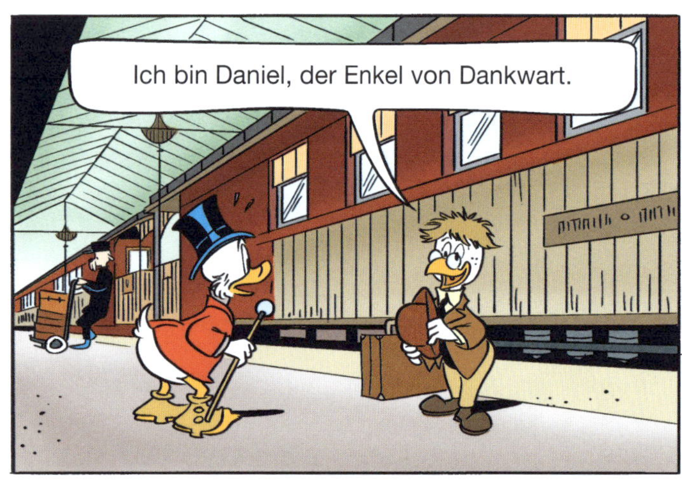
Ich bin Daniel, der Enkel von Dankwart.

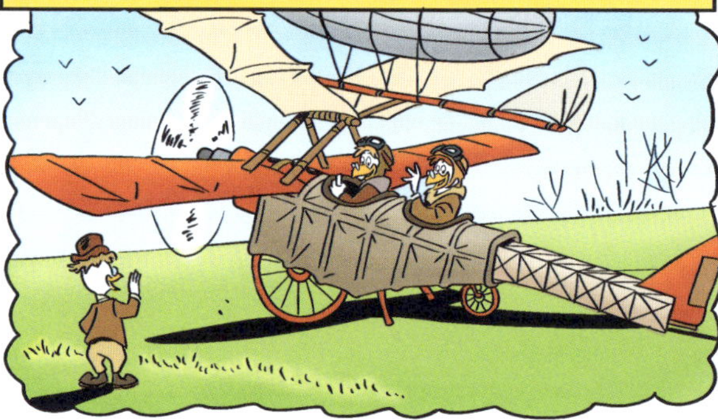
„Die beiden alten Düsentriebs seien mit einem neuen Luftapparat abgeflogen und nicht wieder zurückgekehrt.“

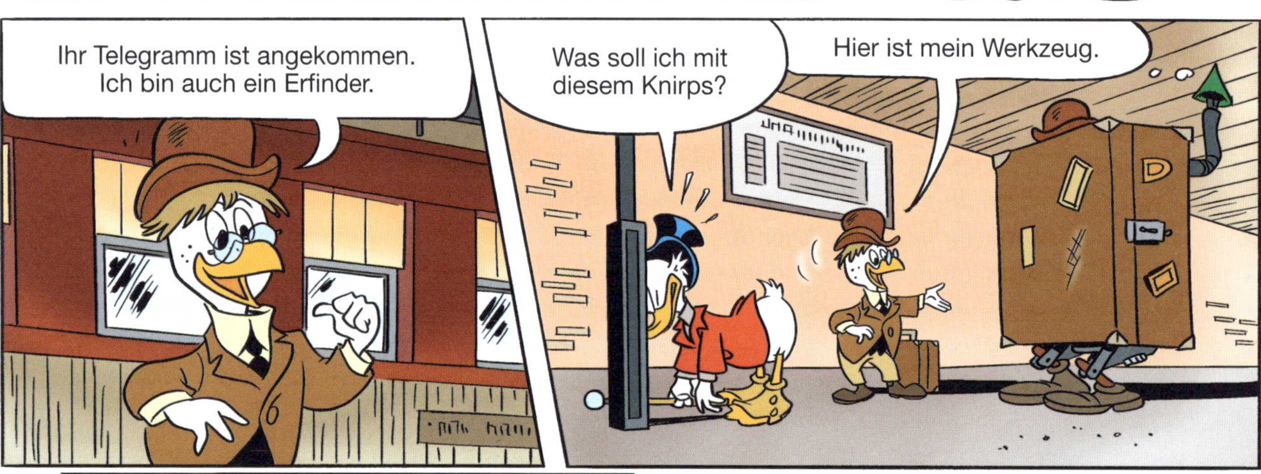
Ihr Telegramm ist angekommen. Ich bin auch ein Erfinder.
Was soll ich mit diesem Knirps?
Hier ist mein Werkzeug.

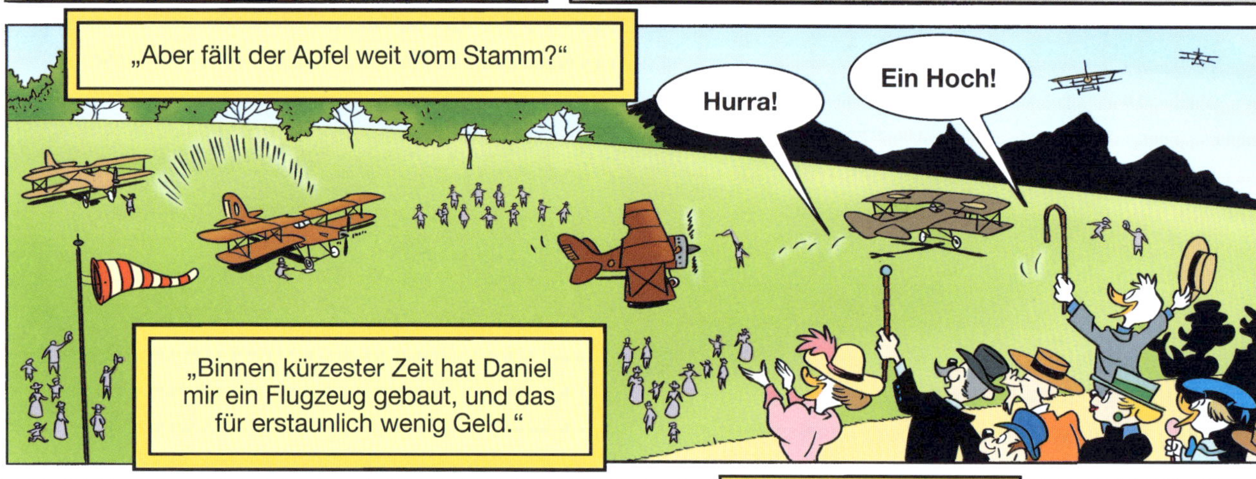
„Aber fällt der Apfel weit vom Stamm?“
Hurra!
Ein Hoch!
„Binnen kürzester Zeit hat Daniel mir ein Flugzeug gebaut, und das für erstaunlich wenig Geld.“

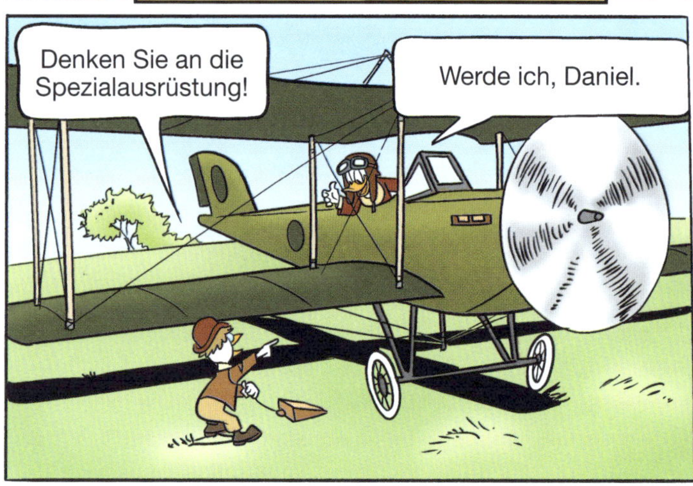
Denken Sie an die Spezialausrüstung!
Werde ich, Daniel.

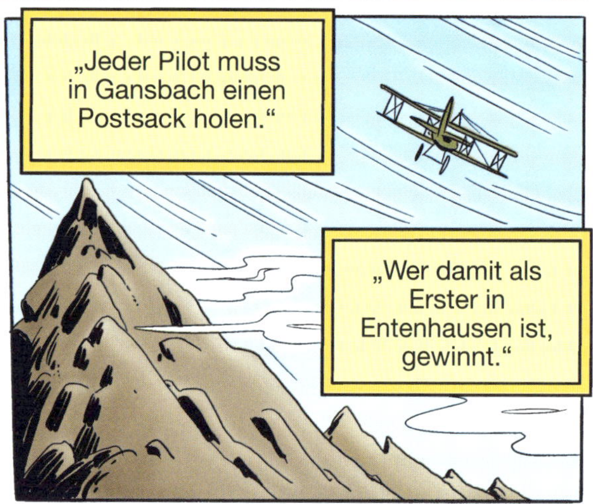
„Jeder Pilot muss in Gansbach einen Postsack holen.“
„Wer damit als Erster in Entenhausen ist, gewinnt.“

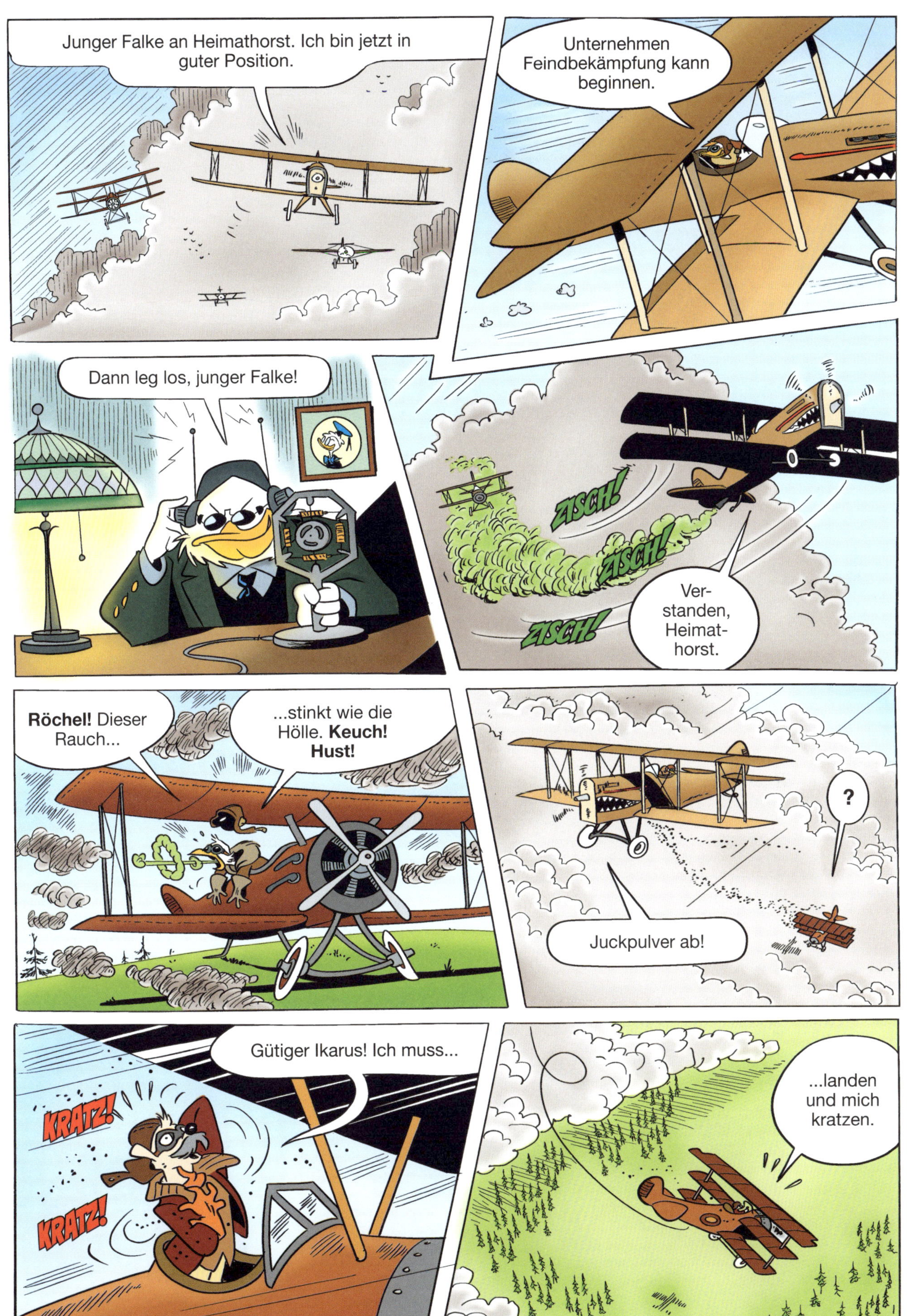
Junger Falke an Heimathorst. Ich bin jetzt in guter Position.
Unternehmen Feindbekämpfung kann beginnen.
Dann leg los, junger Falke!
ZISCH!
ZISCH!
ZISCH!
Verstanden, Heimathorst.
Röchel! Dieser Rauch...
...stinkt wie die Hölle. **Keuch! Hust!**
?
Juckpulver ab!
Gütiger Ikarus! Ich muss...
KRATZ!
KRATZ!
...landen und mich kratzen.

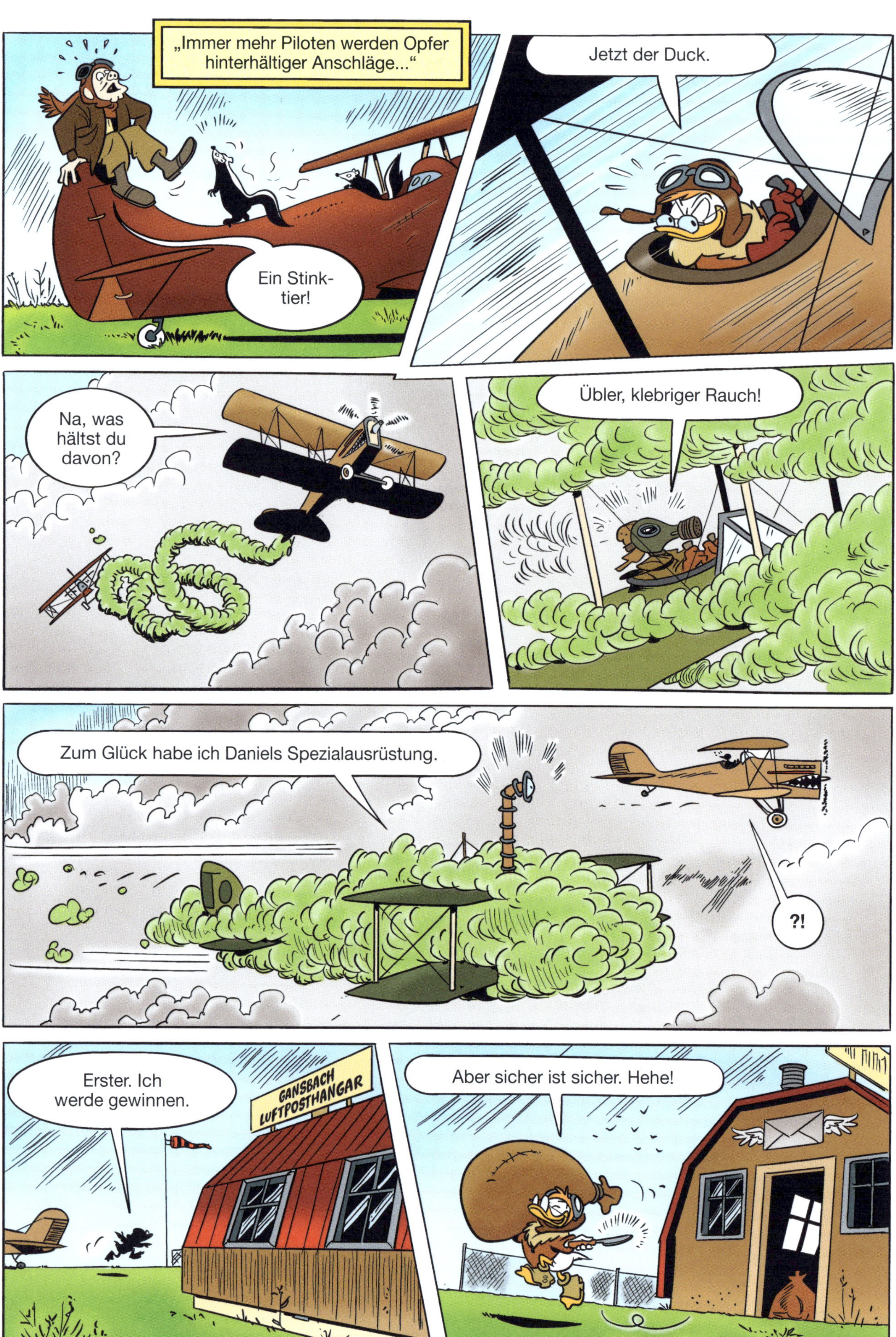
„Immer mehr Piloten werden Opfer hinterhältiger Anschläge...“
Ein Stink-tier!
Jetzt der Duck.
Na, was hältst du davon?
Übler, klebriger Rauch!
Zum Glück habe ich Daniels Spezialausrüstung.
?!
Erster. Ich werde gewinnen.
GANSBACH LUFTPOSTHANGAR
Aber sicher ist sicher. Hehe!

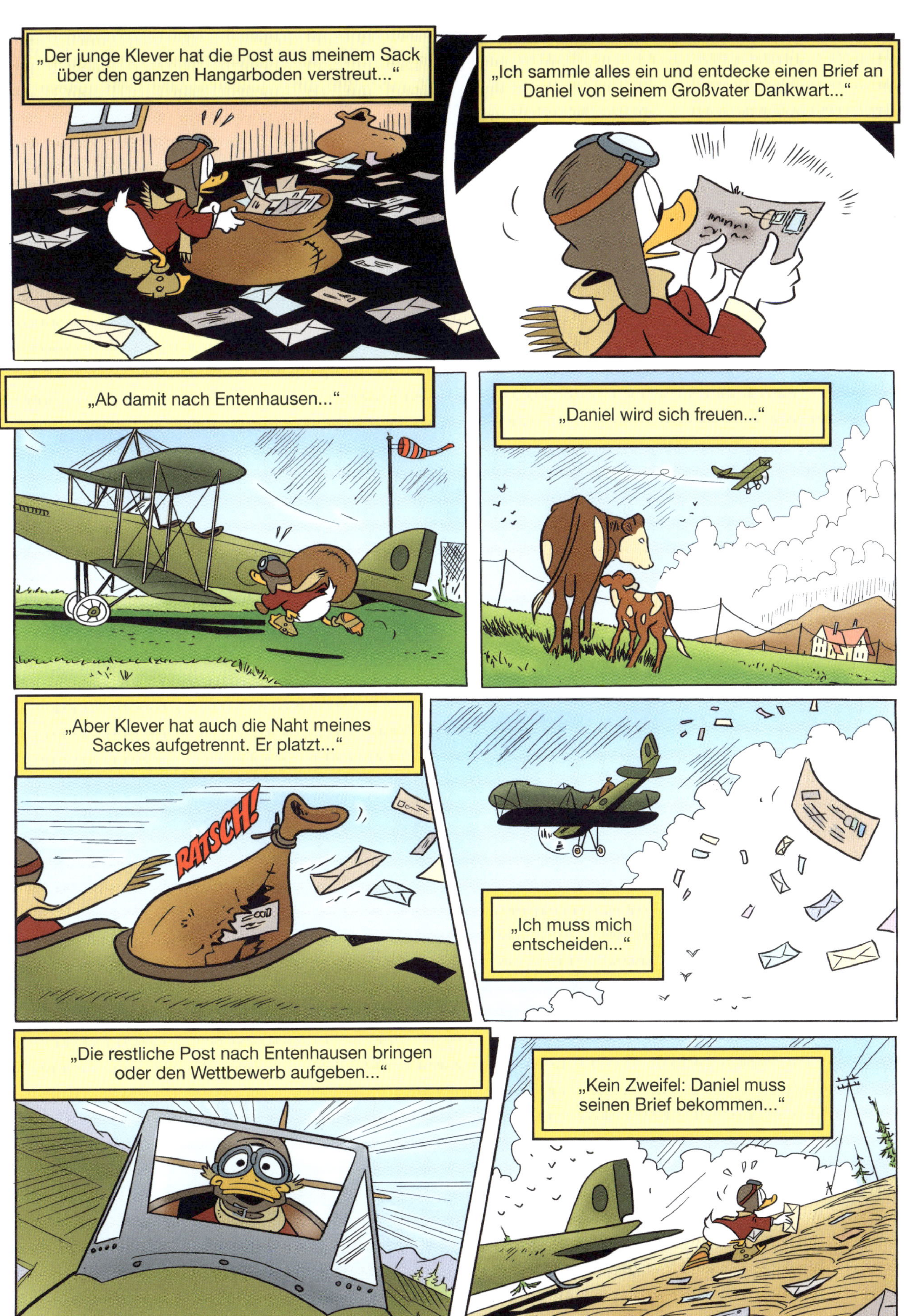
„Der junge Klever hat die Post aus meinem Sack über den ganzen Hangarboden verstreut..."
„Ich sammle alles ein und entdecke einen Brief an Daniel von seinem Großvater Dankwart..."
„Ab damit nach Entenhausen..."
„Daniel wird sich freuen..."
„Aber Klever hat auch die Naht meines Sackes aufgetrennt. Er platzt..."
RATSCH!
„Ich muss mich entscheiden..."
„Die restliche Post nach Entenhausen bringen oder den Wettbewerb aufgeben..."
„Kein Zweifel: Daniel muss seinen Brief bekommen..."

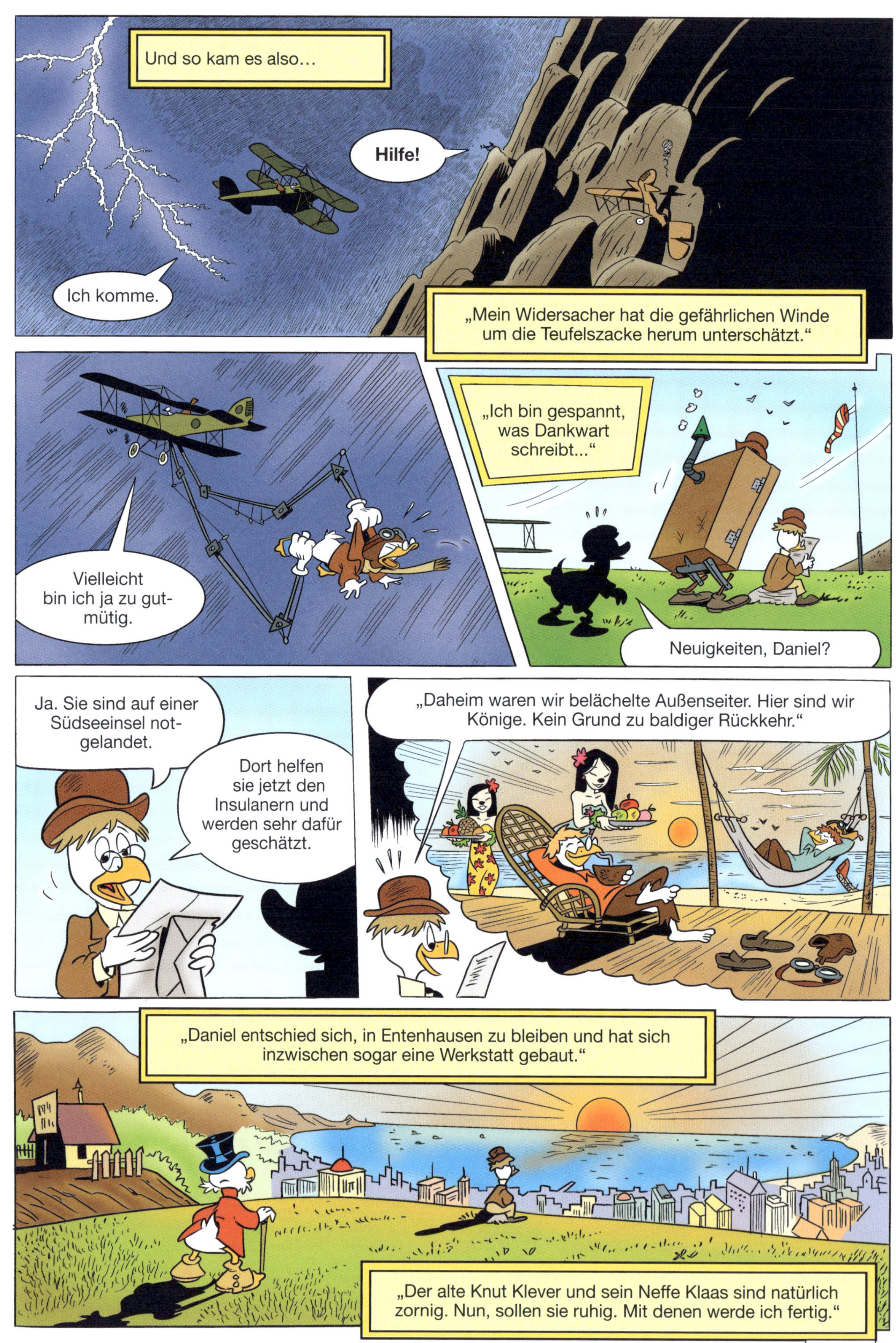
Und so kam es also…
Hilfe!
Ich komme.
„Mein Widersacher hat die gefährlichen Winde um die Teufelszacke herum unterschätzt.“
Vielleicht bin ich ja zu gutmütig.
„Ich bin gespannt, was Dankwart schreibt...“
Neuigkeiten, Daniel?
Ja. Sie sind auf einer Südseeinsel notgelandet.
Dort helfen sie jetzt den Insulanern und werden sehr dafür geschätzt.
„Daheim waren wir belächelte Außenseiter. Hier sind wir Könige. Kein Grund zu baldiger Rückkehr.“
„Daniel entschied sich, in Entenhausen zu bleiben und hat sich inzwischen sogar eine Werkstatt gebaut.“
„Der alte Knut Klever und sein Neffe Klaas sind natürlich zornig. Nun, sollen sie ruhig. Mit denen werde ich fertig.“
ENDE

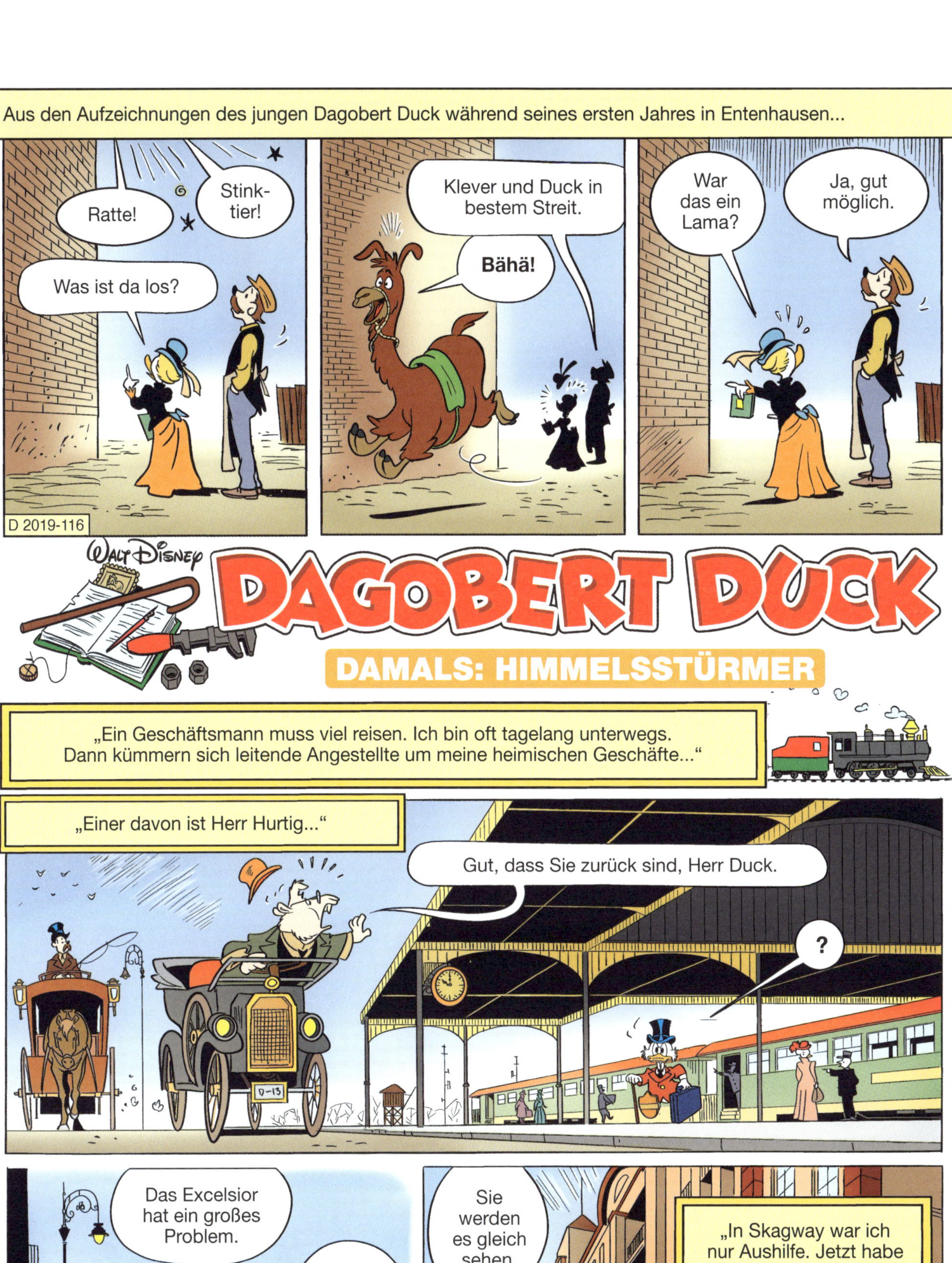

Skript & Zeichnungen: **Kari Korhonen**, Übersetzung: **Harry Nützel**

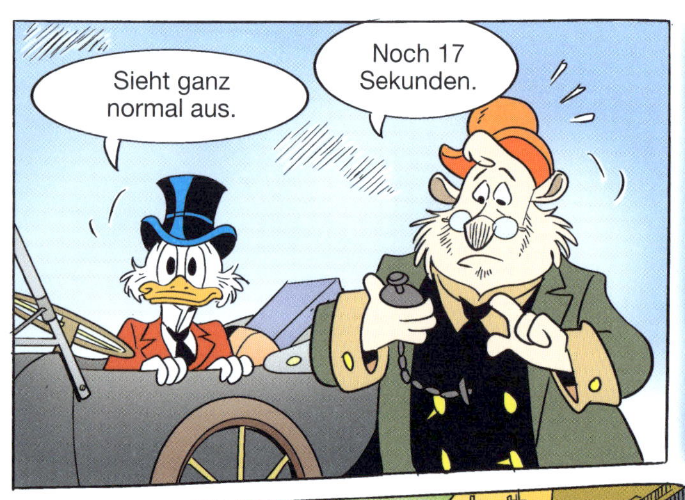
Sieht ganz normal aus.
Noch 17 Sekunden.

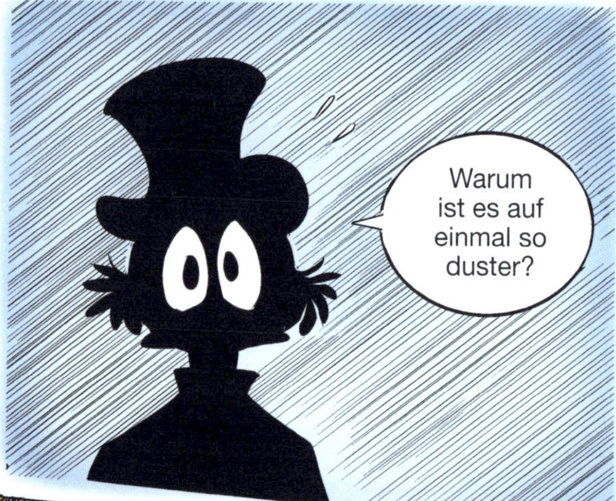
Warum ist es auf einmal so duster?

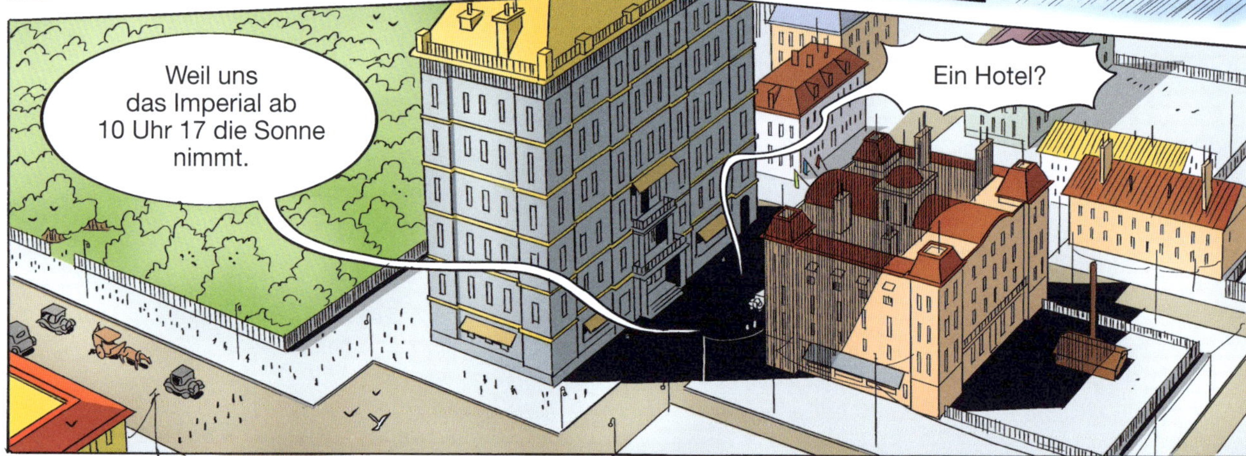
Weil uns das Imperial ab 10 Uhr 17 die Sonne nimmt.
Ein Hotel?

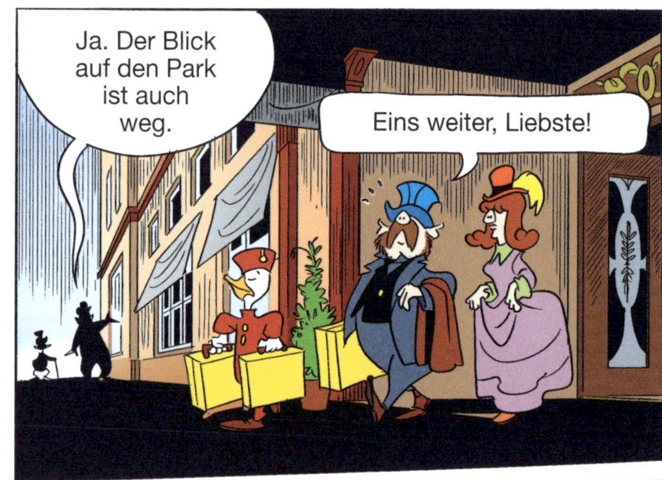
Ja. Der Blick auf den Park ist auch weg.
Eins weiter, Liebste!

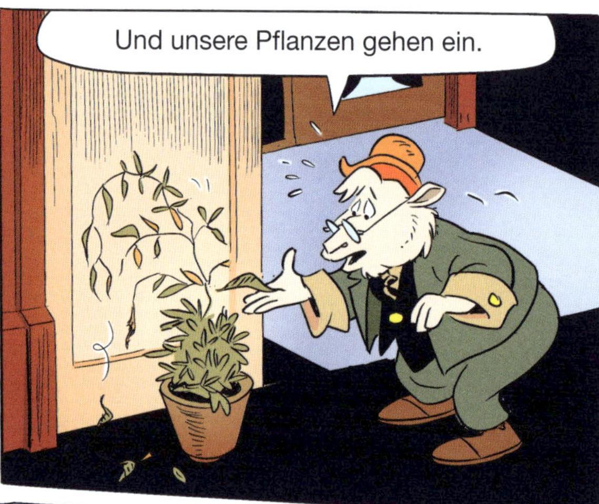
Und unsere Pflanzen gehen ein.

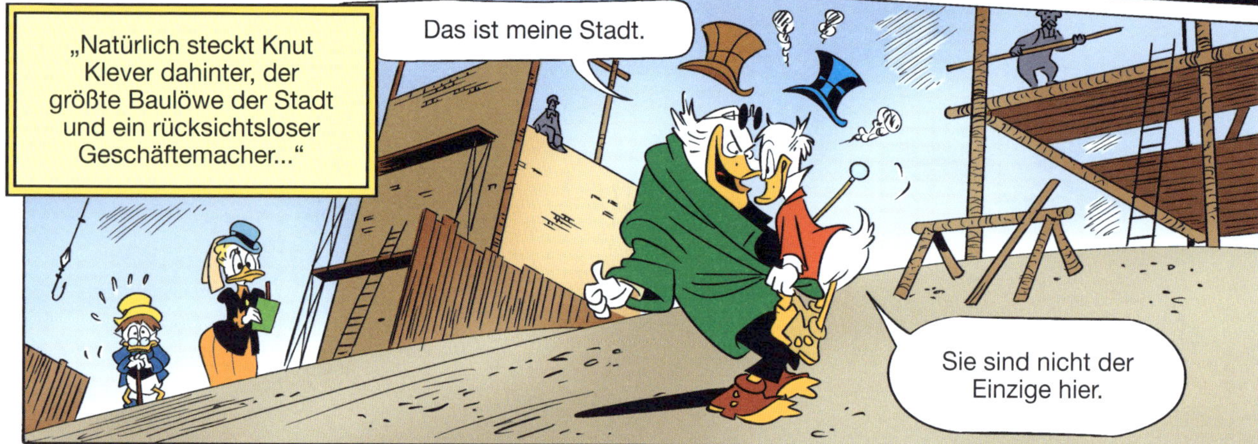
„Natürlich steckt Knut Klever dahinter, der größte Baulöwe der Stadt und ein rücksichtsloser Geschäftemacher…“
Das ist meine Stadt.
Sie sind nicht der Einzige hier.

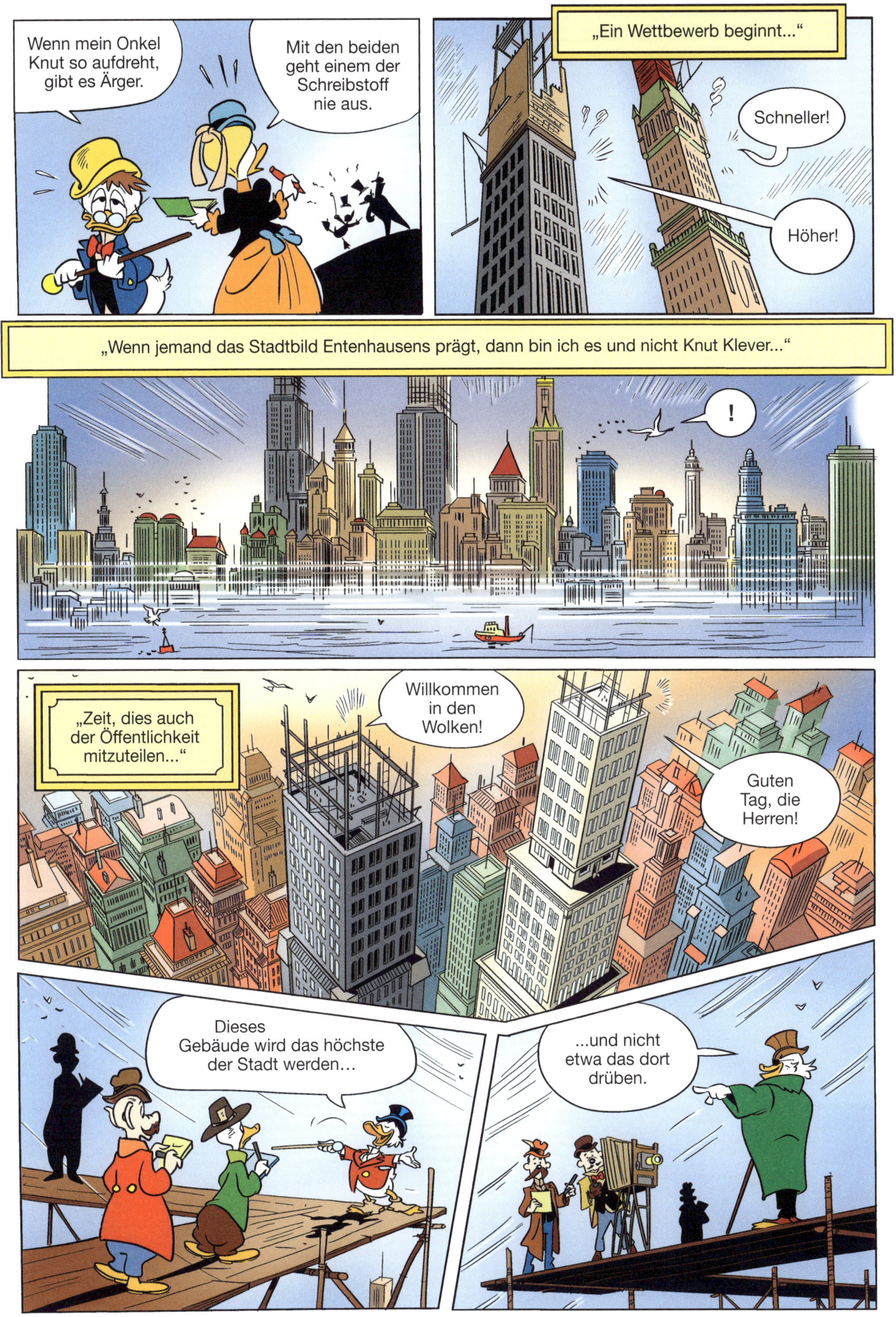

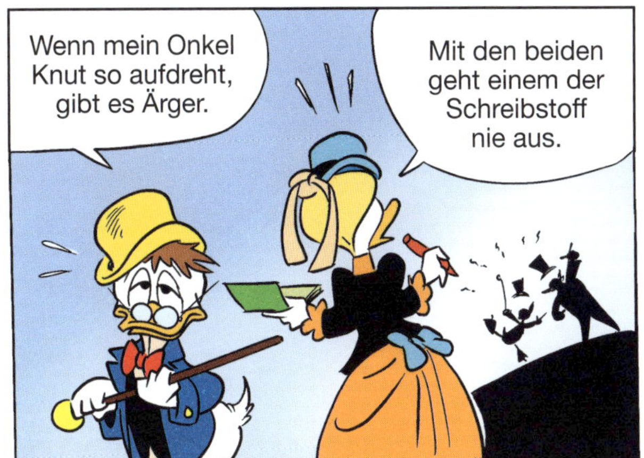

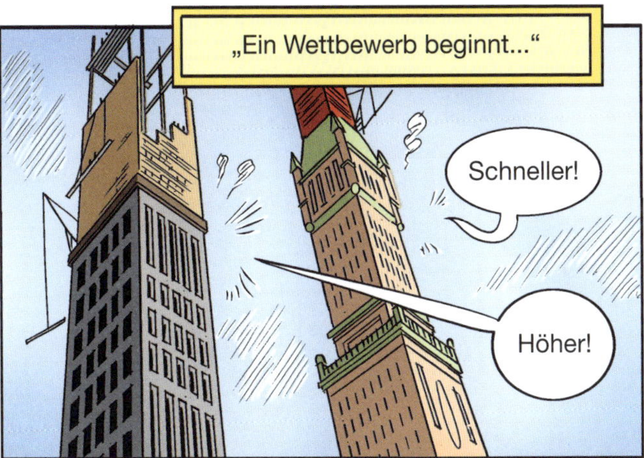

„Wenn jemand das Stadtbild Entenhausens prägt, dann bin ich es und nicht Knut Klever…"

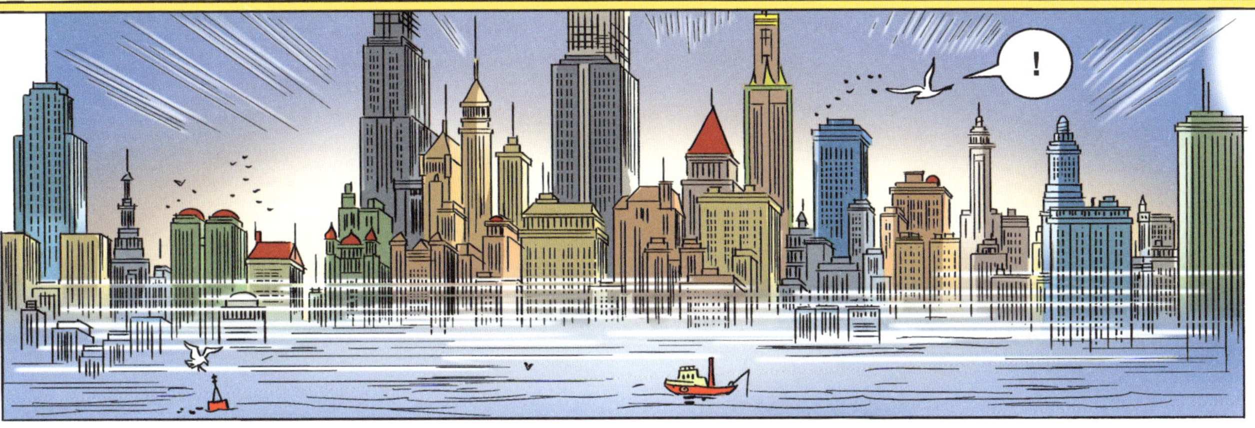

„Zeit, dies auch der Öffentlichkeit mitzuteilen…"

Willkommen in den Wolken!

Guten Tag, die Herren!

Dieses Gebäude wird das höchste der Stadt werden…

…und nicht etwa das dort drüben.

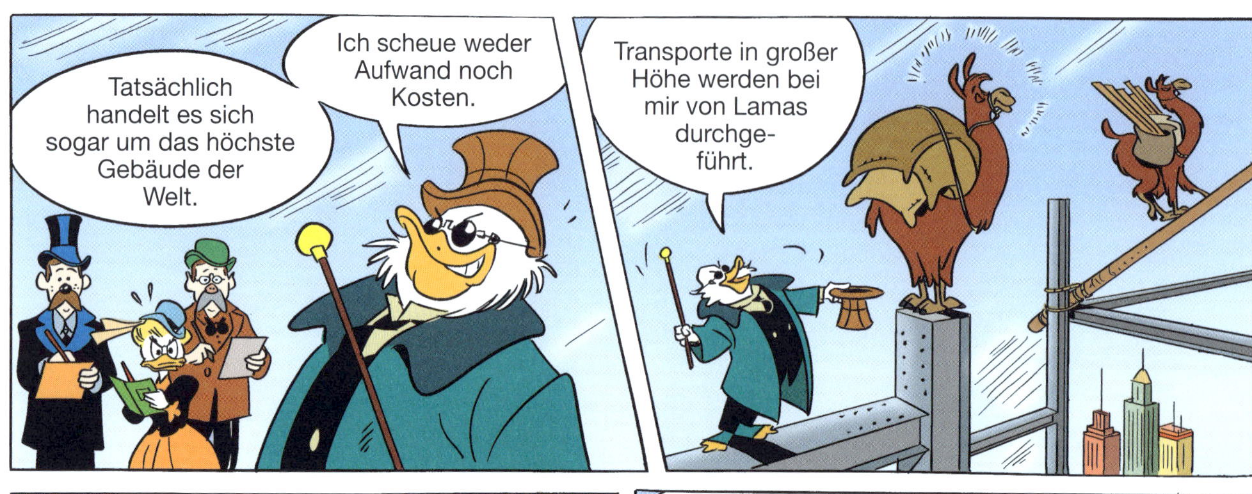
Tatsächlich handelt es sich sogar um das höchste Gebäude der Welt.
Ich scheue weder Aufwand noch Kosten.
Transporte in großer Höhe werden bei mir von Lamas durchgeführt.

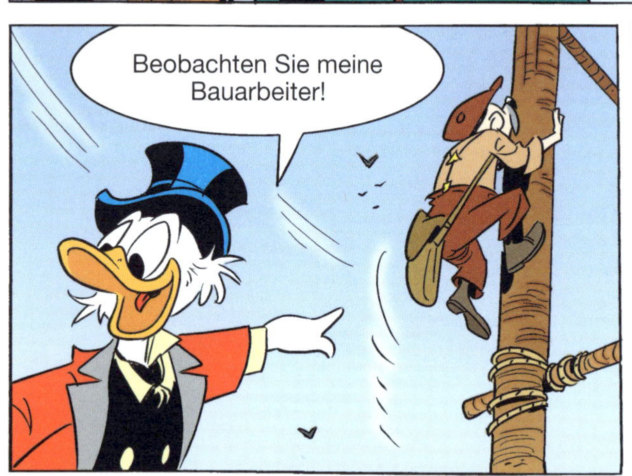
Beobachten Sie meine Bauarbeiter!

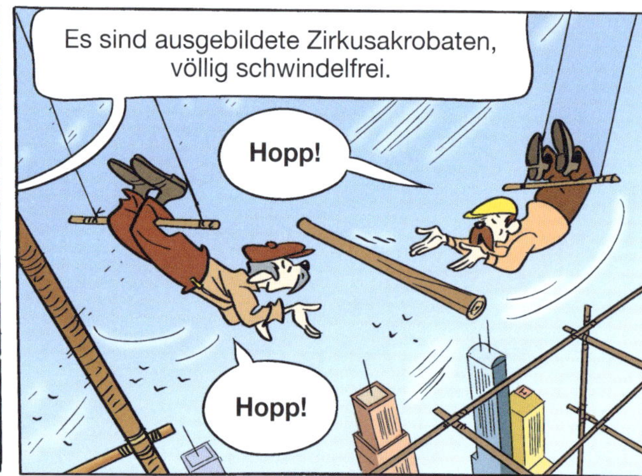
Es sind ausgebildete Zirkusakrobaten, völlig schwindelfrei.
Hopp!
Hopp!

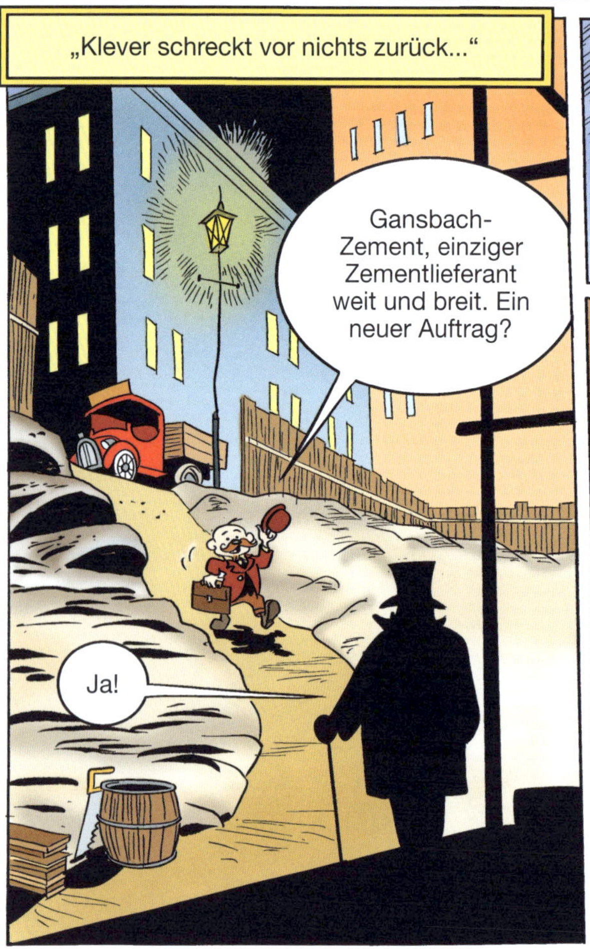
„Klever schreckt vor nichts zurück…“
Gansbach-Zement, einziger Zementlieferant weit und breit. Ein neuer Auftrag?
Ja!

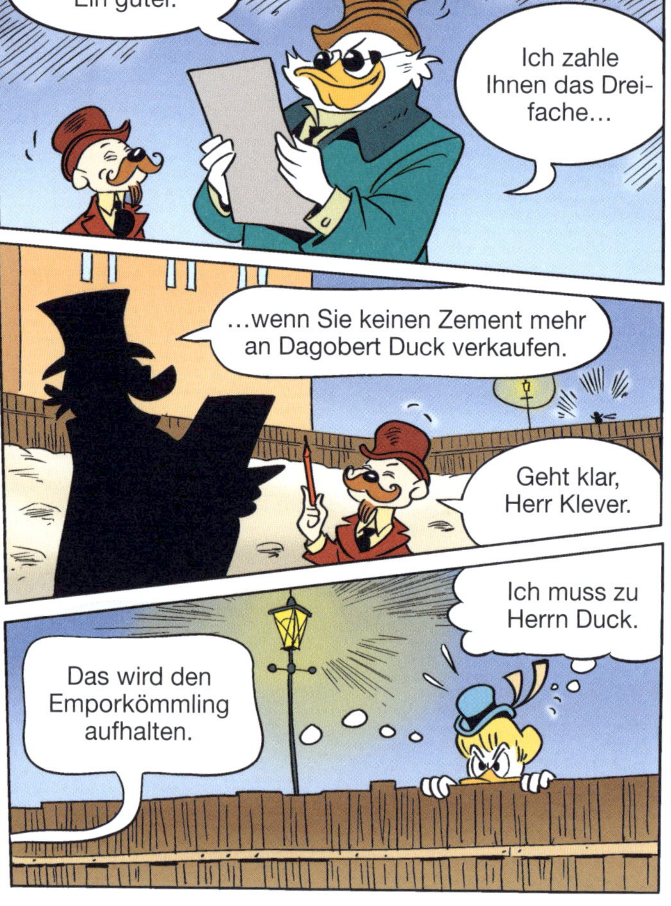
Ein guter.
Ich zahle Ihnen das Dreifache…
…wenn Sie keinen Zement mehr an Dagobert Duck verkaufen.
Geht klar, Herr Klever.
Das wird den Emporkömmling aufhalten.
Ich muss zu Herrn Duck.

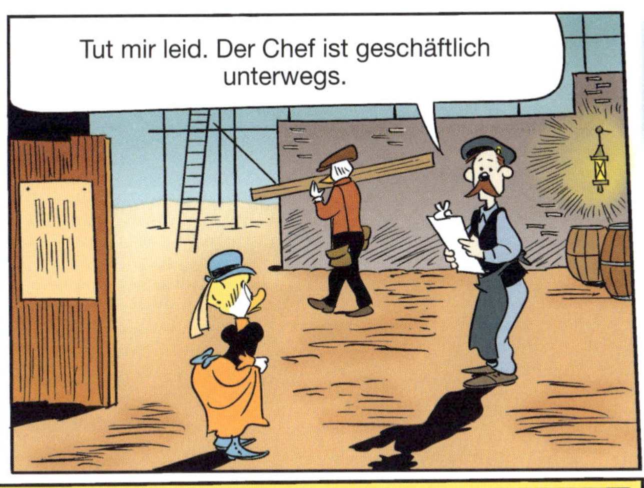

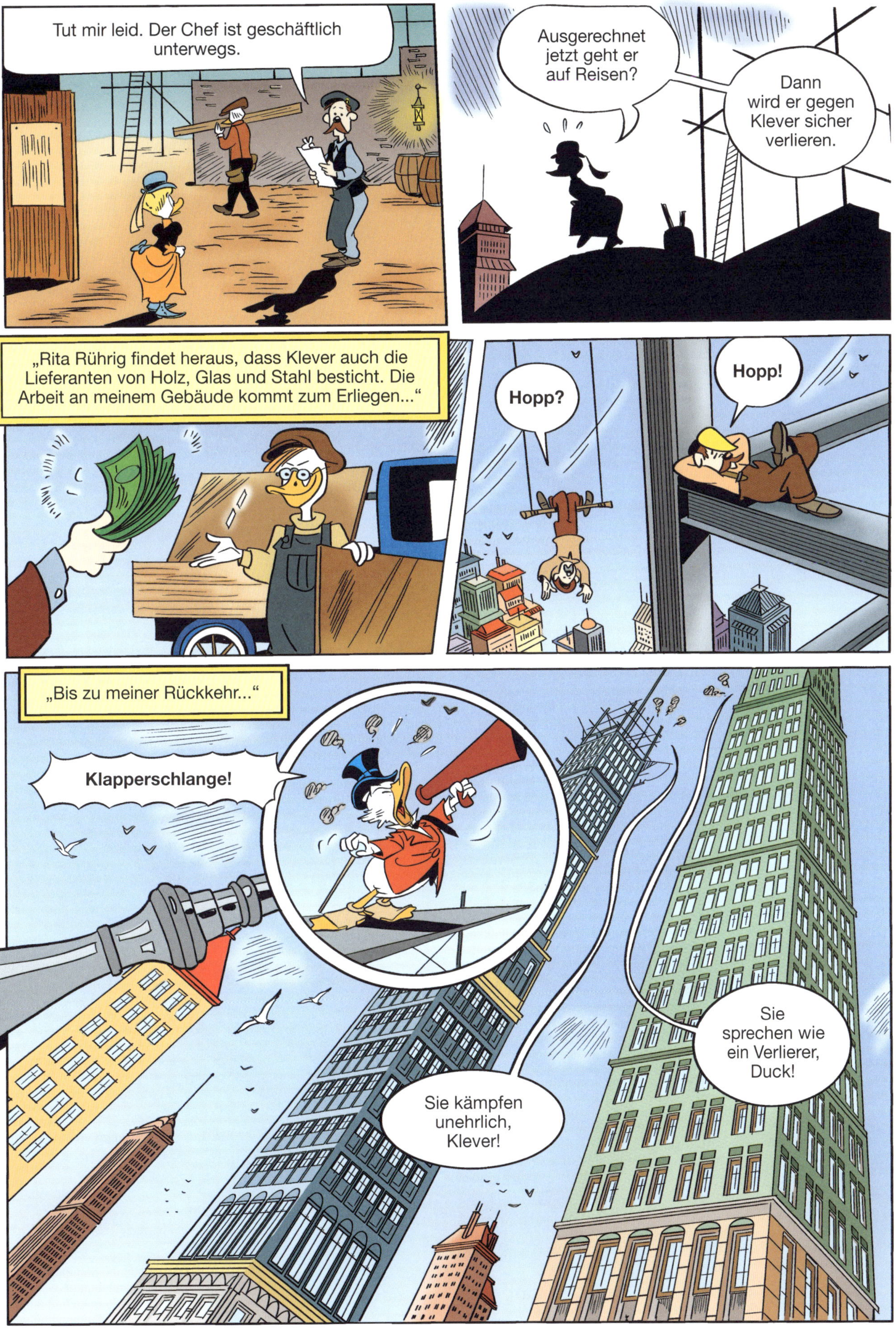

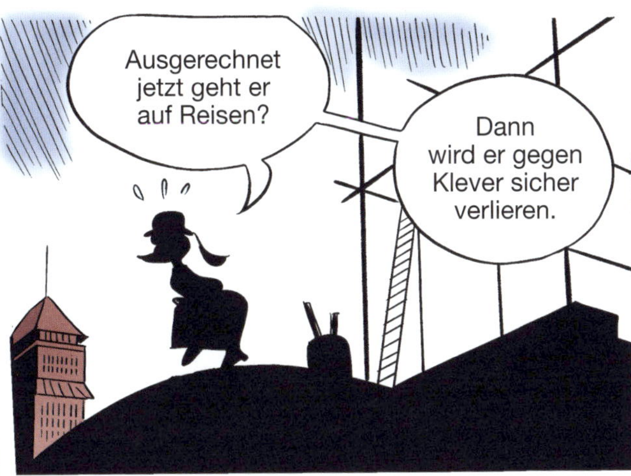

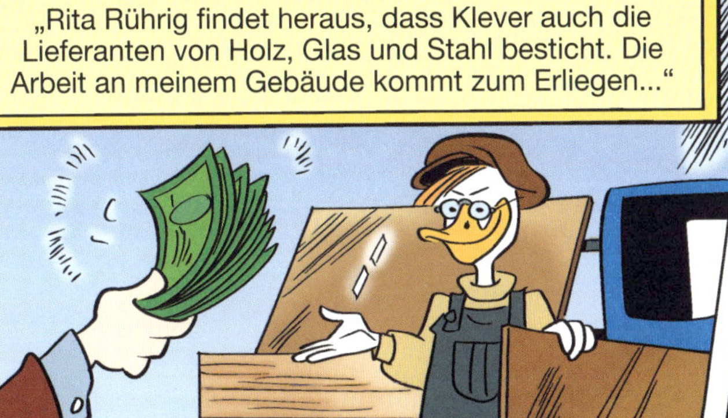

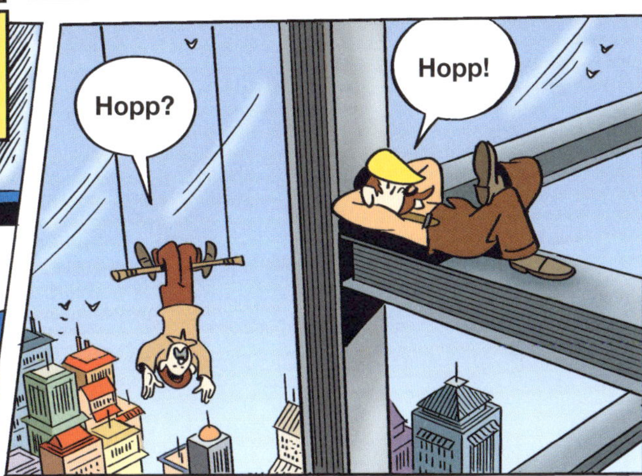

„Bis zu meiner Rückkehr..."

Klapperschlange!

Sie kämpfen unehrlich, Klever!

Sie sprechen wie ein Verlierer, Duck!

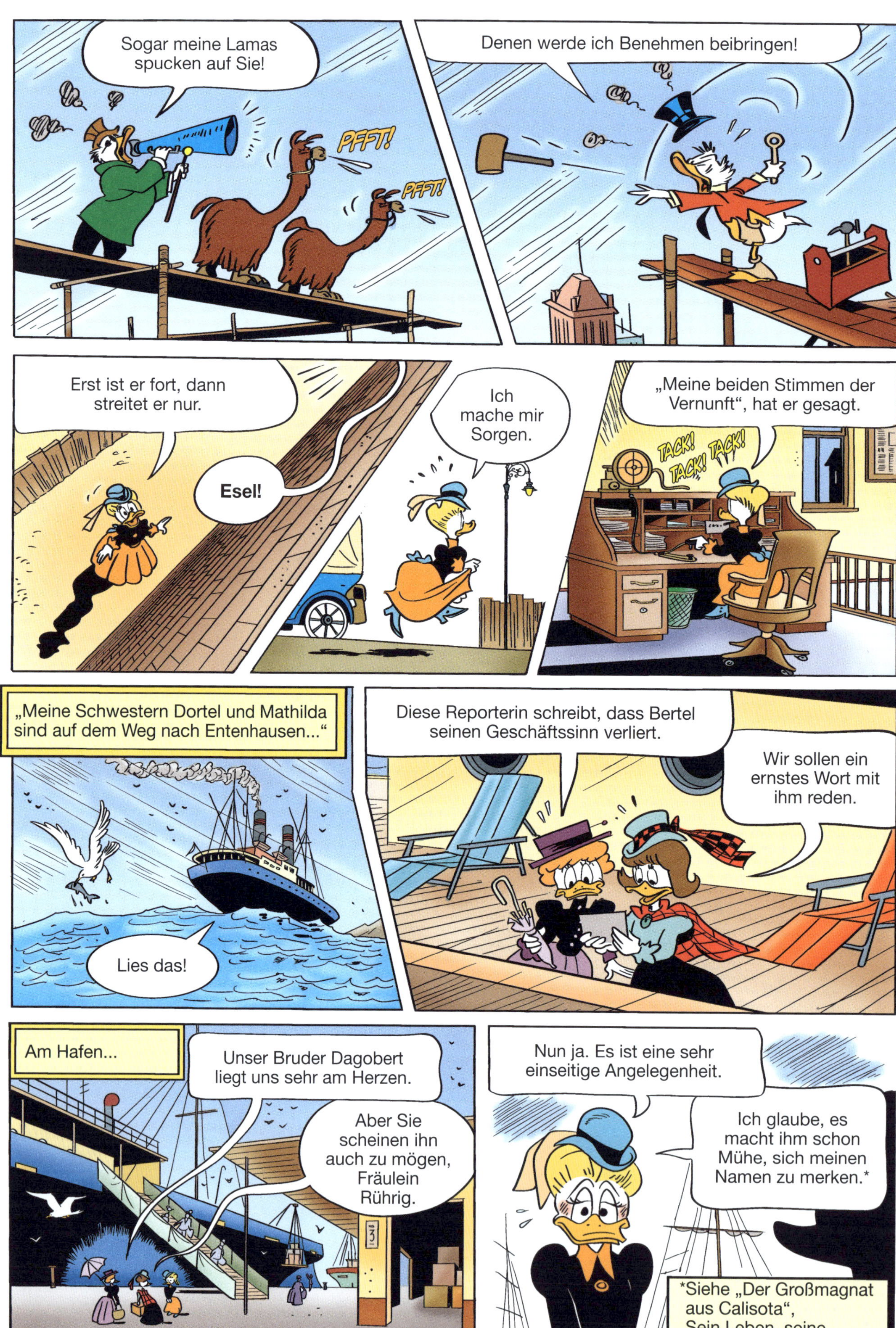
Sogar meine Lamas spucken auf Sie!
PFFT!
PFFT!
Denen werde ich Benehmen beibringen!
Erst ist er fort, dann streitet er nur.
Esel!
Ich mache mir Sorgen.
„Meine beiden Stimmen der Vernunft“, hat er gesagt.
TACK! TACK! TACK!
„Meine Schwestern Dortel und Mathilda sind auf dem Weg nach Entenhausen...“
Lies das!
Diese Reporterin schreibt, dass Bertel seinen Geschäftssinn verliert.
Wir sollen ein ernstes Wort mit ihm reden.
Am Hafen...
Unser Bruder Dagobert liegt uns sehr am Herzen.
Aber Sie scheinen ihn auch zu mögen, Fräulein Rührig.
Nun ja. Es ist eine sehr einseitige Angelegenheit.
Ich glaube, es macht ihm schon Mühe, sich meinen Namen zu merken.*
*Siehe „Der Großmagnat aus Calisota“, Sein Leben, seine Milliarden Kapitel 11.

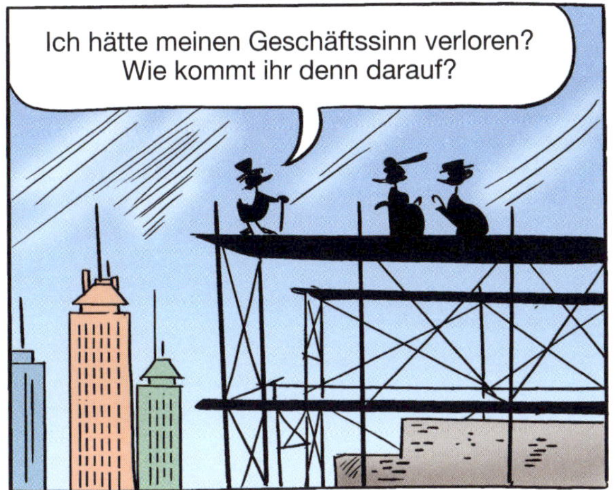

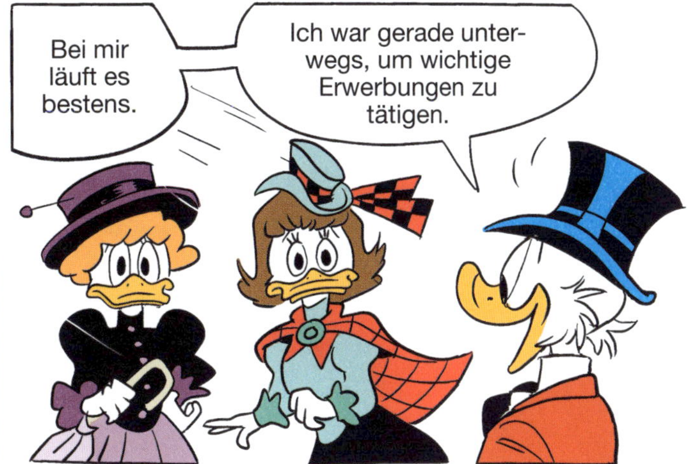

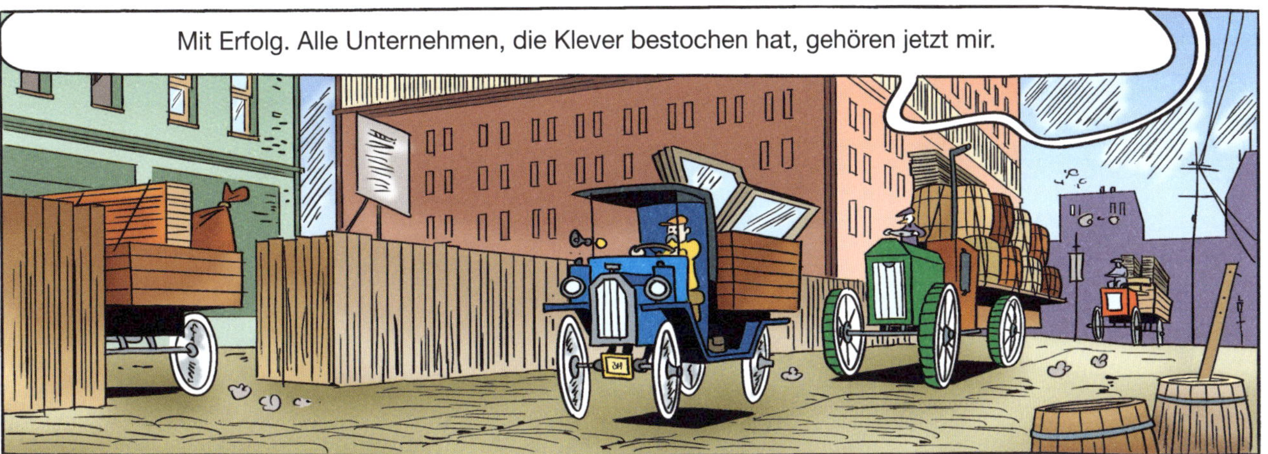

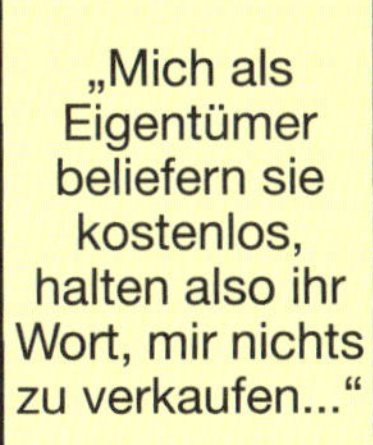

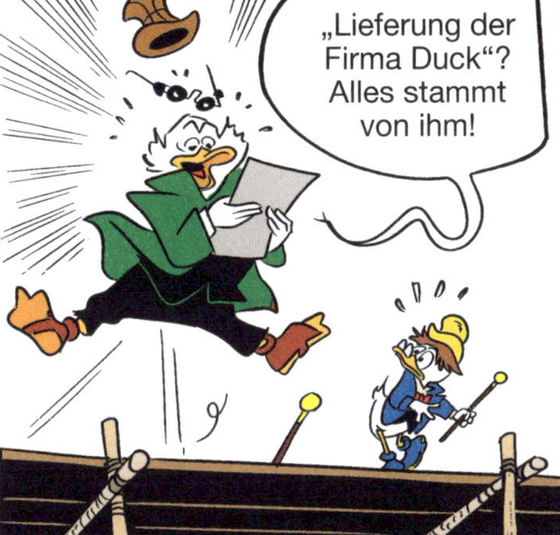

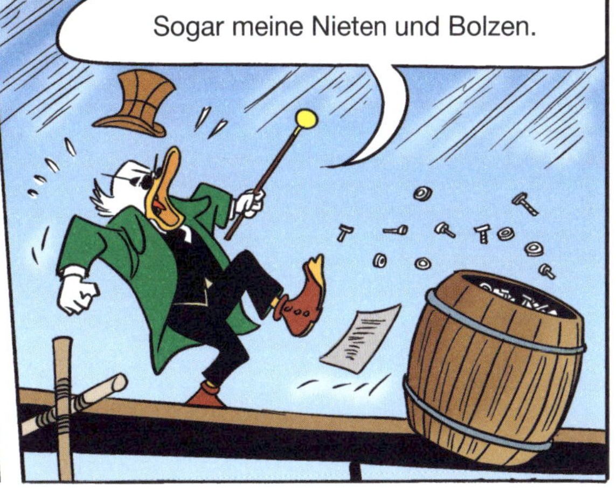

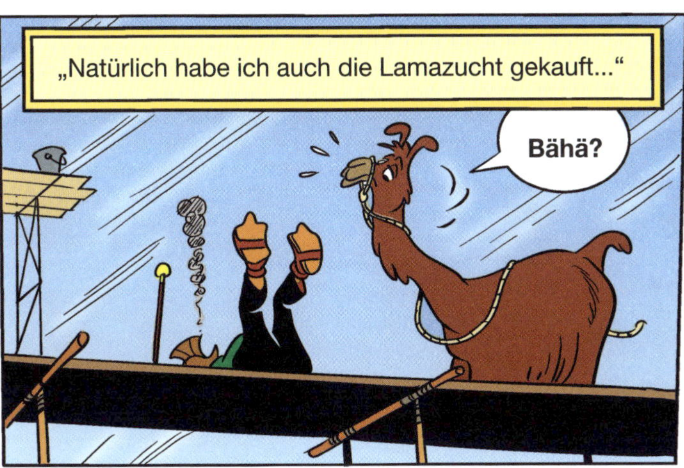

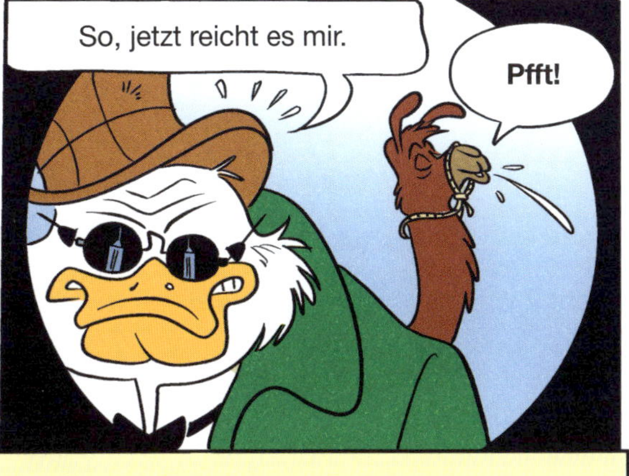

Fortsetzung folgt.

ENDE

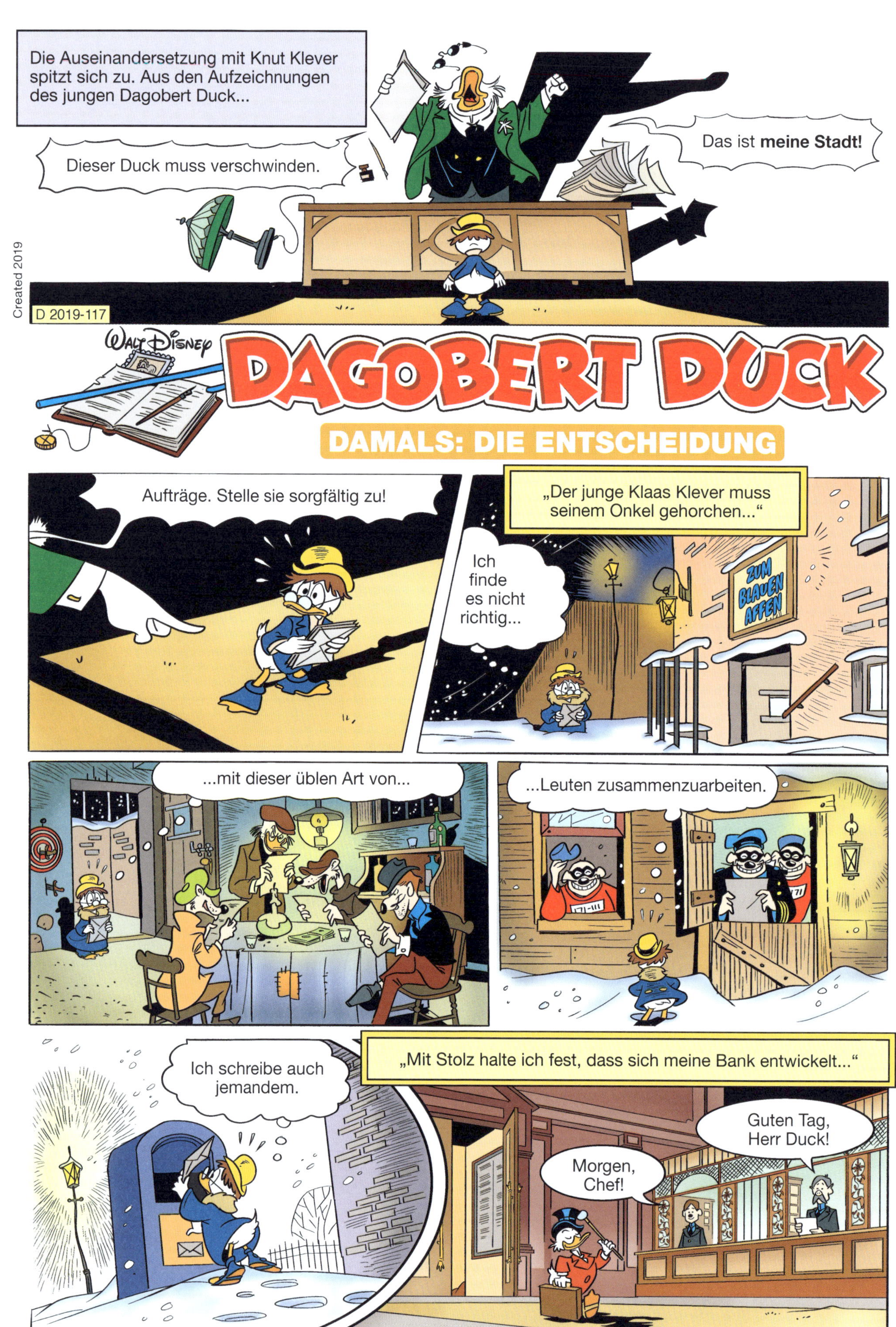

Skript & Zeichnungen: **Kari Korhonen**, Übersetzung: **Harry Nützel**

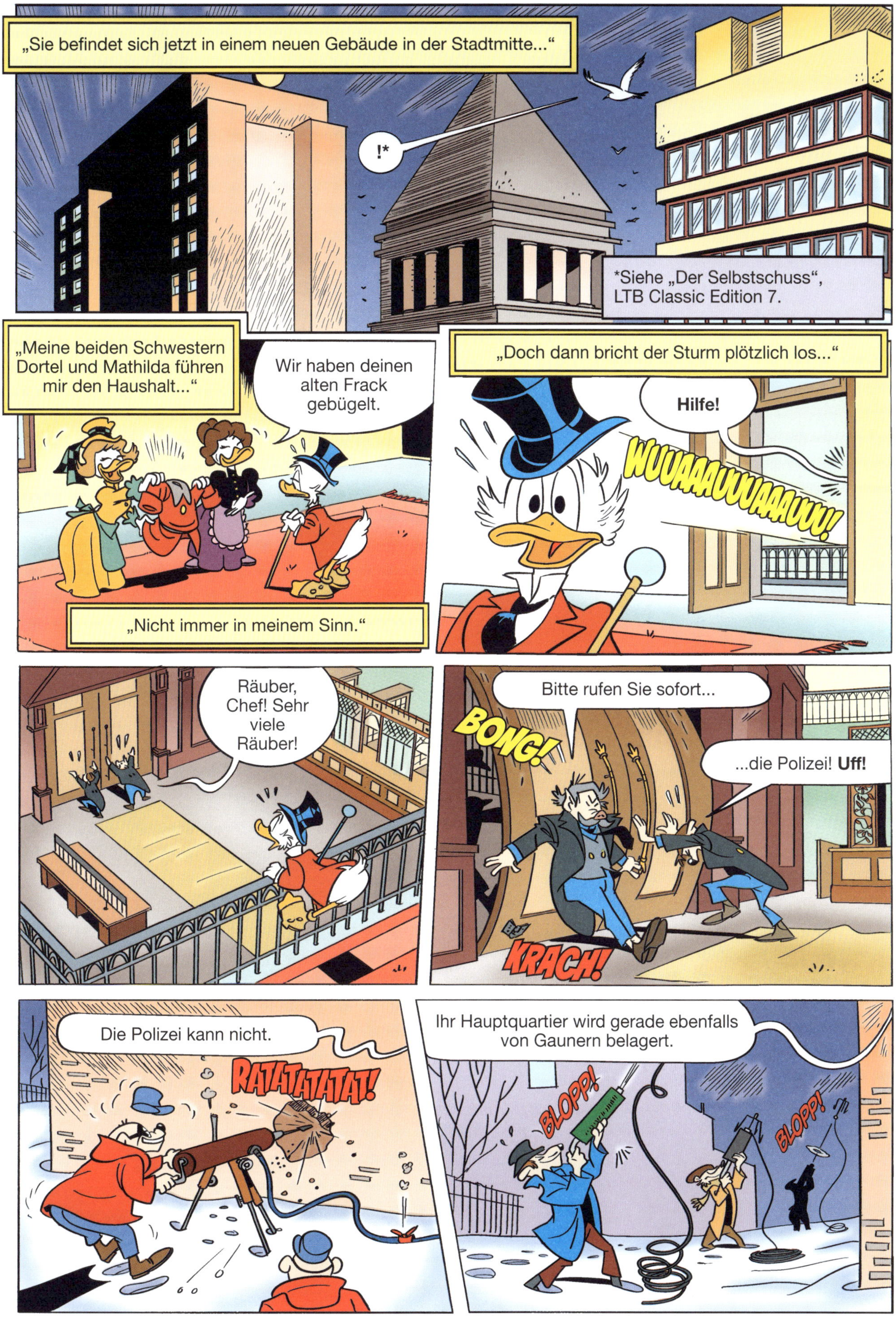

„Sie befindet sich jetzt in einem neuen Gebäude in der Stadtmitte..."

!*

*Siehe „Der Selbstschuss", LTB Classic Edition 7.

„Meine beiden Schwestern Dortel und Mathilda führen mir den Haushalt..."

Wir haben deinen alten Frack gebügelt.

„Nicht immer in meinem Sinn."

„Doch dann bricht der Sturm plötzlich los..."

Hilfe!

WUUAAAUUUAAAUUU!

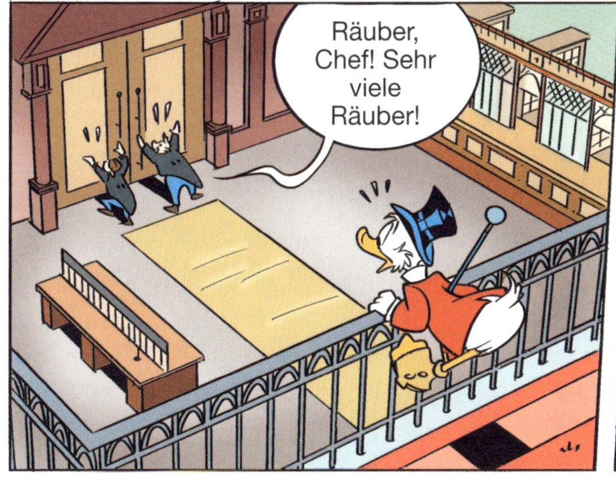

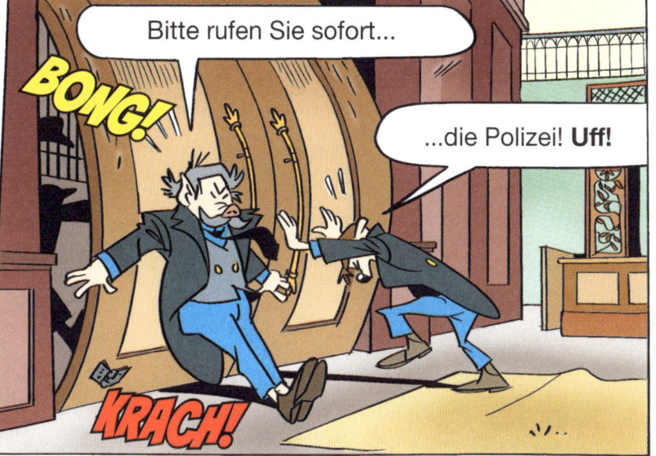

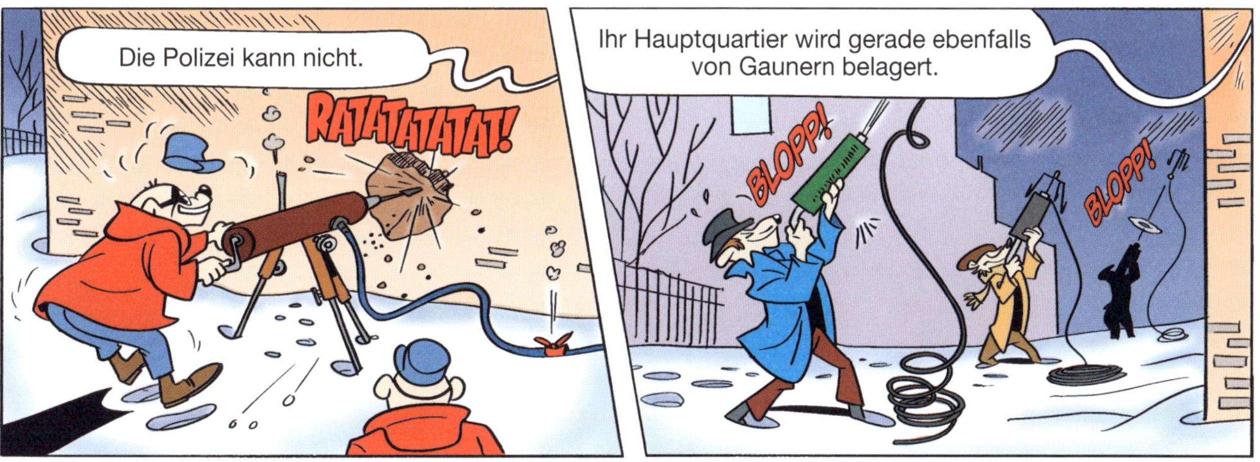

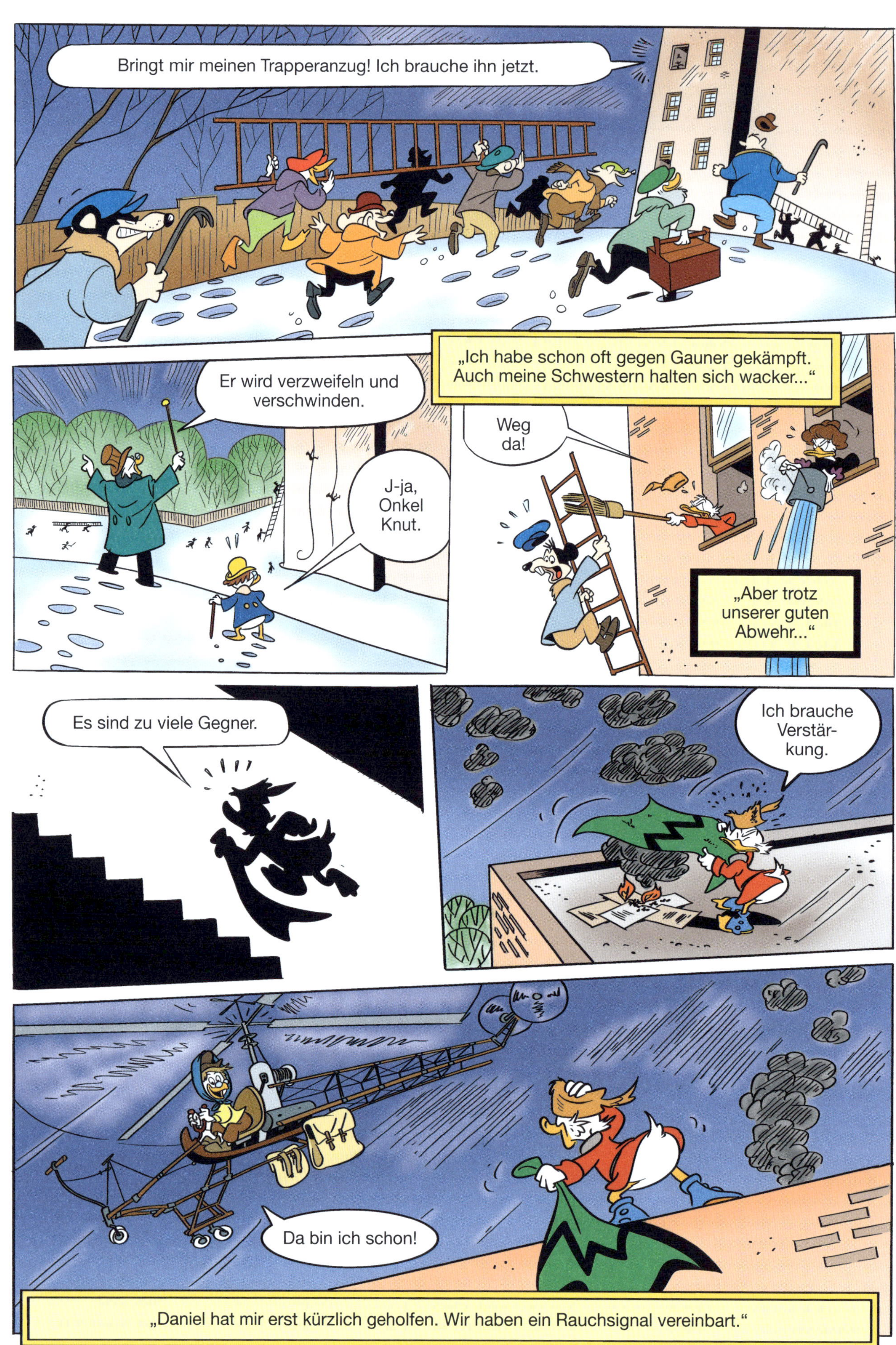
Bringt mir meinen Trapperanzug! Ich brauche ihn jetzt.
Er wird verzweifeln und verschwinden.
J-ja, Onkel Knut.
„Ich habe schon oft gegen Gauner gekämpft. Auch meine Schwestern halten sich wacker..."
Weg da!
„Aber trotz unserer guten Abwehr..."
Es sind zu viele Gegner.
Ich brauche Verstär-kung.
Da bin ich schon!
„Daniel hat mir erst kürzlich geholfen. Wir haben ein Rauchsignal vereinbart."

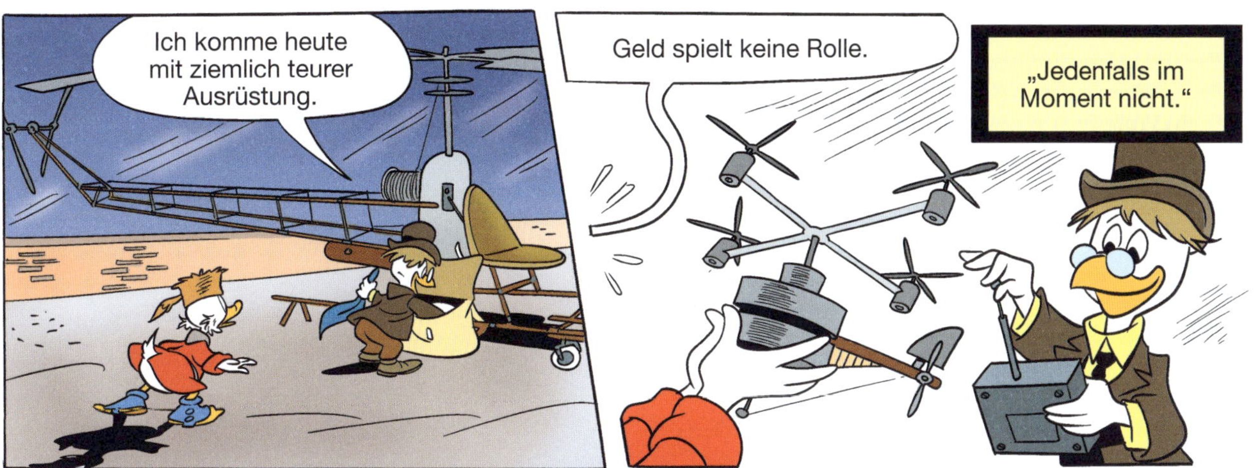
Ich komme heute mit ziemlich teurer Ausrüstung.
Geld spielt keine Rolle.
„Jedenfalls im Moment nicht."

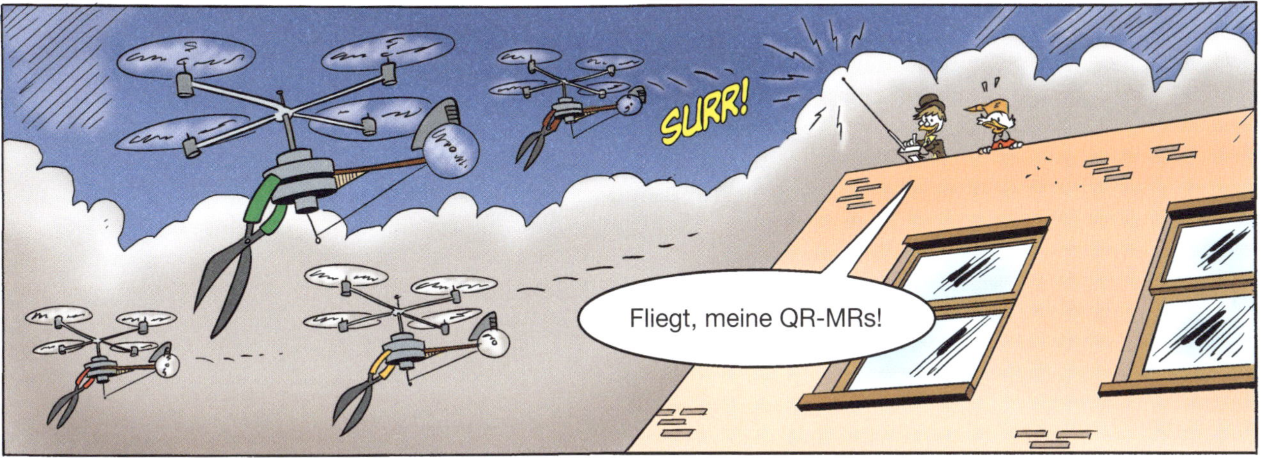
SURR!
Fliegt, meine QR-MRs!

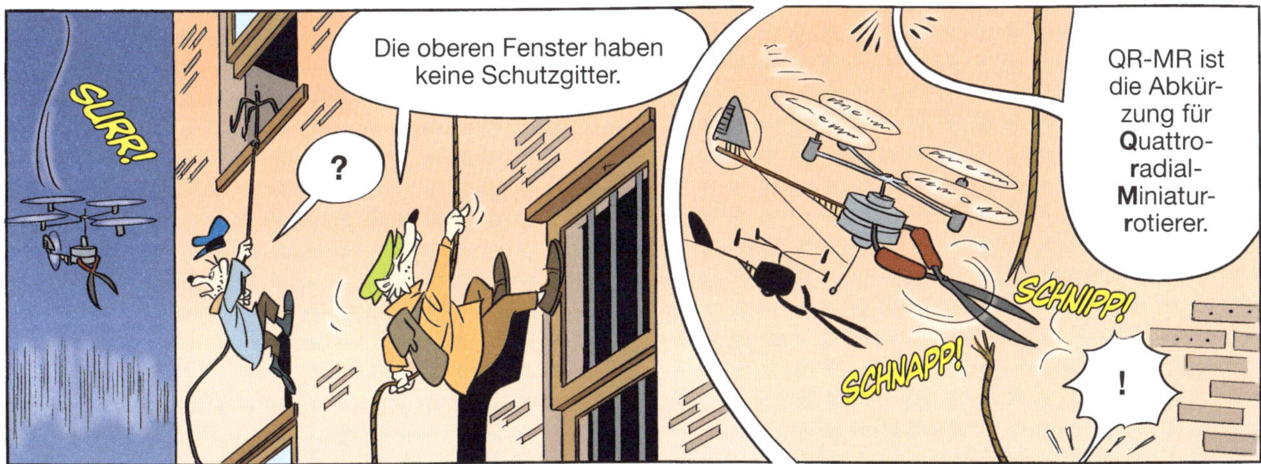
SURR!
Die oberen Fenster haben keine Schutzgitter.
?
QR-MR ist die Abkürzung für **Q**uattroradial-**M**iniatur**r**otierer.
SCHNIPP!
SCHNAPP!
!

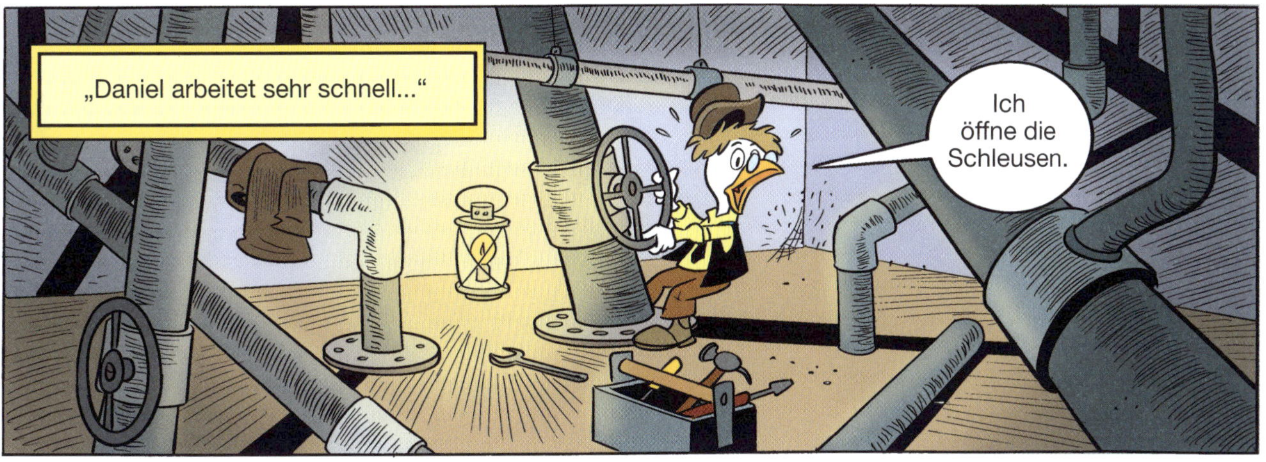
„Daniel arbeitet sehr schnell..."
Ich öffne die Schleusen.

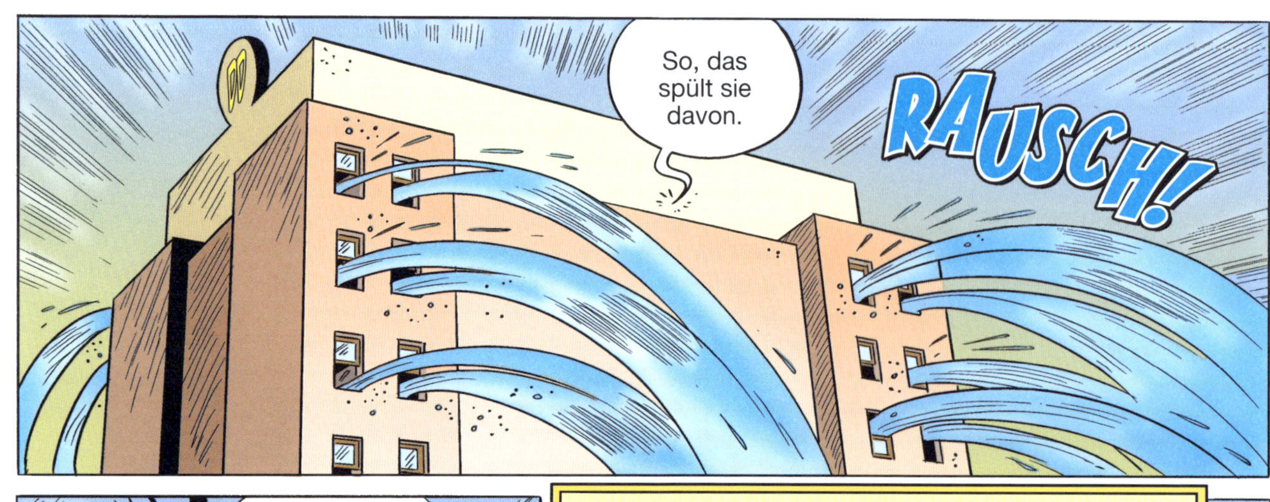
So, das spült sie davon.
RAUSCH!

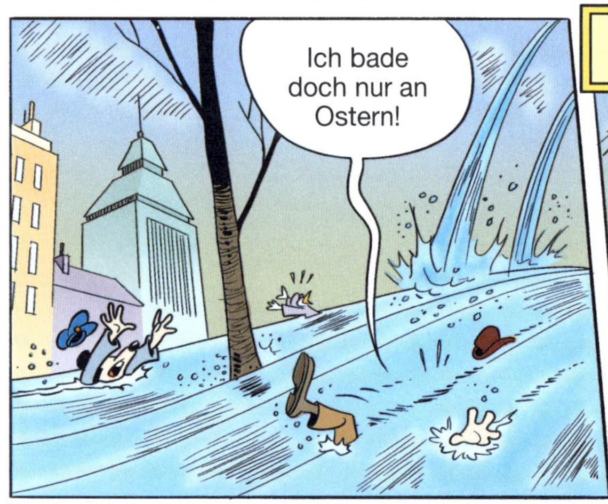
Ich bade doch nur an Ostern!

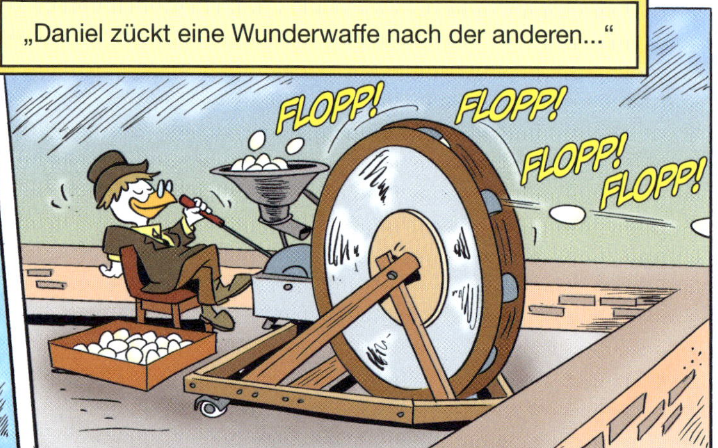
„Daniel zückt eine Wunderwaffe nach der anderen..."
FLOPP!
FLOPP!
FLOPP!
FLOPP!

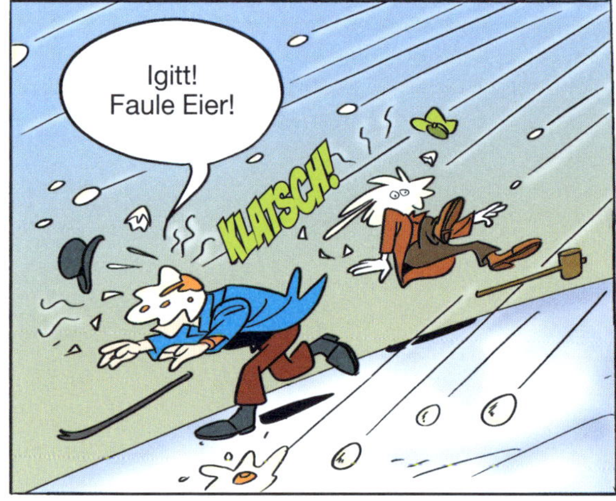
Igitt! Faule Eier!
KLATSCH!

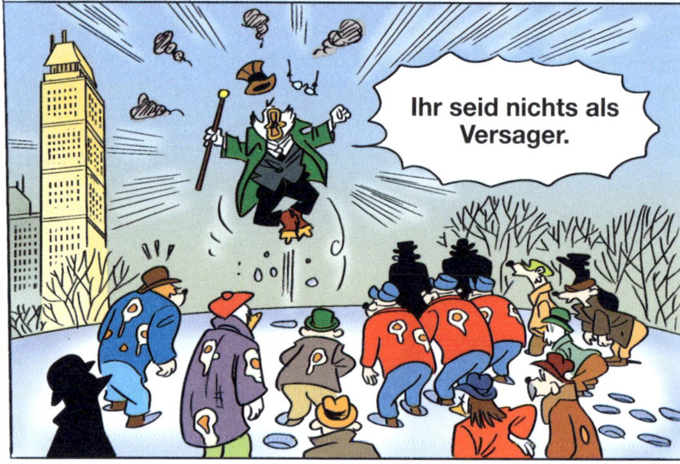
Ihr seid nichts als Versager.

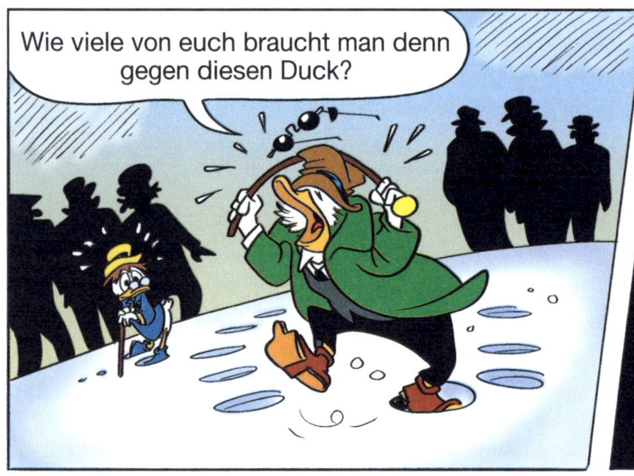
Wie viele von euch braucht man denn gegen diesen Duck?

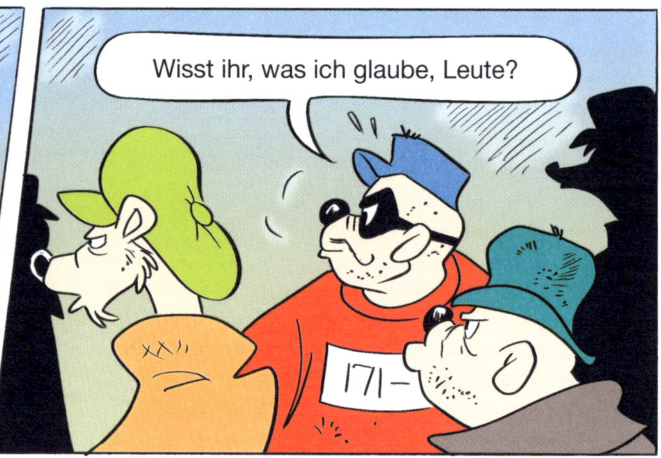
Wisst ihr, was ich glaube, Leute?
171-

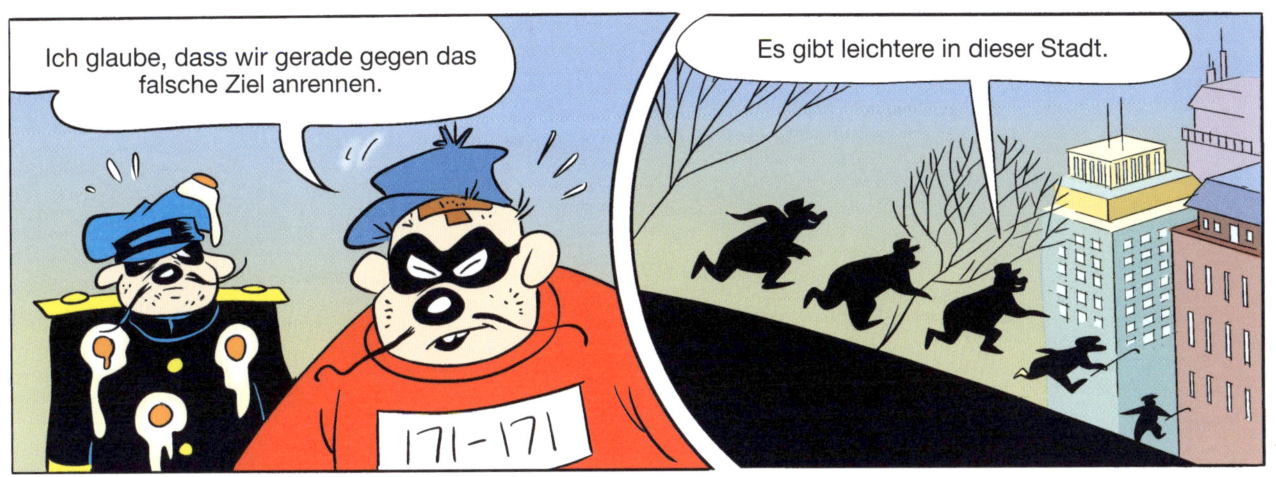

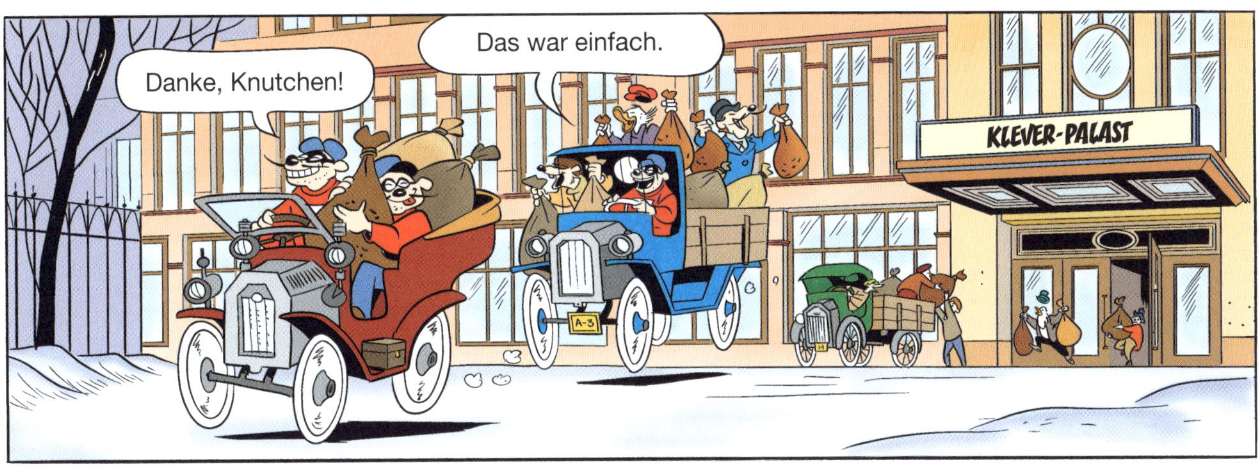

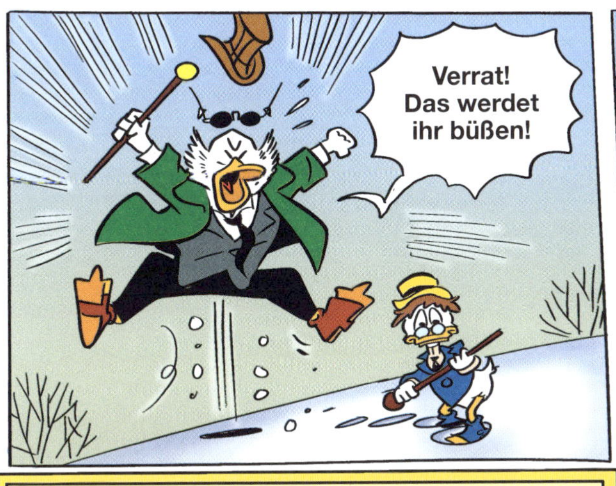

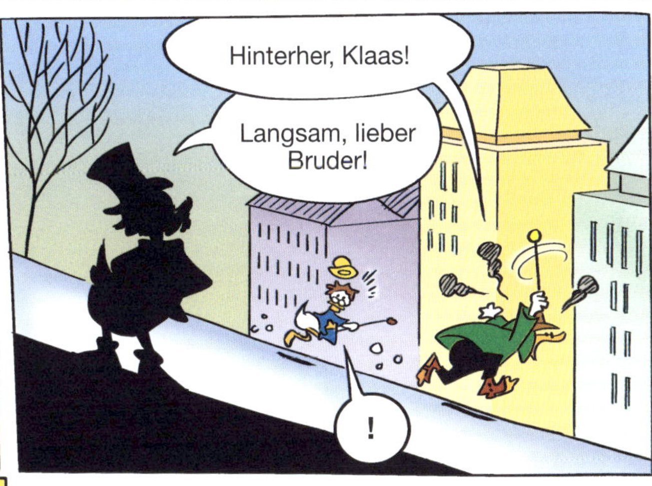

„Kuno Klever hatte seinen Bruder Knut als Vermögensverwalter eingesetzt, weil er selber in seinen Minen in Montana zu tun hat...“

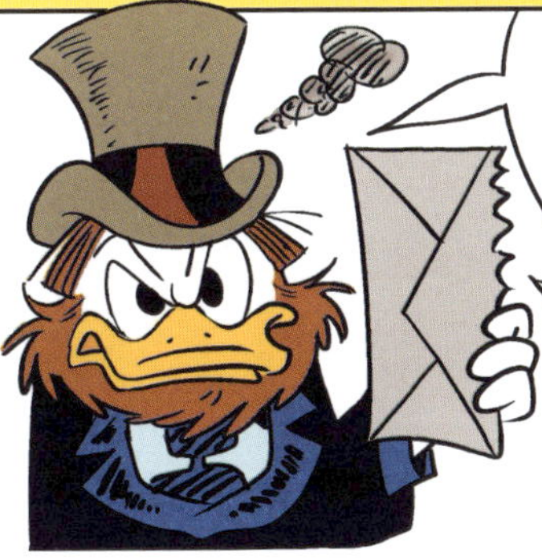

Du ruinierst meine Unternehmen und meinen guten Ruf noch obendrein.

Dieser Duck ist in die Stadt gekommen und...

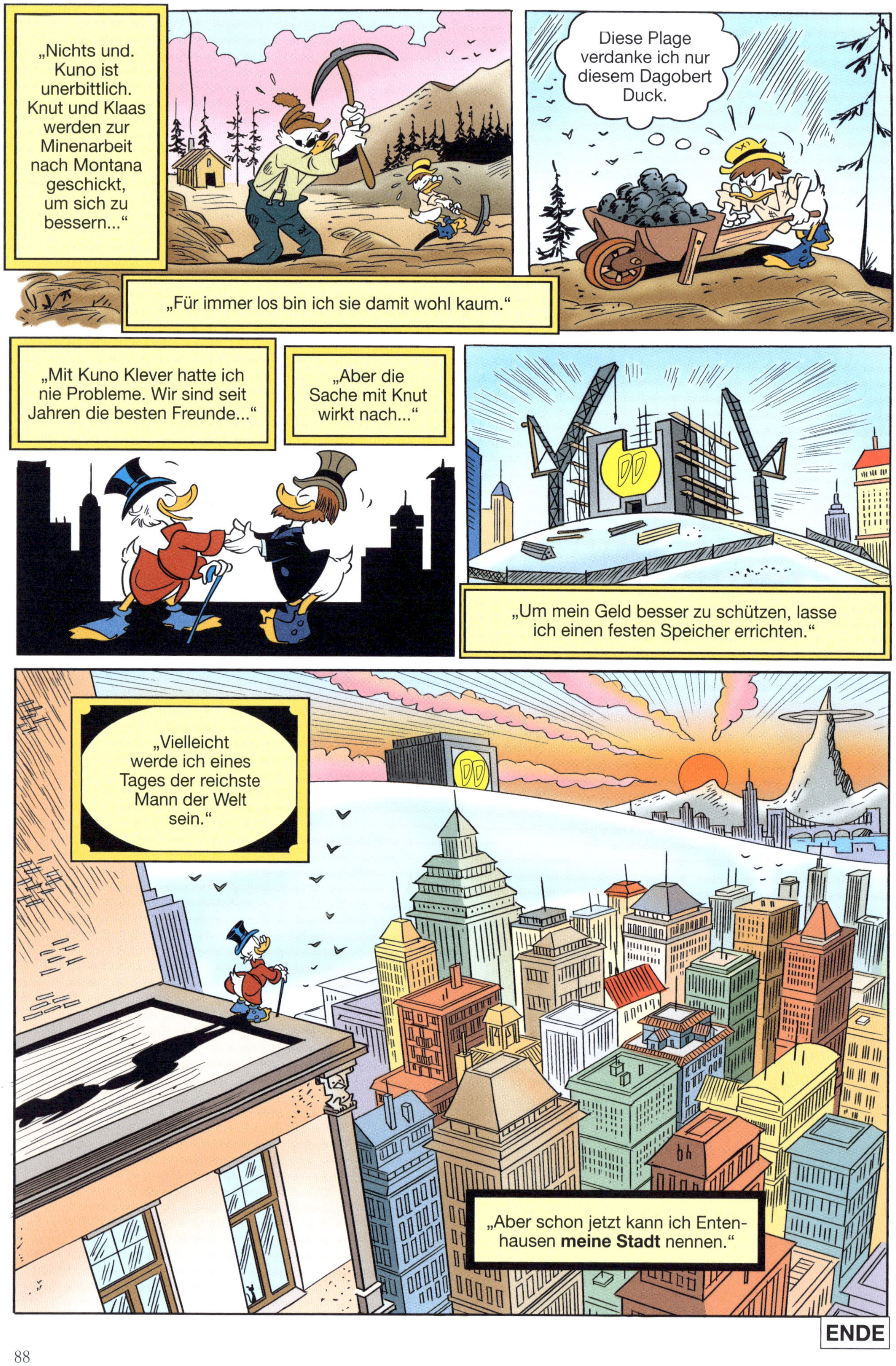

„Nichts und. Kuno ist unerbittlich. Knut und Klaas werden zur Minenarbeit nach Montana geschickt, um sich zu bessern...“

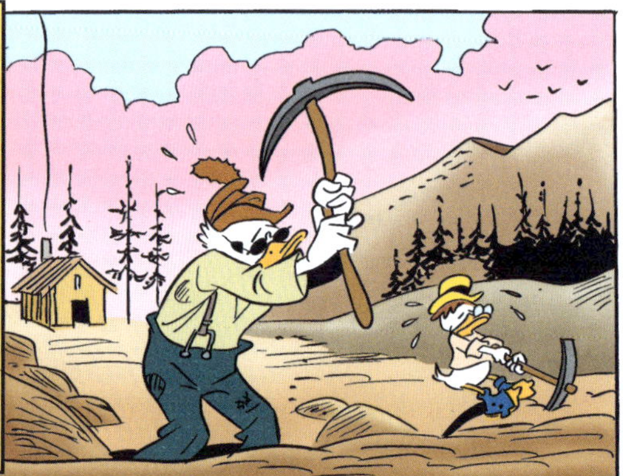

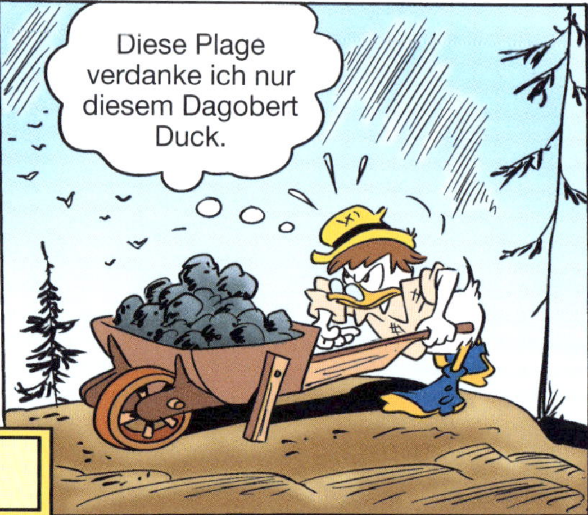

„Für immer los bin ich sie damit wohl kaum.“

„Mit Kuno Klever hatte ich nie Probleme. Wir sind seit Jahren die besten Freunde...“

„Aber die Sache mit Knut wirkt nach...“

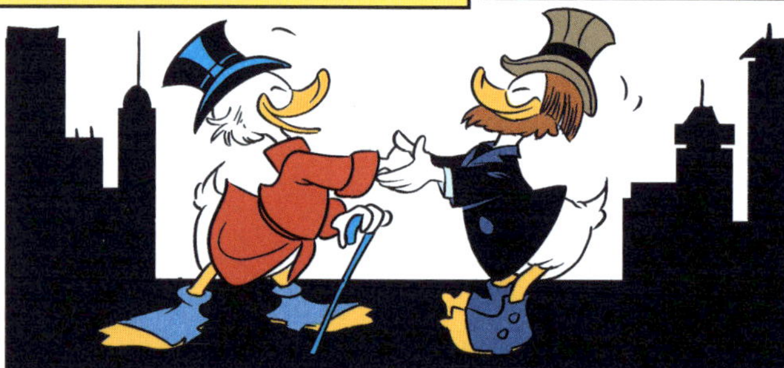

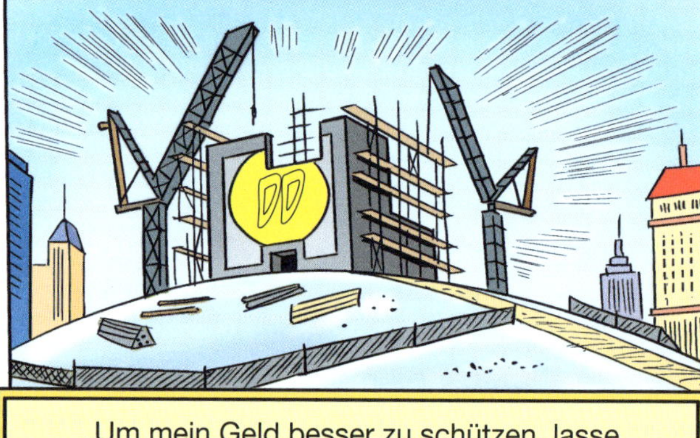

„Um mein Geld besser zu schützen, lasse ich einen festen Speicher errichten.“

„Vielleicht werde ich eines Tages der reichste Mann der Welt sein.“

„Aber schon jetzt kann ich Entenhausen **meine Stadt** nennen.“

ENDE

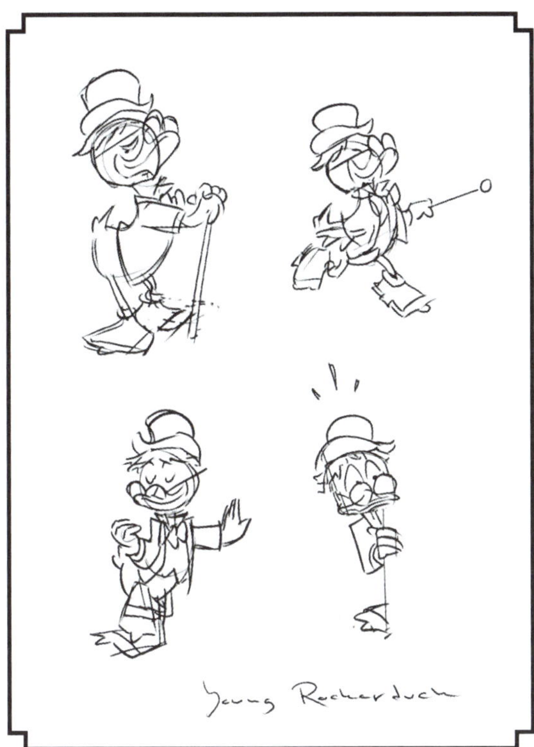

„Ein paar schnell hingekritzelte Skizzen von Klaas Klever. Auch wenn der von italienischen Zeichnern bevorzugte markante Backenbart schmuck aussieht, hat der junge Klaas keine Koteletten. Daher habe ich mich für einen vollen Haarschopf entschieden, den man von Klaas Klevers erstem Auftritt in Barks' Geschichte *Das Bootsrennen* (Orig. 1961, dt. 1963) kennt.

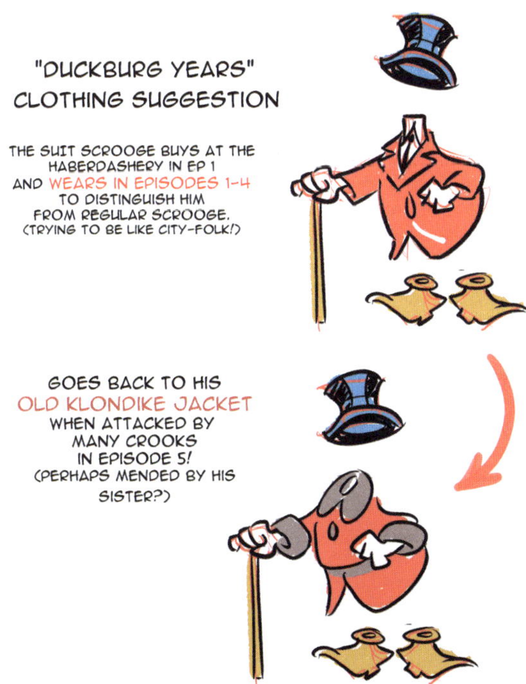

Dagoberts Kleidung sollte sich bei seiner Ankunft in der großen Stadt von seinem gewohnten Outfit etwas unterscheiden.

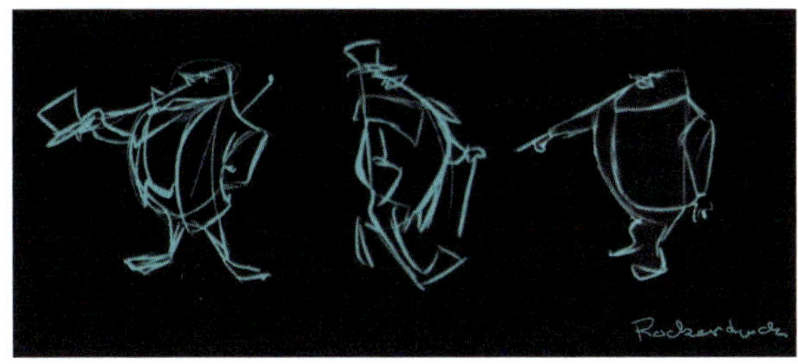

Der englische Name der Figur Knut Klever, Soames Rockerduck, stammt aus der Romanreihe *Die Forsyte-Saga* von John Galsworthy. Hier einige Skizzen des Zeichners.

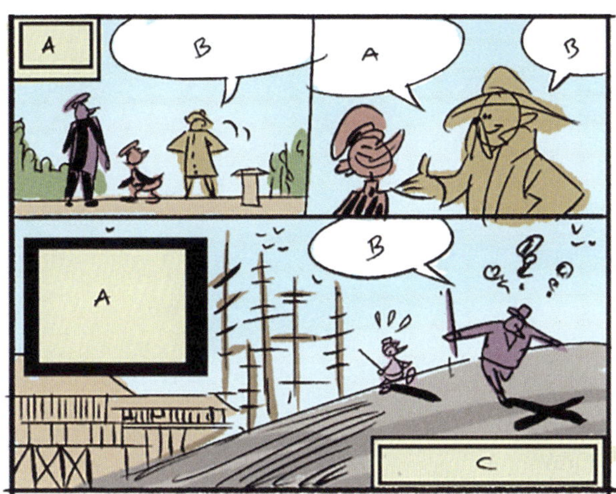

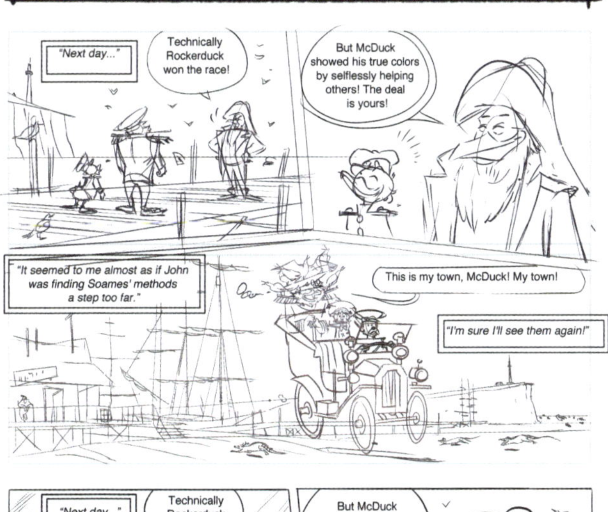

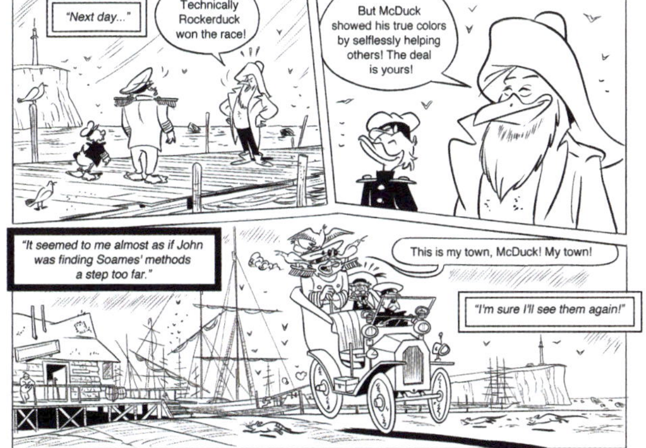

Der untere Teil von Seite 67 als Scribble, gelayoutet und getuscht.

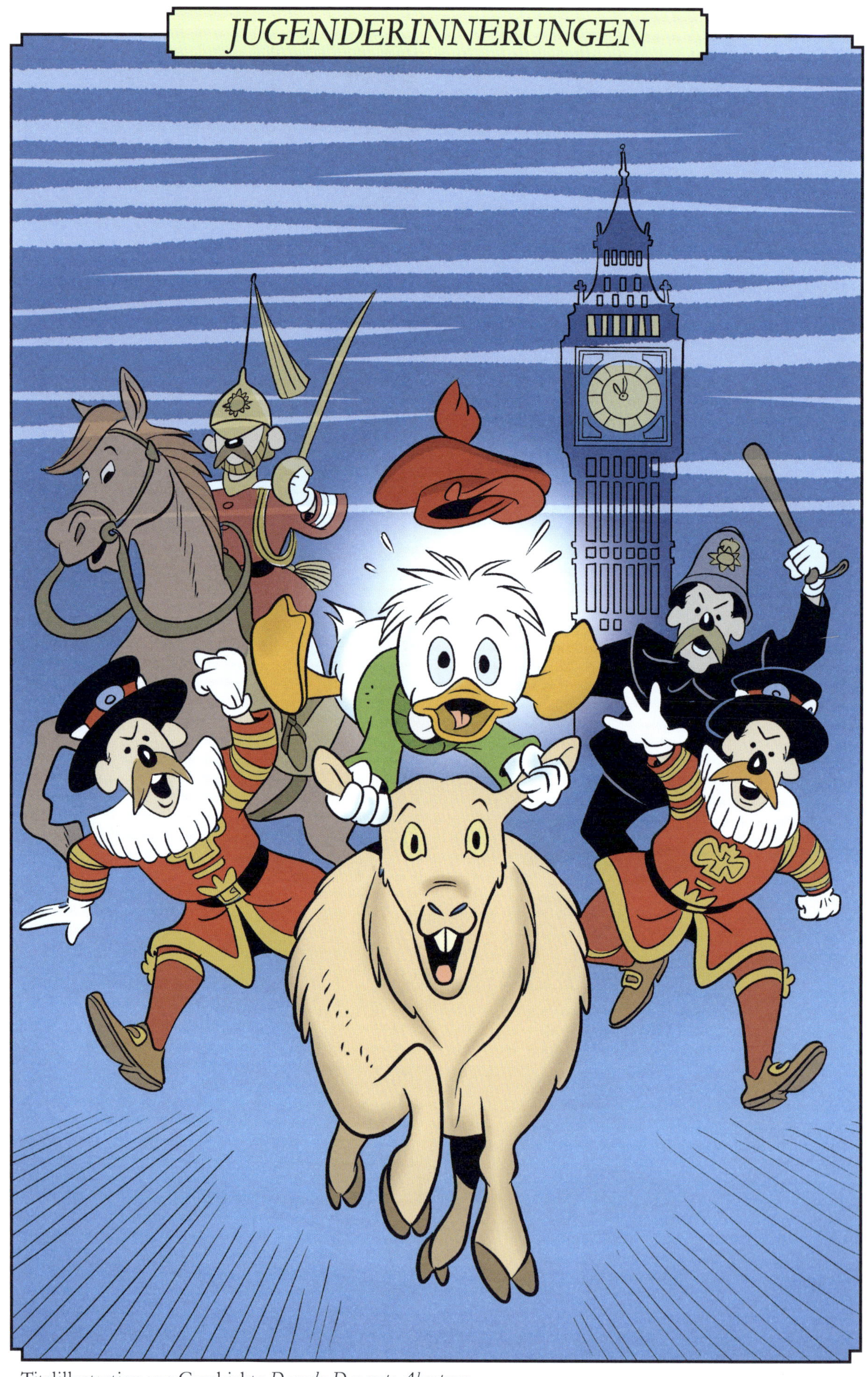

Titelillustration zur Geschichte *Damals: Das erste Abenteuer.*

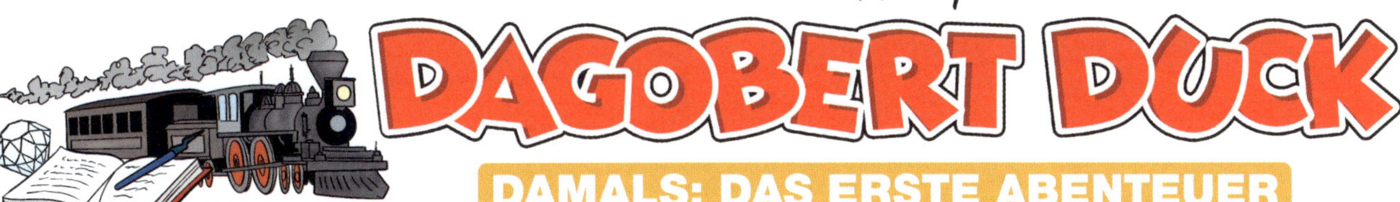

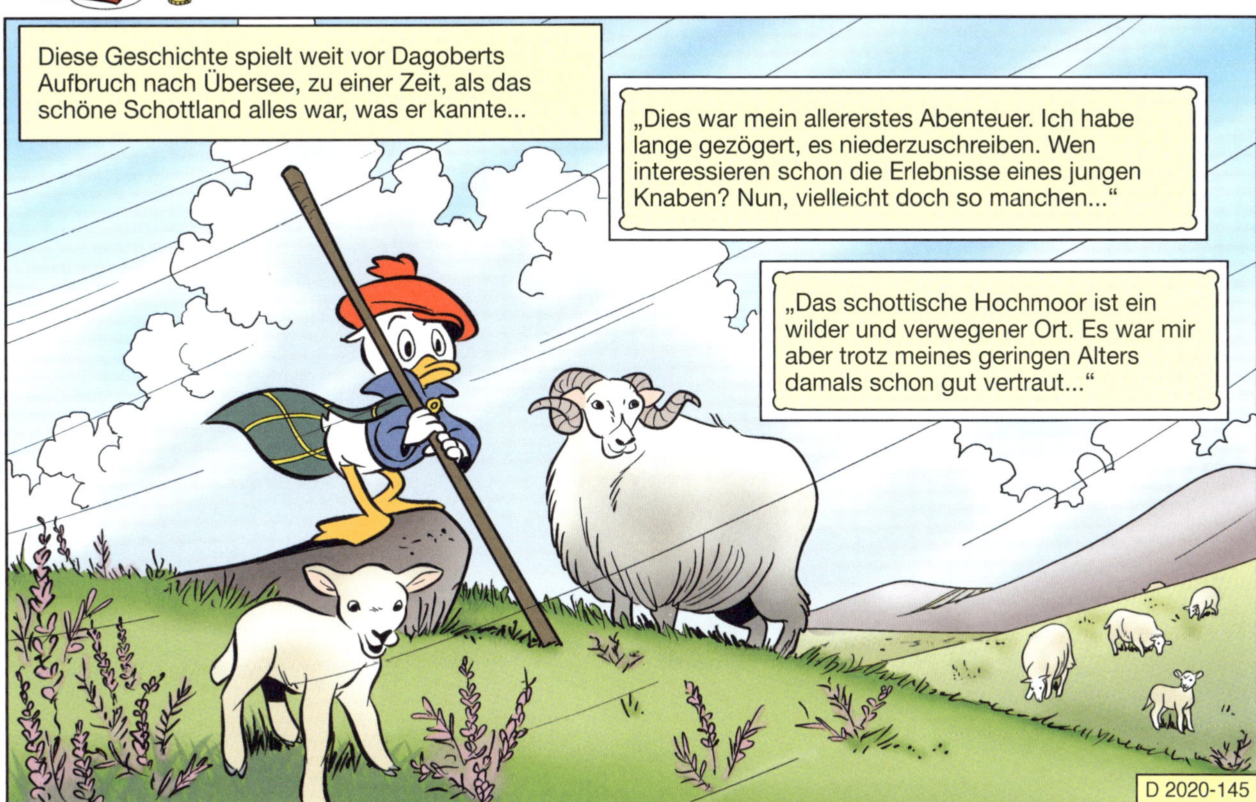

Created 2020

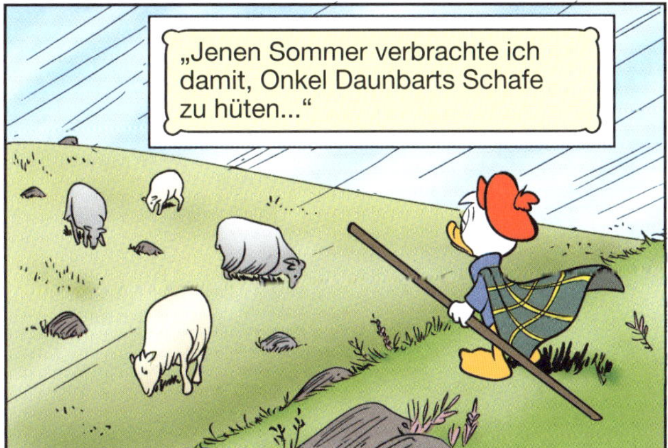

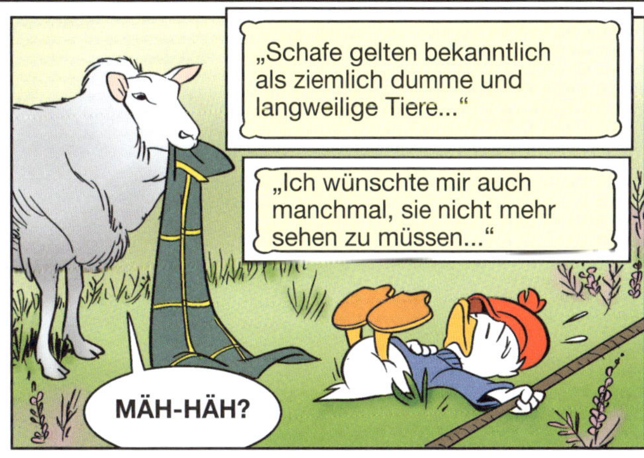

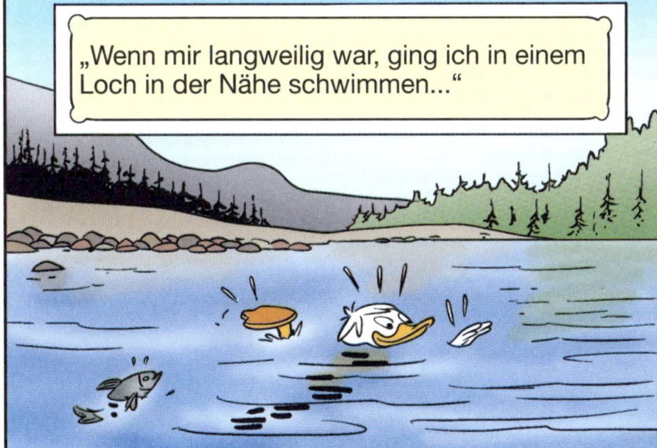

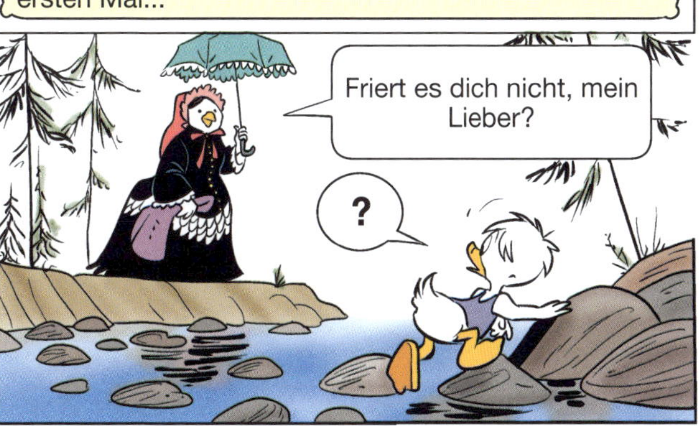

Skript & Zeichnungen: **Kari Korhonen**, Übersetzung: **Harry Nützel**

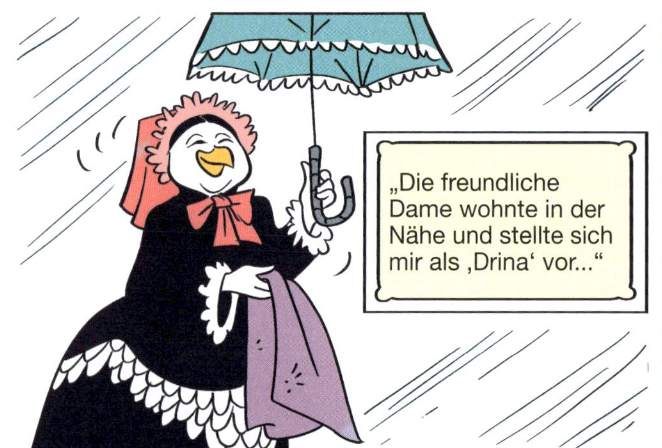
„Die freundliche Dame wohnte in der Nähe und stellte sich mir als ‚Drina' vor..."

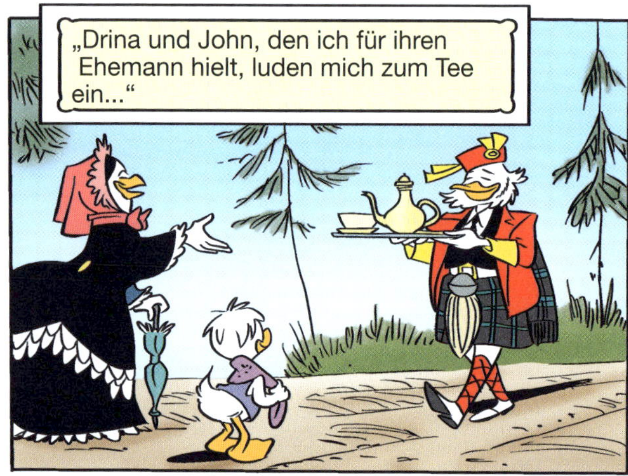
„Drina und John, den ich für ihren Ehemann hielt, luden mich zum Tee ein..."

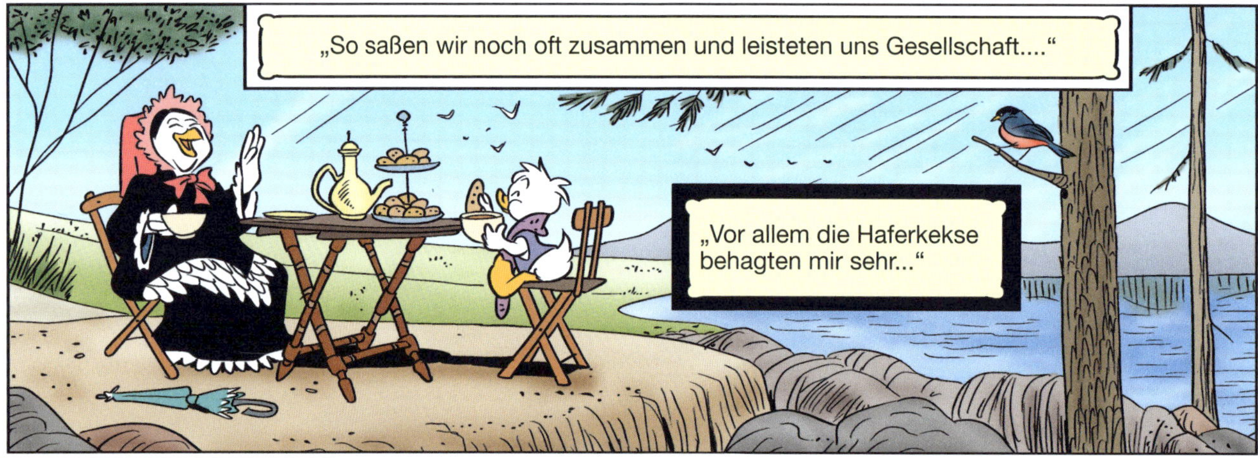
„So saßen wir noch oft zusammen und leisteten uns Gesellschaft...."
„Vor allem die Haferkekse behagten mir sehr..."

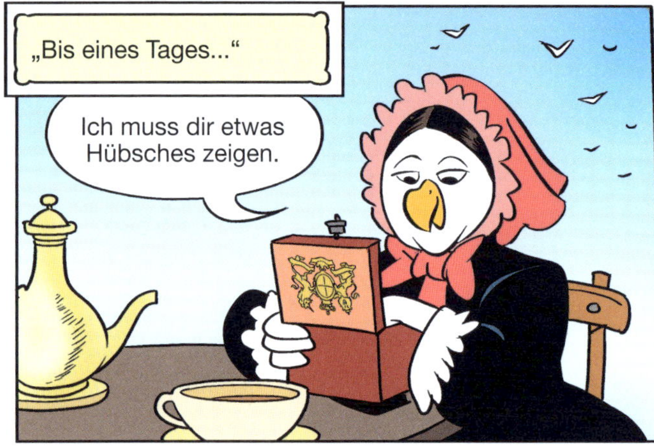
„Bis eines Tages..."
Ich muss dir etwas Hübsches zeigen.

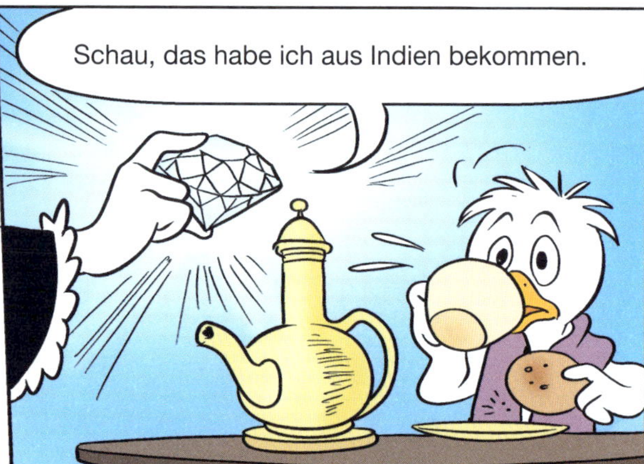
Schau, das habe ich aus Indien bekommen.

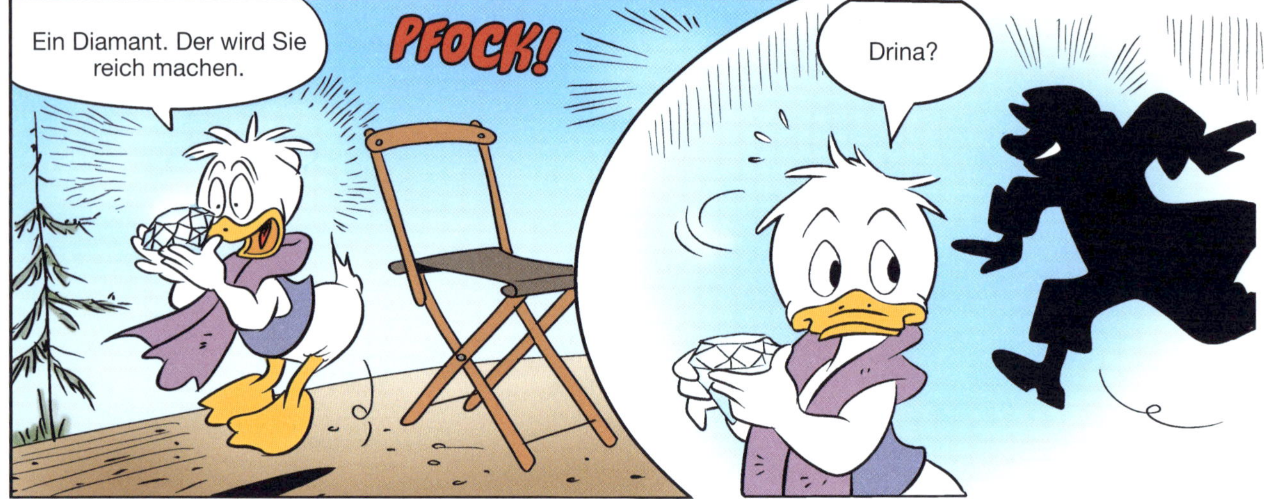
Ein Diamant. Der wird Sie reich machen.
PFOCK!
Drina?

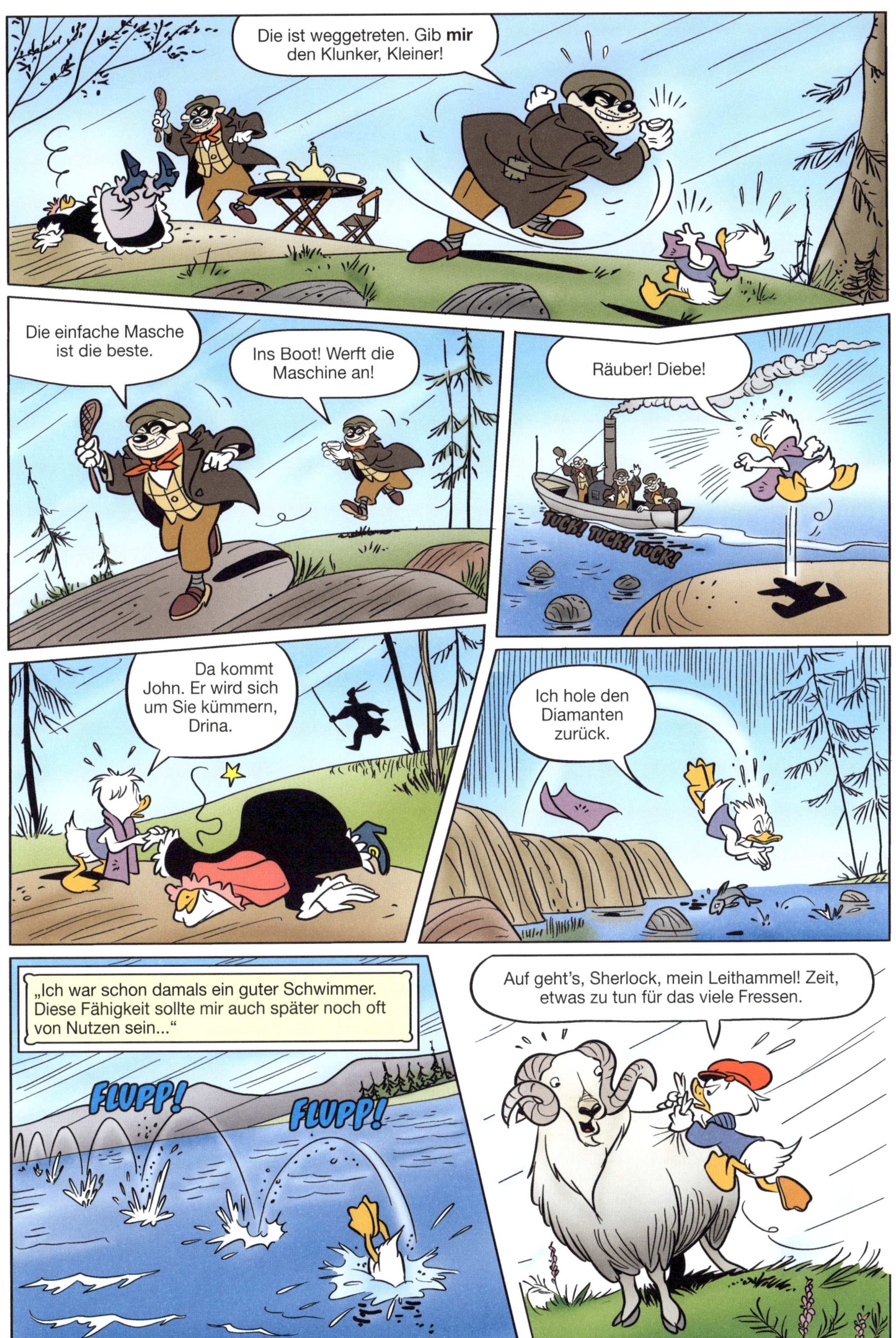
Die ist weggetreten. Gib **mir** den Klunker, Kleiner!
Die einfache Masche ist die beste.
Ins Boot! Werft die Maschine an!
Räuber! Diebe!
TUCK! TUCK! TUCK!
Da kommt John. Er wird sich um Sie kümmern, Drina.
Ich hole den Diamanten zurück.
„Ich war schon damals ein guter Schwimmer. Diese Fähigkeit sollte mir auch später noch oft von Nutzen sein..."
FLUPP!
FLUPP!
Auf geht's, Sherlock, mein Leithammel! Zeit, etwas zu tun für das viele Fressen.

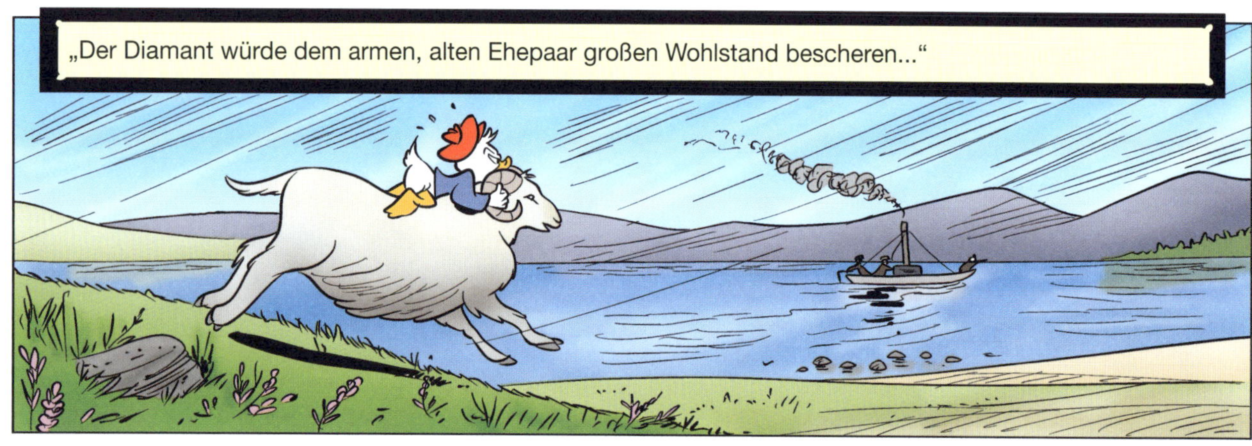
„Der Diamant würde dem armen, alten Ehepaar großen Wohlstand bescheren..."

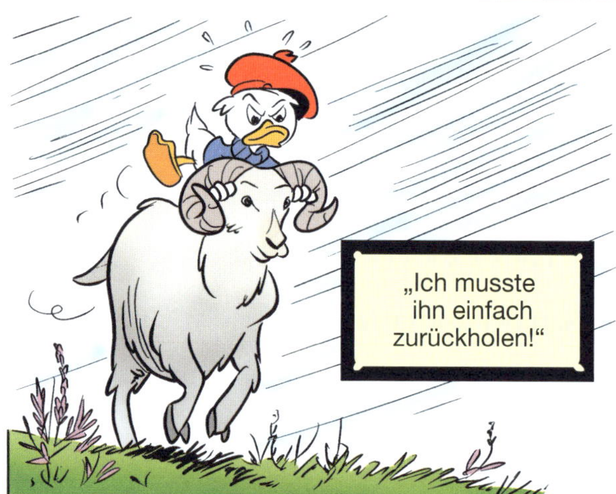
„Ich musste ihn einfach zurückholen!"

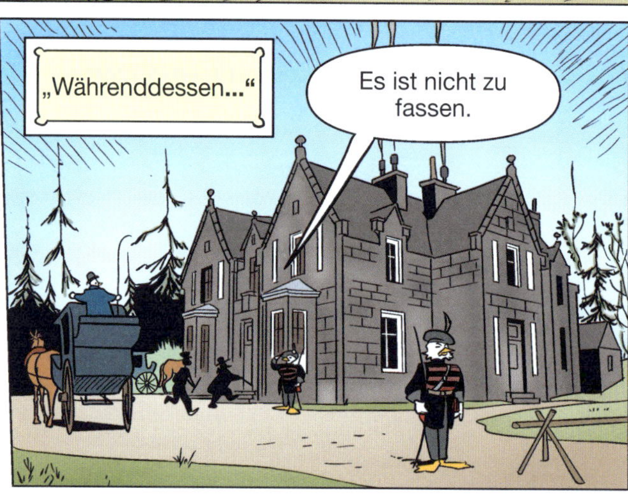
„Währenddessen..."
Es ist nicht zu fassen.

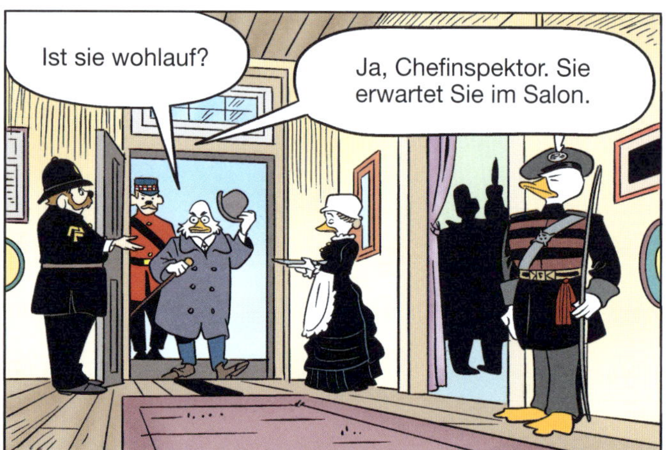
Ist sie wohlauf?
Ja, Chefinspektor. Sie erwartet Sie im Salon.

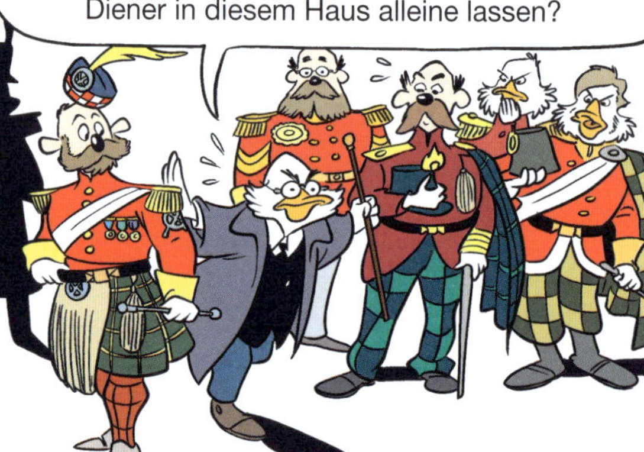
Wie konnte man sie mit nur einem einzigen Diener in diesem Haus alleine lassen?

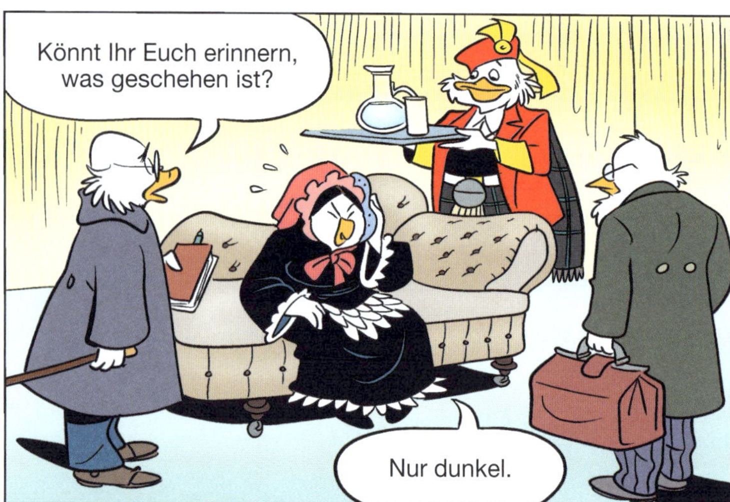
Könnt Ihr Euch erinnern, was geschehen ist?
Nur dunkel.

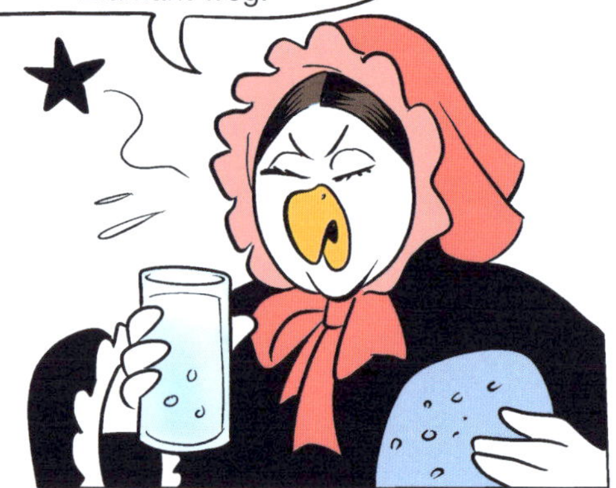
Ich habe mit dem Jungen gesprochen. Plötzlich wurde alles schwarz. Als ich wieder zu mir kam, war der Diamant weg.

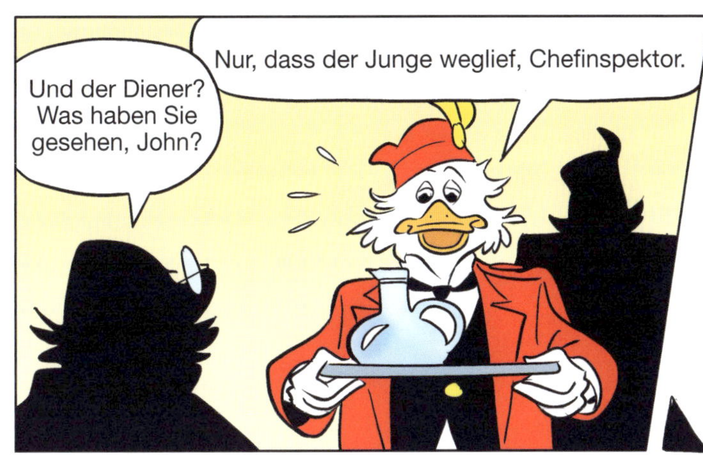
Und der Diener? Was haben Sie gesehen, John?
Nur, dass der Junge weglief, Chefinspektor.

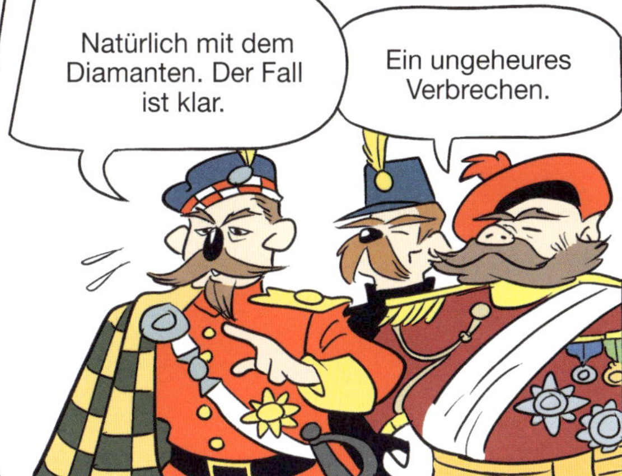
Natürlich mit dem Diamanten. Der Fall ist klar.
Ein ungeheures Verbrechen.

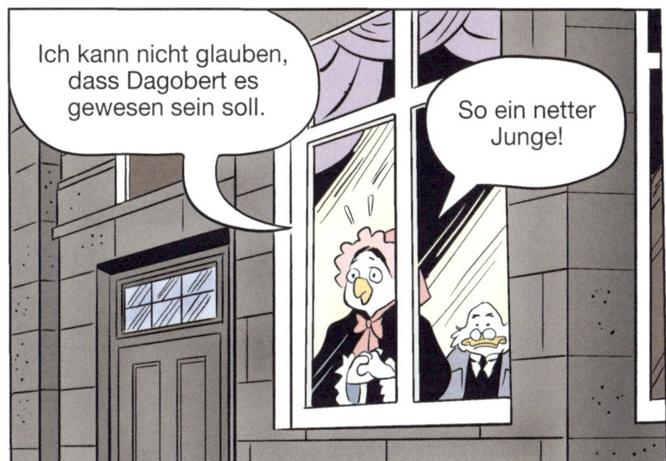
Ich kann nicht glauben, dass Dagobert es gewesen sein soll.
So ein netter Junge!

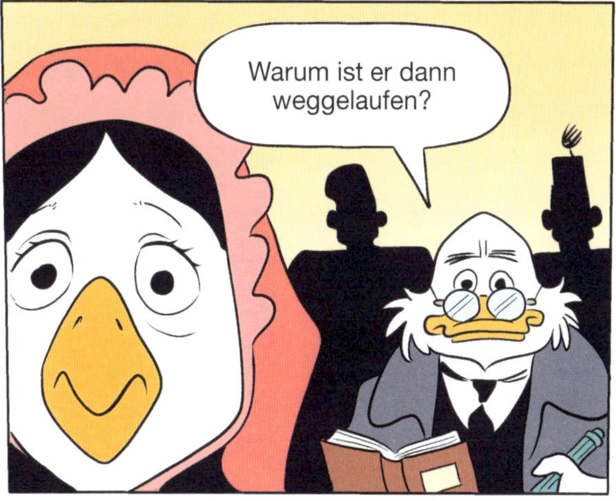
Warum ist er dann weggelaufen?

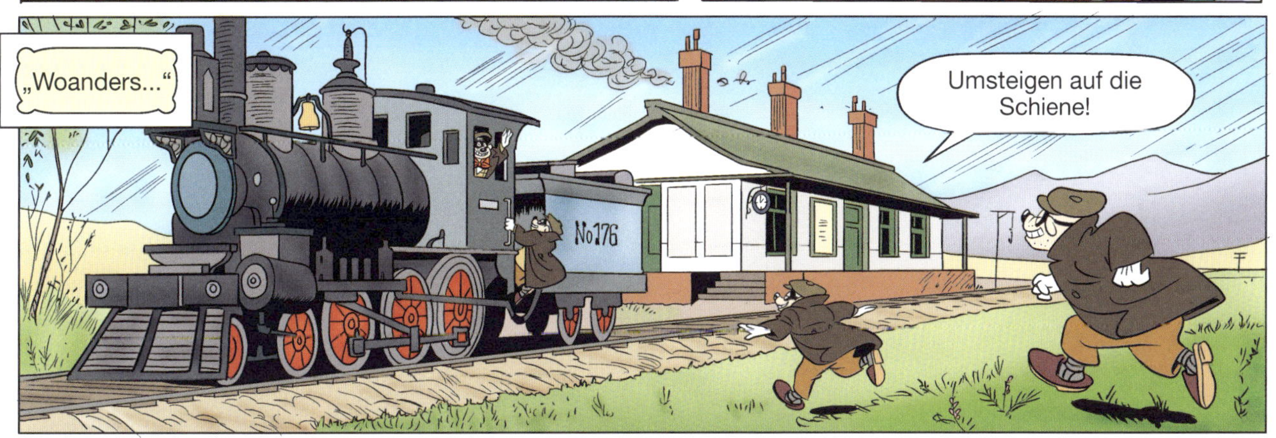
„Woanders..."
No176
Umsteigen auf die Schiene!

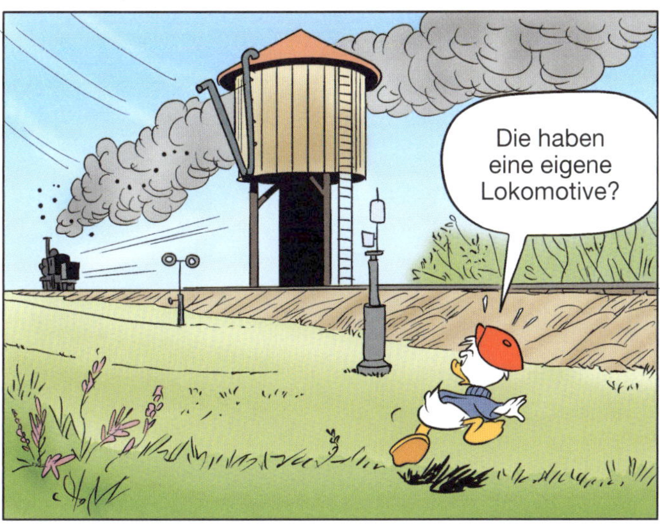
Die haben eine eigene Lokomotive?

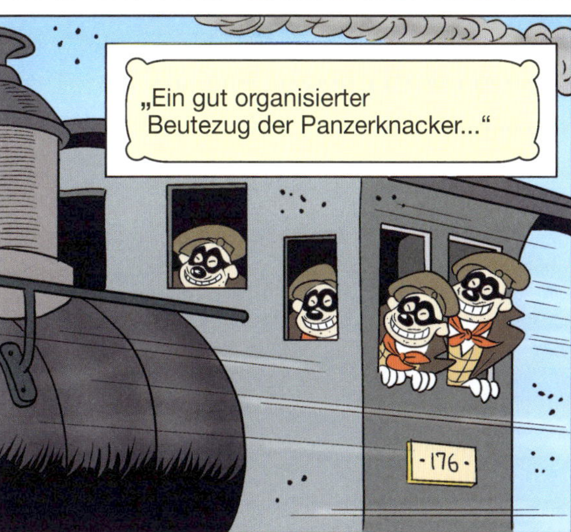
„Ein gut organisierter Beutezug der Panzerknacker..."
-176-

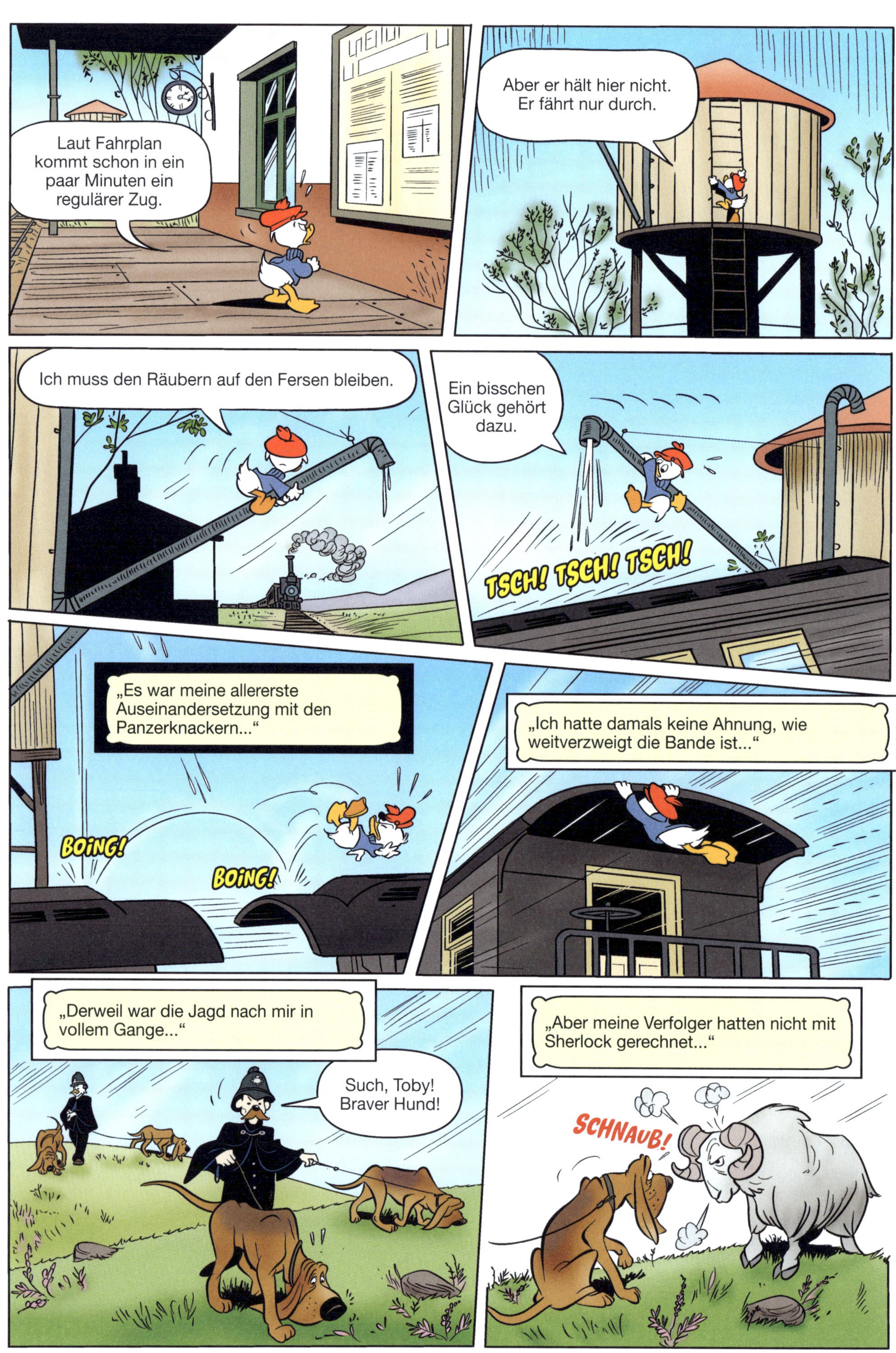
Laut Fahrplan kommt schon in ein paar Minuten ein regulärer Zug.
Aber er hält hier nicht. Er fährt nur durch.
Ich muss den Räubern auf den Fersen bleiben.
Ein bisschen Glück gehört dazu.
TSCH! TSCH! TSCH!
„Es war meine allererste Auseinandersetzung mit den Panzerknackern...“
BOING!
BOING!
„Ich hatte damals keine Ahnung, wie weitverzweigt die Bande ist...“
„Derweil war die Jagd nach mir in vollem Gange...“
Such, Toby! Braver Hund!
„Aber meine Verfolger hatten nicht mit Sherlock gerechnet...“
SCHNAUB!

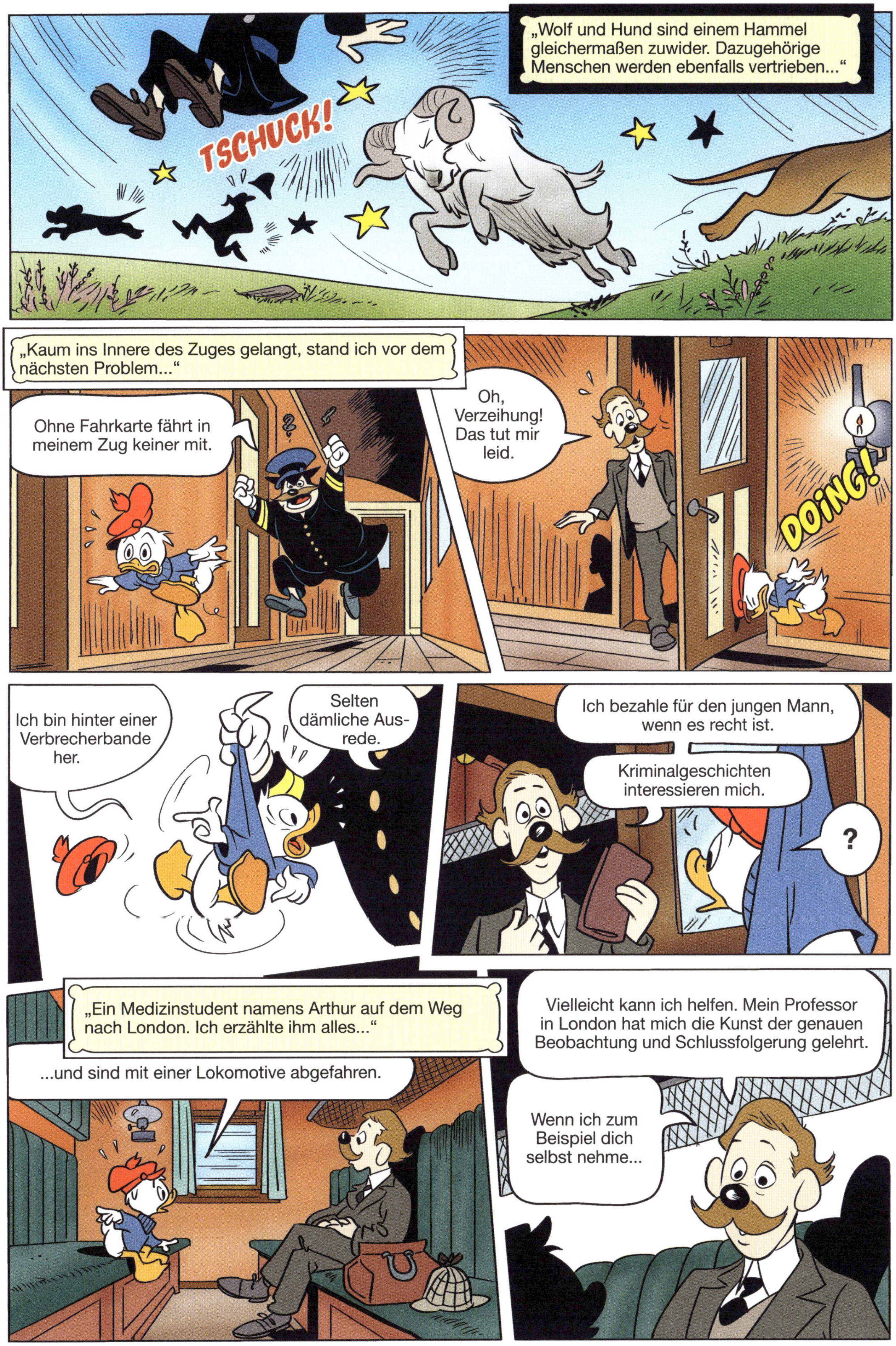

„Wolf und Hund sind einem Hammel gleichermaßen zuwider. Dazugehörige Menschen werden ebenfalls vertrieben...“

TSCHUCK!

„Kaum ins Innere des Zuges gelangt, stand ich vor dem nächsten Problem...“

Ohne Fahrkarte fährt in meinem Zug keiner mit.

Oh, Verzeihung! Das tut mir leid.

DOING!

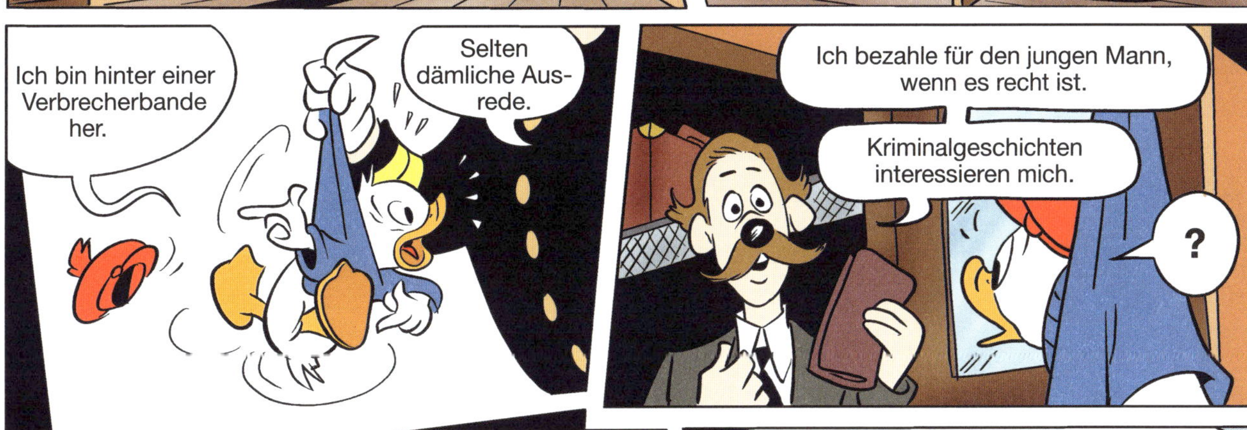

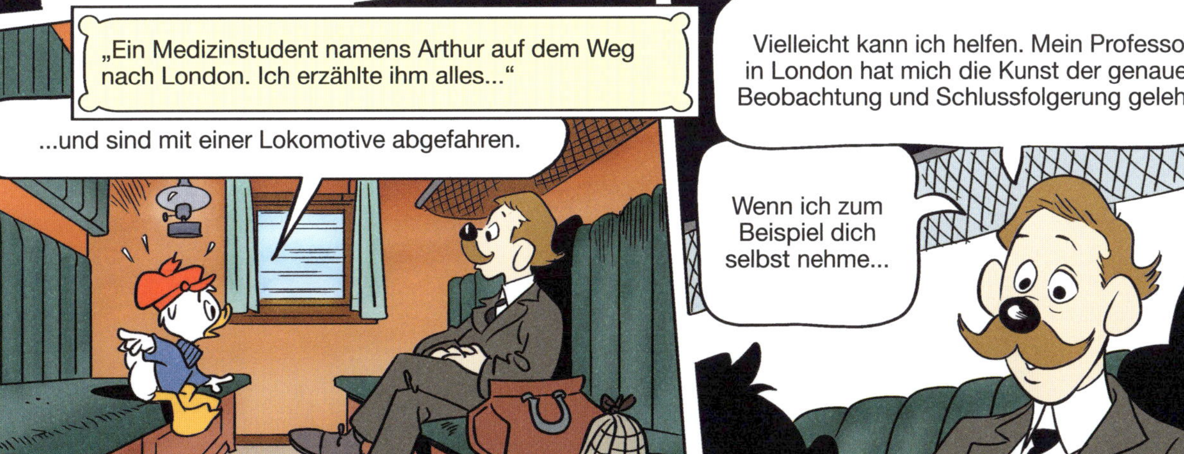

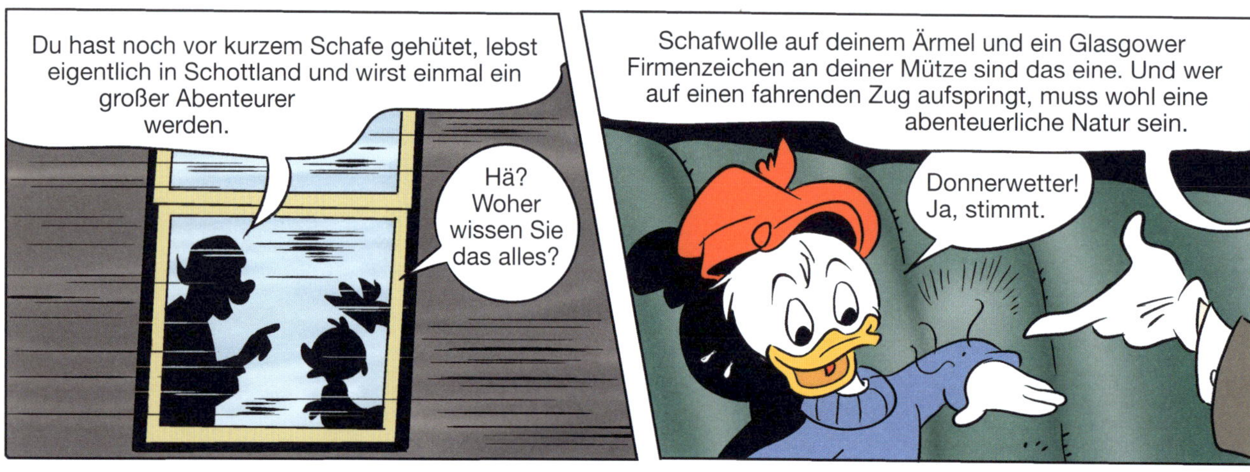

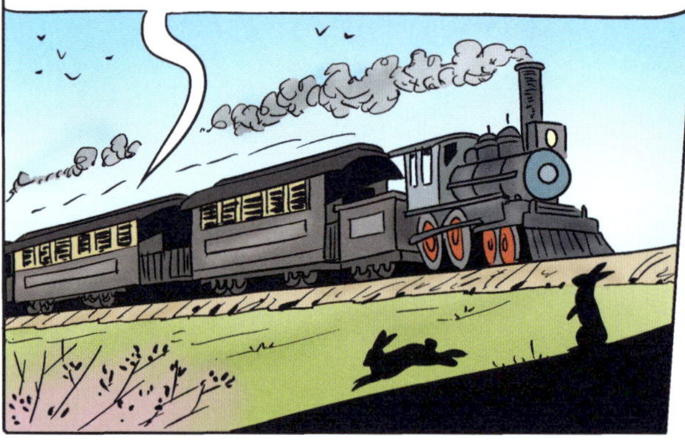

Hm! Sie haben hölzerne Schuhe getragen und nach Schellfisch gerochen, den mein Vater so gerne isst.

Damit lässt sich einiges anfangen. Der meiste Schellfisch wird auf Pier 19 in London angelandet. Und Schuhe aus Holz trägt man in Holland, wo es die besten Diamantschleifer gibt.

„Ich hatte also eine Spur..."

Vielen Dank, Arthur! Sie sollten Detektivromane schreiben.

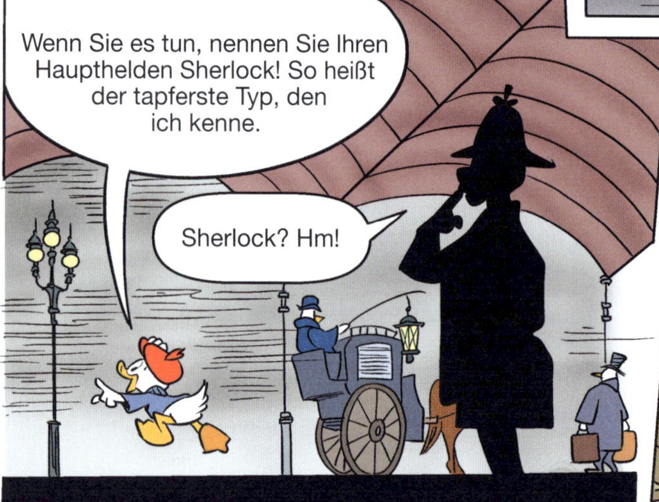

„Zur gleichen Zeit im Scotland Yard, dem Hauptquartier der Londoner Polizei..."

Neues von der schottischen Eisenbahn, Chef!

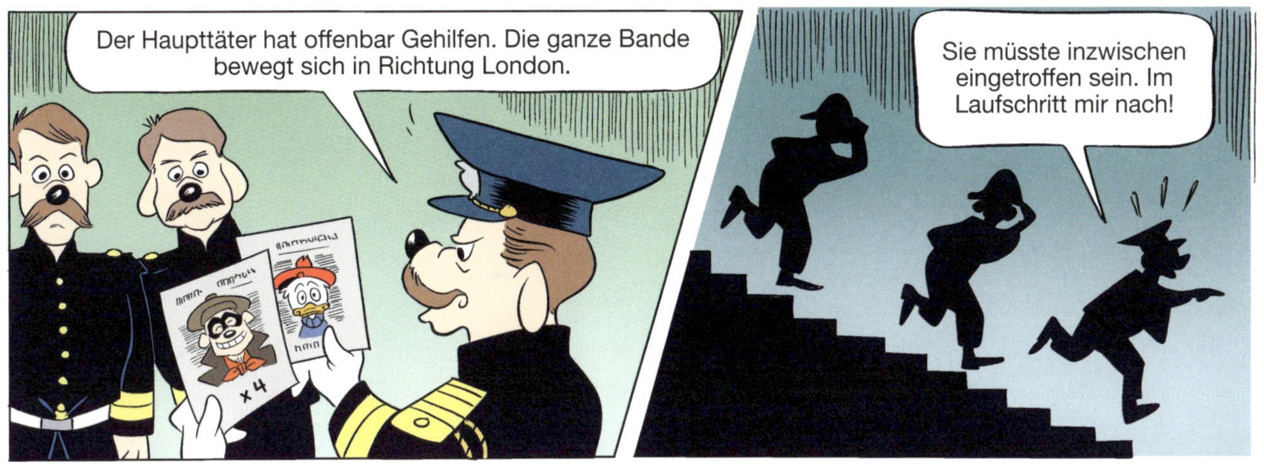
Der Haupttäter hat offenbar Gehilfen. Die ganze Bande bewegt sich in Richtung London.
x 4
Sie müsste inzwischen eingetroffen sein. Im Laufschritt mir nach!

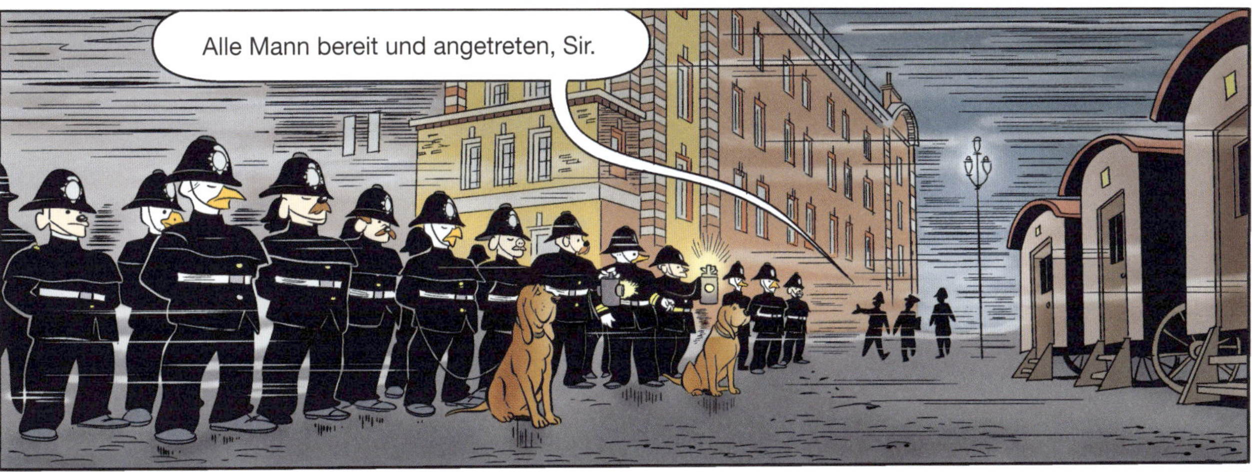
Alle Mann bereit und angetreten, Sir.

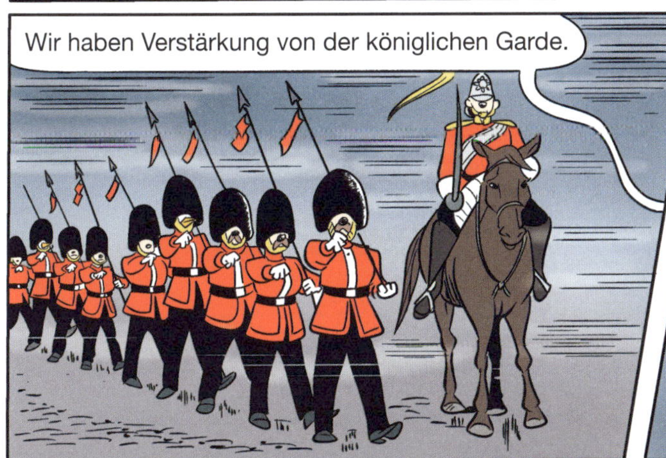
Wir haben Verstärkung von der königlichen Garde.

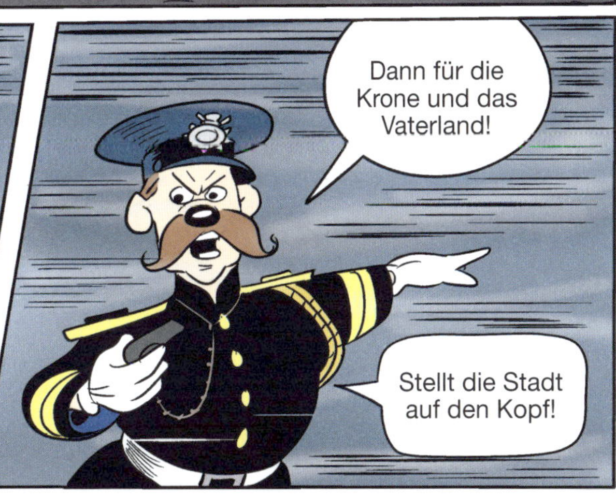
Dann für die Krone und das Vaterland!
Stellt die Stadt auf den Kopf!

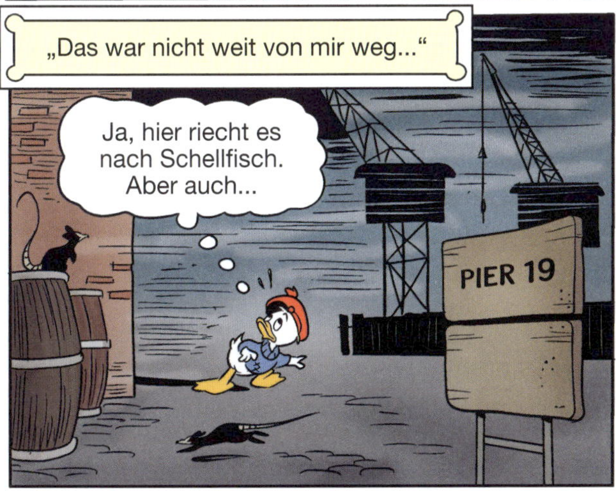
„Das war nicht weit von mir weg…“
Ja, hier riecht es nach Schellfisch. Aber auch…
PIER 19

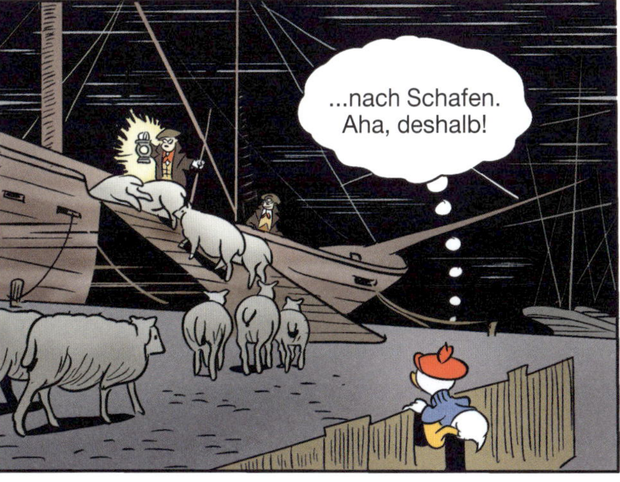
…nach Schafen. Aha, deshalb!

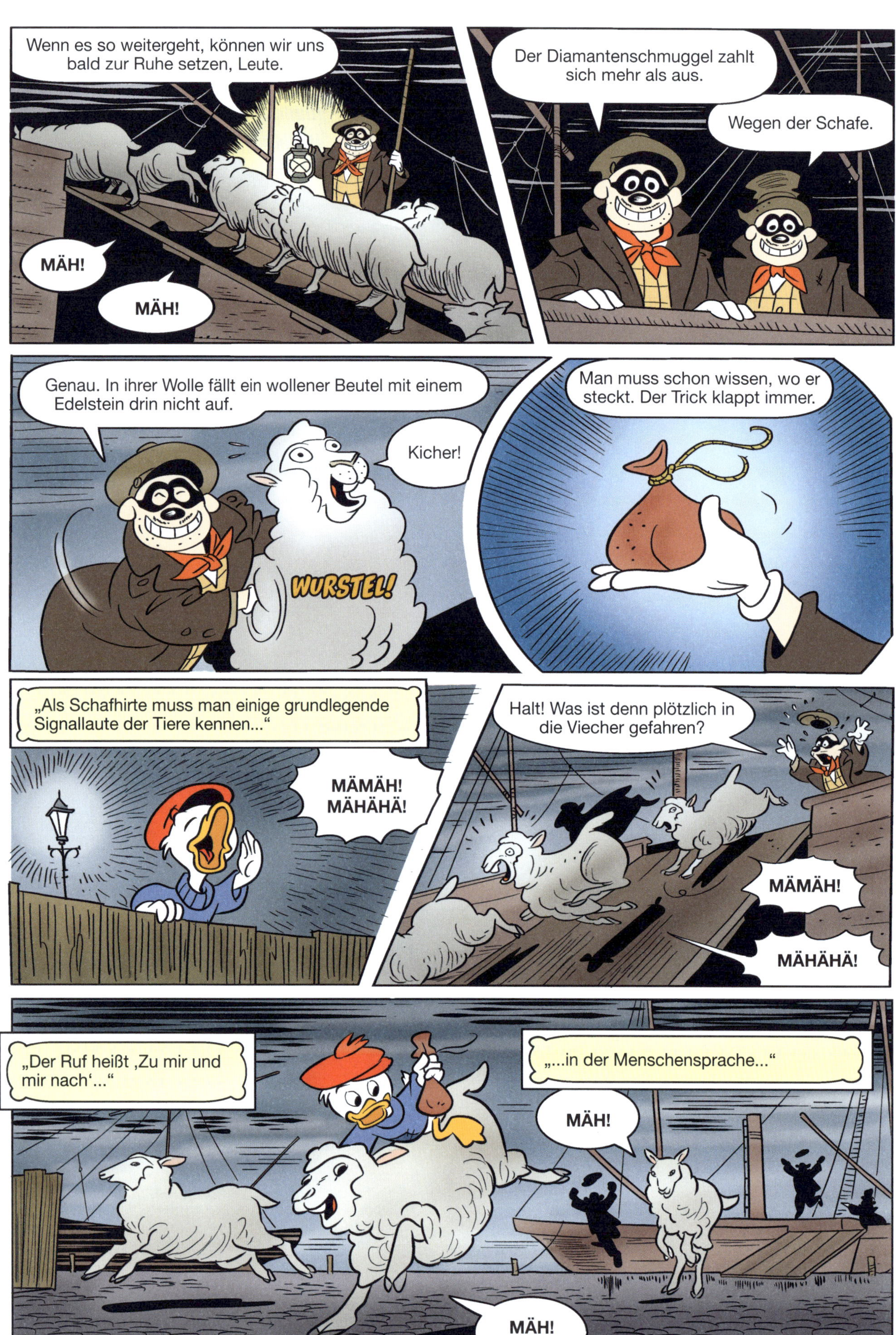
Wenn es so weitergeht, können wir uns bald zur Ruhe setzen, Leute.
MÄH!
MÄH!
Der Diamantenschmuggel zahlt sich mehr als aus.
Wegen der Schafe.
Genau. In ihrer Wolle fällt ein wollener Beutel mit einem Edelstein drin nicht auf.
Kicher!
WURSTEL!
Man muss schon wissen, wo er steckt. Der Trick klappt immer.
„Als Schafhirte muss man einige grundlegende Signallaute der Tiere kennen..."
MÄMÄH! MÄHÄHÄ!
Halt! Was ist denn plötzlich in die Viecher gefahren?
MÄMÄH!
MÄHÄHÄ!
„Der Ruf heißt ‚Zu mir und mir nach'..."
„...in der Menschensprache..."
MÄH!
MÄH!

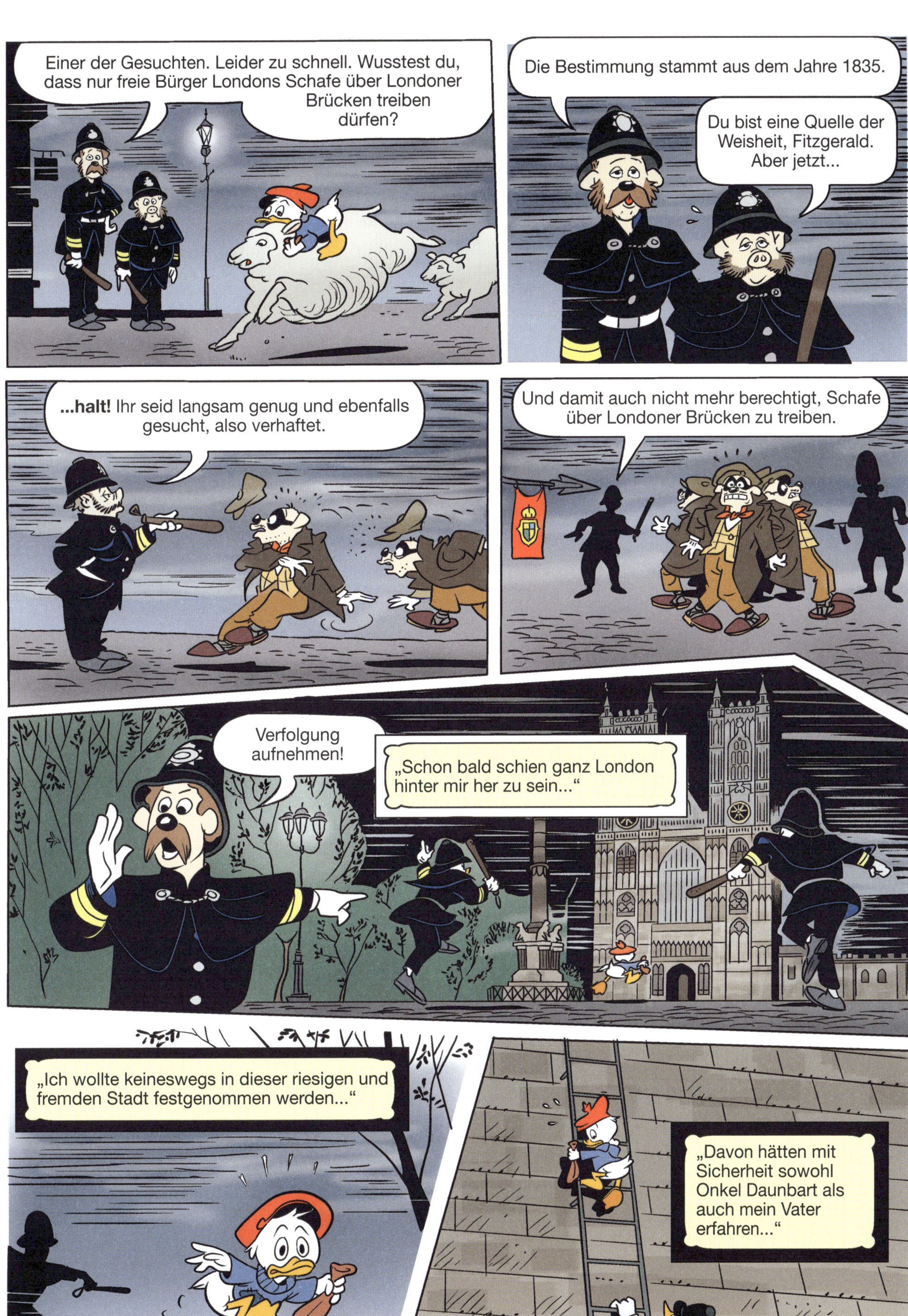
Einer der Gesuchten. Leider zu schnell. Wusstest du, dass nur freie Bürger Londons Schafe über Londoner Brücken treiben dürfen?
Die Bestimmung stammt aus dem Jahre 1835.
Du bist eine Quelle der Weisheit, Fitzgerald. Aber jetzt...
...halt! Ihr seid langsam genug und ebenfalls gesucht, also verhaftet.
Und damit auch nicht mehr berechtigt, Schafe über Londoner Brücken zu treiben.
Verfolgung aufnehmen!
„Schon bald schien ganz London hinter mir her zu sein..."
„Ich wollte keineswegs in dieser riesigen und fremden Stadt festgenommen werden..."
„Davon hätten mit Sicherheit sowohl Onkel Daunbart als auch mein Vater erfahren..."

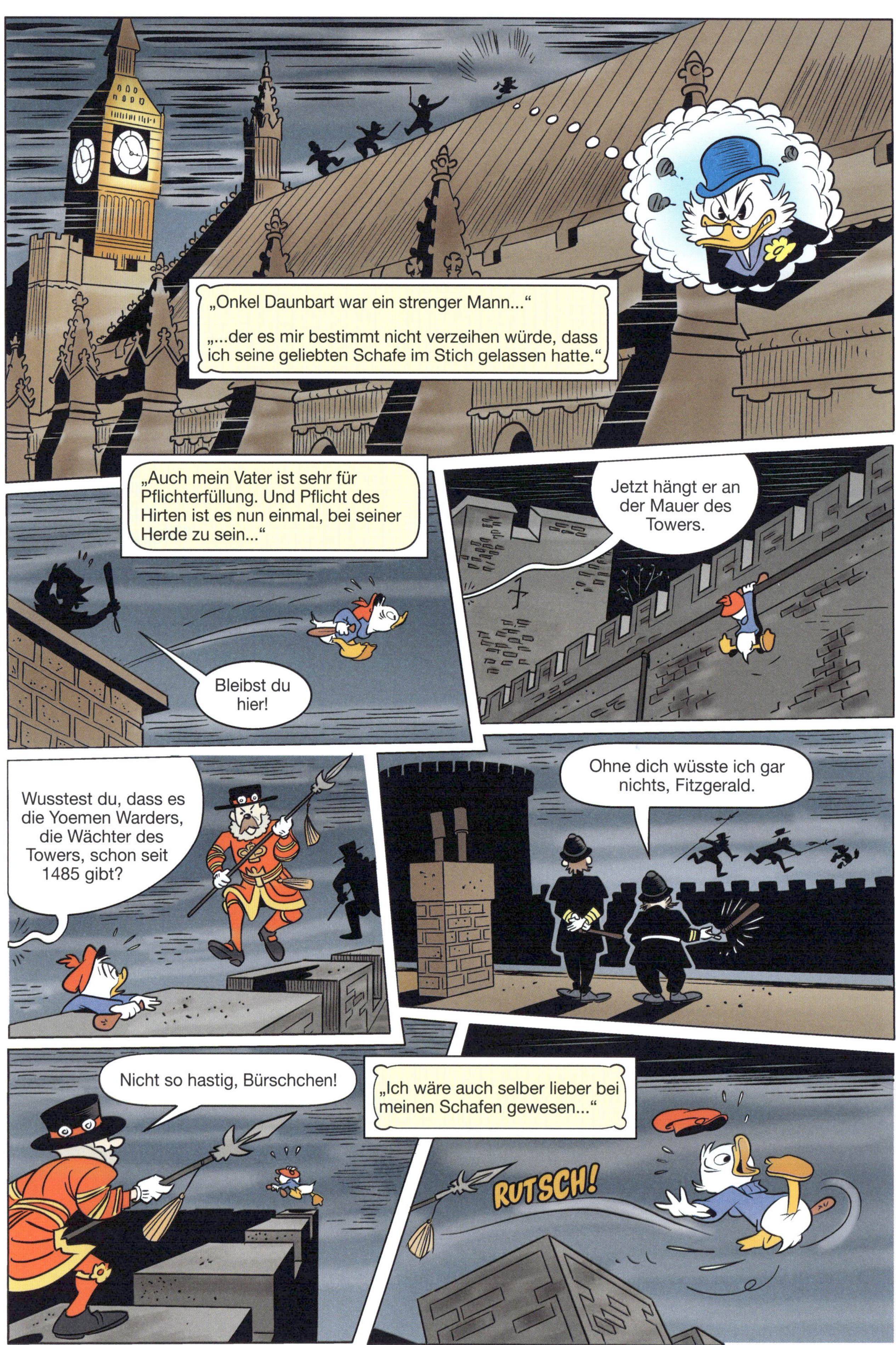
„Onkel Daunbart war ein strenger Mann..."
„...der es mir bestimmt nicht verzeihen würde, dass ich seine geliebten Schafe im Stich gelassen hatte."
„Auch mein Vater ist sehr für Pflichterfüllung. Und Pflicht des Hirten ist es nun einmal, bei seiner Herde zu sein..."
Bleibst du hier!
Jetzt hängt er an der Mauer des Towers.
Wusstest du, dass es die Yoemen Warders, die Wächter des Towers, schon seit 1485 gibt?
Ohne dich wüsste ich gar nichts, Fitzgerald.
Nicht so hastig, Bürschchen!
„Ich wäre auch selber lieber bei meinen Schafen gewesen..."
RUTSCH!

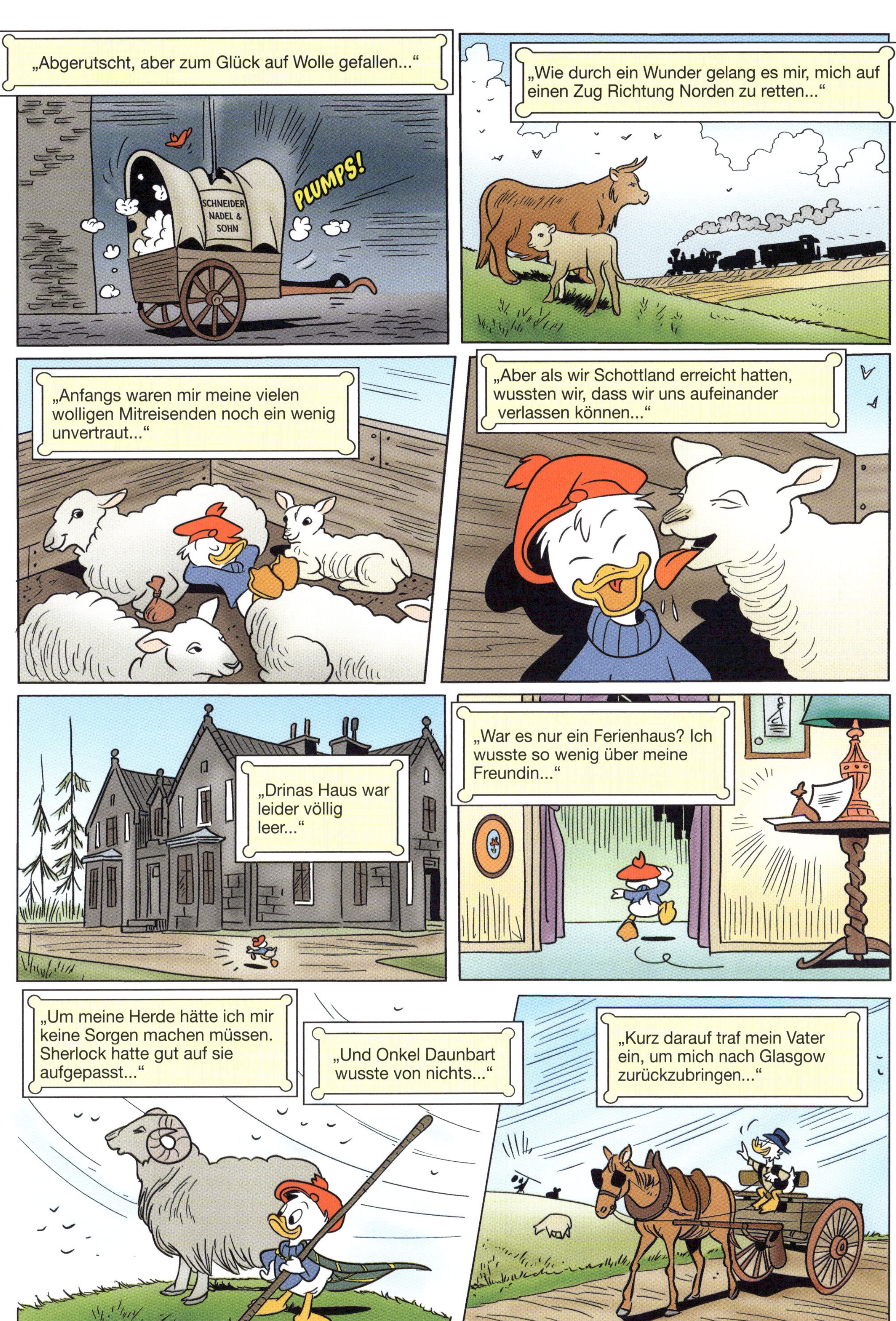
„Abgerutscht, aber zum Glück auf Wolle gefallen..."
SCHNEIDER NADEL & SOHN
PLUMPS!
„Wie durch ein Wunder gelang es mir, mich auf einen Zug Richtung Norden zu retten..."
„Anfangs waren mir meine vielen wolligen Mitreisenden noch ein wenig unvertraut..."
„Aber als wir Schottland erreicht hatten, wussten wir, dass wir uns aufeinander verlassen können..."
„Drinas Haus war leider völlig leer..."
„War es nur ein Ferienhaus? Ich wusste so wenig über meine Freundin..."
„Um meine Herde hätte ich mir keine Sorgen machen müssen. Sherlock hatte gut auf sie aufgepasst..."
„Und Onkel Daunbart wusste von nichts..."
„Kurz darauf traf mein Vater ein, um mich nach Glasgow zurückzubringen..."

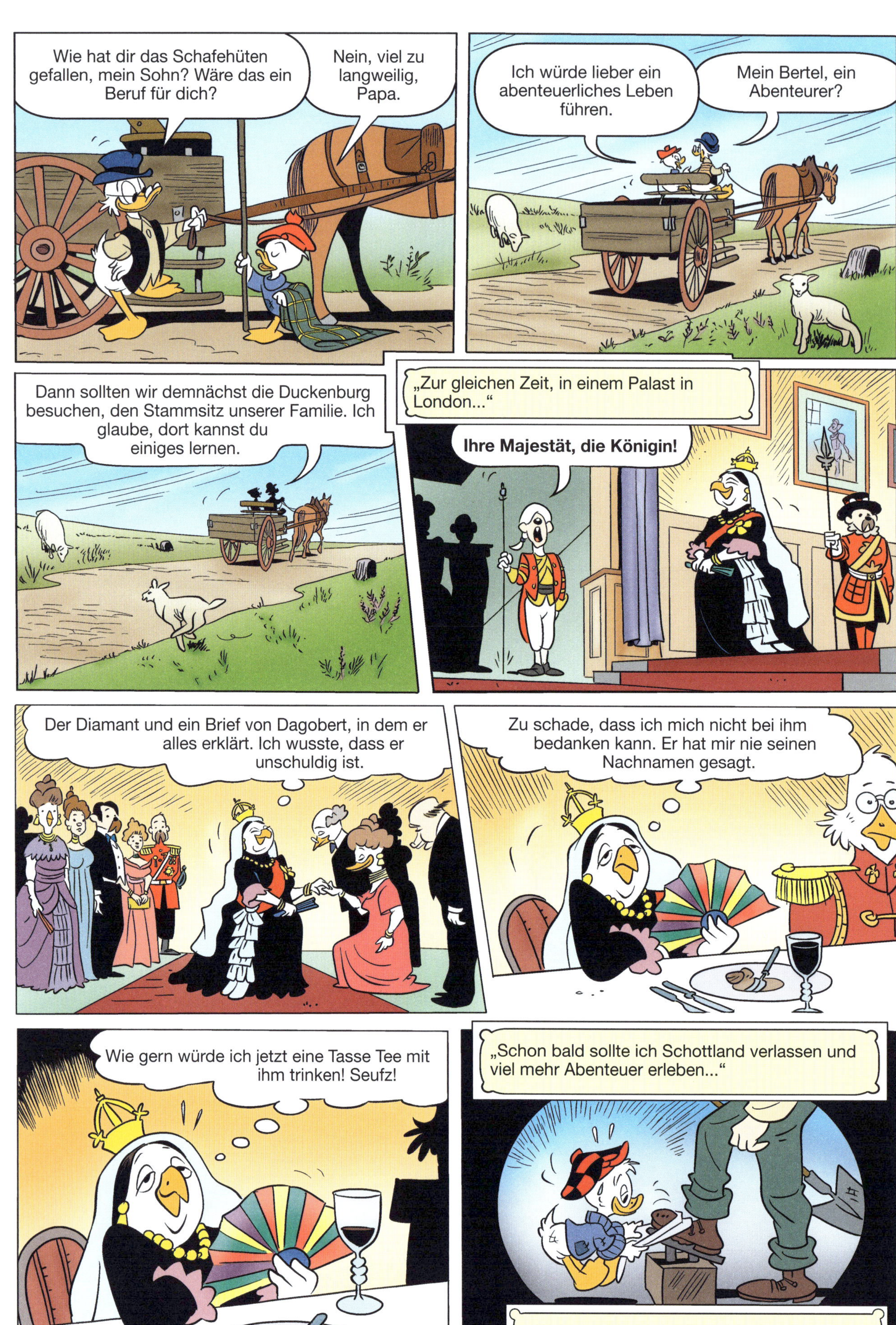
Wie hat dir das Schafehüten gefallen, mein Sohn? Wäre das ein Beruf für dich?
Nein, viel zu langweilig, Papa.
Ich würde lieber ein abenteuerliches Leben führen.
Mein Bertel, ein Abenteurer?
Dann sollten wir demnächst die Duckenburg besuchen, den Stammsitz unserer Familie. Ich glaube, dort kannst du einiges lernen.
„Zur gleichen Zeit, in einem Palast in London...“
Ihre Majestät, die Königin!
Der Diamant und ein Brief von Dagobert, in dem er alles erklärt. Ich wusste, dass er unschuldig ist.
Zu schade, dass ich mich nicht bei ihm bedanken kann. Er hat mir nie seinen Nachnamen gesagt.
Wie gern würde ich jetzt eine Tasse Tee mit ihm trinken! Seufz!
„Schon bald sollte ich Schottland verlassen und viel mehr Abenteuer erleben...“
„Aber das ist eine andere Geschichte!“
ENDE

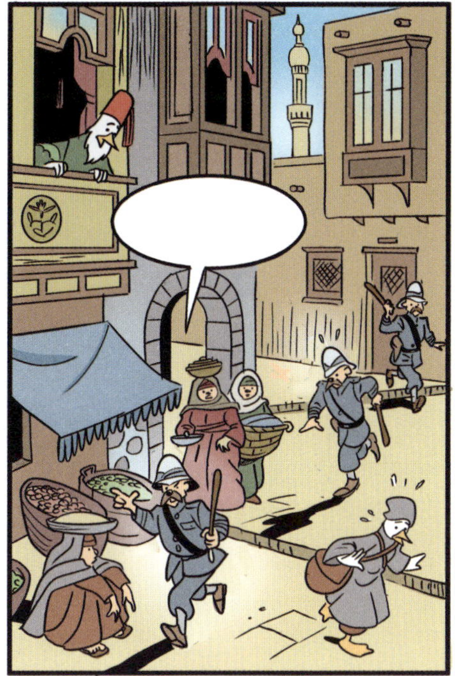

„Ägypten hat mich immer fasziniert, und deshalb hat es mich auch ausgesprochen gefreut, dass der junge Dagobert in Alexandria gelandet ist. Obiges Bild ist die erste Version der rechten oberen Ecke der Eröffnungsseite von *Damals: Das Gold des Pharaos* (S. 106). Ich habe sie noch ein zweites Mal gezeichnet, denn die Komposition war für den wenigen zur Verfügung stehenden Platz zu überladen. Diese Geschichte habe ich auch selbst koloriert."

S. 108 wird vom handschriftlichen Scribble zum Aufriss und schließlich zur getuschten Zeichnung.

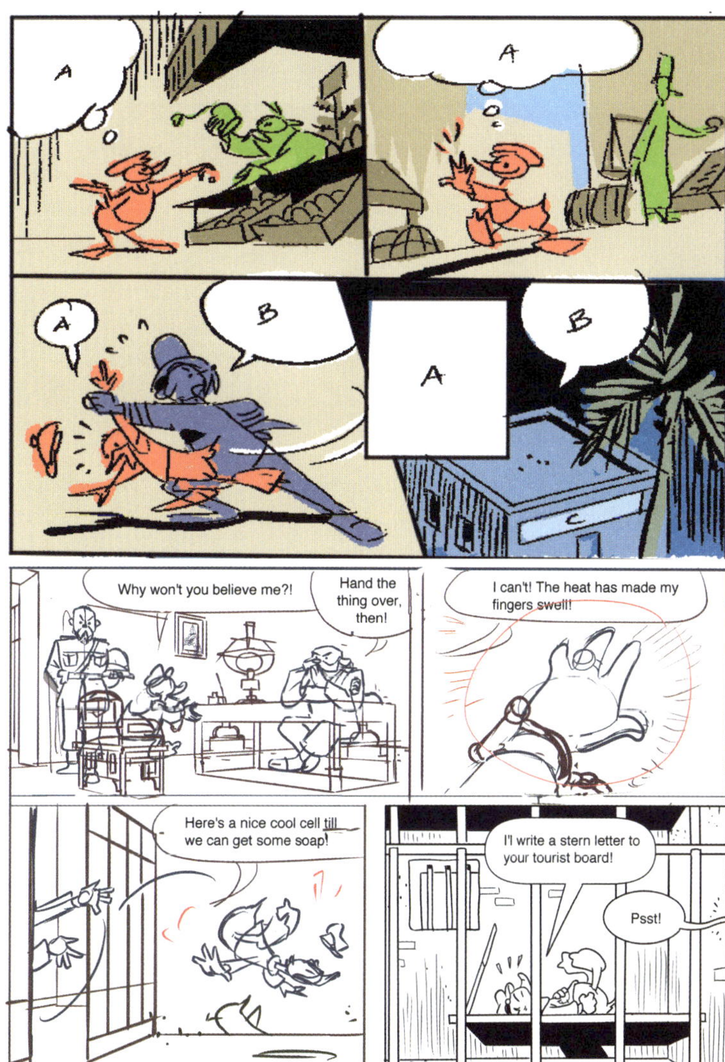

Antike ägyptische Objekte
(Bild: K. V. Korhonen)

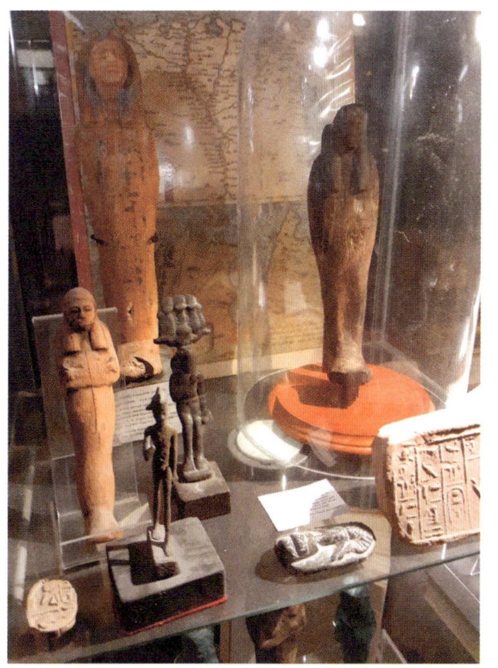

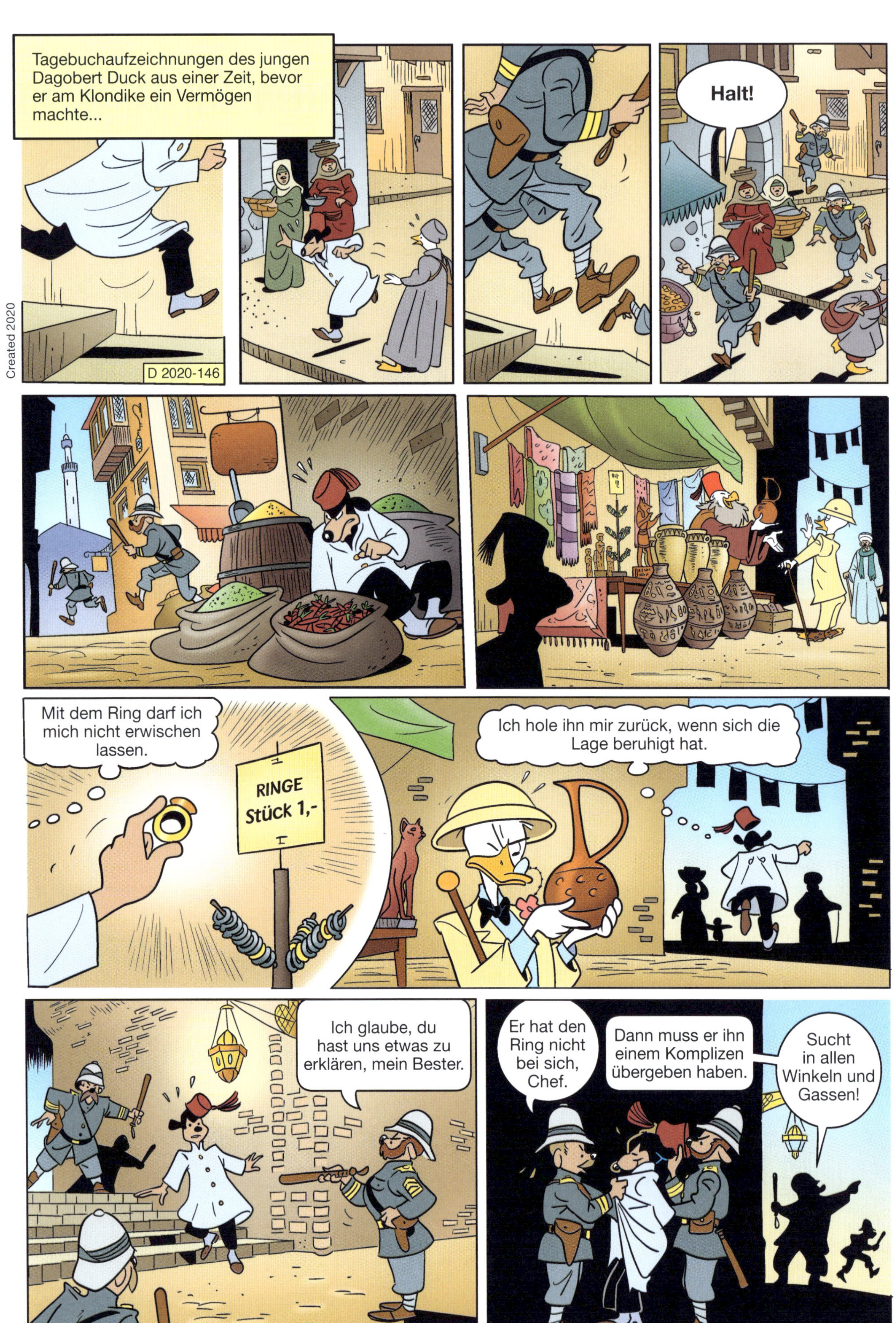

Skript & Zeichnungen: **Kari Korhonen**, Übersetzung: **Harry Nützel**

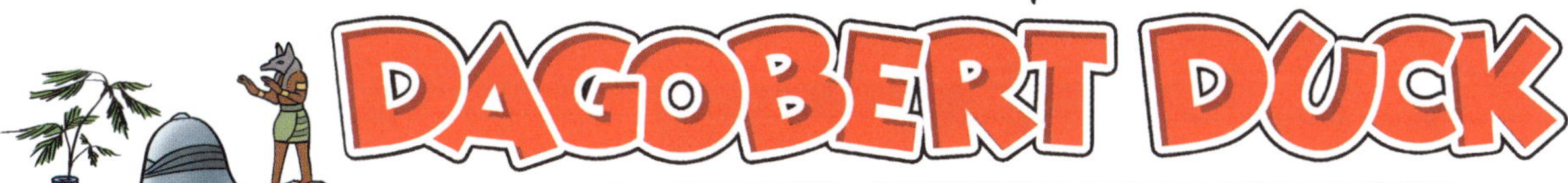

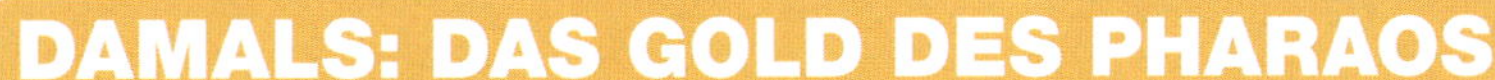

„Alexandria, Ägypten...“

„In Australien soll Gold gefunden worden sein. Ich befinde mich auf dem Weg dorthin...“

„Vor dem Suezkanal nimmt mein Schiff Vorräte auf...“

„Zwar heißt es, dass Zeit Geld sei, aber mich stört der Aufenthalt nicht...“

„Das alte Ägypten hat mich immer fasziniert. Ich freue mich auf einen kleinen Landausflug...“

„Die Pharaonen sollen einst große Reichtümer angehäuft haben...“

ÄGYPTEN

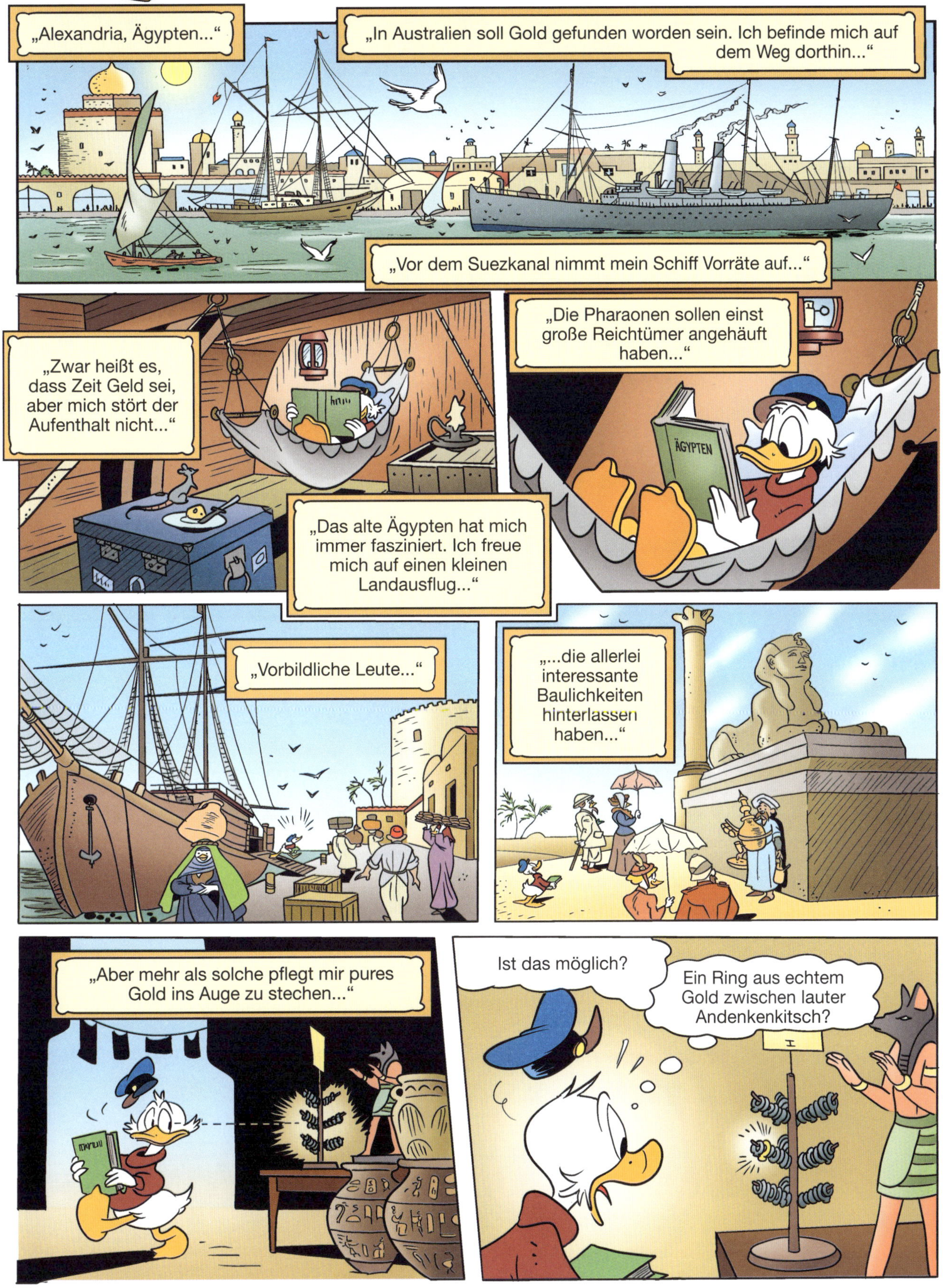

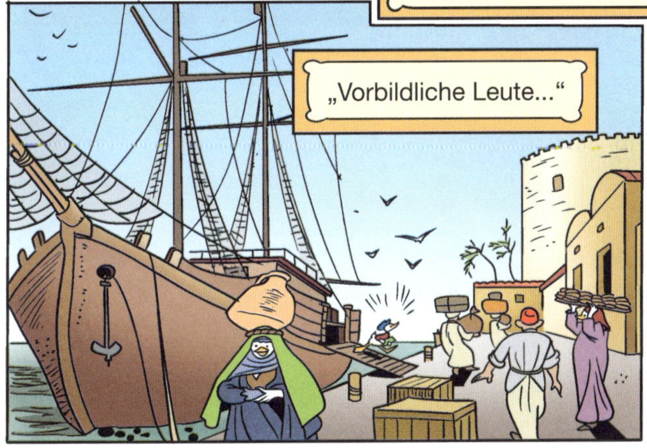

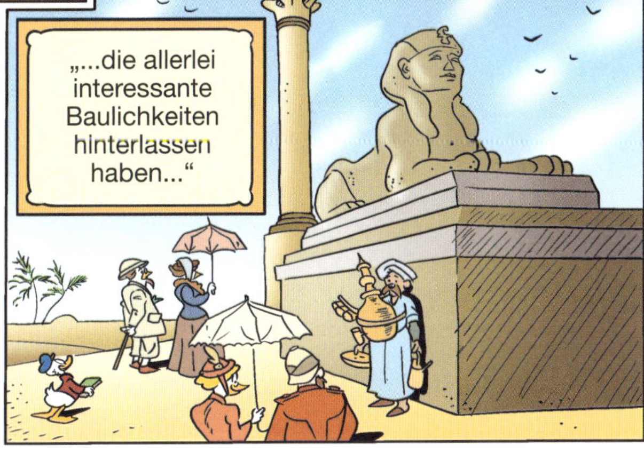

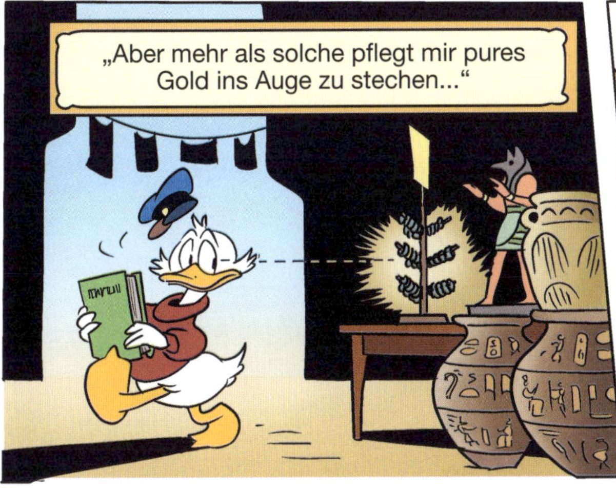

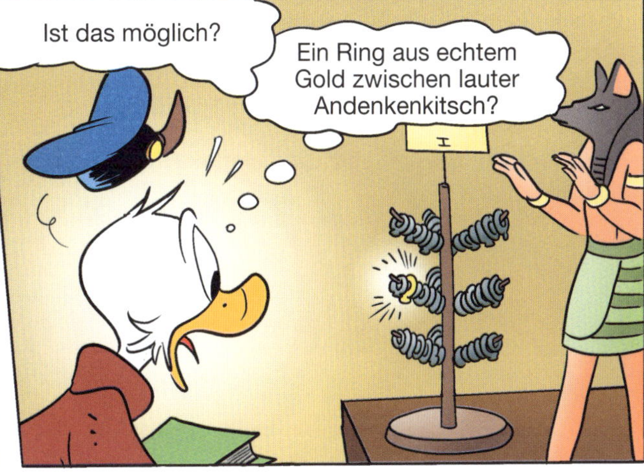

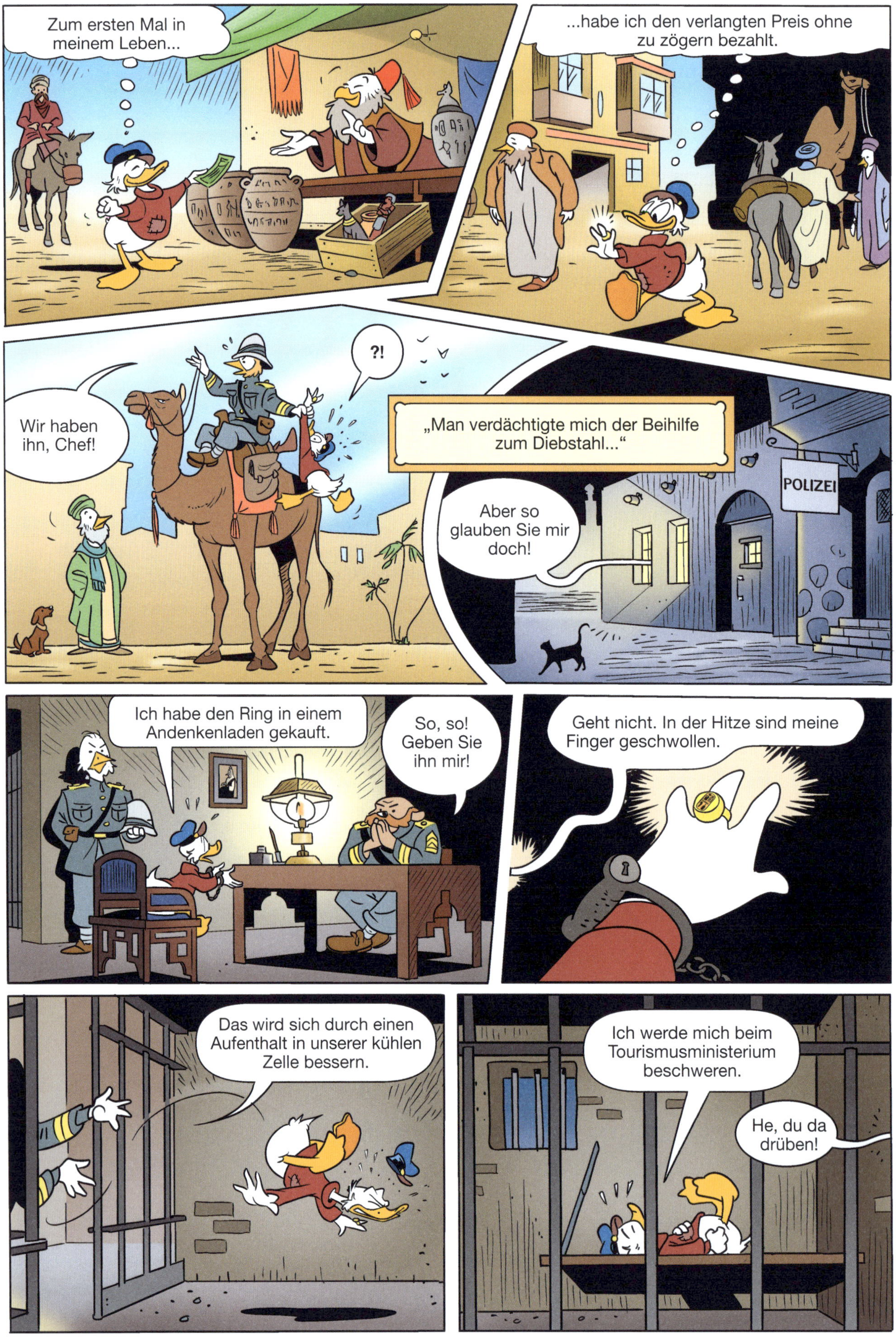

Zum ersten Mal in meinem Leben...

...habe ich den verlangten Preis ohne zu zögern bezahlt.

Wir haben ihn, Chef!

?!

„Man verdächtigte mich der Beihilfe zum Diebstahl...“

Aber so glauben Sie mir doch!

POLIZEI

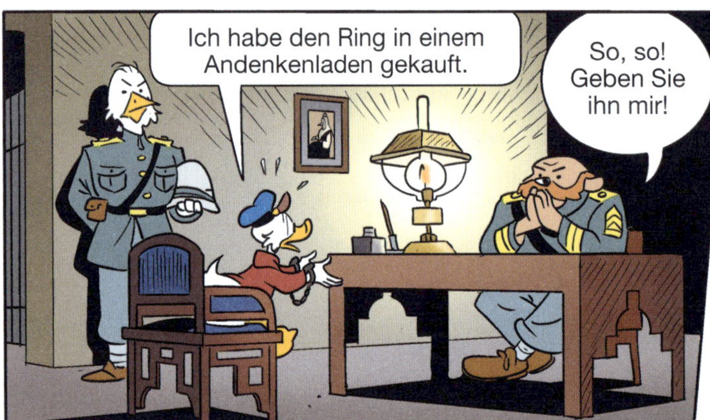

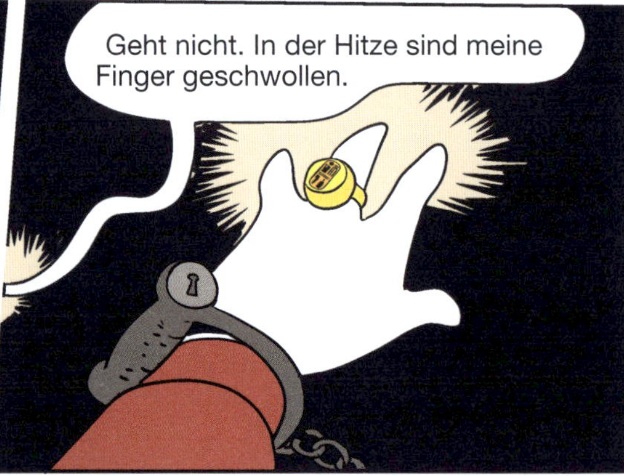

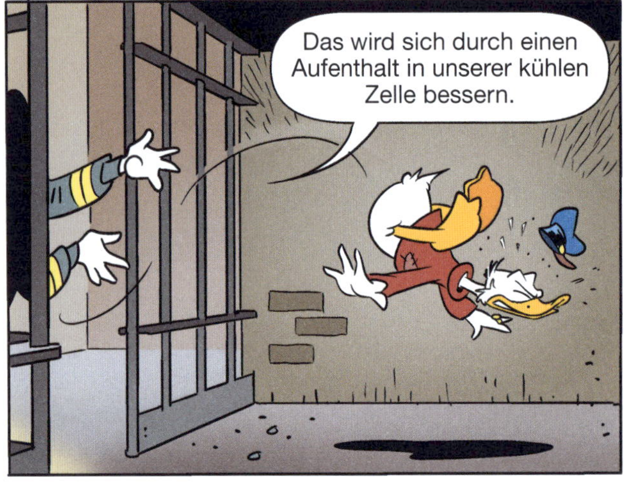

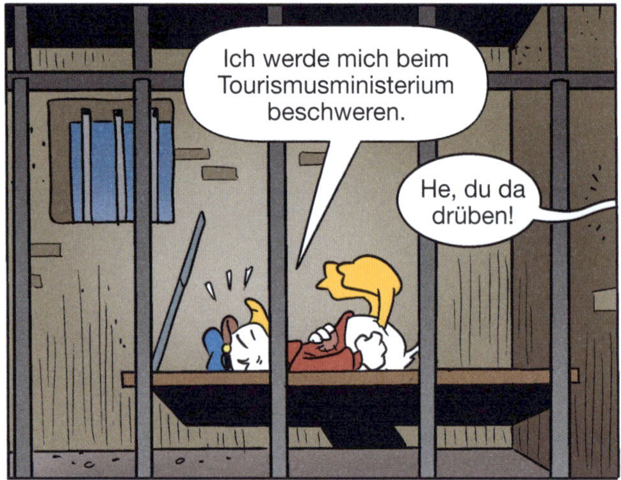

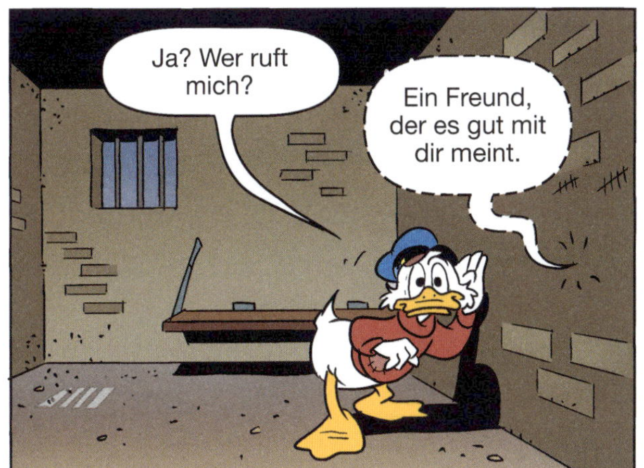
Ja? Wer ruft mich?
Ein Freund, der es gut mit dir meint.

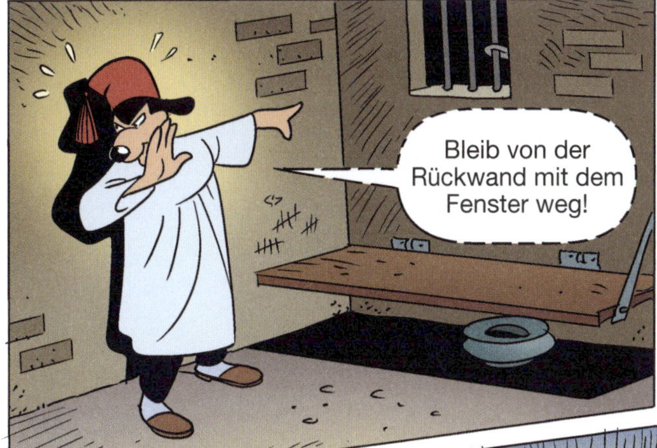
Bleib von der Rückwand mit dem Fenster weg!

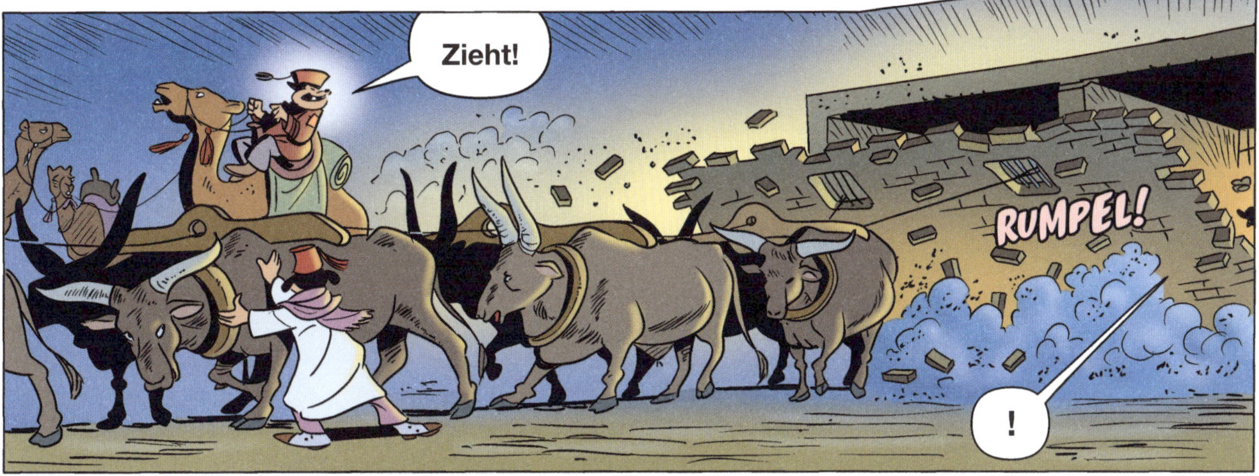
Zieht!
RUMPEL!
!

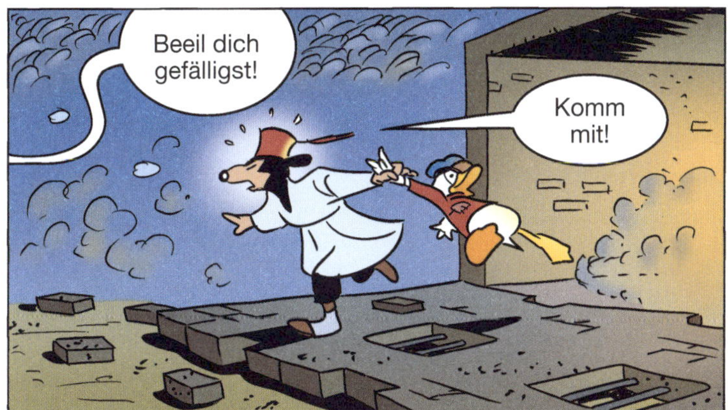
Beeil dich gefälligst!
Komm mit!

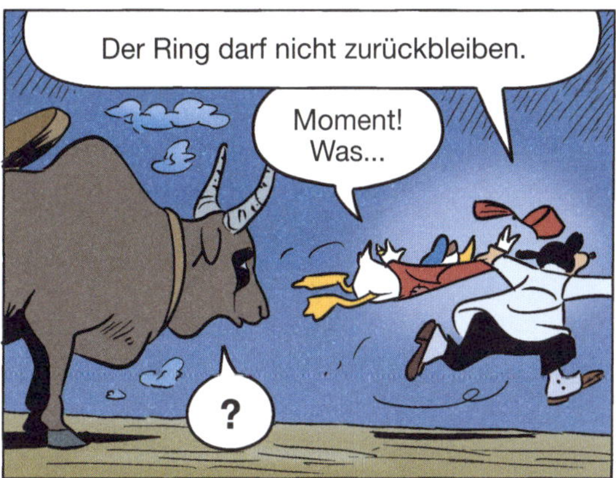
Der Ring darf nicht zurückbleiben.
Moment! Was...
?

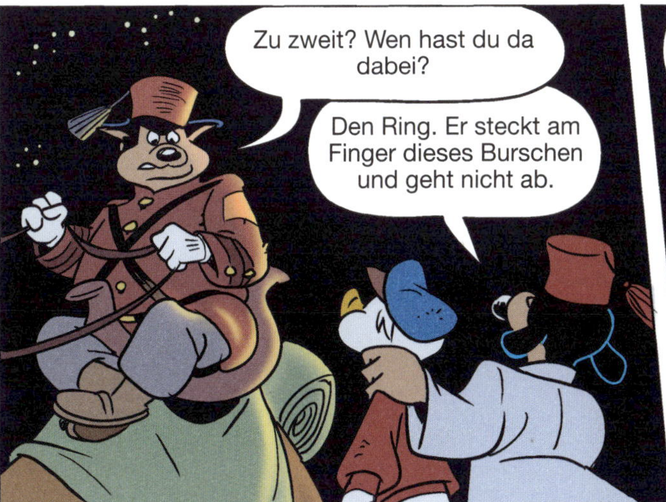
Zu zweit? Wen hast du da dabei?
Den Ring. Er steckt am Finger dieses Burschen und geht nicht ab.

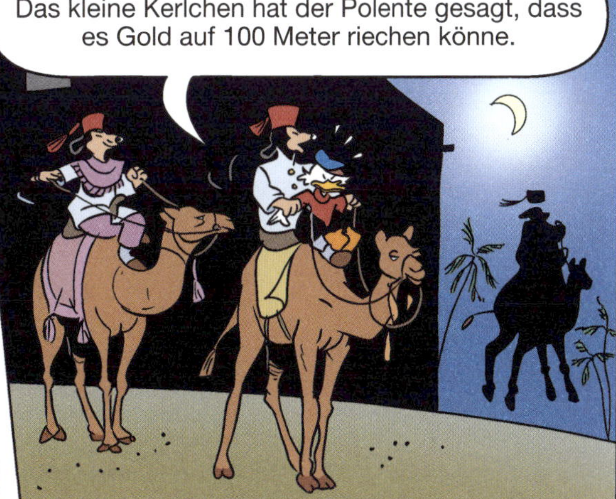
Das kleine Kerlchen hat der Polente gesagt, dass es Gold auf 100 Meter riechen könne.

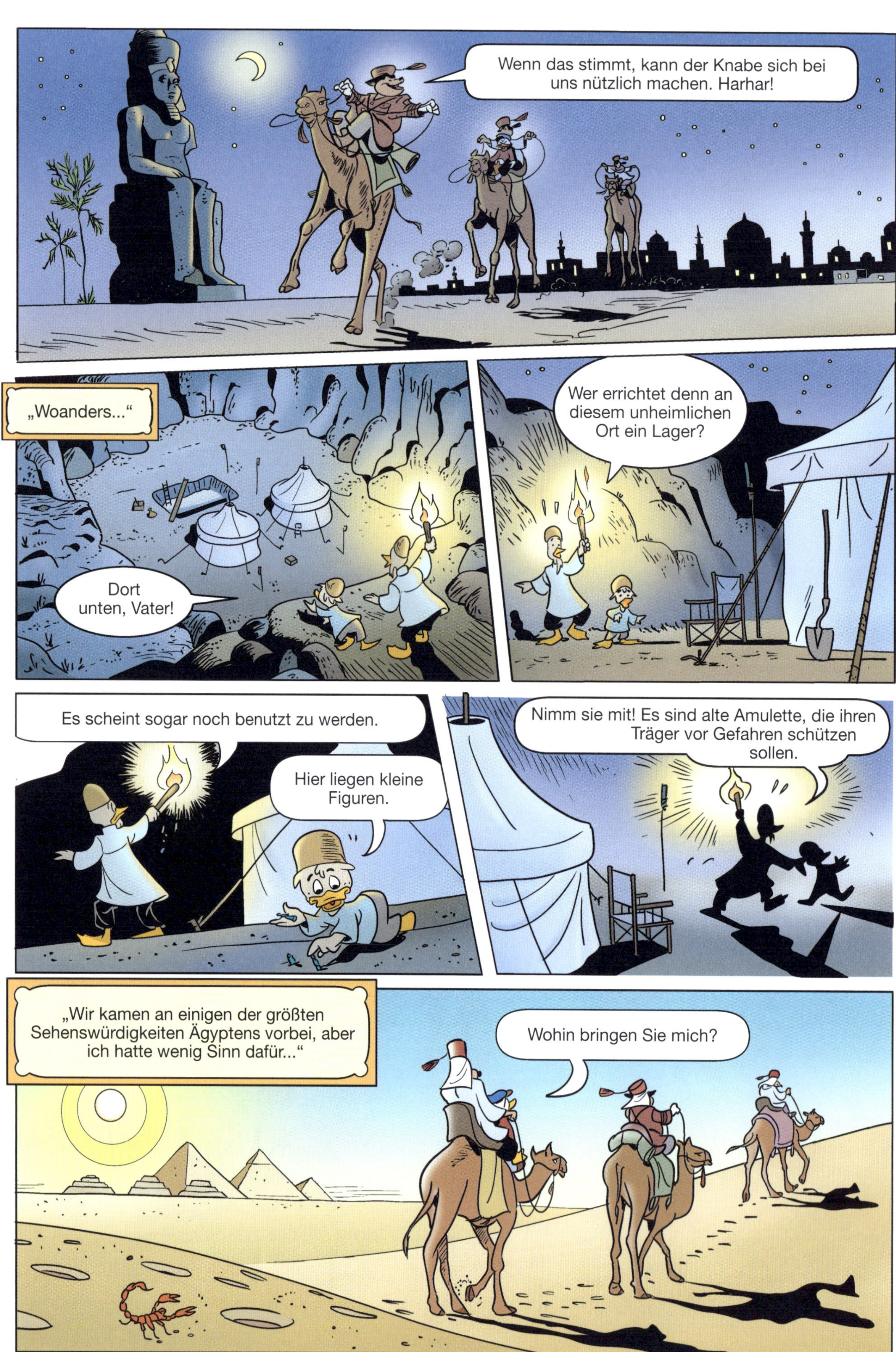
Wenn das stimmt, kann der Knabe sich bei uns nützlich machen. Harhar!
„Woanders..."
Dort unten, Vater!
Wer errichtet denn an diesem unheimlichen Ort ein Lager?
Es scheint sogar noch benutzt zu werden.
Hier liegen kleine Figuren.
Nimm sie mit! Es sind alte Amulette, die ihren Träger vor Gefahren schützen sollen.
„Wir kamen an einigen der größten Sehenswürdigkeiten Ägyptens vorbei, aber ich hatte wenig Sinn dafür..."
Wohin bringen Sie mich?

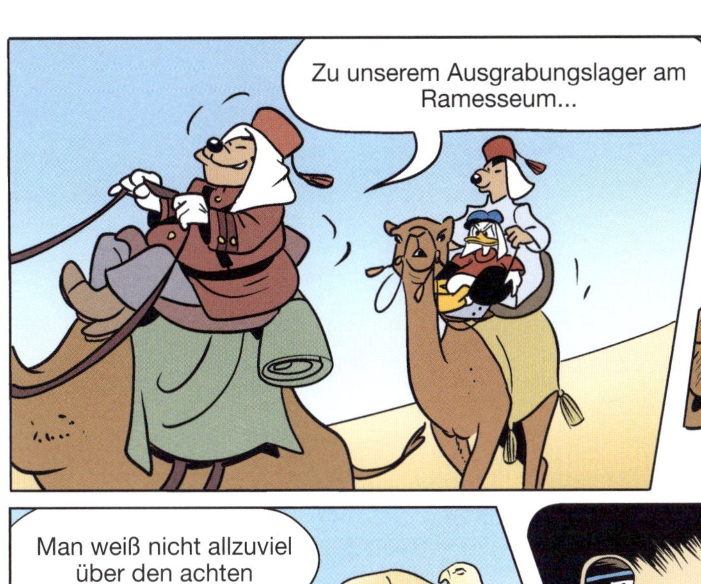
Zu unserem Ausgrabungslager am Ramesseum...

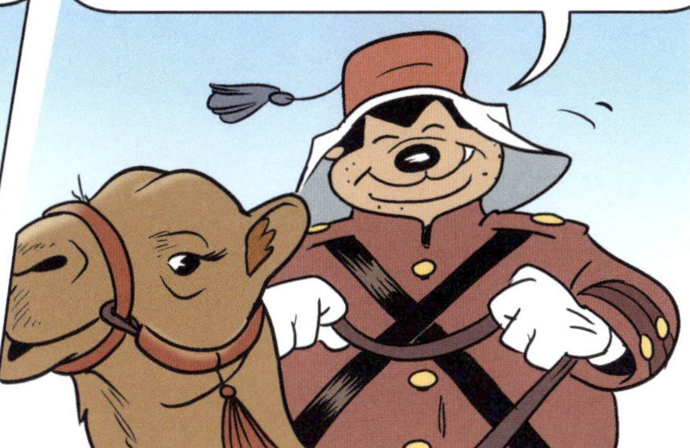
...der Grabstätte des lieben, alten Pharao Ramses Nummer 8.

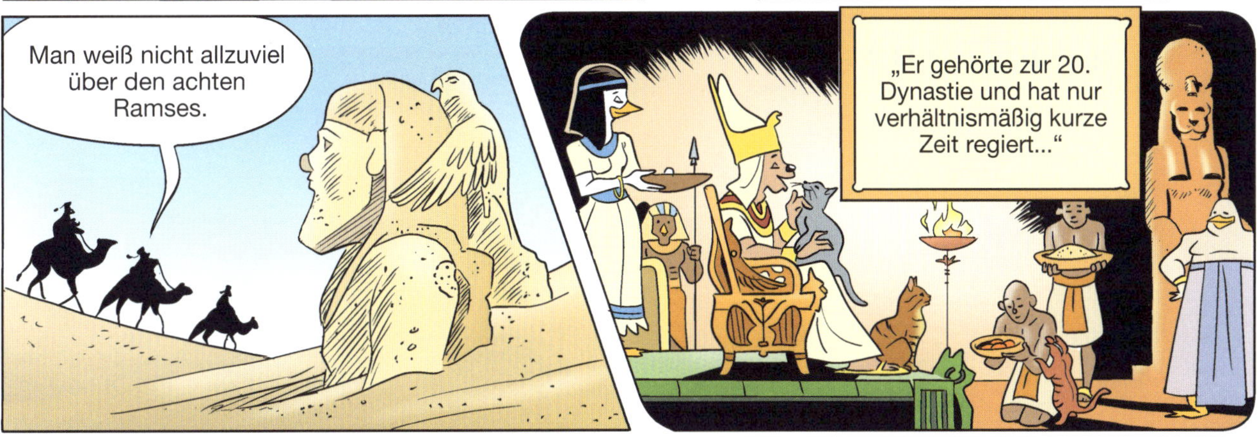
Man weiß nicht allzuviel über den achten Ramses.
„Er gehörte zur 20. Dynastie und hat nur verhältnismäßig kurze Zeit regiert...“

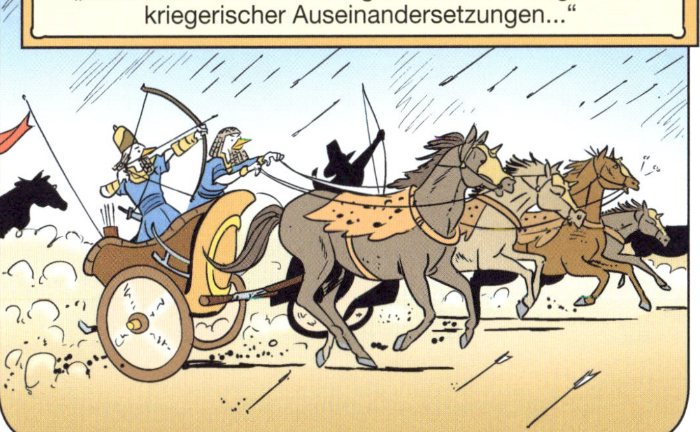
„...während einer Periode großer Umwälzungen und kriegerischer Auseinandersetzungen...“

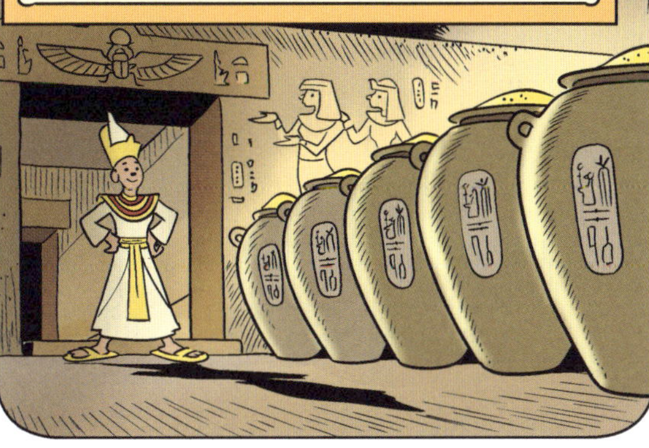
„Aus Angst vor feindlichen Eroberern soll er in der Nähe seiner Grabstätte einen großen Schatz verborgen haben...“

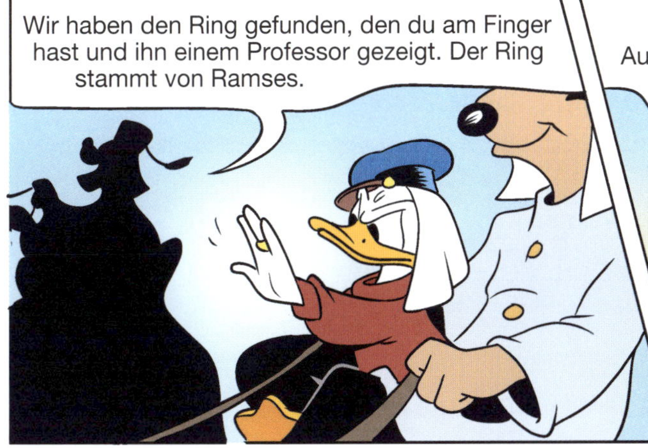
Wir haben den Ring gefunden, den du am Finger hast und ihn einem Professor gezeigt. Der Ring stammt von Ramses.

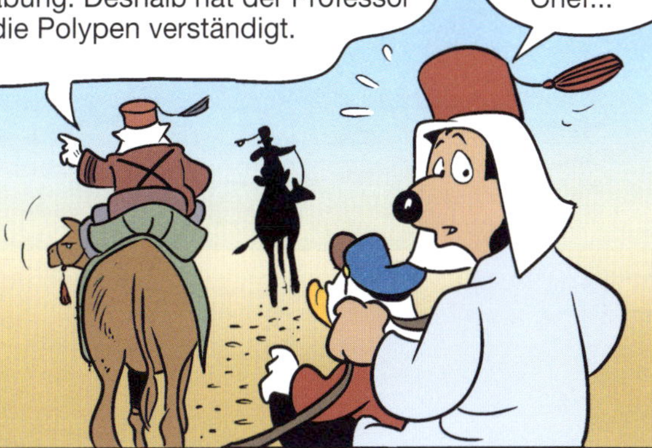
Aber auch aus einer verbotenen Ausgrabung. Deshalb hat der Professor die Polypen verständigt.
Äh, Chef...

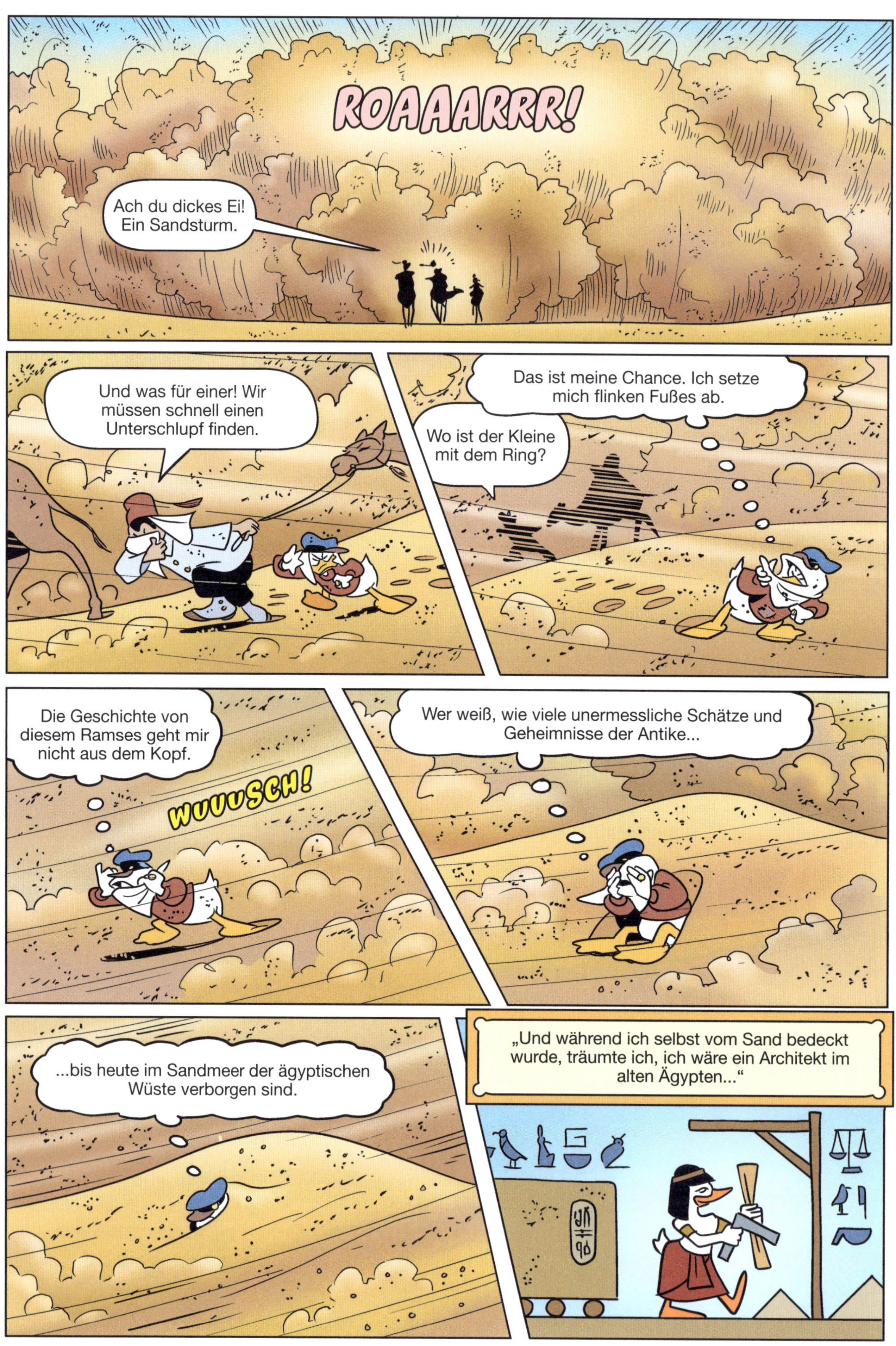
ROAAARRR!
Ach du dickes Ei! Ein Sandsturm.
Und was für einer! Wir müssen schnell einen Unterschlupf finden.
Das ist meine Chance. Ich setze mich flinken Fußes ab.
Wo ist der Kleine mit dem Ring?
Die Geschichte von diesem Ramses geht mir nicht aus dem Kopf.
WUUUSCH!
Wer weiß, wie viele unermessliche Schätze und Geheimnisse der Antike...
...bis heute im Sandmeer der ägyptischen Wüste verborgen sind.
„Und während ich selbst vom Sand bedeckt wurde, träumte ich, ich wäre ein Architekt im alten Ägypten..."

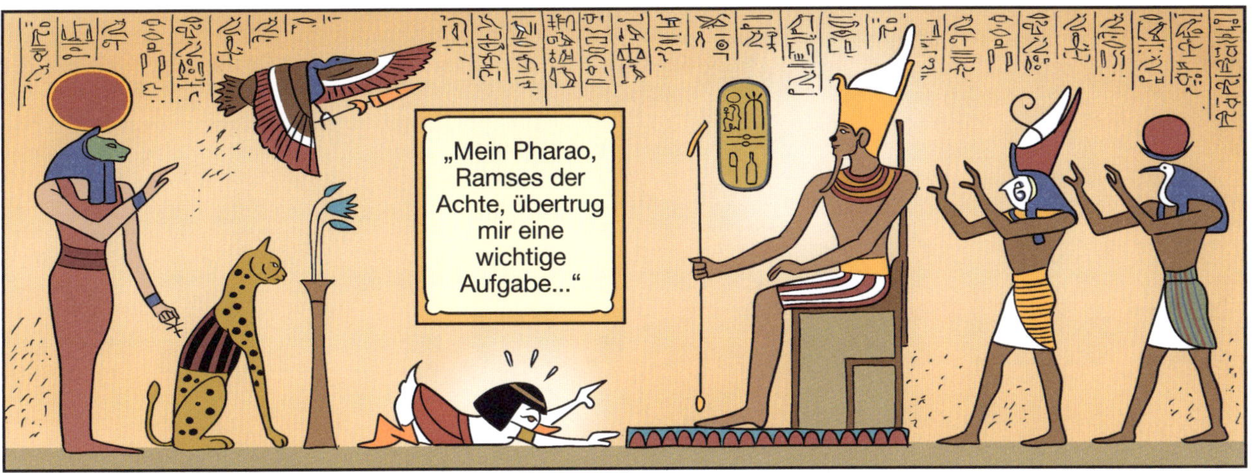
„Mein Pharao, Ramses der Achte, übertrug mir eine wichtige Aufgabe...“

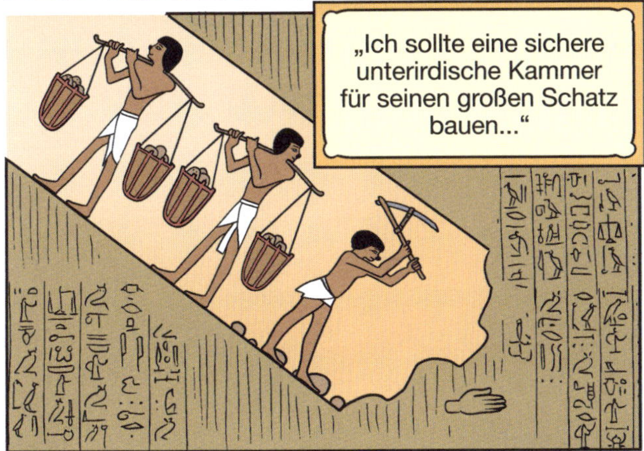
„Ich sollte eine sichere unterirdische Kammer für seinen großen Schatz bauen...“

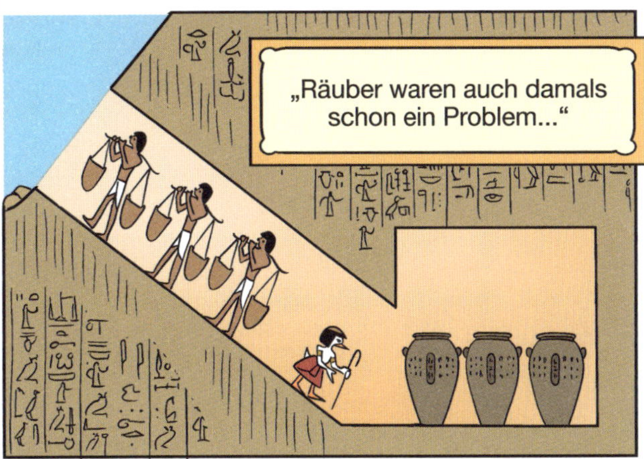
„Räuber waren auch damals schon ein Problem...“

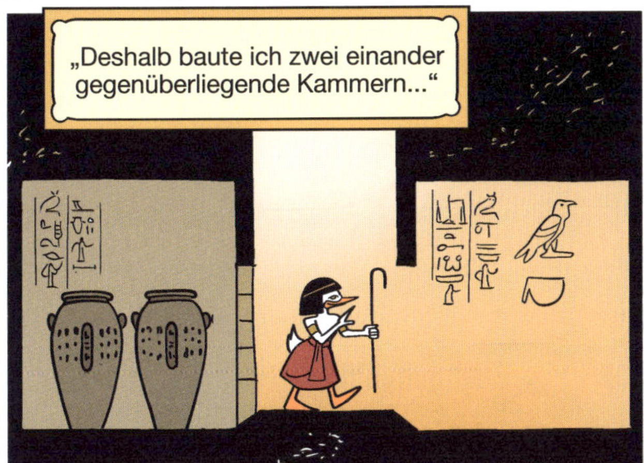
„Deshalb baute ich zwei einander gegenüberliegende Kammern...“

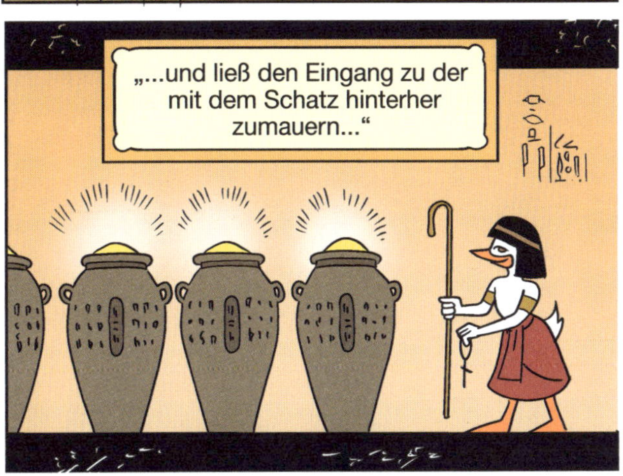
„...und ließ den Eingang zu der mit dem Schatz hinterher zumauern...“

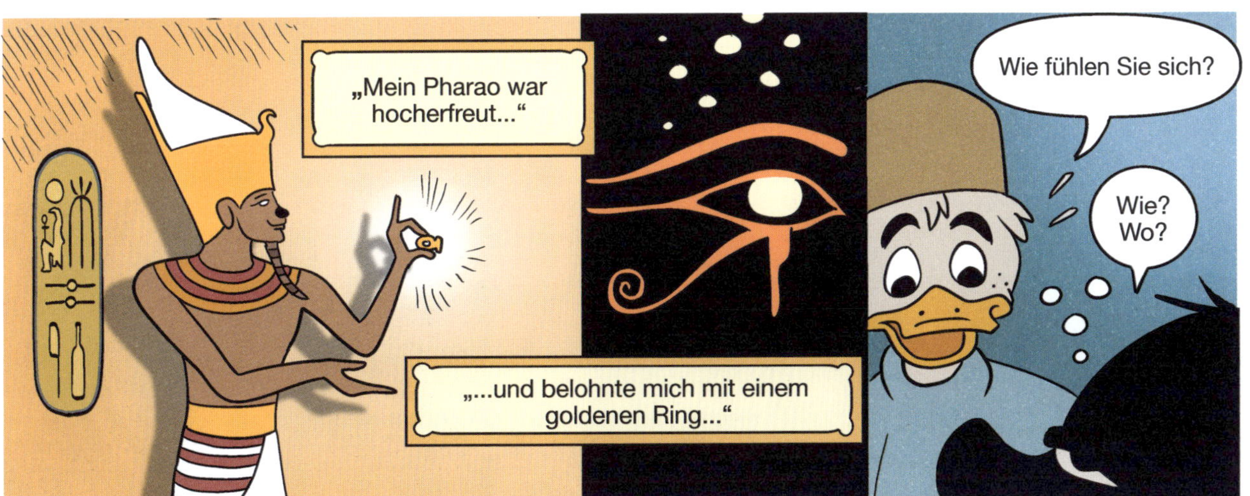
„Mein Pharao war hocherfreut...“
„...und belohnte mich mit einem goldenen Ring...“
Wie fühlen Sie sich?
Wie? Wo?

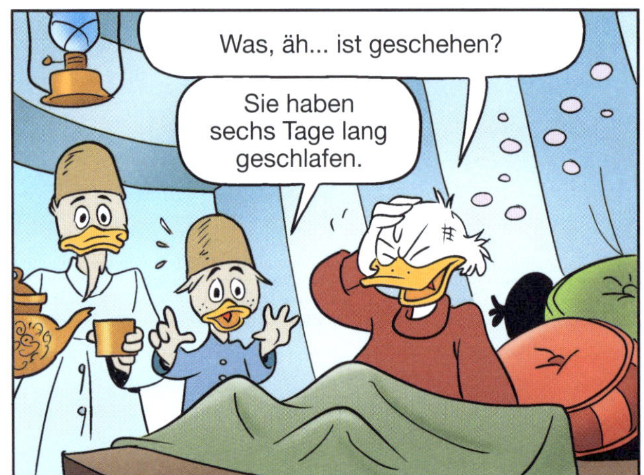
Was, äh... ist geschehen?
Sie haben sechs Tage lang geschlafen.

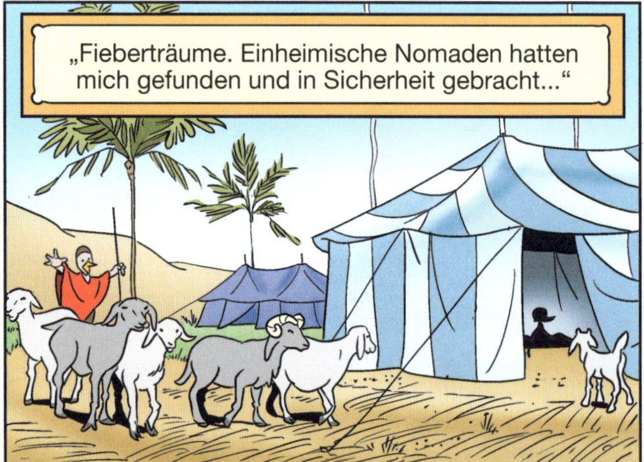
„Fieberträume. Einheimische Nomaden hatten mich gefunden und in Sicherheit gebracht..."

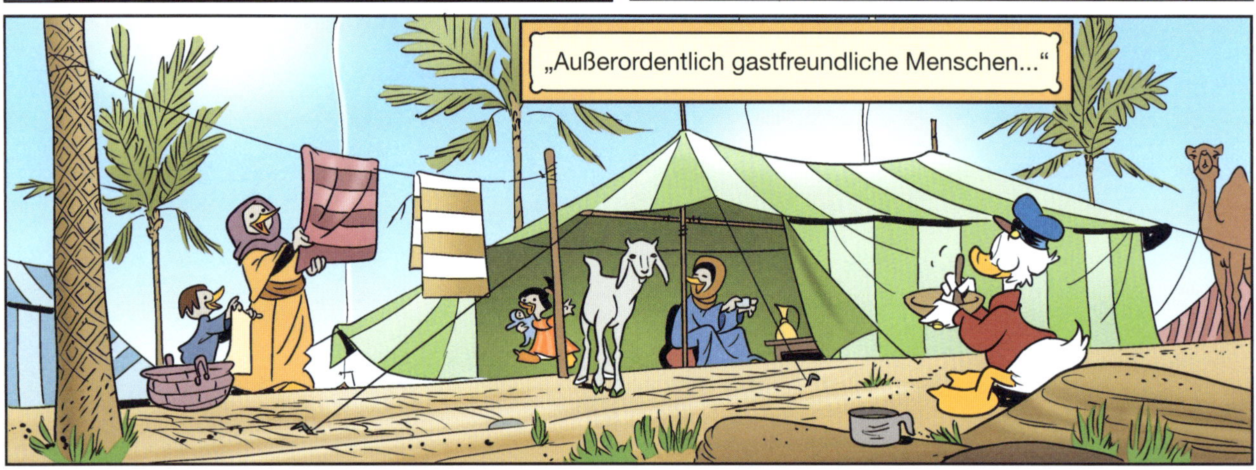
„Außerordentlich gastfreundliche Menschen..."

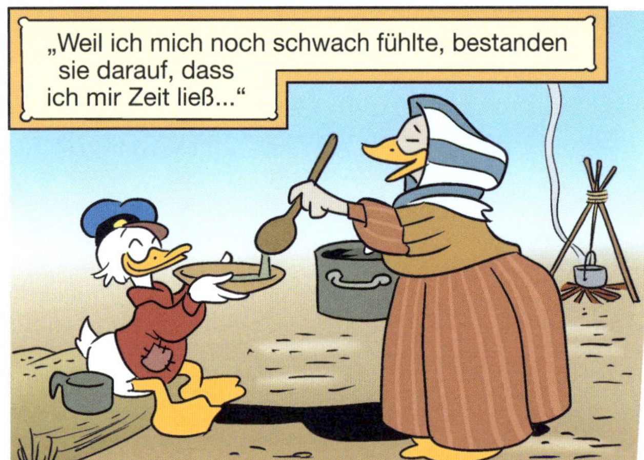
„Weil ich mich noch schwach fühlte, bestanden sie darauf, dass ich mir Zeit ließ..."

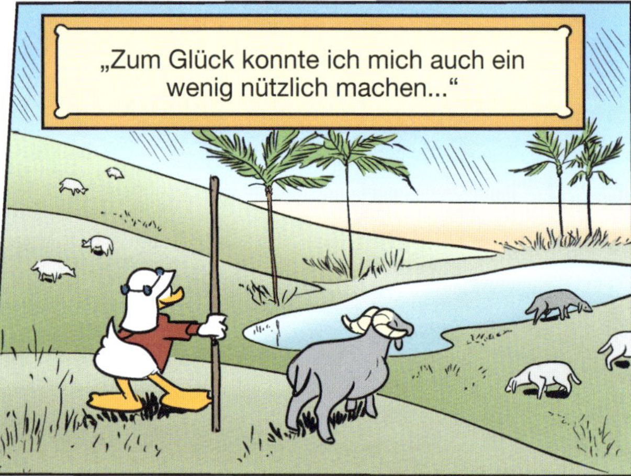
„Zum Glück konnte ich mich auch ein wenig nützlich machen..."

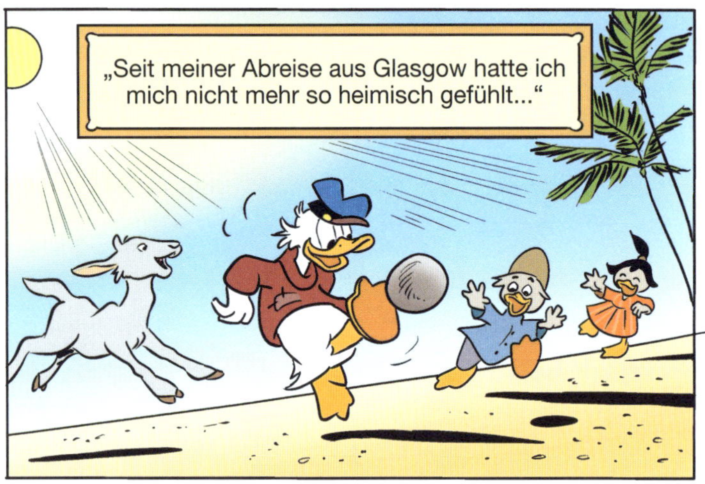
„Seit meiner Abreise aus Glasgow hatte ich mich nicht mehr so heimisch gefühlt..."

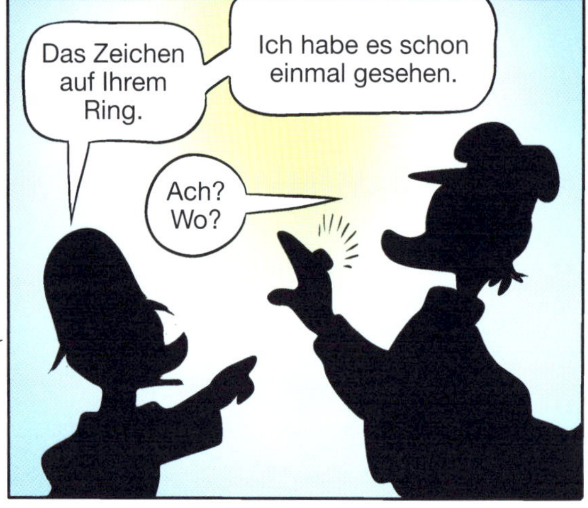
Das Zeichen auf Ihrem Ring.
Ich habe es schon einmal gesehen.
Ach? Wo?

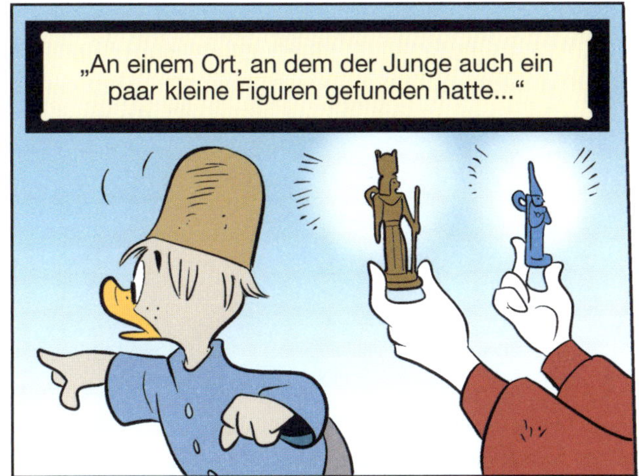
„An einem Ort, an dem der Junge auch ein paar kleine Figuren gefunden hatte...“

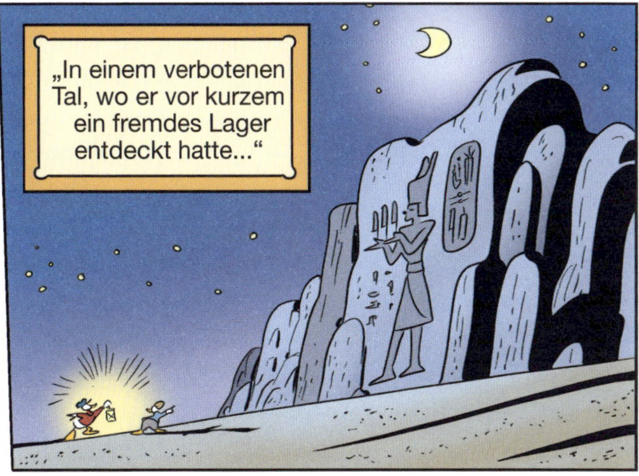
„In einem verbotenen Tal, wo er vor kurzem ein fremdes Lager entdeckt hatte...“

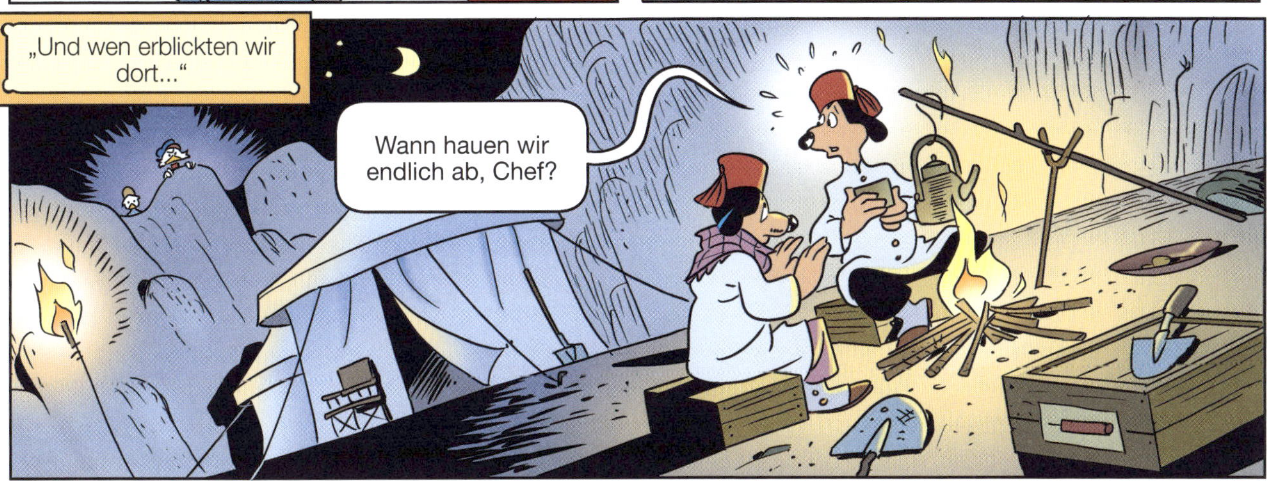
„Und wen erblickten wir dort...“
Wann hauen wir endlich ab, Chef?

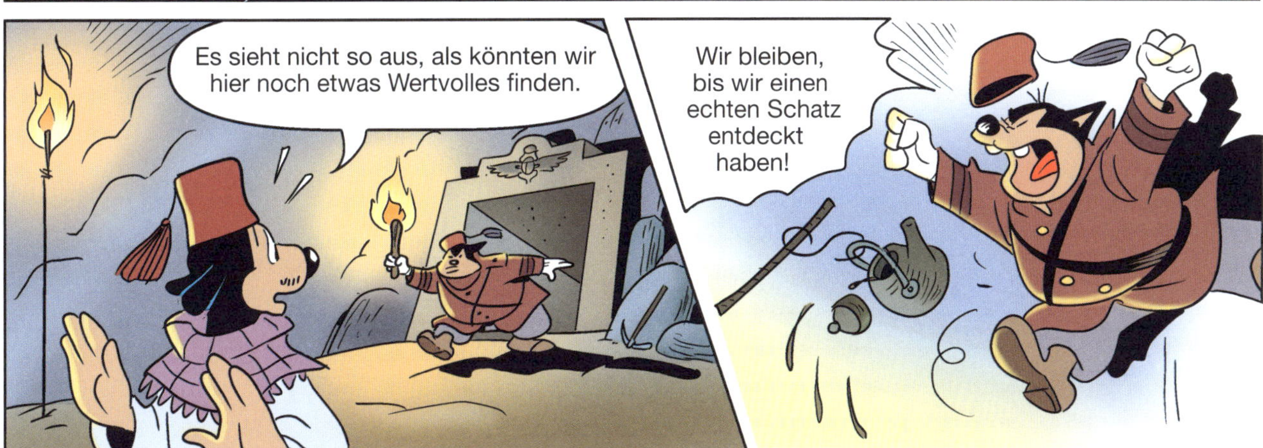
Es sieht nicht so aus, als könnten wir hier noch etwas Wertvolles finden.
Wir bleiben, bis wir einen echten Schatz entdeckt haben!

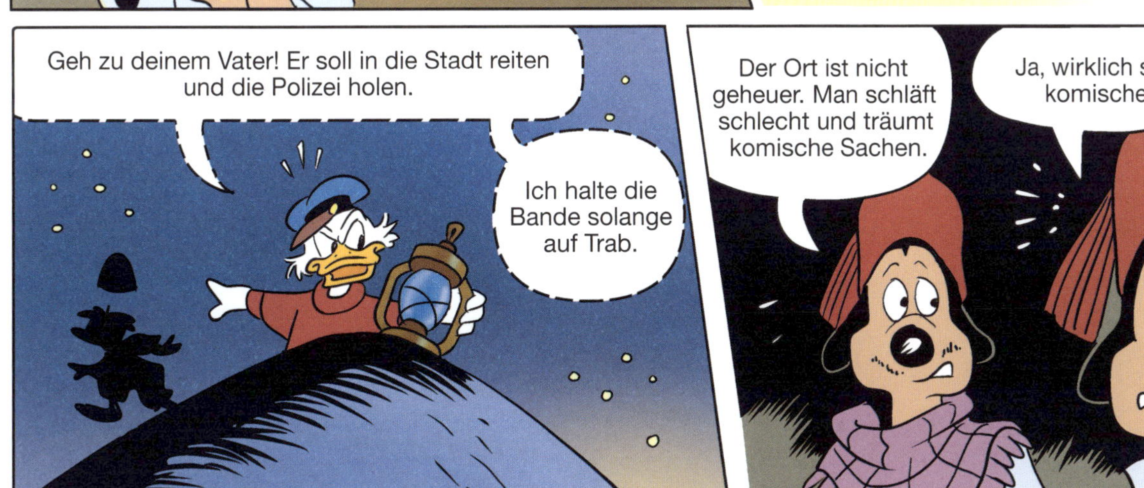
Geh zu deinem Vater! Er soll in die Stadt reiten und die Polizei holen.
Ich halte die Bande solange auf Trab.
Der Ort ist nicht geheuer. Man schläft schlecht und träumt komische Sachen.
Ja, wirklich sehr komische.

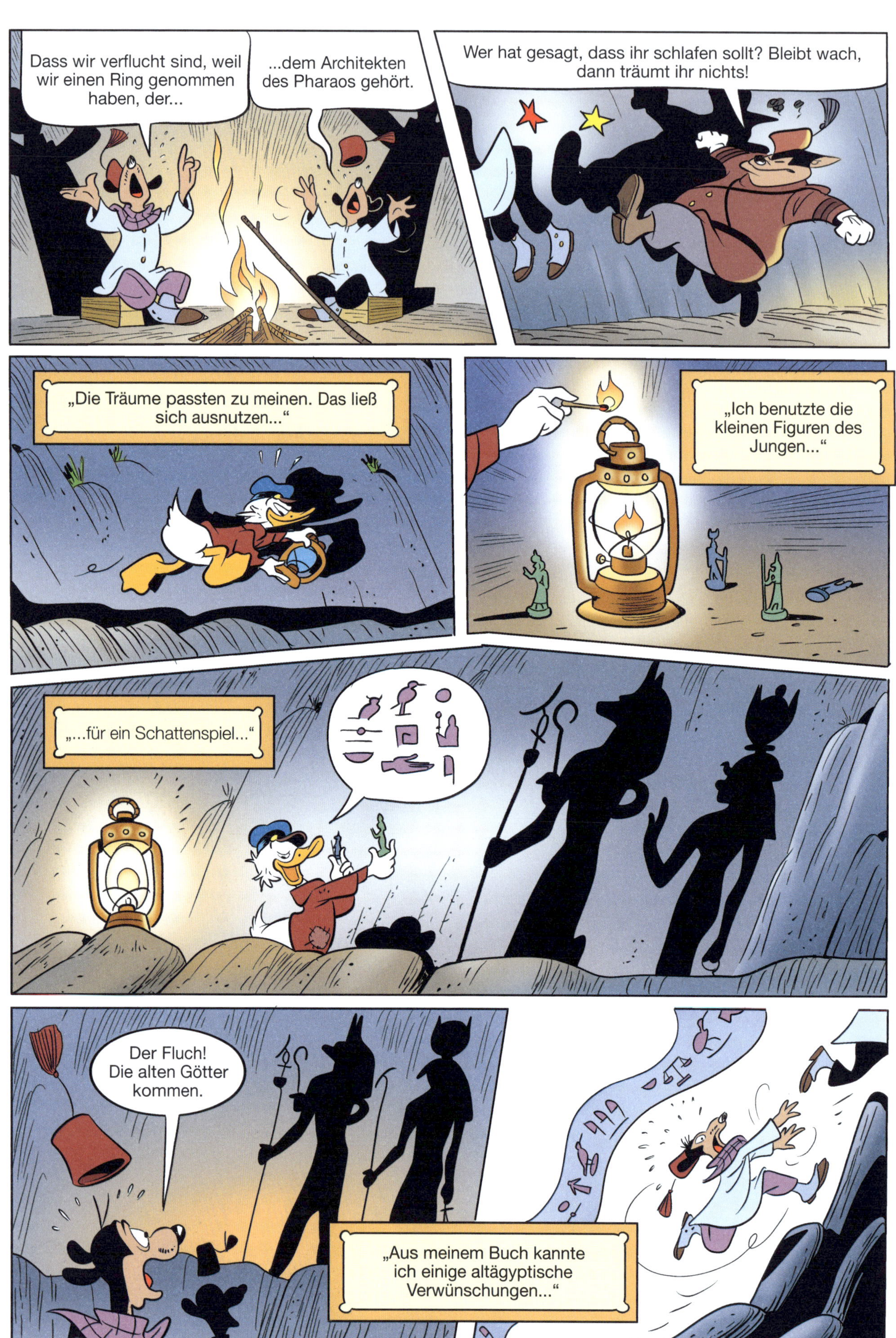

Dass wir verflucht sind, weil wir einen Ring genommen haben, der...
...dem Architekten des Pharaos gehört.
Wer hat gesagt, dass ihr schlafen sollt? Bleibt wach, dann träumt ihr nichts!
„Die Träume passten zu meinen. Das ließ sich ausnutzen..."
„Ich benutzte die kleinen Figuren des Jungen..."
„...für ein Schattenspiel..."
Der Fluch! Die alten Götter kommen.
„Aus meinem Buch kannte ich einige altägyptische Verwünschungen..."

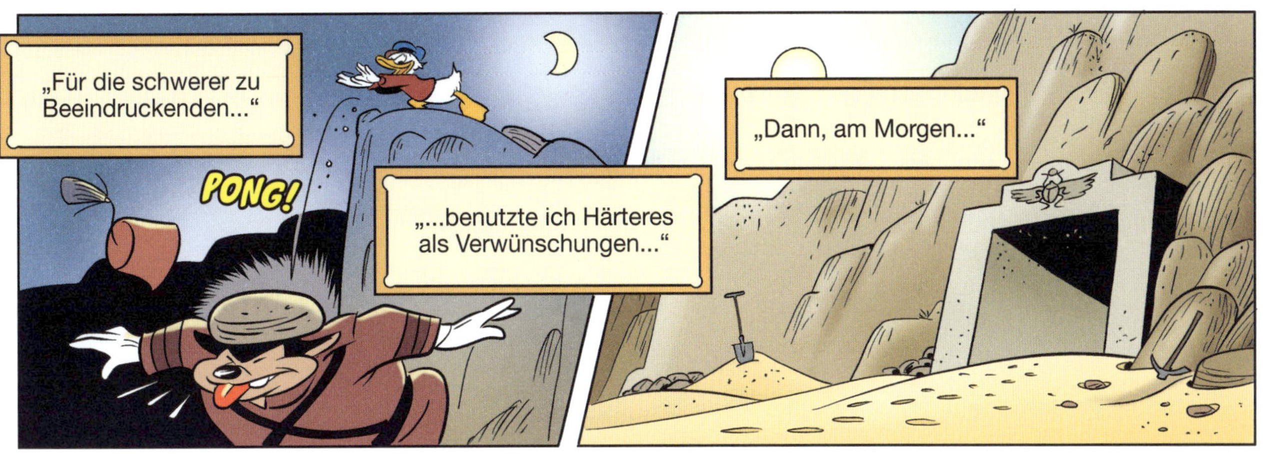
„Für die schwerer zu Beeindruckenden...“
PONG!
„...benutzte ich Härteres als Verwünschungen...“
„Dann, am Morgen...“

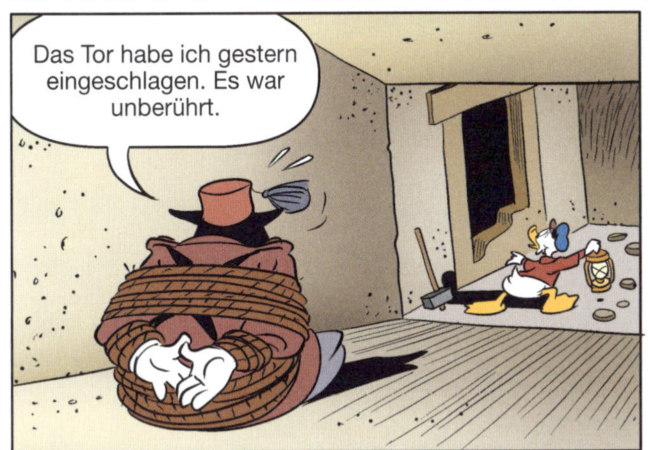
Das Tor habe ich gestern eingeschlagen. Es war unberührt.

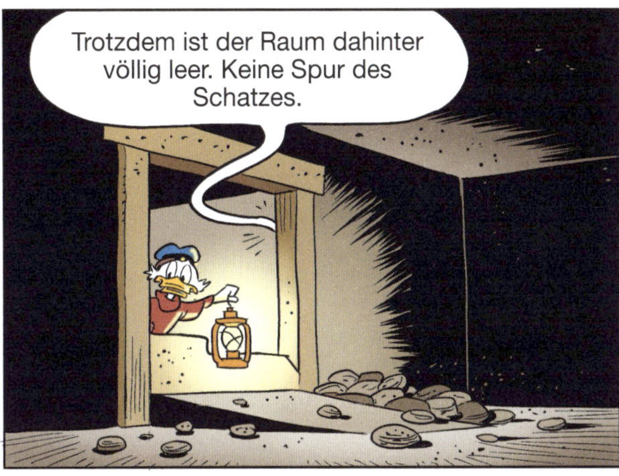
Trotzdem ist der Raum dahinter völlig leer. Keine Spur des Schatzes.

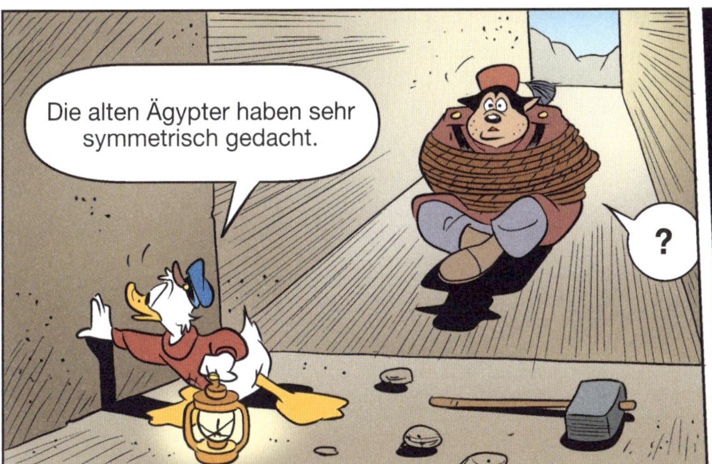
Die alten Ägypter haben sehr symmetrisch gedacht.
?

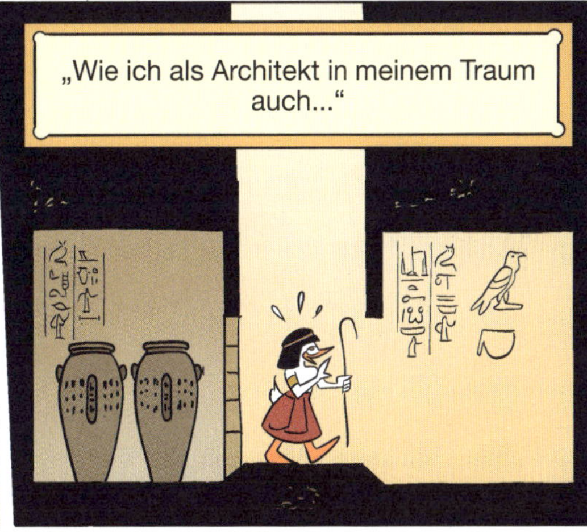
„Wie ich als Architekt in meinem Traum auch...“

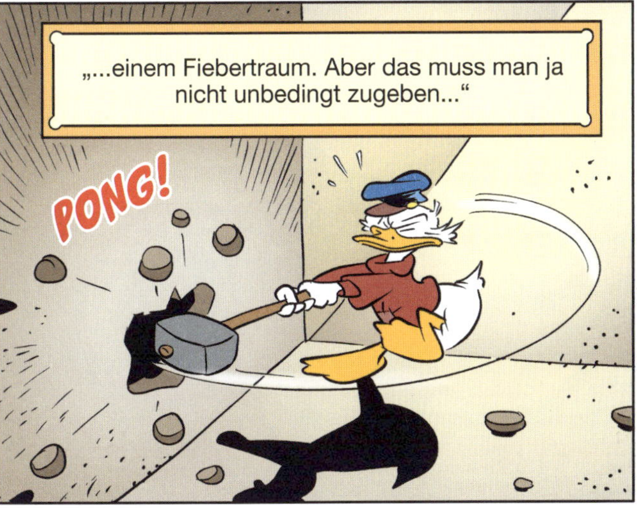
„...einem Fiebertraum. Aber das muss man ja nicht unbedingt zugeben...“
PONG!

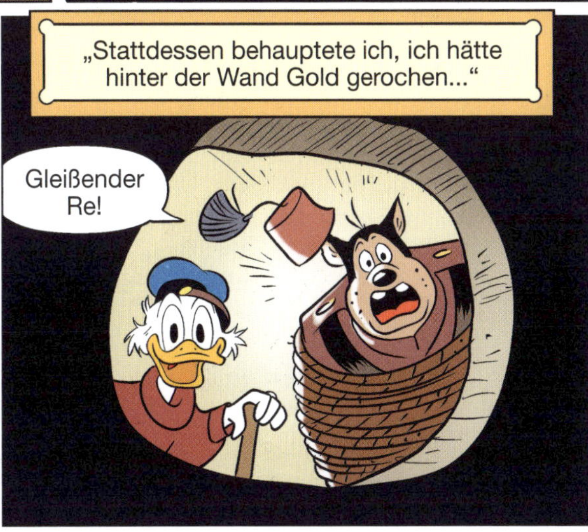
„Stattdessen behauptete ich, ich hätte hinter der Wand Gold gerochen...“
Gleißender Re!

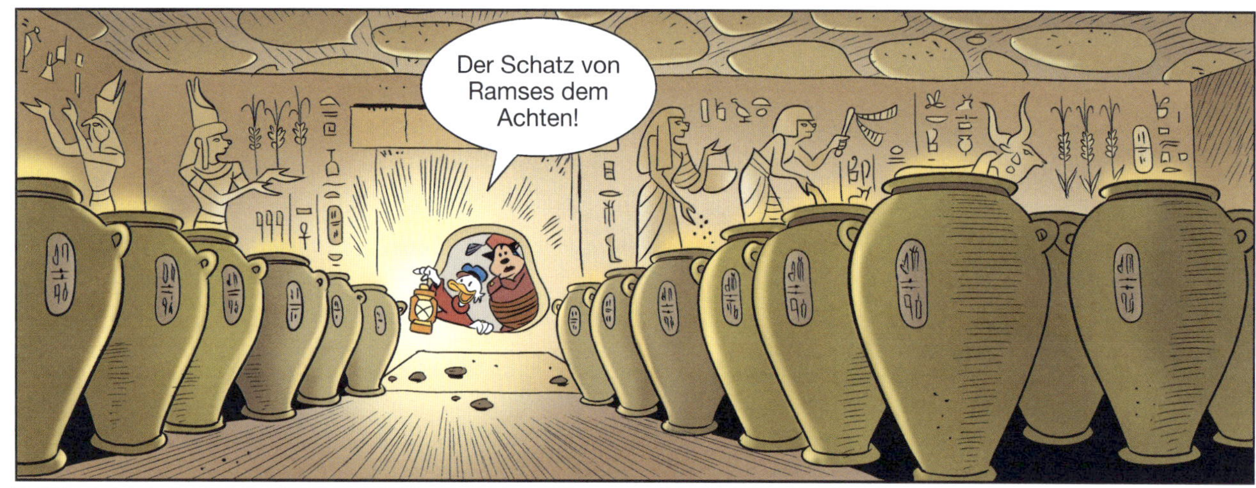
Der Schatz von
Ramses dem
Achten!

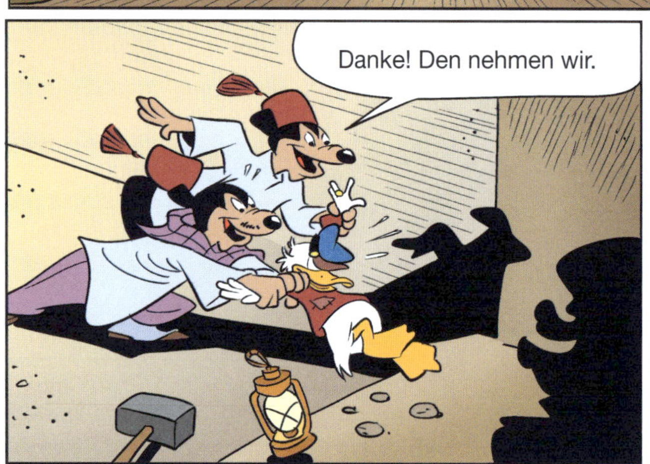
Danke! Den nehmen wir.

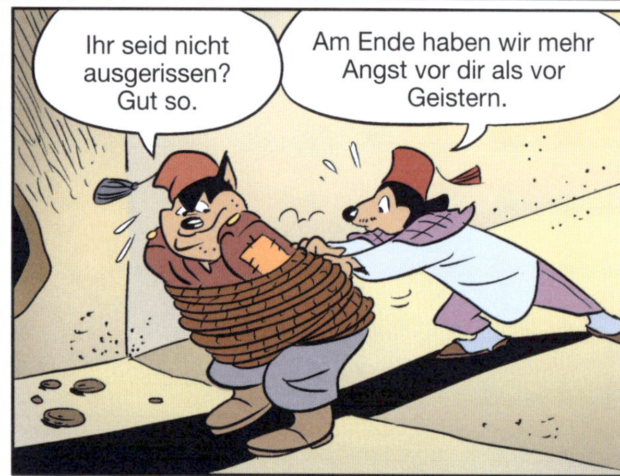
Ihr seid nicht
ausgerissen?
Gut so.
Am Ende haben wir mehr
Angst vor dir als vor
Geistern.

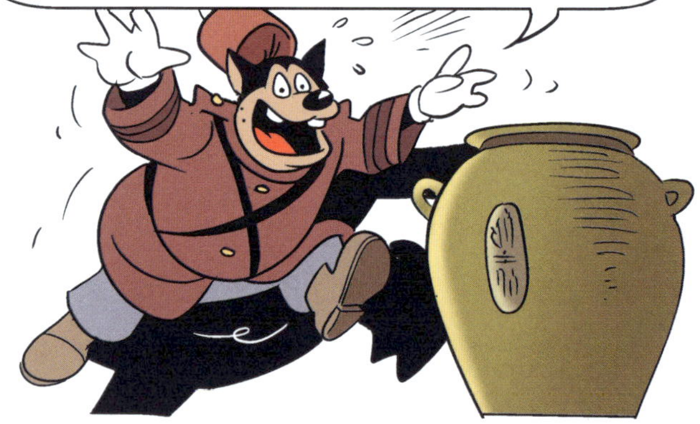
Das soll nicht euer Schaden sein. Wir haben endlich
einen Schatz. Große Vasen voller...

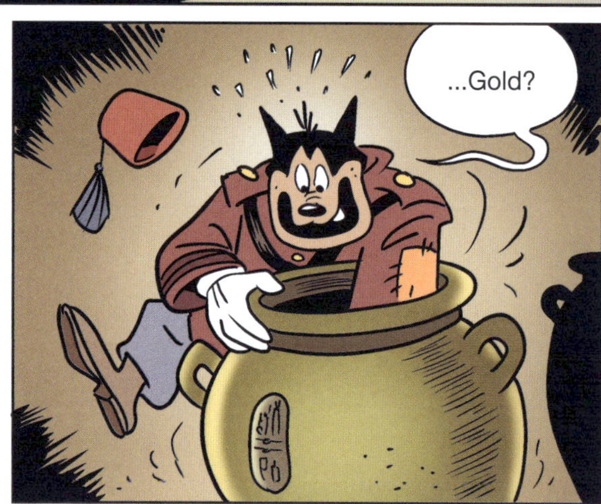
...Gold?

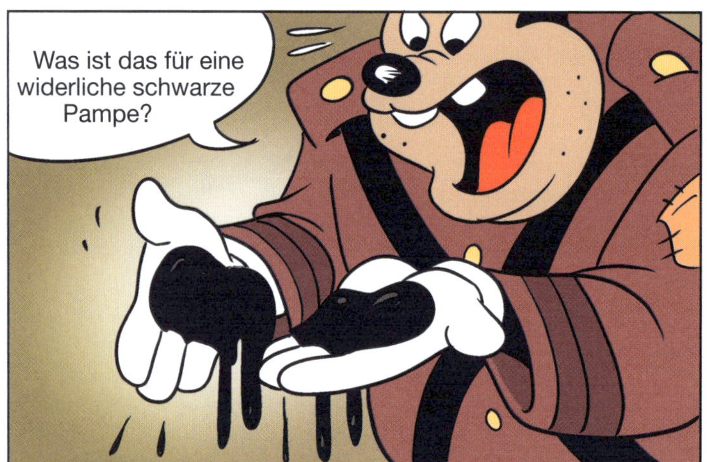
Was ist das für eine
widerliche schwarze
Pampe?

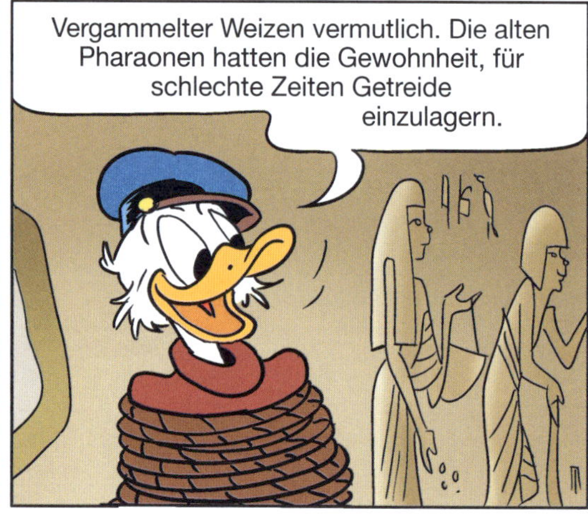
Vergammelter Weizen vermutlich. Die alten
Pharaonen hatten die Gewohnheit, für
schlechte Zeiten Getreide
einzulagern.

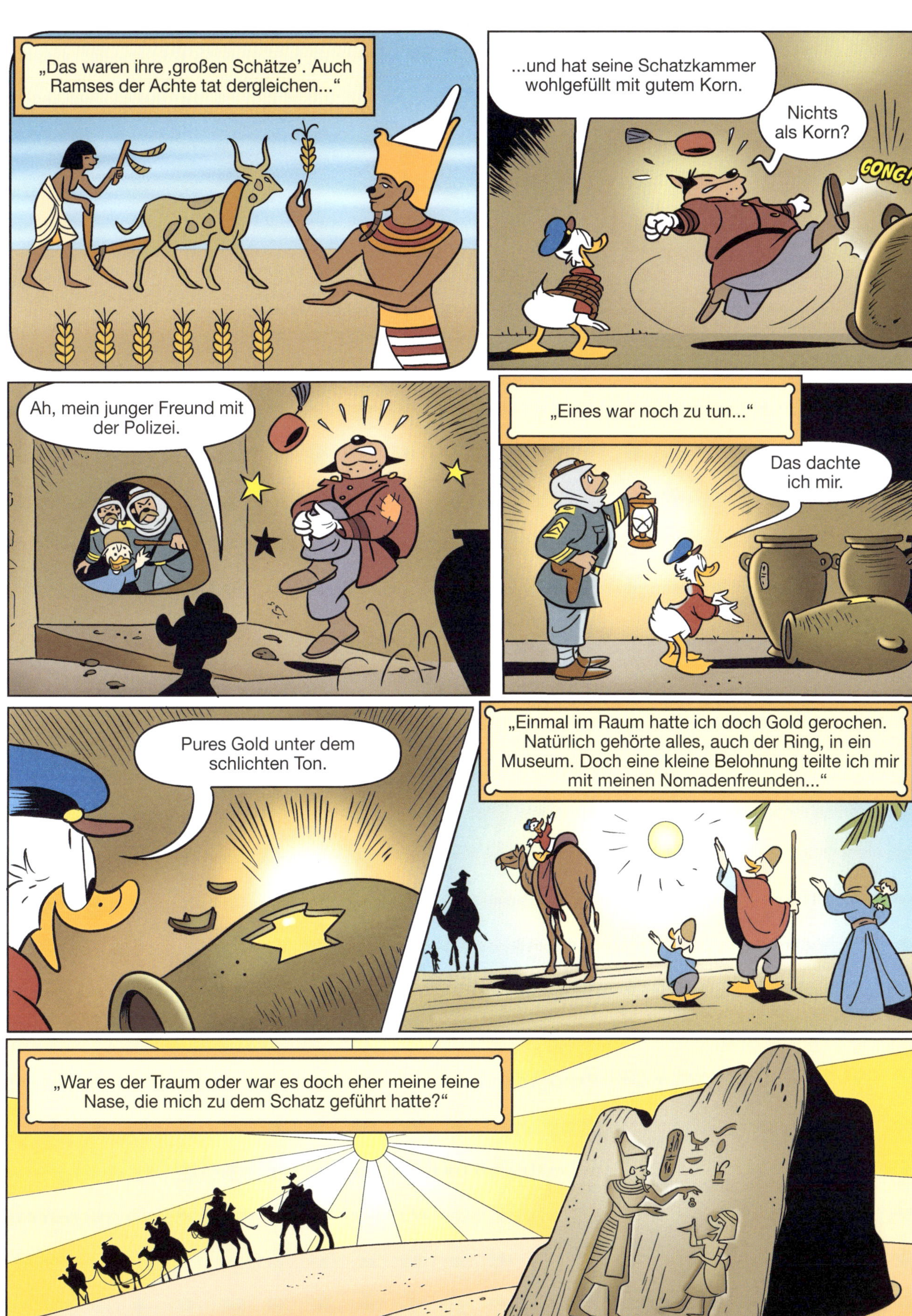
„Das waren ihre ‚großen Schätze'. Auch Ramses der Achte tat dergleichen..."
...und hat seine Schatzkammer wohlgefüllt mit gutem Korn.
Nichts als Korn?
GONG!
Ah, mein junger Freund mit der Polizei.
„Eines war noch zu tun..."
Das dachte ich mir.
Pures Gold unter dem schlichten Ton.
„Einmal im Raum hatte ich doch Gold gerochen. Natürlich gehörte alles, auch der Ring, in ein Museum. Doch eine kleine Belohnung teilte ich mir mit meinen Nomadenfreunden..."
„War es der Traum oder war es doch eher meine feine Nase, die mich zu dem Schatz geführt hatte?"
„Ohne den Ring würde ich jedenfalls wieder ruhig schlafen können."
ENDE

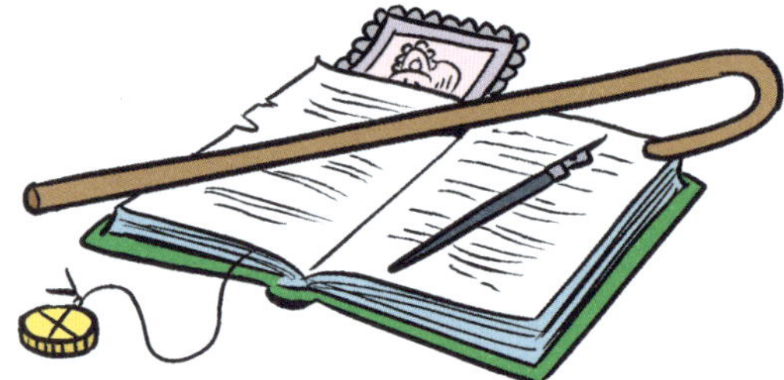

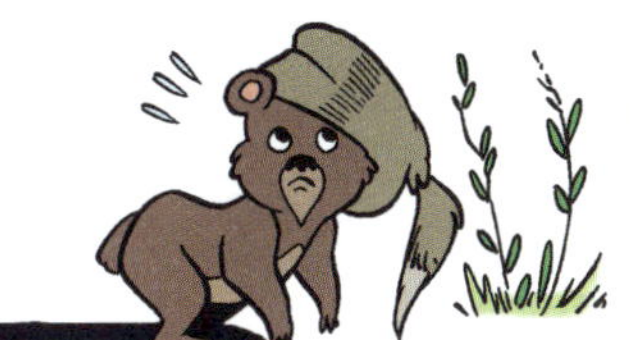

DAGOBERT DUCK

Der Ehrenfinne

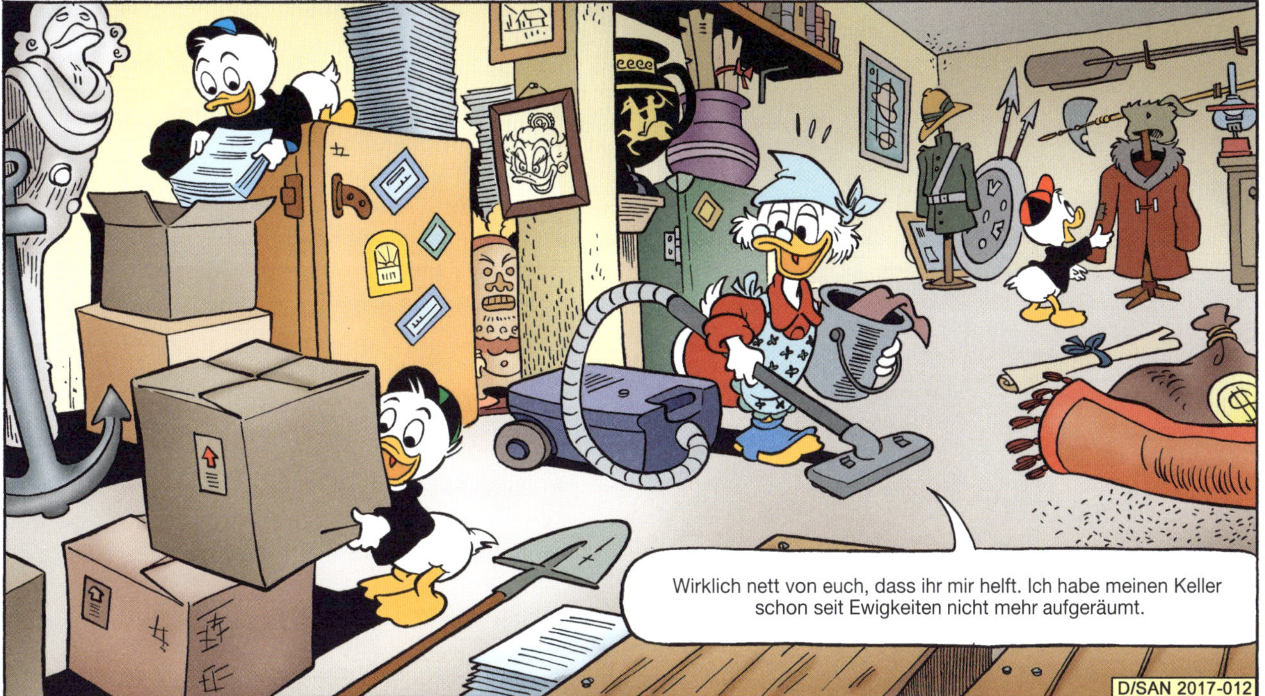

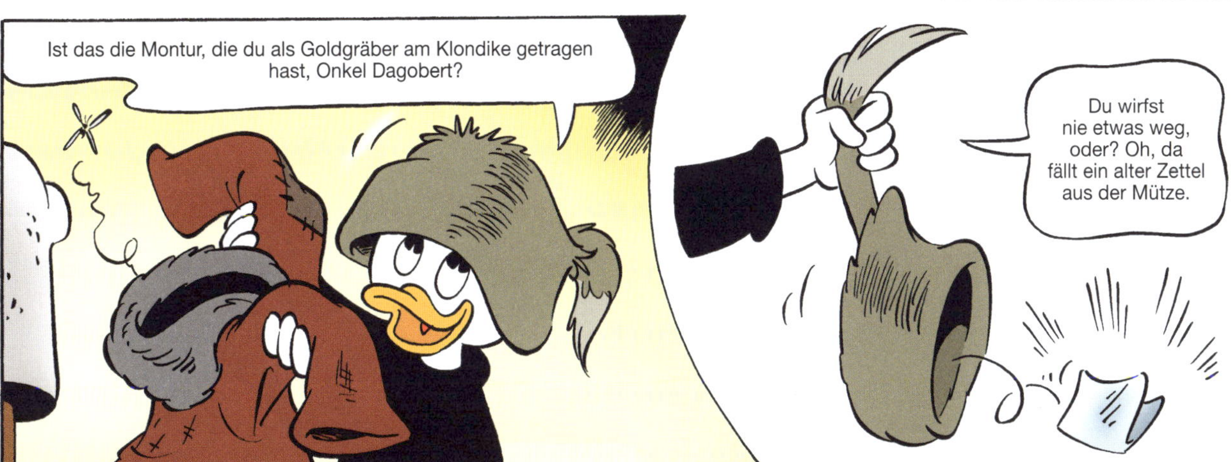

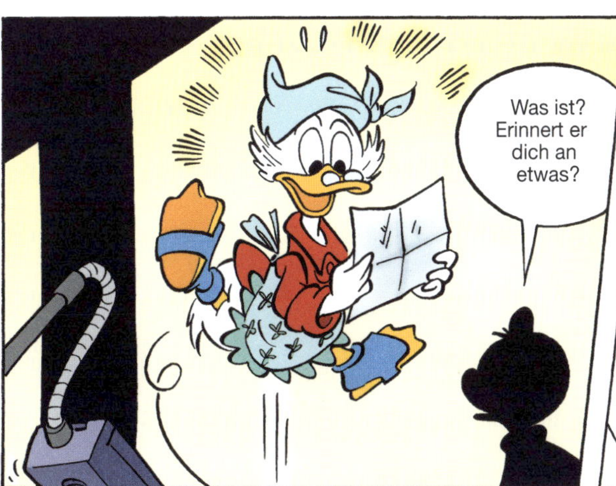

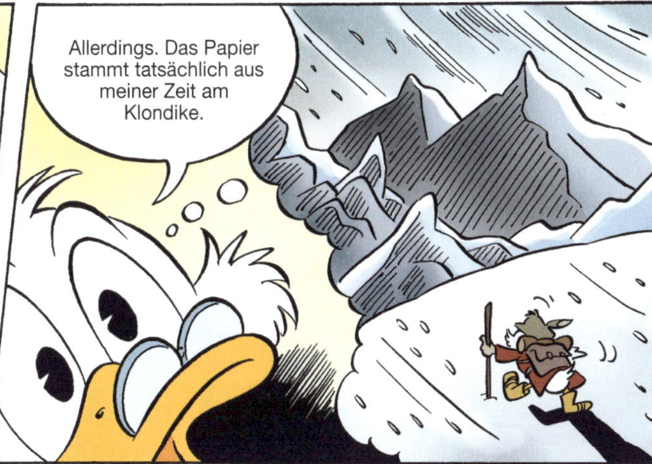

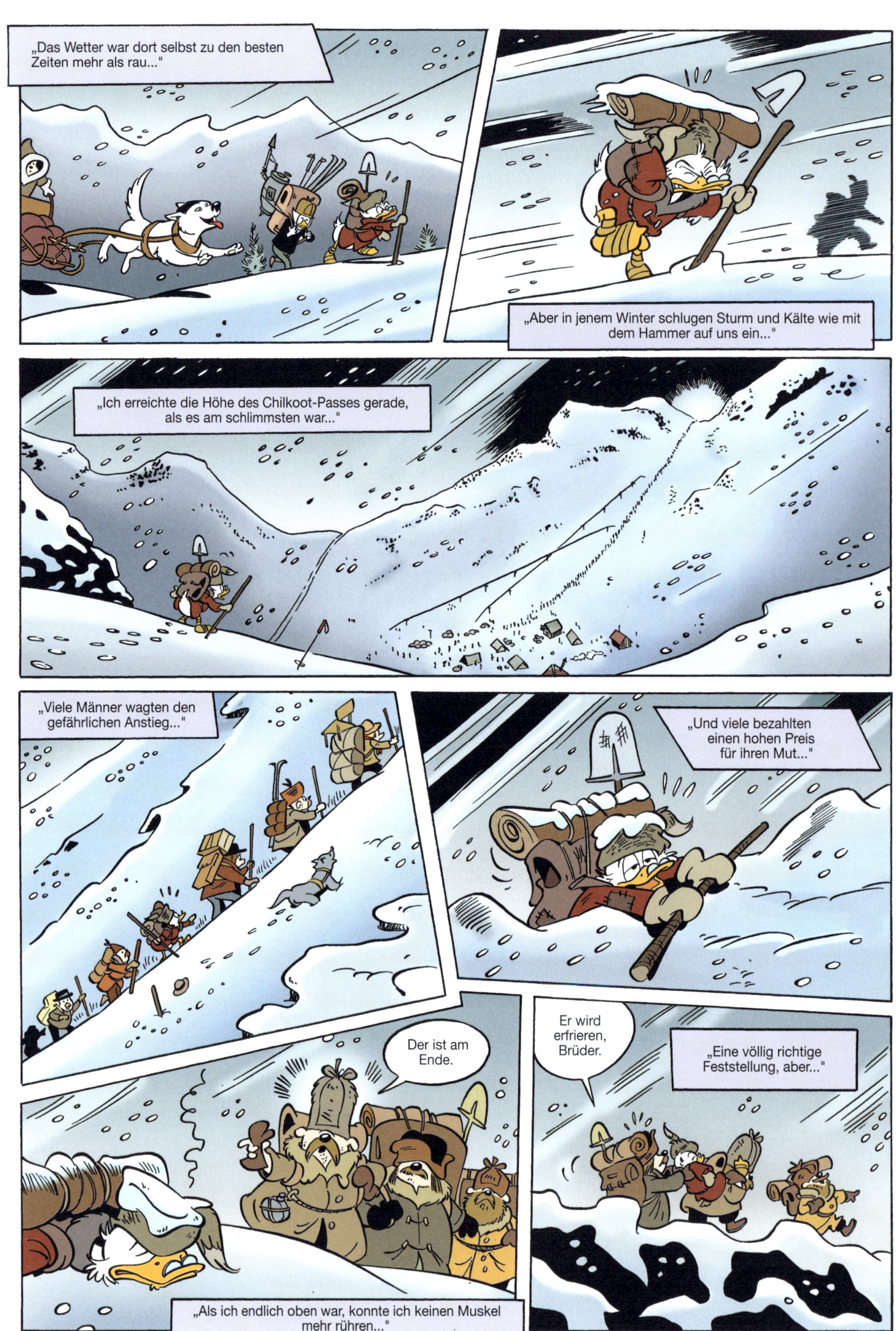
„Das Wetter war dort selbst zu den besten Zeiten mehr als rau..."
„Aber in jenem Winter schlugen Sturm und Kälte wie mit dem Hammer auf uns ein..."
„Ich erreichte die Höhe des Chilkoot-Passes gerade, als es am schlimmsten war..."
„Viele Männer wagten den gefährlichen Anstieg..."
„Und viele bezahlten einen hohen Preis für ihren Mut..."
Der ist am Ende.
„Als ich endlich oben war, konnte ich keinen Muskel mehr rühren..."
Er wird erfrieren, Brüder.
„Eine völlig richtige Feststellung, aber..."

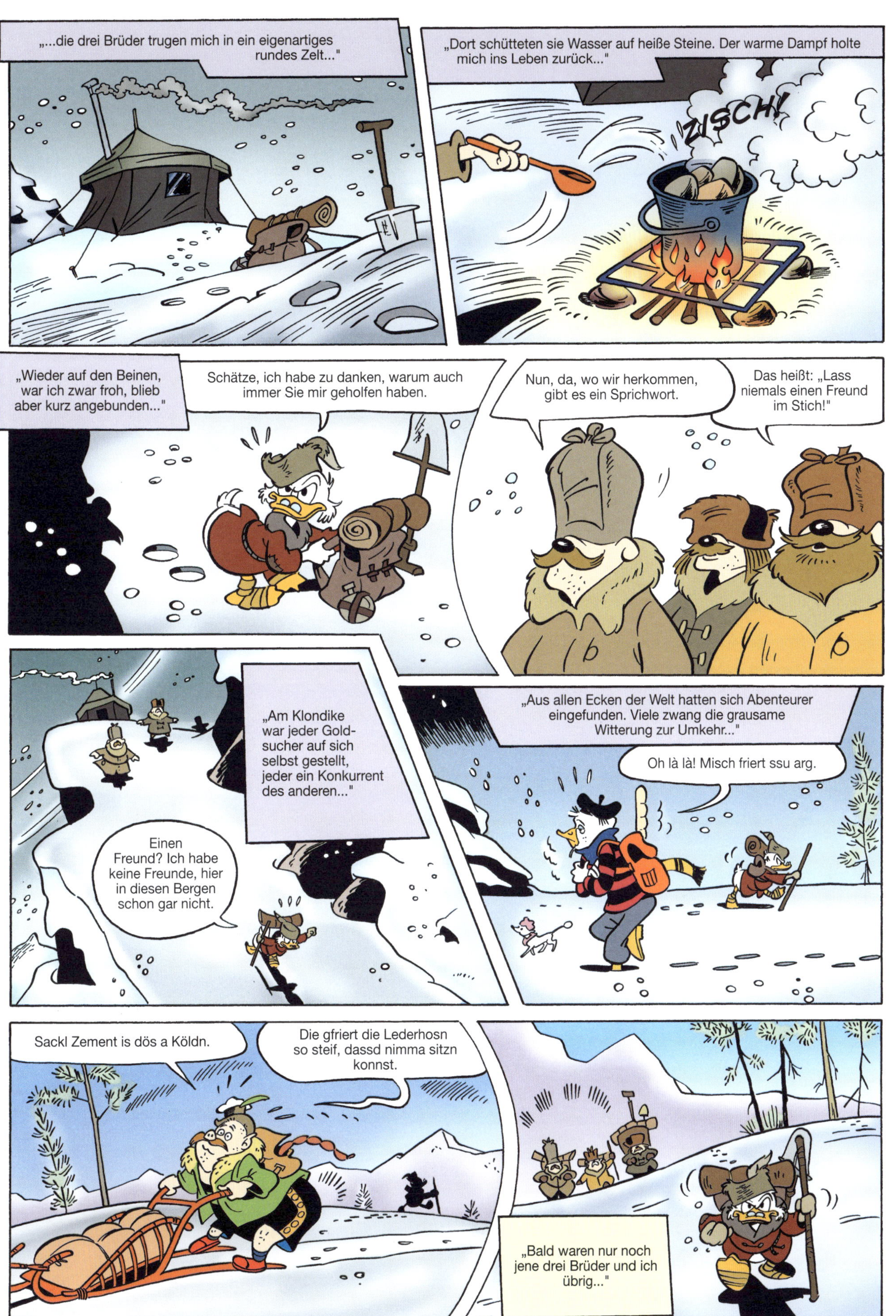
„...die drei Brüder trugen mich in ein eigenartiges rundes Zelt..."
„Dort schütteten sie Wasser auf heiße Steine. Der warme Dampf holte mich ins Leben zurück..."
ZISCH!
„Wieder auf den Beinen, war ich zwar froh, blieb aber kurz angebunden..."
Schätze, ich habe zu danken, warum auch immer Sie mir geholfen haben.
Nun, da, wo wir herkommen, gibt es ein Sprichwort.
Das heißt: „Lass niemals einen Freund im Stich!"
„Am Klondike war jeder Goldsucher auf sich selbst gestellt, jeder ein Konkurrent des anderen..."
Einen Freund? Ich habe keine Freunde, hier in diesen Bergen schon gar nicht.
„Aus allen Ecken der Welt hatten sich Abenteurer eingefunden. Viele zwang die grausame Witterung zur Umkehr..."
Oh là là! Misch friert ssu arg.
Sackl Zement is dös a Köldn.
Die gfriert die Lederhosn so steif, dassd nimma sitzn konnst.
„Bald waren nur noch jene drei Brüder und ich übrig..."

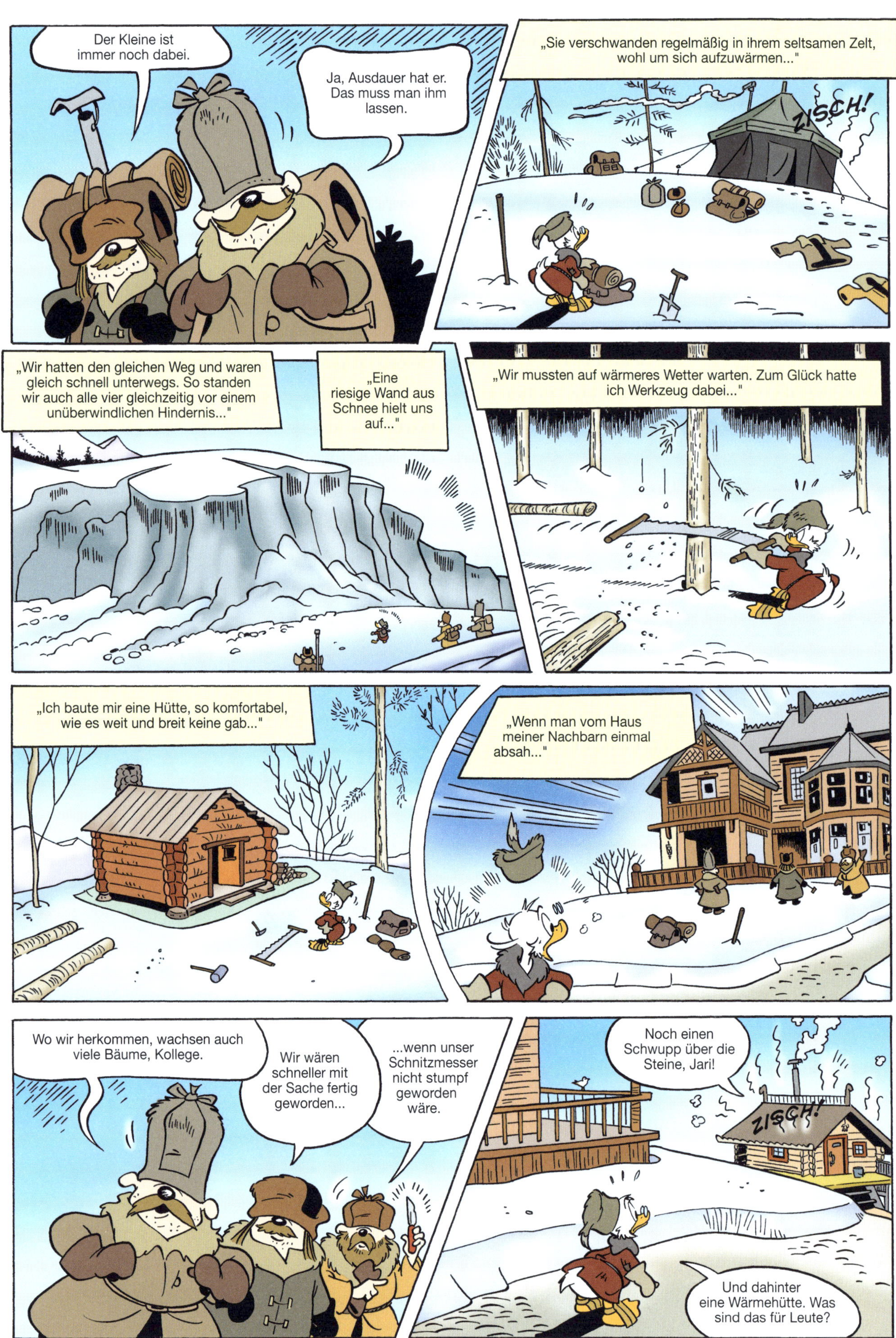
Der Kleine ist immer noch dabei.
Ja, Ausdauer hat er. Das muss man ihm lassen.
„Sie verschwanden regelmäßig in ihrem seltsamen Zelt, wohl um sich aufzuwärmen..."
ZISCH!
„Wir hatten den gleichen Weg und waren gleich schnell unterwegs. So standen wir auch alle vier gleichzeitig vor einem unüberwindlichen Hindernis..."
„Eine riesige Wand aus Schnee hielt uns auf..."
„Wir mussten auf wärmeres Wetter warten. Zum Glück hatte ich Werkzeug dabei..."
„Ich baute mir eine Hütte, so komfortabel, wie es weit und breit keine gab..."
„Wenn man vom Haus meiner Nachbarn einmal absah..."
Wo wir herkommen, wachsen auch viele Bäume, Kollege.
Wir wären schneller mit der Sache fertig geworden...
...wenn unser Schnitzmesser nicht stumpf geworden wäre.
Noch einen Schwupp über die Steine, Jari!
ZISCH!
Und dahinter eine Wärmehütte. Was sind das für Leute?

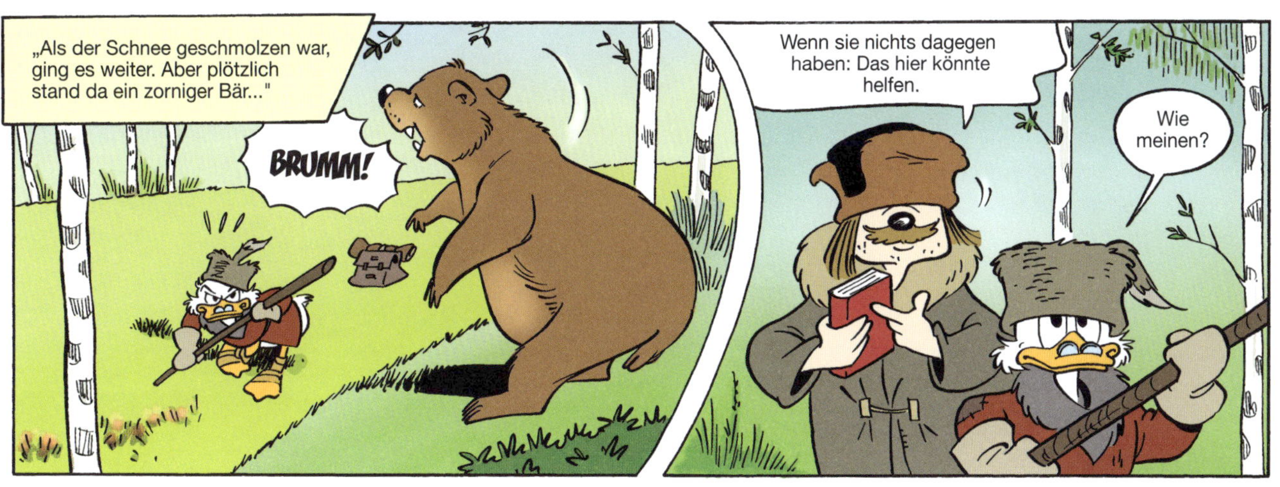
„Als der Schnee geschmolzen war, ging es weiter. Aber plötzlich stand da ein zorniger Bär..."
BRUMM!
Wenn sie nichts dagegen haben: Das hier könnte helfen.
Wie meinen?

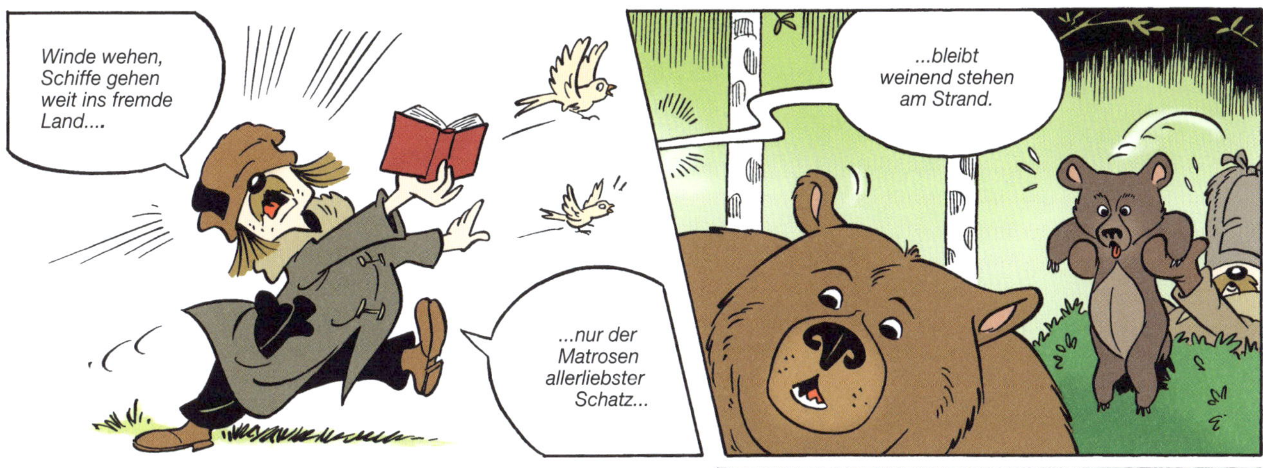
Winde wehen, Schiffe gehen weit ins fremde Land...
...nur der Matrosen allerliebster Schatz...
...bleibt weinend stehen am Strand.

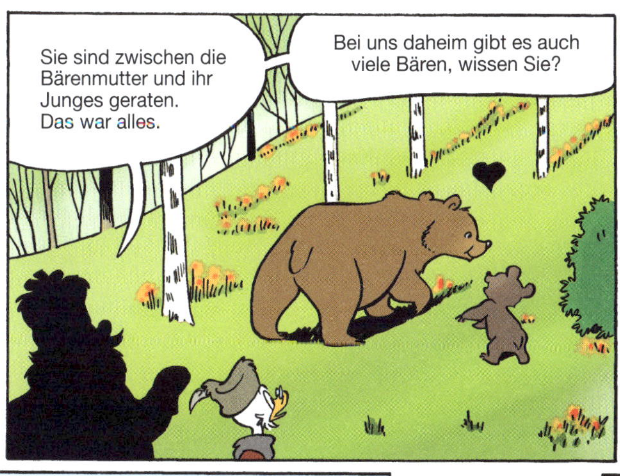
Sie sind zwischen die Bärenmutter und ihr Junges geraten. Das war alles.
Bei uns daheim gibt es auch viele Bären, wissen Sie?

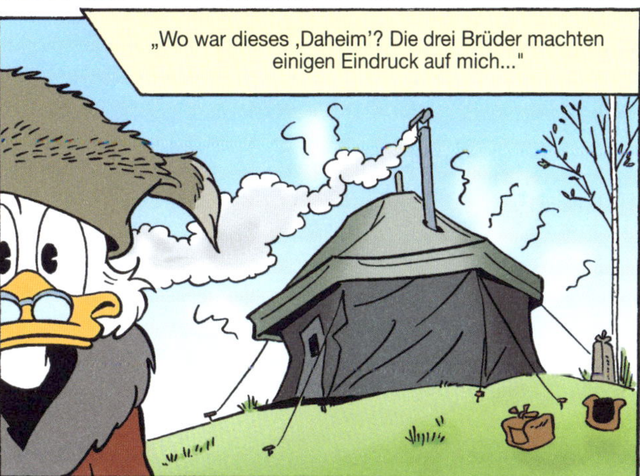
„Wo war dieses ‚Daheim'? Die drei Brüder machten einigen Eindruck auf mich..."

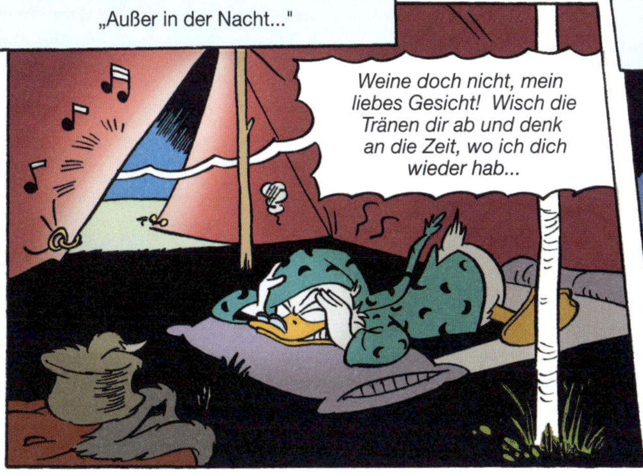
„Außer in der Nacht..."
Weine doch nicht, mein liebes Gesicht! Wisch die Tränen dir ab und denk an die Zeit, wo ich dich wieder hab...

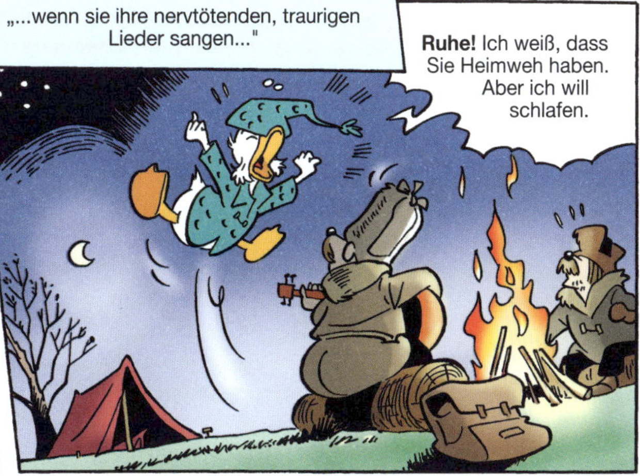
„...wenn sie ihre nervtötenden, traurigen Lieder sangen..."
Ruhe! Ich weiß, dass Sie Heimweh haben. Aber ich will schlafen.

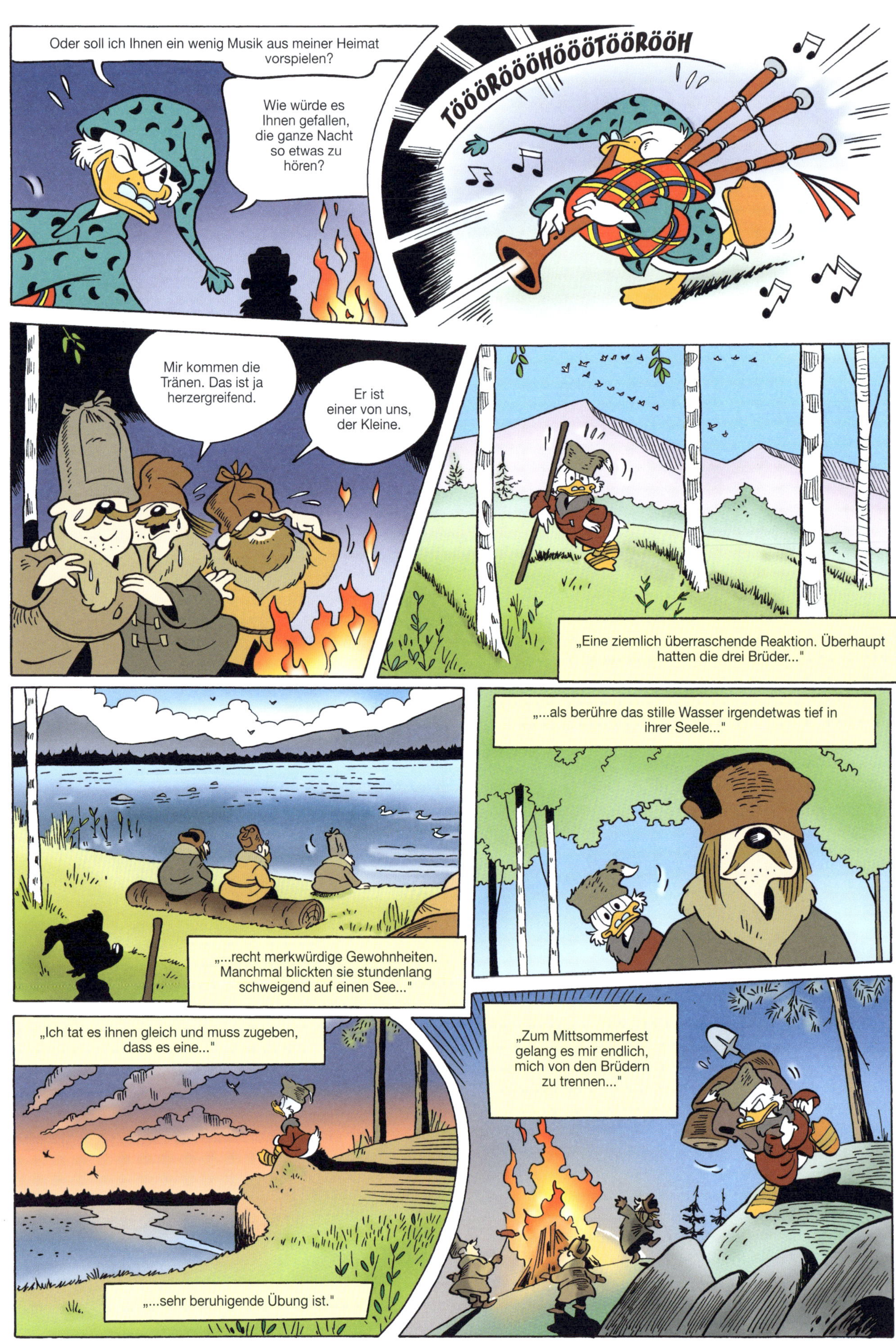
Oder soll ich Ihnen ein wenig Musik aus meiner Heimat vorspielen?
Wie würde es Ihnen gefallen, die ganze Nacht so etwas zu hören?
TÖÖÖRÖÖÖHÖÖÖTÖÖRÖÖH
Mir kommen die Tränen. Das ist ja herzergreifend.
Er ist einer von uns, der Kleine.
„Eine ziemlich überraschende Reaktion. Überhaupt hatten die drei Brüder..."
„...recht merkwürdige Gewohnheiten. Manchmal blickten sie stundenlang schweigend auf einen See..."
„...als berühre das stille Wasser irgendetwas tief in ihrer Seele..."
„Ich tat es ihnen gleich und muss zugeben, dass es eine..."
„...sehr beruhigende Übung ist."
„Zum Mittsommerfest gelang es mir endlich, mich von den Brüdern zu trennen..."

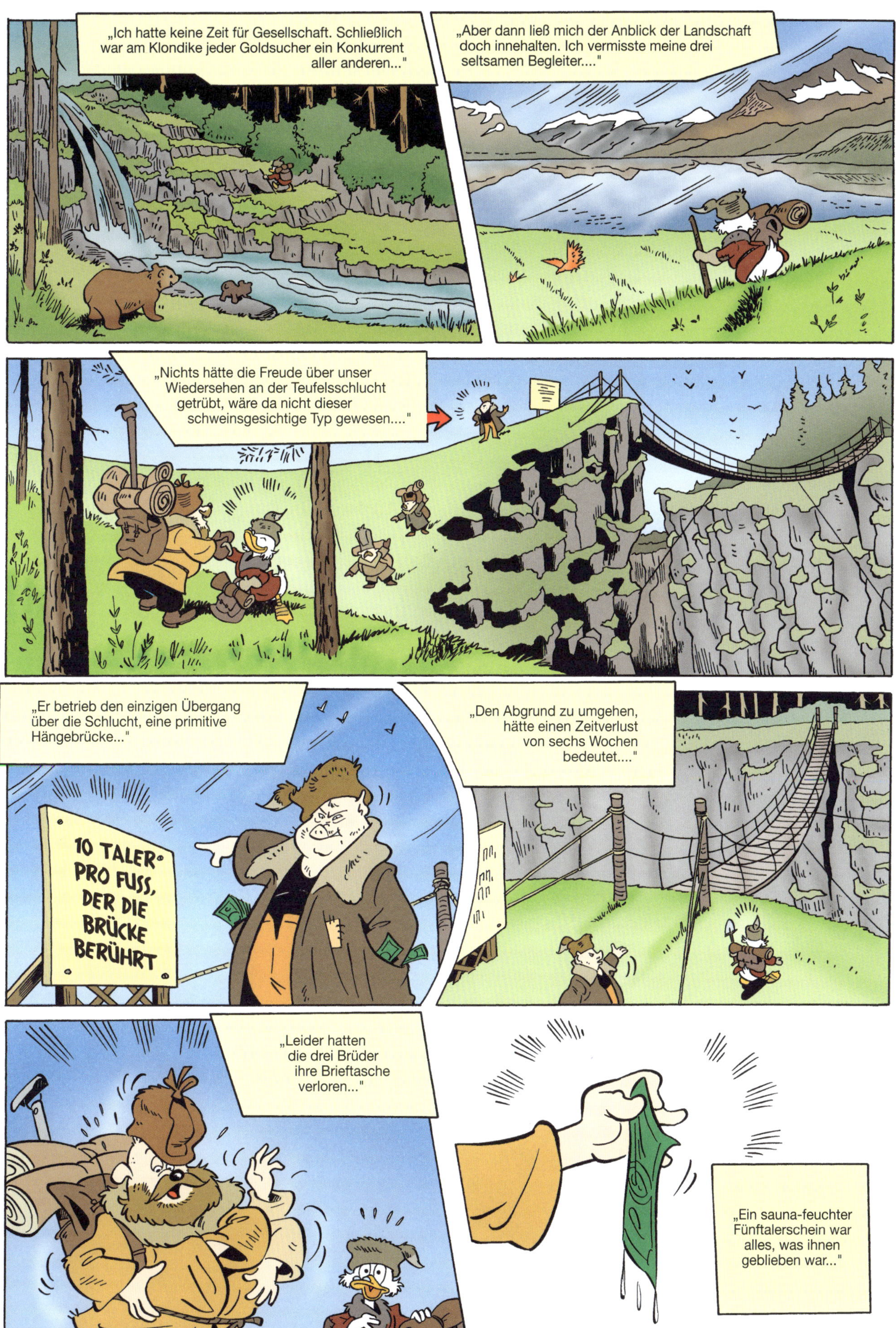
„Ich hatte keine Zeit für Gesellschaft. Schließlich war am Klondike jeder Goldsucher ein Konkurrent aller anderen..."
„Aber dann ließ mich der Anblick der Landschaft doch innehalten. Ich vermisste meine drei seltsamen Begleiter...."
„Nichts hätte die Freude über unser Wiedersehen an der Teufelsschlucht getrübt, wäre da nicht dieser schweinsgesichtige Typ gewesen...."
„Er betrieb den einzigen Übergang über die Schlucht, eine primitive Hängebrücke..."
10 TALER PRO FUSS, DER DIE BRÜCKE BERÜHRT
„Den Abgrund zu umgehen, hätte einen Zeitverlust von sechs Wochen bedeutet...."
„Leider hatten die drei Brüder ihre Brieftasche verloren..."
„Ein sauna-feuchter Fünftalerschein war alles, was ihnen geblieben war..."

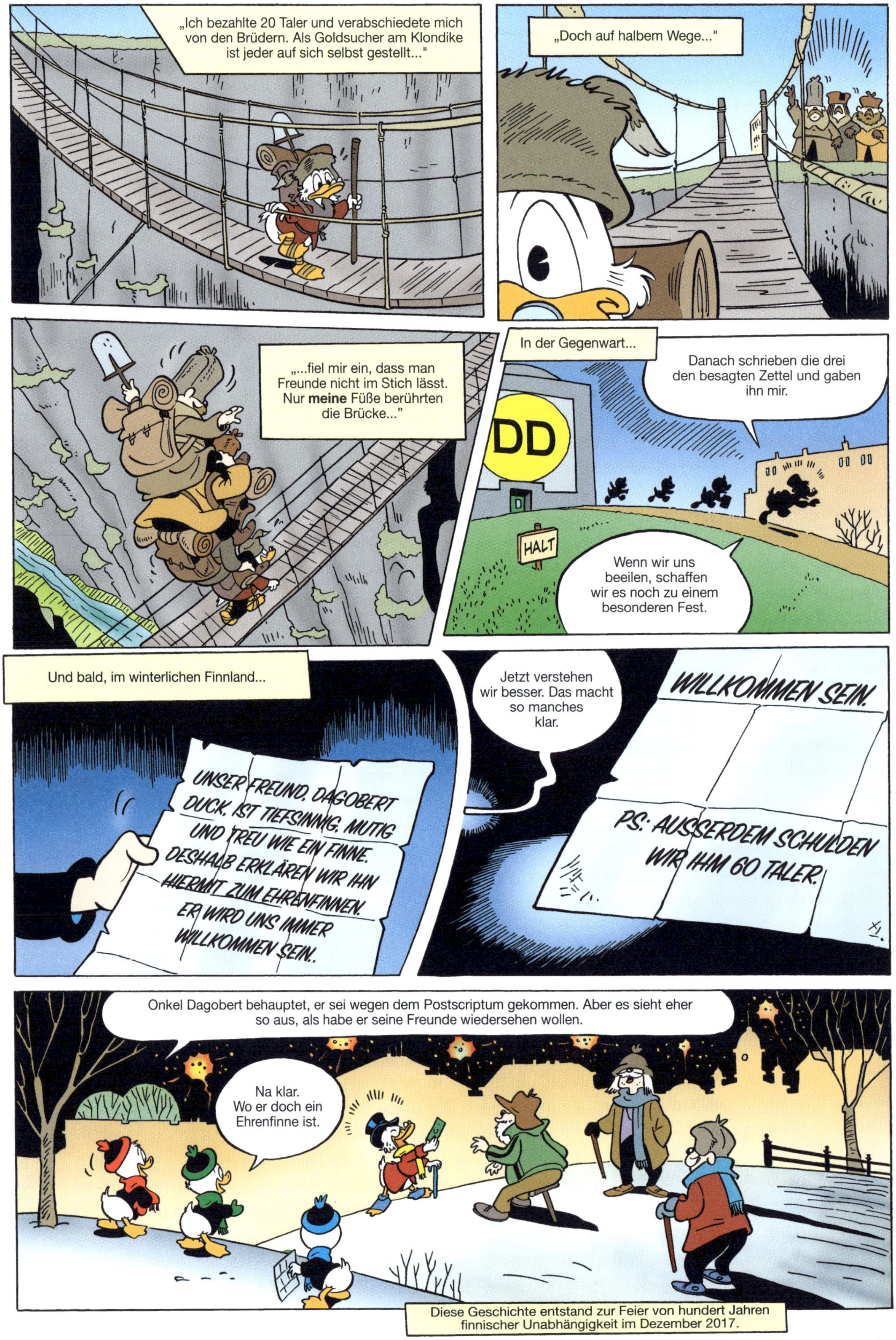

„Ich bezahlte 20 Taler und verabschiedete mich von den Brüdern. Als Goldsucher am Klondike ist jeder auf sich selbst gestellt..."

„Doch auf halbem Wege..."

„...fiel mir ein, dass man Freunde nicht im Stich lässt. Nur **meine** Füße berührten die Brücke..."

In der Gegenwart...

DD

Danach schrieben die drei den besagten Zettel und gaben ihn mir.

HALT

Wenn wir uns beeilen, schaffen wir es noch zu einem besonderen Fest.

Und bald, im winterlichen Finnland...

UNSER FREUND, DAGOBERT DUCK, IST TIEFSINNIG, MUTIG UND TREU WIE EIN FINNE. DESHALB ERKLÄREN WIR IHN HIERMIT ZUM EHRENFINNEN. ER WIRD UNS IMMER WILLKOMMEN SEIN.

Jetzt verstehen wir besser. Das macht so manches klar.

WILLKOMMEN SEIN.

PS: AUSSERDEM SCHULDEN WIR IHM 60 TALER.

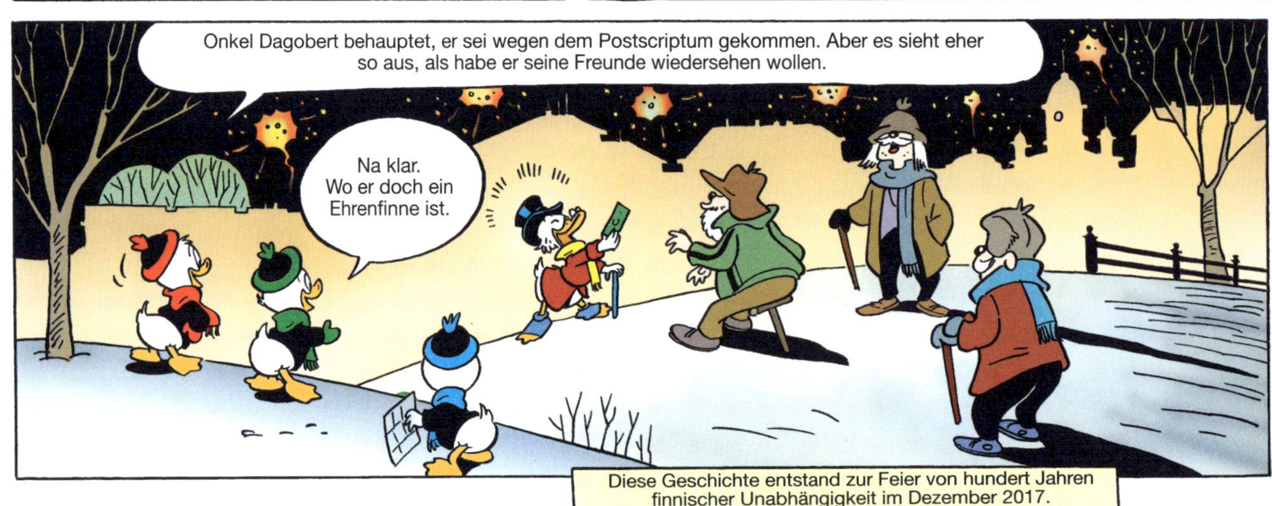

Diese Geschichte entstand zur Feier von hundert Jahren finnischer Unabhängigkeit im Dezember 2017.